体育与健康教程

徐国富　白光斌　雷耿华　主编

西安电子科技大学出版社

内 容 简 介

　　大学体育是人生体育里程中的重要阶段，是培养具有强健体魄、高素质专门人才的重要途径。本书依据"健康第一"的指导思想和大学体育教育目标，精选大学体育文化教育、体育锻炼与身心健康、体育运动卫生与医务监督、体育运动营养与保健、大学生体质健康测试、体育运动理论与技术、体育运动竞赛与裁判、奥林匹克运动等为主要内容，旨在通过教师指导，学生自主学习，使学生掌握运动技能和体育锻炼方法，培养学生的体育兴趣，激发学生坚持体育锻炼的热情，形成体育锻炼的良好习惯，促进学生身心健康，素质全面提高。

图书在版编目 (CIP) 数据

体育与健康教程 / 徐国富，白光斌，雷耿华主编.
—西安：西安电子科技大学出版社，2011.8(2022.8 重印)
ISBN 978–7–5606–2641–3

Ⅰ. ① 体… Ⅱ. ① 徐… ② 白… ③ 雷… Ⅲ. ① 体育—高等学校—教材
② 健康教育—高等学校—教材 Ⅳ. ① G807.4

中国版本图书馆 CIP 数据核字(2011)第 151223 号

策　　划　毛红兵
责任编辑　马晓娟　毛红兵
出版发行　西安电子科技大学出版社(西安市太白南路 2 号)
电　　话　(029)88202421　88201467　　邮　编　710071
网　　址　www.xduph.com　　　　　电子信箱　xdupfxb001@163.com
经　　销　新华书店
印刷单位　陕西日报社
版　　次　2011 年 8 月第 1 版　　2022 年 8 月第 11 次印刷
开　　本　787 毫米×1092 毫米　　1/16　印张　21
字　　数　496 千字
印　　数　33 401～35 400 册
定　　价　55.00 元
ISBN 978–7–5606–2641–3/G

XDUP 2933001–11
＊＊＊ 如有印装问题可调换 ＊＊＊

《体育与健康教程》编委

前　　言

　　学校体育是人生体育的重要里程，而大学体育是大学生步入社会前体育教育的最后学段，对大学生十分关键。大学体育是大学文化教育的重要组成部分，是集大学生身体及心理健康教育、思想道德教育、科学文化教育于一体的一门必修课程。体育教材是实现学校体育目的与任务的重要载体，因此，编撰可持续发展的，符合当代教育改革形势需要的大学体育教材，是大学体育深化改革的一项重要任务。

　　2006 年 12 月，教育部、体育总局召开建国以来第一次全国学校体育工作会议，强调指出"全面贯彻科学发展观，认真落实党的教育方针，大力加强学校体育工作，提高青少年健康素质，推进素质教育"。2007 年 5 月，党中央颁布了《中共中央国务院关于加强青少年体育增强青少年体质的意见》，强调指出：当前和今后一个时期，认真落实"健康第一"的指导思想，把增强学生体质作为学校教育的基本目标之一……通过全党全社会的共同努力，不断提高青少年乃至全民族的健康素质。教育部、体育总局、共青团中央先后推出《国家学生体质健康标准》，推行"全国亿万学生阳光体育运动"等具体活动措施，充分体现出新时期党和国家对学校体育教育工作的高度重视。

　　本书编委会在"健康第一"指导思想的指引下，围绕《全国普通高等学校体育课程教学指导纲要》提出的"运动参与"、"运动技能"、"身体健康"、"心理健康"、"社会适应"五个目标，针对当代体育发展趋势和大学生身心特点，结合高校体育精品课程建设及教学改革成果，编撰了本书，着力构建适应现代教育理念、适应高等教育快速发展的大学体育教学体系，促进大学体育教学质量的提高。

　　本书的编撰原则为体现思想性与文化性的结合、科学性与实用性的结合、知识性与健康性的结合、选择性与时效性的结合；融入现代健康新理念、新的教育思想、新的教学模式和新的教学方法，加强校园体育文化建设；坚持以人为本，以学生为主体，从大学生的实际需要出发，既选编了易于学校普及开展的、大学生普遍喜爱的体育项目，又增加了有利于大学生素质拓展的、有挑战性的新兴体育，如野外生存、登山及定向运动等；坚持以提高学生体育能力为主，注重理论与基础知识和技术的衔接、阐述。本书的目的是通过学生自学与教师指导，使学生掌握必备的技能，掌握自我锻炼的方法与途径。

　　参与本书编写的是长期从事大学体育教学的骨干教师，具有丰富的实践经验，扎实的理论知识，较强的业务水平和创新精神。本书在知识选择、结构设计和写作风格方面都极具特色。全书的第一章～第三章、第五章、第十六章由西安培华学院雷耿华编写；第十一章、第十二章、第十五章由西安文理学院徐亚军编写；第六章～第九章由西安培华学院周强编写；第十章、第十四章、第十九章、第二十章、参考文献由西安培华学院马德厚编写；第四章、第十三章、第十七章、第十八章由西安培华学院黄慧编写。全书由西安电子科技大学徐国富、白光斌统稿。

编委会

2011 年 5 月

目　　录

第一章　大学体育文化教育

　　体育运动是造就全面发展的个人的重要手段。体育运动文化具有坚韧不拔、锲而不舍、顽强拼搏的本质特征，这也是人类自强不息、发达昌盛不可缺少的品质。体育运动是一种物质力量，也是一种精神力量，这种力量体现在运动员在竞赛中表现出的崇高精神、顽强意志、良好作风和高尚品德，以及对全社会精神和道德风貌所产生的强大的激励调节作用。人们厌恶阴谋竞争与野蛮竞争，希望公平竞争和规范竞争，体育文化本身就是人类社会公平、规范竞争的典范，体育运动的文化内涵是在保证竞技体育公平竞争的前提下，培育人在社会生活中的平等和规范观念。通过体育运动建立公平、民主的社会氛围，在体育运动中树立公正、民主、竞争、团结、友谊、谦虚、诚实的观念，这对于调整人与人、人与集体、人与社会的关系是不可缺少的。

第一节　体育文化概述

　　长期以来，"体育文化"这一概念的内涵、外延差异很大，体育文化有广义与狭义之分。狭义的体育文化，指体育运动某一方面的文明因素。广义的体育文化，指体育运动本身所蕴含的、围绕体育运动所形成的一切物质文明与精神文明的总和，它综合各种利用身体练习和提高人的生物学和精神潜力的范畴、规律、制度和物质设施。我们按照"文化"的一般定义把"体育文化"概括为三个层次：表层是运动形式(包括身体运动形式及所使用的场地、器材等物质形态)；中层是体育体制(包括体育的社会组织形态和教学训练体制)；深层是体育观念(包括身体观、运动观、价值观、方法观等)。

一、体育文化起源的历史背景

　　文化一词起源于拉丁文的动词"colere"，意思是耕作土地，后引申为培养一个人的兴趣、精神和智能。文化概念是英国人类学家爱德华·泰勒于1871年提出的。他将文化定义为"包括知识、信仰、艺术、法律、道德、风俗以及作为一个社会成员所获得的能力与习惯的复杂整体"。文化在汉语中实际是"人文教化"的简称。文化的实质性含义是"人化"或"人类化"，是人类主体通过社会实践活动，适应、利用、改造自然界客体而逐步实现自身价值观念的过程。这一过程的成果体现，既反映在自然面貌、形态、功能的不断改观上，更反映在人类个体与群体素质(生理与心理的、公益与道德的、自律与律人的)的不断提高和完善上。由此可见，凡是超越本能的、人类有意识地作用于自然界和社会的一切活动及其结果，都属于文化；或者说，"自然的人化"即是文化。

　　体育的历史与人类历史一样悠久，在人类文明的历史长河中，体育文化是一个逐渐发展的过程，是人类整个文化的重要组成内容。然而人类在与自然的斗争中，在很长一段时间里对体育文化的认识处在不知不觉之中。人是处于第一位的，身体运动是为人自身服务的。体育以其教育的形式出现，则是"有教无类"的。体育是以身体活动为媒介，以谋求个体身心健康、全面发展为直接目的，并以培养完善的社会公民为终极目标的一种社会实践活动。由此揭示出，体育是属于人类社会中每一个人的，且以教育的形式出现，理当作用于人的一生。在人的一生中，与其生理、心理和社会的需要最贴近的体育追求是健、美、乐。

　　历史资料表明，真正感受到体育文化对人类社会发展产生直接影响，还是在19世纪中叶的欧洲文艺复兴之后。20世纪50年代，随着世界各国经济文化、科学技术的迅速发展和人民生活水平的日益提高，体育由学校扩展到社会，走进千家万户，逐渐深入到社会的每一个角落，因而在其内容形式上不断丰富，其影响与作用远远超出了学校中身体教育的范畴。于是体育的外延被扩大，社区体育应运而生。与此同时，随着人类中普遍存在的竞争意识不断渗透到人体技能的较量上，竞技运动蓬勃兴起。随着时间的推移，逐渐形成了今天如此灿烂夺目的体育文化。"体育是人类针对自身，以其身体运动为基本手段，以获得并保持终身健美乐为目标的一种社会文化现象。"

二、体育文化的产生和发展

　　关于体育文化的产生和发展有很多种说法，但比较集中的有以下六种。

1．劳动起源论

　　劳动创造了人类，同时劳动创造了体育文化，从总体上说，人类的文化是通过人类自己的灵巧双手和睿智大脑的思维创造出来的。早期人类在恶劣的自然环境中求生存，学会了奔跑、跳跃等体育技能，并在追捕猎物等活动中发展了速度、耐力、力量、灵敏等各种身体素质。文字的发明，促使形成脑力劳动和体力劳动的人类第二次分工。这个时候的体育鲜明地体现为以生存为直接目的，进行各种能力的训练。

2．军事起源论

　　由于个人之间为争夺狩猎得来的猎物而产生的冲突，到后来发展到部落之间的武装冲突，各部落为了提高自己的力量进行了有组织的身体训练，其中还包括摔跤、飞镖、棍棒等技能。在反对外来民族压迫的斗争中，它起到军队的作用，在国家消亡之前，军队是需要的。在和平时期，作为一个国家、一个民族，运动也是需要的。

3．游戏起源论

　　当原始人在获得丰富猎物后，特别是在丰收之后，聚集在一起以游戏欢舞表示庆贺，并以欢唱和舞蹈表达内心的喜悦，从而发明了一些来自于劳动形态中的动作，加以演化出来，形成跑、跳、投等技术动作。

4．宗教起源论

　　原始社会后期，生产力水平低下，又受到四季和环境的困扰，原始人由于科学知识的匮乏和对大自然中风、雨、雷、电等一系列自然现象的敬畏，自认为天地间有神灵存在，为求助于自然恩施，祭祀天地而形成原始宗教活动，并由此派生出各种体育形式来进行求助祭拜。

5. 教育起源论

由于生产劳动的发展和社会进步的需要，那些在战争、游戏中演变出来的运动技能、技巧，必须通过劳动教育的方式传授给后代，既延续了上述各种技能和身体素质，又逐步脱离了动物野性，同时在实践中继续改进和提高运动技术、技巧，向人性方向进化，形成了具有文化内涵的体育生活。

6. 养身起源论

人的身体，从母体生下来之后，整个身体器官就按一定的规则在运作，"夫物，散必有统，分必有合，天地间四面八方，纷纷者各有所属，千头万绪，攘攘者自有其源。盖一本可散为万殊，而万殊咸归于一本"，人与自然的结合在于通过与自然的交换排除身体内部的浊气，吸取真气，五脏通达、六腑调和。

体育文化的产生是人类从原始社会进步到现代文明社会的过程中，生产生活中各种因素相互交融演化的结果。体育文化是人类在创造文明、改造自然的过程中，由生存本能改变成生产生活技能时，通过劳动和游戏、教育以及合理的竞争方式逐步地形成的人类社会特有的文化现象。

第二节　体育文化的特性

体育文化作为人类社会的现实存在，具有与人类本身同样古老的历史，体育文化是人类本身需求的特殊反映。它是人类在体育生活和体育实践中创造出来的，并通过有形的身体形态、动作技能、运动器材、物质以及无形的与社会属性相关的意志品质、团队协作能力、时代精神面貌反映出来。

"文"与"化"并联使用，较早见之于战国末年儒生编辑的《易·贲卦·象传》："刚柔交错，天文也；文明以止，人文也。观乎天文，以察时变；观乎人文，以化成天下"。在汉语系统中，"文化"的本义就是"以文教化"，它表示对人的性情的陶冶、品德的教养，本属精神领域之范畴，随着时间的流变和空间的差异，现在"文化"已成为一个内涵丰富、外延宽广的多维概念。体育文化和其他文化一样反映了一个时代、一个国家或民族的特征，并规范着人们的体育行为，也影响着人们的价值观念，从而成为众多学科探究、阐发、争鸣的对象。

体育文化的实质性含义是"体育人文化"或"人文化体育"，是人类主体通过社会实践活动，适应、利用、改造自然界客体而逐步学习和掌握各项生产生活活动的过程。凡是超越本能的、人类有意识地作用于自然界和社会的一切生产生活活动及其结果，都属于体育文化；或者说，"自然的人行为化"即是体育文化。

体育文化是一种社会现象，是人们长期创造形成的产物，同时又是一种历史现象，是社会历史的积淀物。确切地说，体育文化是一个国家或民族的历史、地理、风土人情、传统习俗、生活方式、文学艺术、行为规范、思维方式、价值观念等的集中体现。

中国体育文化是在儒家文化的长期影响下形成的，追求"统一"、"中和"、"中庸"之道，重视修身养性的内向性、封闭性和圆满性。

所谓体育文化，广义是指为丰富人类生活，满足生存需求，以身体为媒介，把满足人类需求的身体活动进行加工、组织和秩序化，形成获得社会承认的、具有独立意义和价值的文化。也即人们在体育生活和体育实践过程中，以身体形态变化和动作技能所表现出来的具有运动属性的文化。从中可以看出，体育文化反映了以下特征：

(1) 体育文化总是与人的体育生活紧密联系在一起。时代在不断地演化和发展，各个不同的历史时期有着不同的生产方式。人们总是生活在一个特定的环境中，这个生活环境对人类来说，产生了重大的影响。因此，文化也具有特定的性质、特定的内容和特定的形态，表现出鲜明的时代性。

(2) 反映本民族的、传统的体育特征，这些传统的体育文化规范着本民族的体育行为，也影响着人们不同的体育价值观念。各个不同地域的人类，创造了不同类型、不同形态的文化，又塑造了具有不同文化特征的群体。任何形式的民族文化，都与本民族的形成延续和发展密切相关，都与本民族的地理环境、人种特点、风土人情、经济条件、生产水平乃至社会结构相适应。

(3) 体育文化又总是和一个地域或民族的社会文明、物质文明以及自身的发展产生具有互动发展的关系。任何文化都离不开大众，更离不开社会。如果说人离开了文化，那么就不能成为真正的人，同样，社会离开了文化就会变成一个愚昧的社会。

(4) 从科学分类看，体育文化是一门自然科学和社会科学相结合的综合性科学；从文化学角度看，体育文化是人类整体文化系统中的一个分支。但是，体育文化有着它特有的个性，它的产生和发展有着自身的变化规律，因此它具有独立性的一面。文化的差异性既表现在一个地区、一个民族的行为习惯上，也表现在价值标准和价值观念上。

(5) 体育文化具有继承性，也可称为传统性。在养生学的发展中，东方人原先主张以静养生，后来有人主张以动养生，再后来主张动静结合。这是人们对体育文化延续和不断深化认识的过程。

第三节　体育文化的价值

现代体育教育和世界教育发展潮流是一致的。一百多年来，体育教育不但极大地丰富了体育文化，提高了体育在社会中的地位和价值，而且在促进人的"全面发展"、"协调发展"、"完善发展"中起到了重要作用。

一、奥林匹克运动文化的价值

现代奥运会经过一百多年的发展，已经成为世界上无与伦比的最广泛的社会文化现象。现代奥运会是对古代奥运会的继承和发展。奥林匹克精神表现为参与、竞争、奋斗、公正、友谊、和平，这也正是体育所培养、追求的境界。现代体育的发展促进了奥林匹克组织体系的完善，国际奥委会组织本身就是现代体育国际化的产物。现代体育还大大丰富了奥林匹克活动的内容，这不仅表现在越来越多的国际单项体育组织加入奥林匹克大家庭、奥运会项目和规模的逐渐增加，同时还表现在奥林匹克活动内容与方式越来越丰富多彩，并使以体育运动为载体的奥林匹克运动成为人类文明的重要力量。

二、竞技体育文化的价值

体育与人类的生存、发展紧密相连，人类创造了体育，也创造了体育文化。体育文化是一种竞技运动文化。正是人类对这一种竞技运动文化进行了改造，经济、文化才不断地获得创新与发展。正如《奥林匹克宪章》中所说："奥林匹克主义是增强体质、意志和精神，并使之全面发展的一种生活哲学。"体育正向着竞技与艺术相结合、形体美与心灵美相结合的形态发展。

三、大众体育文化的价值

体育是建立人们相互沟通和友谊的重要手段。进入文明社会以后，战争如同梦魇伴随着历史的漫漫长夜，而体育运动所具有的公平、友好精神则在不同国度、不同种族、不同文化参与者之间架起了沟通和友谊的桥梁。在运动场上，人们不分国家和地域，不分肤色与种族，不分宗教与文化，坦诚相见，以情相娱，从而达到减少战争，促进世界和平的目的。体育运动使个体得到全面的发展，它所树立的公正、民主、诚实等观念，促进了和谐社会的建立。顾拜旦认为，如果人人都表现出良好的体育精神，整个社会就会向更文明的方向迈进。

四、中国传统体育文化的价值

传统文化是中国古圣先贤几千年经验、智慧的结晶，其核心就是道德教育。在当前文化缺失、物欲横流的大环境下，有不少人误认道德是限制人们行为的条条框框。其实，有道德的生活才是真正正常、幸福的生活。中国的民族精神基本凝结于《周易大传》的两句名言之中，这就是："天行健，君子以自强不息"、"地势坤，君子以厚德载物"。自强不息、厚德载物是中国传统文化的基本精神，是贯穿于中国古代的社会生产活动和生产力、社会生产关系、社会制度、社会心理和社会意识形态这五个层面的主要线索、本质和核心。

五、校园体育文化的价值

校园体育文化作为学校教育的重要组成部分，在德、智、体、美、劳全面发展的教育方针中，在培养身心健康及具有创新精神和实践能力的社会主义现代化合格人才中具有十分重要的作用。

1. 古代校园体育文化

古代体育尚处在原始教育阶段，其中的"射、御"不够完备，还谈不上具有规模性的学校体育，当然也就说不上校园体育文化了，但它也表现了不同时代的体育文化现象。

2. 近代校园体育文化

我国学校体育从孕育到诞生经历了一段漫长的历史过程。从1840年开始，帝国主义用炮艇轰开了我国闭关自守的大门。随着军事侵略，国外传教士纷纷来到中国，建立教会、兴办学堂，进行体育文化渗透，并在校园里积极开展了西方体操等多项体育活动。

3. 现代校园体育文化

"五四"新文化运动对学校体育的贡献在于对军国主义体育和国粹体育给以强烈的批评。与此同时，剔除了兵操内容，将体操课改为体育课，并引进西方体育。这虽然是文化流动的结果，但也引起了与传统体育文化的冲突。直到新中国成立，才确立了以增强体质为目标的学校体育文化，并为学校体育的发展开辟了广阔的前景。

4. 当代校园体育文化

当代校园体育文化在坚持具有中国特色的社会主义体育教育方向的同时，既要发展中华民族传统的体育文化，又要引进国际先进的体育文化。为完成未来体育教育的使命，我国当代校园体育肩负着以下历史使命：

(1) 树立"健康第一"的教育指导思想。要树立在生理上、心理上和社会相适应的全面性健康要求，并明确要求加强学生的心理健康教育和对社会的责任感，培养坚忍不拔的意志和艰苦奋斗的精神。

(2) 培养终身体育教育观念。终身教育是法国的保尔·朗格朗于 1965 年任联合国教科文组织成人教育局局长时提出来的。他认为，接受教育应当是每一个人从生到死永不休止的事情，终身教育是教育定向上的整合，终身体育是终身教育的一个组成部分。

(3) 校园体育文化的多样性。校园体育文化的宗旨主要是培养学生体育精神、体育意识和体育技能，提高体育文化素养，增进学生身心健康，并在此宗旨指导下开展多种多样的校园体育文化活动。

第四节　体育文化与校园文化

从社会学角度审视，体育文化的存在体现了人的一种社会需求。体育已从单纯的肌肉活动，并与文化隔离的状态下解脱出来，成了既是体育又是文化，既是锻炼又是娱乐，既是运动又是教育，既能观赏又能参与的一种特殊的社会文化现象。在现代教育与现代体育这两大人类文化体系的交汇处，存在着一种独特的社会文化现象——校园体育文化。它是整个体育文化体系中的一部分，也是整个教育文化体系中的一部分。校园体育正是人在学校特殊的环境中产生和演进的，完全符合上述文化涵义，其结构本质是一种耗散结构，其系统是一个动态系统，其根本是一个不断创造的过程。体育涵盖了文化研究中的人与自然、人与人、人的精神与物质关系的全部三个方面。

一　校园文化

校园文化是"以校园为空间，以学生、教师为参与主体，以课余活动为主要内容，以文化的多科学、多领域广泛交流及特有的生活节奏为基本形态，具有时代特点的一种群体文化"。同时，校园文化又是一个多层次、立体的文化，涵盖了物质文化、精神文化、生活文化、艺术文化、行为文化、体育文化、社团文化、科技文化、心理文化等多方面的文化范畴。它可以活跃、调节师生的工作和学习生活，增添生活情趣的同时也在提高人们的艺术欣赏能力和文化素养。寓教于乐是校园文化教育功能的延伸；可以陶冶大学生的思想道德情操、培养良好的个性品格、培养高雅的审美情趣，有利于大学生的身心健康发展。它还起着激励凝聚功能，校园文化可以提高人们对学校的荣誉感和责任感，激发师生拼搏进取、奋发向上的精神。实际上，校园文化开展的过程就是大学生自我教育、自我修养、自我提高的过程。

校园文化是一种氛围、一种精神。校园精神是一个学校发展的灵魂，是凝聚人心、展示学校形象、提高学校文明程度的重要体现。校园精神对大学生的人生观产生着潜移默化的深远影响，而这种影响往往是任何专业课程都无法比拟的。精神文化是校园文化的核心，高等院校的文化品位主要通过校园文化的建设来提升。健康、向上、丰富、有序的校园文化对大学生的个性品格形成具有渗透性、持久性和选择性。

二、校园体育文化

体育作为一种文化存在，它既可以满足人的生理健康需求，又可以满足人的精神需求，同时也是一种社会文化需要；既是一种健身娱乐的方式、方法，又是一种社会文化的继承、发展和影响。"体育文化存在的一个重要特征是它的民族性和人们需求的多样选择性，即体育文化并不具有统一的模式，它是根据不同民族、不同年龄、不同性别、不同职业、不同阶层，以及不同社会发展阶段人们的不同需要而存在的。"

校园体育文化作为社会亚文化的一种特有现象，是指在学校这一特定的范围内，人们在实践过程中所创造的物质财富和精神财富总和的一部分。校园体育文化的发展离不开学校体育这片沃土，学校体育是校园体育文化的基础，也是学校教育的重要组成部分，具有培养学生的体育能力、运动兴趣及习惯，增强学生体质，促进学生身心全面健康发展等功能。

校园体育文化作为社会文化的形态之一，具有强烈的个性，它来源于社会大文化，具有自己的特殊功能。校园体育文化的灵魂与核心就是校园精神，而校园精神是深层次的群体意识，又是群体的向心力与凝聚力，是校园群体共同的价值认同、价值取向、心理特征、行为方式。有人把学术文化比作校园精神文化之首，而把体育文化看做是校园精神文化之躯。因此，体育文化作为校园精神建设的一种途径和形态构成了校园文化不可缺少的一部分。

校园体育文化是指"在学校这一特定的范围内所呈现的一种特定的体育文化氛围。是人们在教学和科研实践过程中所创造的体育精神财富和物质财富的总和，即学校的师生员工在体育教学、健身运动、运动竞赛、体育设施建设等活动中形成和拥有的所有的物质和精神财富，以及体育观念和体育意识。它是以学生为主体，以课外体育文化活动为主要内容，以校园为主要空间，以校园精神为主要特征的一种群体文化。"这种特定的文化氛围是和学校的培养目标、校风校纪、生活方式等内容相联系的。校园体育文化是一种有着深刻内涵和丰富外延的独特的文化现象，校园体育文化和校园德育、智育、美育文化等一起构成了校园文化群，它又与竞技运动文化、群众体育文化一起组成了广义的体育文化群。

三、竞技体育与校园文化

目前我国高校的体育教学内容仍然是以竞技运动项目为轴线的教材体系，其原因是多方面的，尽管在推行素质教育的今天，也进行了一些改革，但就主体而言，人们认为竞技体育仍是当前学校体育教学的主要内容。

竞技体育有着十分悠久的历史，它源于社会文化和民族文化，具有强烈抗争的性质，是体育活动中最重要的组成部分之一，有着广泛的群众基础。众所周知，一个国家的竞技体育水平代表着这个国家的形象，同样一所学校也往往会由于他们的高水平的竞技体育而被大家所熟知或更加著名。发达国家的不少大学都致力于培养一支高水平的运动队来为其学校争创知名度。正因为竞技体育已远远超出本身的价值，所以我们可以认为它是社会政治、经济和文化的集中体现之一。竞技体育文化是构成体育文化的核心，因此向学生传授基本运动技术、战术、规则，是提高学生体育文化水平的需要。我国学校体育中竞技运动项目作为学校体育教学内容已延续了几十年，它是师生课余体育锻炼，丰富校园文化生活的一种重要手段。毫无疑问，竞技体育已经是校园体育文化的一部分。

四、中国高校校园体育文化

为数不少的高校通过体育文化的营造对校风、学风建设进行引导。学校以丰富多彩的活动为载体，着力营造人文、科学精神相融合的校园文化，使学校思想政治状况、宣传舆论氛围、师生文明素质、校园综合治理等方面均呈现出新的气象，促进了教职员工的交流与沟通，增进师生员工的团结和深度融合。

校园体育文化作为一种社会文化，是学校在长期的教学实践过程中逐步形成的，更是在广大师生直接参与和精心培养下发展起来的。它对改善学生的智能结构，加强学校与社会的交往，传承、借鉴人类社会的文明，提高学生的积极性、主动性和创造性，促进教育改革的深入发展具有特殊的地位和作用。校园体育文化是存在于学校这一特定环境中的文化形态。公平竞争、团结协作、自强不息、自信不止是体育精神的精髓，它以其特有的魅力与作用对学生的身心健康发展起着强大的潜移默化的影响，更成为校园文化对内、对外展示的窗口。"更快、更高、更强！"、"团结、友谊、进步！"、"重在参与"、"公平竞争"等奥林匹克精神，其魅力就深藏在体育文化的底蕴之中。体育及体育文化是校园文化中最活跃、参与人数最多、开展最广泛、持续时间最长、对人产生极其深远影响的文化活动。

大学校园的人文气息和文化氛围深深地影响着一代代学生的成长，在推动校园文化和精神文明建设中，所形成的高校校园体育文化发挥了其不可替代的作用。通过丰富多彩的体育文化活动，在学校范围内营造一种健康文明、团结向上、高雅清新、竞争有序的校园文化氛围。以体育活动为载体，为师生提供一方舞台，以公平竞争、团结协作、拼搏进取为宗旨，以"健康、快乐、文明"为目标，来培养师生的体育道德素养，让师生们树立新的体育理念和科学的健身方法，养成终身锻炼的习惯，使体育成为人们健康的生活方式，也是举办体育文化节的宗旨之一。

校园体育文化是营造学校人文气息和文化氛围重要的、且不可缺少的内容，可以说是推动校园文化发展的最有力的催化剂。体育及体育文化有利于培养人们顽强拼搏、永攀高峰的精神品质，有利于弘扬团结合作、公平竞争的社会风尚，有利于树立民族自尊心、自信心和自豪感，增强爱国主义、集体主义观念，有利于促进学生身心健康。总之，体育对振奋精神、增强学生的凝聚力、提高学生道德品质、展示学校形象、提升学校水平都具有重要的意义。体育运动是体育文化发展的主要载体，它不仅能起到增进健康，增强体质的作用，更重要的是在体育运动中所崇尚的是一种公平竞争、团结协作的道德风尚；一种尊重自己、尊重他人、自强不息、自信不止的道德品质；一种促进相互交流、相互协作的精神，这正是我们所应追求的人文精神。校园体育文化不仅具有丰富的体育知识，而且能修身养性，传播健康方法，营造健康向上、积极活泼的校园文化氛围，给学生搭建充分展示才华和特长的平台。更重要的是，通过丰富多彩的活动，还可以培养学生的组织能力，增强学生的参与意识，促进学生人格的完善和情感态度价值观的形成，提高大学生的品德修养。在弘扬积极向上的校园体育文化熏陶中，在忘我的拼搏中，锻炼了意志品格，陶冶了情操，心灵得以净化，人格得以升华。这对大学生的身心健康将起到非常积极的作用。

五、体育文化在大学人文素质教育中的作用

人文素质教育是以塑造人的精神境界、人格品位乃至民族精神为主要内容的教育。"人文素质教育的目的，主要是引导学生如何做人，包括如何处理人与自然，人与社会，人与人的关系以及自身的理性、情感、意念等方面的问题。"许多人都认为现今中国的大学校园变得浮躁、媚俗、功利，缺乏诚信，缺乏人文关怀。有人提出"净化心理、提高德商、健全心商"是高等教育刻不容缓的任务。

体育文化的传播就是大力弘扬符合社会发展的人文精神。校园体育文化是维系学校团体的一种精神力量，在培育校园精神、促进精神文明建设，营造学校人文气息和人文氛围中起着重要的作用。

要充分利用体育文化资源，以人为本，让师生通过参与校园体育文化活动，去了解社会，去接触社会，培养团结协作、顽强拼搏、勇于进取、尊重事实、崇尚理性的精神风貌，促进素质教育的全面贯彻实施。

第五节　体育文化与素质教育

目前我国正大力提倡素质教育。所谓素质教育，就是依据人的发展和社会发展的实际需求，以全面提高全体学生的基本素质为目的，注重开发人的潜能，注重形成人的健全个性的教育。它是全面发展的教育，包括德、智、体、美、心理及其他等方面的教育。民族素质包括三个方面：思想道德素质、科学文化素质和人体素质。人体素质的水平是由多方面因素所形成的，其中体育对人体素质的形成是重要的因素。

素质教育是针对应试教育而提出的，它是面对我国教育观念、教育体制、教育结构、人才培养模式、教育内容和教学方法相对滞后，影响了青少年的全面发展，不能适应提高国民素质的需要而提出的一个充满生机的有中国特色的社会主义教育体系。在这个体系中，体育占有非常重要的地位。在"决定"中明确规定："实施素质教育，必须把德育、智育、体育、美育等有机地统一在教育活动的各个环节中。学校教育不仅要抓好智育，更要重视德育，还要加强体育、美育、劳动技术教育和社会实践，使诸方面教育相互渗透、协调发展，促进学生的全面发展和健康成长。健康体魄是青少年为祖国和人民服务的基本前提，是中华民族旺盛生命力的体现。学校教育要树立健康第一的指导思想，切实加强体育工作，

使学生掌握基本的运动技能，养成坚持锻炼身体的良好习惯。确保学生体育课程和课外体育活动时间，不准挤占体育活动时间和场所。举办多种多样的群体性体育活动，培养学生的竞争意识、合作精神和坚强毅力。"也可以说，体育在素质教育中有基础性和关键性的作用，"德、智皆寄于体，无体则无德智也"。

体育本身所具有的功能也使它在素质教育中显得更为重要。它不但可以健康体魄，还可以促进人的全面发展。体育对提高人的智力，促进人身心健康都有不可替代的作用。这也是体育的价值所在。尤其体育教育就其目的、任务的特殊性而言，它不同于大众体育和竞技体育。它突出的特点，就是其本身所具有的特殊的教育属性。

当今社会是一个竞争激烈的社会，这就要求学校在培养人才的同时要注重全面素质的培养。校园体育文化在特定的范围、特定的功能下被赋予了特定的作用：通过校园体育文化使学生拥有坚强的体魄、健康的体质、坚强的意志、良好的品质。因此，素质教育决不能没有校园体育文化，校园体育文化是素质教育的重要内容，它担负着重要的使命，具有十分重要的地位。体育是学校全面发展教育方针的一个重要方面，是学校教育工作的重要组成部分。学校体育通过体育课、课外活动，以及其他的体育组织形式，能够有计划和科学地锻炼学生的身体，增强他们的体质。同时，体育又能促进德育、智育、美育的发展。

1. 可以培养学生的竞争意识

现代社会是一个到处充满竞争的社会，而竞争的意识又是与竞技体育息息相关的。在体育运动中，不讲门第、不分尊卑；在竞赛活动中，不存在除个人身体、心理以外的任何不平等，学生在体育锻炼中、在运动中、在竞争中充分发挥自己的潜能，体现自己的力量。体育运动中最讲法制，不徇私情；最讲现实，不论资历；最讲务实，不图虚妄。这就要求每一个参加者都应当尽自己最大的能力去竞争，特别是一些直接对抗性的运动项目，如足球、篮球、拳击等，从而渐渐增强学生们的竞争意识和顽强毅力。

2. 有助于培养学生良好的社会道德与合作精神

在竞技体育中，各项运动都必须遵守严格的规则，人们只能在规则允许的情况下努力创造成绩，任何违反规则的行为都会遭到谴责和惩罚。同时，在一个集体项目中，每个人都有自己的角色，每一角色都有其特定的行为要求，必须依角色要求行动，这就十分有利于人的社会化，有利于培养人的遵纪守法的观念和行为。竞技体育始终遵循着"机会均等、优胜劣汰"的基本原则，严格的规则和公正的裁判可以培养学生公平竞争的观念；通过竞技体育也可以学习和锻炼如何正确对待竞争中的失误和失败，磨练坚强的意志，增强抗挫折能力，使学生在激烈的社会竞争中具有顽强意志。学生通过参与竞技体育运动，可以培养出良好的体育道德，进而养成优良的社会公德，即如何对社会群体、组织的公益事业做出贡献，怎样提高社会意识，怎样发展对别人的权利和感情的尊重和理解。竞技运动为我们提供了这样一个社会生活的学习和锻炼的机会和场所。正是在这些规则和纪律的约束和限制下，才能让学生逐渐使自己的行为符合规范。学生通过正确处理个人与集体、自由与纪律、个性与共性的关系，从而加强组织纪律性。在这样一种强制而又自然的环境中，学生都努力控制和约束自己的不良行为，努力表现出良好的道德风貌，为形成良好的道德品质和习惯打下基础。

3. 有助于培养优良的个人品行

竞技体育有助于培养人的乐观精神和自信心，敢于竞争，敢于胜利，要求改革自我、超越自我等社会生活中不可缺少的优良品行；通过竞技体育还能培养领导与服从和充分展示与自我约束的良好行为。有实验证明：有竞赛经历的学生能显示出较好的个人修养和社会适应性，表现出更高的组织领导能力。因为竞技体育为承担责任、作出决定、影响他人等领域的重要品质提供了锻炼的机会。另一方面，竞技体育又具有培养服从等一些品质的趋向，如尊重、遵守规则，服从裁判等。学生从竞技体育中也能培养应当无敌意或无怨恨地接受批评的意识，不应有超越规定，严重伤及对手的行动。竞技比赛有时需要有自我约束或自我牺牲的精神，不仅建立在意志和取胜的欲望上，还必须建立在豁达的宽容心理上。这些品行都是个人立足于社会的重要条件。同时，人与人之间正常的关系以及公共生活中的基本准则也能被学生所体验和感受，从而促进他们形成正确的道德意识。

4. 有助于提高学生对社会的适应能力

研究表明，在体育运动，尤其是体育竞赛中，每一项竞赛都有获胜者，然而最终获得胜利的并不多，而且赛场上是没有常胜将军的，任何人都要承受挫折，经受一次又一次失败的痛苦。作为参加竞赛的主体——学生，在教师的帮助下，要做到胜不骄、败不馁，失败了就总结经验，吸取教训，而不是一直沉浸于失败中。尤其是在比赛中当自己落后于对手时，不气馁，顽强拼搏，才能最后战胜对手。在激烈的对抗中，在努力拼搏的奋斗中，接受成功或失败、表扬或批评的心理锻炼。在与他人交往和冲突中，学生对社会环境的适应能力及心理承受能力受到很大磨练，使学生得以从学习压力、心理伤痛等方面解脱乃至超越出来，从而保持良好的精神状态，以更充沛的精力迎接新的挑战。对社会现象是与非评价、道德标准与做人原则等在社会认识上的价值取舍，都可以在运动中受到检验，因此人们认为竞技体育运动能测试出个人对社会的适应能力。

5. 为智育的发展创造良好的条件

人体素质的提高，会改善智力条件，对学生的智能、学习成绩产生一定影响。经常参加体育运动的人，视觉、听觉等感觉器官都比较敏锐，大脑神经细胞的反应速度较快，大脑皮层的分析和综合能力也较强。生理学家巴甫洛夫说过："……我毕生热爱脑力劳动和体力劳动，或许更多热爱体力劳动，当手脑结合在一起的时候，我就感到特别愉快，我衷心希望青年们能沿着这条唯一能保证人类幸福的道路继续前进。"巴甫洛夫所提出的道路，正是体力与智力结合，手脑结合，全面发展的成才之路。体育锻炼不仅能促进学生身体素质的提高，确保身体健康，更能促进学生智力的发展。经大量的实验证明，经常坚持体育锻炼不仅可以提高人脑的质量和皮层的厚度，增强大脑的功能，而且能养成学生敏锐的感知能力、灵活的思维和想象能力，以及良好的注意力和运用科学文化知识的能力。通过校园体育锻炼，能调节紧张的神经，使大脑得到休息，从而提高大脑抗疲劳能力，使头脑清醒，精神焕发，为提高学习效率提供了重要的条件。

校园体育作为教育的一部分，在传授体育运动知识、技能和增强学生体质的同时，也是培养和发展学生道德品质的重要手段。体育教学的主体是青少年，由于青少年活泼好动，喜爱体育活动，因而他们的思想行为、个性爱好、意志品德等在体育活动中都能最充分地表露出来。另外，参加体育活动，有助于培养学生喜欢交往的性格，融洽群体的人际关系，克服自卑感和孤僻等不良心理，培养学生积极向上、拼搏进取等个性心理品质。

第二章 体育锻炼与身心健康

第一节　体育锻炼与身心健康概述

人类的身体健康和心理健康之间存在着相互依赖、相互影响的关系。体育活动既是一项身体活动，也是一项心理活动。体育活动不仅可以增强人的体能，预防疾病的发生，提高身体健康水平，而且有利于增进心理健康。

一、身体健康

身体健康是一个相对的概念，不同性别、年龄的健康标准不完全一样。世界卫生组织制定了健康十条标准：① 充沛的精力，能从容不迫地担负日常生活和繁重的工作而不感到过分紧张和疲劳；② 处世乐观，态度积极，乐于承担责任，事无大小，不挑剔；③ 善于休息，睡眠好；④ 应变能力强，能适应外界环境中的各种变化；⑤ 能够抵御一般感冒和传染病；⑥ 体重适当，身体匀称，站立时头、肩位置协调；⑦ 眼睛明亮，反应敏捷，眼睑不发炎；⑧ 牙齿清洁，无龋齿，不疼痛，牙龈颜色正常，无出血现象；⑨ 头发有光泽，无头屑；⑩ 肌肉丰满，皮肤有弹性。在上述十条标准中，除第②条外，剩余九条均是关于身体健康的标准。

二、心理健康

心理健康是一个非常复杂且综合性很强的概念，其影响因素包括生理、心理和社会文化等方面。第三届国际心理卫生大会认为，心理健康是指在躯体上、智能上、情感上与他人的心理健康不相矛盾的范围内，将个人心境发展成最佳状态。心理健康应符合以下条件：① 智力正常；② 适当的情绪调节能力；③ 自我评价真实客观；④ 具有良好的人际关系。

三、体育锻炼

对于体育锻炼，不同的人对它有不同的理解，一般认为体育锻炼是指各种与心肺功能、肌肉力量和耐力、柔韧性等有关的活动形式，通常指那些有计划、有规律、重复性的、以增强体能为目的的身体活动。因此，进行体育锻炼时，应遵循以下基本原则：

（1）全面性原则：指通过体育锻炼使身体形态、机能、 素质和心理品质等都得到全面和谐的发展，这也是体育锻炼的目的。要达到这一点， 一方面尽可能选择对身体有全面影响的运动项目；另一方面，也可以某一项为主，辅以其他锻炼项目。

(2) 经常性原则：指应坚持长期的、不间断的、持之以恒的体育锻炼。众所周知，生命在于运动，运动贵有恒。人体是有机体，只有在经常地体育锻炼中方能得到增强。

(3) 渐进性原则：指体育锻炼的要求、内容、方法和运动负荷等都要根据每个人的实际情况，由易到繁，运动负荷由小到大，逐步提高。研究表明，人体各器官的机能，是一个逐步发展，逐步提高的过程，即锻炼效果是一个缓慢的由量变到质变的逐渐积累的复杂过程。

(4) 个别性原则：指每个参加体育锻炼的人，应根据自己的实际情况，选定锻炼内容和方法，安排运动负荷。每个参加体育锻炼的人，情况都不相同，如年龄、性别、健康状况、锻炼基础、营养条件、生活及作息制度等。因此锻炼者应根据自身状况进行正确估计，从实际出发，使锻炼的负荷量适合自己的健康条件，以期达到良好的锻炼效果。

(5) 自觉性原则：指进行身体锻炼出自锻炼者内在的需要和自觉的行动。锻炼在于自觉，锻炼者应把锻炼的目的与动机和树立正确的人生观联系起来，这样，才有助于形成或保持对身体锻炼的兴趣，调动和发挥更大的主动性和积极性，使体育锻炼建立在自觉的基础上，以期获得更好的锻炼效果。

第二节　体育锻炼对身心的影响

一、体育锻炼对身体形态的影响

身体形态包括体格、体形、体态等。体育锻炼对身体形态的良好作用：

(1) 对骨骼的影响：坚持体育锻炼，可促进人体血液循环和新陈代谢，确保有充足的营养物质供应给骨骼，从而促进骨细胞生长发育，骨密质增厚，骨小梁的排列根据压力和拉力不同变得更加整齐、有规律，骨表面的突起更加明显和粗糙，更有利于肌肉和韧带牢固地附着在骨骼面上。科学研究和实践都表明：坚持体育锻炼的人的骨骼要比一般人粗壮、坚固和稳定，骨的抗折、抗弯、抗压和抗扭曲性都较强，骨的承受能力和生长发育较好。

(2) 对肌肉的影响：实践表明，坚持体育锻炼的人的肌肉重量要比一般人增加 10%～15%，显得肌肉丰满、结实、有力、匀称、协调和有弹性。

(3) 对关节、韧带的影响：由于坚持体育锻炼，增强了关节周围肌肉和韧带的收缩性和弹性，同时也使关节囊增厚，关节摩擦增加，所以，关节活动显得灵活、敏捷、幅度大。骨骼、肌肉、关节等对良好身体形态的形成起着至关重要的作用。

(4) 坚持体育锻炼能增加能量消耗，减少多余能量储存，避免脂肪聚积，是健美肌肉，防止肥胖的最佳、最有效的方法。

二、体育锻炼对身体机能的影响

1. 改善和提高心肺功能

经常参加体育锻炼能增强人体氧运输系统的功能，使心肺功能更强，身体健康。对心血管疾病有良好的预防作用。锻炼可以改善人体内的物质代谢过程，减少脂肪在血管壁的沉积，保持并增进血管壁的良好弹性，对预防心血管疾病有积极的作用。

2．改善和提高神经系统的功能

坚持体育锻炼，可使大脑对氧的利用率从 25% 增加到 32%，保证了充足的氧气、营养特质提供给神经系统，从而促进脑细胞的生长发育，使大脑的沟和回数目增加，大脑皮层增厚，使整个大脑重量增加、体表面扩大。

体育锻炼项目繁多，内容丰富，动作变化复杂，肌肉活动转换频繁。在体育锻炼实践中，神经系统要作出准确、及时和协调的反应和综合处理，一方面必须提高脑细胞的工作能力，即调动更多的脑细胞参与工作(一般人仅有 1/3 脑细胞参与工作，而坚持体育锻炼的人可以提高到 1/2 以上)；另一方面必须提高大脑皮质的兴奋与抑制转换的灵活性和均衡性。

3．改善和提高消化系统的功能

坚持体育锻炼改善与增强了神经系统和心血管循环系统的形态结构和生理功能，保证了在神经系统调节下有足够的血液、氧气和营养物质供给消化系统，为提高消化与吸收能力奠定了物质基础。

进行体育锻炼时，人体代谢活动大大加强，促使代谢率大幅度增加，增加了人体能量的消耗。

坚持体育锻炼促进了消化腺(消化酶)的分泌，大大提高了对食物的化学消化能力；坚持体育锻炼加强了胃肠的蠕动，从而起到了"按摩"的作用，提高了食物的物理消化能力，避免因食物在肠胃滞留时间过长而导致胃肠疾病。

坚持体育锻炼，促进体内释放更多的脑啡呔、内啡呔和甲肾上腺素，使人心情愉快，大大刺激食欲和增强消化与吸收能力。

三、体育锻炼对心理的影响

(一) 体育锻炼与心理疾病的防治

随着心理疾病发病率的不断上升，有关专家认为，人类已经从"传染病时代"，"躯体病症时代"进入到了"精神病时代"，联合国劳工组织的调查报告认为，心理疾病将会成为 21 世纪最严重的健康问题。一般认为，导致心理疾病的原因是由生理、心理和社会影响三方面的因素引起的，其中以心理、社会因素为主要因素。常见的心理疾病有神经症、严重精神疾病、心身疾病、心理社会适应不良引起的综合征和人格障碍性变态等。

体育锻炼作为一种有效地增进身体健康的手段也可以有效地防治心理疾病。这一假设首先在临床心理学的研究中获得了验证，一些心理性疾病(如消化性溃疡、原发性高血压等)，在通过体育锻炼进行辅助治疗后，不仅生理疾病减轻，心理状态也得到了明显改善。

体育锻炼对焦虑和抑郁有防治作用。"抑郁是常见的心理感冒"，它是一种弥散性的心理状态，它不仅仅会对一个人的情绪产生影响，还会影响到人在日常生活中的行为。

抑郁是以情绪持续低下为特征的，一个人如果情绪持续低下超过两周，无论有没有原因，医学上就会怀疑其存在病理性忧郁；如果超过一个月以上则可以判定为患有抑郁症。抑郁症患者常常会经历痛苦的内心体验，是"世界上最消极悲伤的人"，自杀率高达 12%～14%，所以，往往被称为"第一号心理杀手"。抑郁症具体的表现有五个方面：一是懒，表现为无缘无故地突然感觉疲乏无力，自觉懒散无能，甚至连简单的日常生活、工作和家务也懒得应付；二是呆，表现为思维迟钝，动作减少，构思困难，记忆力、注意力和理解力均下降，自己感觉变笨了；三是变，表现为性格明显改变，前后判若两人，自我感觉很差，精力和体力都不如以往；四是忧，表现为情绪忧郁悲观，意志消沉，缺乏自信和活力，有万念俱灰感，心理压抑、沮丧、忧愁、苦恼，对外界事物缺乏兴趣；五是虑，表现为多思多虑，胡思乱想，焦虑不安，犹如焦虑症。此外，抑郁症比较顽固，久治难愈，而且经常会出现长达数周的失眠和全身不适。

　　焦虑是伴随着身体的激发或唤醒产生的一种不安、担忧与焦急的负面情绪状态。心理学研究表明，焦虑水平过高可分散和阻断注意过程，干扰记忆和思维的结果，使人出现不安、紧张、忧伤、焦躁、烦恼等心理变化，这些不良情绪会导致神经系统机能失调，从而诱发精神疾病或心理变态。

　　——虽然有氧锻炼与无氧锻炼都能降低焦虑，但有氧锻炼效果较好。

　　——体育锻炼与调节、降低状态焦虑和特质焦虑有关。

　　——从降低焦虑的效果来看，长期锻炼比短期锻炼更能产生积极的效果。

　　——状态焦虑的减轻可能是因为身体活动的效应抵消了日常生活所产生的压力和困难。

　　——体育锻炼降低焦虑的程度与年龄和健康状态无关。

　　——体育锻炼对感觉高度压力的个体具有特殊的效应。

　　——进行体育锻炼均能减轻焦虑，但在 30 min 以内的锻炼效果最大。

　　——停止锻炼 24 小时内，焦虑程度会回到锻炼前的水平。

　　——体育锻炼降低焦虑与体育锻炼降低肌肉紧张度有关。

(二) 获得较大心理效益的锻炼方式

　　并非任何形式的身体活动都能产生相同的情绪效益，只有科学的身体活动和(或)身体锻炼才与一定的心理效益相联系。对于不同的个体，怎样为其制订适当的锻炼计划，或者对于心理疾病患者，怎样为其开具锻炼处方，以使身体活动产生最大的情绪效益，这是一个十分重要的问题。目前的研究成果还远不能满足锻炼者的需要，美国学者伯格及其同事提出了六条选择最佳锻炼方式的基本原则。

1. 令人愉快和有趣的活动

　　使身体活动和(或)身体锻炼取得最大限度的情绪效益的前提，是参与者从项目中获得乐趣和享受。此外，由于乐趣很可能与锻炼的坚持性相联系，因此它是获得长期健康幸福感的前提(Wankel & Berger，1990)。产生最佳情绪效益的身体活动首先必须是令参与者愉快和感兴趣的活动，这一点是毫无疑问的。

　　然而，对愉快和乐趣的追求存在巨大的个体差异。同是一种活动与锻炼方法，对有些人的情绪可能起积极作用，对另一些人可能不起作用，还可能对一些人起消极作用。例如，有人在恶劣气候条件下锻炼时体验到巨大的乐趣，而另一些人则可能因为不良气候而抵消了锻炼的乐趣。

2. 有氧练习或者有节奏的腹式呼吸的活动

　　许多研究表明：有氧练习与心境改变和(或)应激减少有关。慢跑与健康幸福感的许多方面相联系，如焦虑和抑郁的降低，自我观念的增强，对精神压力的耐受力增高以及出现跑步者高潮(the runner's high)等。

消遣性游泳(recreational swimming)在许多方面与慢跑类似。不仅两种练习在形式上都是有氧的，而且它们都是个体的、周期性的、动作有节律的身体活动。

除了"有氧"这一因素外，腹式呼吸也可能是身体活动和(或)锻炼产生情绪效益的原因。对瑜伽功、步行、低运动负荷功率自行车的心理效益研究显示，这些项目的腹式呼吸特征与心理效益的关系更为密切，提示腹式呼吸比"有氧"更能促进心理效益的产生(Berger & McInman，1993)。我国传统的东方健身术一直很重视有节奏的腹式呼吸对健康的积极作用，太极拳、气功、导引等项目十分强调使用腹式呼吸，这也是腹式呼吸有利于产生积极情绪的一个实例。

3．回避人际竞争的身体活动

一项研究(Riddick，1984)表明：参与者因失败会产生消极情绪。当一个人与别人直接比赛的时候，失败的概率大约为 50%。对于许多个体来说，失败减损了许多有益的情绪，如兴奋、自我效能、自豪感、胜任感以及控制感等。另一可能原因是：运动员有过度训练倾向。过度训练和随后的耗竭与健康幸福感的下降相关。第三种解释是：竞技运动可能会增加运动员的应激反应。

当然，这种说法仍需进一步的检验，而且它也未必适合每个人的具体情况，许多人的情绪可能正是在挑战与竞争中得到发展与完善的。

4．自控性的身体活动

这类活动泛指那些闭锁性技能的、结果可预测的、时间和空间上可确定的以及动作具有节奏和重复性的身体活动。比如，慢跑和游泳等活动项目均符合这一特征。自控性身体活动容易使锻炼者进入自由联想状态，并为独处(solitude)、沉思(contemplation)、反思(reflection)和退缩(withdrawal)提供了机会。这种"退缩"能使人将注意力集中于孤芳自赏和脑力的恢复上，而这种注意的集中或转移对于心境状态的调节具有积极的意义。

应当注意的是，锻炼者在项目的选择上存在巨大的个体差异。

5．每次锻炼的持续时间至少 20 min

每次锻炼持续时间如果少于 20 min，在多数情况下是不会出现心理效益的，因为可能相应的效益还未来得及出现，身体活动就已经结束了。

6．长期坚持，养成习惯

要维持身体锻炼的心理学效益并使之长期发挥效益，就必须使锻炼形成一种生活规律，并且长期坚持，养成习惯。

(三) 身体锻炼对心理健康产生的副作用

应该强调的是：只有科学的身体活动和(或)身体锻炼才可能促进心理健康，如果活动或锻炼不科学，则不仅损害身体，而且可能会给心理健康带来负效应。这些负效应主要表现在心理耗竭和消极迷瘾问题上。

1．心理耗竭

心理耗竭是指锻炼者在运动中因长期无法克服的运动应激而产生的一种耗竭性心理生理反应，它是一种训练应激症状。心理耗竭不仅损害心理健康，而且还直接导致退出锻炼。

2．锻炼迷瘾

锻炼迷瘾(exercise addiction)是对有规律地锻炼生活方式的一种心理和生理依赖。广义地说，锻炼迷瘾可以分为积极的和消极的两种。通常所说的锻炼迷瘾都特指消极迷瘾。从归因的角度理解，有积极锻炼迷瘾的人能够控制锻炼行为，而有消极迷瘾的人则反受锻炼行为的控制。总体上说，如果24～36小时不参加自己业已形成规律的锻炼活动就产生"戒断症状"，如焦虑、烦躁、内疚、肌肉颤抖、肿胀感以及神经质等的人，可以认定为患有锻炼迷瘾。或者，即使在身体疼痛或受伤时还坚持锻炼的人也可以被定义为锻炼迷瘾。

第三节　体育锻炼的科学方法

一、体育锻炼计划的制订

选择体育锻炼内容时，必须从个人的年龄、性别、健康状况、体质状况和兴趣爱好等实际情况出发，注意实效性、季节性、全面性原则。同时，在内容上也要注意科学的组合，才能达到更佳效果。不同的体质和健康状况，身体锻炼内容的选择应各有侧重。通常情况下，身体强健者对体育锻炼有着强烈欲望和热情，并能承受较大的运动负荷，可根据自己的实际情况和兴趣，选择1～2项运动作为健身手段。体育锻炼的方法应根据人体发展的规律，运用各种身体练习和自然因素培育和发展体质，实现锻炼身体的目的。

二、体育锻炼的自我测试与评价

体育锻炼效果是指通过系统的锻炼对身心所产生的影响和结果，表现在身体形态、机能的改善，身体素质水平的提高；某项技能技术的掌握与巩固；适应环境和抵抗疾病的能力的增强；健康水平的提高等方面。通过评定，及时了解锻炼效果，修订和选择锻炼计划内容和方法。

(1) 对比评定法：将自己锻炼前的形态、机能、身体素质等测试记录下来，锻炼一个阶段后，在同样的条件下再测验同样的项目，进行对比，看其增长情况。

(2) 指数对照评定法：把有关评定身体发展和体质状况的项目，采取一定办法折合一定的指数，然后根据这个指数来评定身体发展和体质状况，通常采用的有肺活量指数、身高指数、体重指数、胸围指数等。

(3) 主观感觉评定法：主要是通过疲劳程度、睡眠、食欲、心理状态来判断锻炼效果。

总之，进行体育锻炼时，除了应遵循体育锻炼的原则，合理选择与运用体育锻炼的内容与方法，安排适宜的运动负荷外，还应了解有关运动卫生与保健知识及体育锻炼效果的评定方法，才能合理地进行体育锻炼，达到增强体质，推迟衰老，延年益寿的目的。

三、体育锻炼与运动处方

运动处方是以促进个体身心健康为目的，根据运动锻炼的原理和运动锻炼的原则，结合锻炼者的医学检查资料(包括运动试验、体力测验和心理测试)，按其健康、体力、心血管机能状况、生活环境条件、运动爱好、心理特质等个体特征，以处方形式制订的安全有效的具体健身方案。它对锻炼者选择锻炼项目、选择锻炼强度、把握锻炼持续时间和锻炼频率等方面具有重要的指导作用。

(一) 分类

通常按应用的目的和对象不同，运动处方可分为三类：① 竞技训练运动处方，对象是运动员，以达到提高身体素质和运动技术水平为目的；② 预防保健运动处方，对象是健康人和中老年人，以达到增强体质、提高健康水平为目的；③ 临床治疗运动处方，对象是成人病患者，以治疗疾病，提高康复医疗效果为目的。

(二) 制订

1．制订运动处方的步骤

制订运动处方一般包括健康诊断、体力测定、制订运动处方和实施体育锻炼等步骤。

健康诊断：客观评价自己的体能和健康状况(目前多用库珀的 12 min 跑方法，了解其体力水平，之后进一步作心肺功能测定)之后，根据各项检查结果，结合个人实际情况制订运动处方。

制订运动处方：内容包括锻炼目标、准备活动、锻炼模式和整理活动等。

(1) 锻炼目标：有长期和短期目标之分。可以根据需要为与健康有关的体能的各个成分设置锻炼目标。设置锻炼目标时应注意：目标要现实，要有长期目标、短期目标，还要设置一个体能维持目标，要克服各种障碍努力实现目标。另外，在执行运动处方前，要让锻炼者认识到可能会碰到的各种障碍，还要告知其遇到困难属于正常现象，只要坚持，一定有所收获。

(2) 重视准备活动和整理活动：准备活动是锻炼前进行的短暂练习活动(一般约占练习总时间的 1/4)，通常包括低强度的慢跑、小运动量的热身操或伸展性练习，目的是提高肌肉的温度，增加工作肌肉的血流量，加强肌肉、韧带的柔韧性、弹性，扩大肌肉活动幅度，达到预先克服内脏机能的惰性，提高中枢神经系统的兴奋性，提高全身的物质代谢水平。这不仅能提高运动的能力，且能预防运动损伤的发生。

整理活动是指在主要锻炼阶段结束后，应立即进行的 5～15 min 的低强度练习。例如，慢走就可以作为一次跑步锻炼后的整理活动。人在剧烈运动以后，身体的许多变化并不能随着运动停止而立即恢复正常，只有通过整理活动才能使心跳、呼吸逐渐平静下来。同时，整理活动还能使肌肉在逐渐放松的情况下继续推动血液向前流动，促使血液从肌肉返回心脏，防止血液在下肢肌肉淤积，造成心血输出量突然减少、血压下降，从而引起头晕、心慌、面色苍白、皮肤潮凉，脉搏细弱甚至休克。

2．运动处方包括的内容

(1) 运动目的：因个人性别、年龄、职业、爱好及身体情况等各不相同，运动目的也不同，具体有强身保健、防治疾病、健美减肥、消遣娱乐及提高运动成绩等目的。

(2) 运动种类：从运动生理学氧的代谢过程看，对健康有效的运动项目分为有氧运动、无氧运动和混合运动。在选择以增进健康为目的的运动项目时，应考虑三个条件：恒长运动、有一定节律(无呼吸紊乱和憋气现象)的持续运动、近于全身的非局部运动。

对锻炼者提供最适宜的运动项目是运动处方的最终目标。现代运动处方应包括三种运动种类，即有氧运动、伸展运动和力量性运动，以达到全面锻炼的最佳效果。

有氧运动的耐力性运动项目：如步行、慢跑、走跑交替、游泳、自行车、滑冰、跳绳、上下楼梯及骑自行车等。

伸展运动：如广播体操、太极拳、气功、健身操、医疗体操、跳舞等。

力量运动：如中等强度的足以发展和维持去脂体重的力量训练，这些力量训练要有主要肌群参与，每次 8～10 组，每组重复 8～12 次，每周至少 2 次。

(3) 运动强度：运动强度是单位时间内的运动量，运动强度是运动处方定量化与科学性的核心。运动量也称运动负荷，它是取得锻炼效果与安全性的关键。运动负荷是由强度、密度、时间、数量及运动项目特点等相互联系和制约的因素组成的。这些因素的不同组合，便构成了具有不同锻炼效果的运动负荷。

$$运动强度 = \frac{运动量}{运动时间}$$

用心率作为评定运动强度的指标是通用的标准做法，也是最为简便有效的方法。此外，还可以通过控制运动中的心率来掌握运动负荷的强度，也常用心率恢复的情况来决定运动间歇的长短。下面介绍几种依据心率确定运动强度的方法：

(a) 减年龄算法：运动适宜心率 = 180(170) − 年龄。

此法适宜于健康人，体质较差的中老年人及年龄在 60 岁以上时，用 170 减实际年龄。

(b) 净增心率计算法：运动后心率 − 安静时心率。

此法按体质强、中、弱分别控制运动强度，适宜心脏病、高血压、肺气肿等慢性病人。净增心率低于 60 次/分为强组；低于 40 次/分为中组；低于 20 次/分为弱组。

(c) 运动量百分比分级法：$\frac{运动后心率 − 运动前心率}{运动前心率} \times 100\%$。

此法在运动医疗中广泛运用，尤其适宜高血压、冠心病、老年体弱者。当净增心率>71%时，为大运动强度；51%～70%时为中等运动强度；50%时为小运动强度。

(d) 靶心率法(或称运动适宜心率)：是指能获得最佳效果，并能确保安全的运动心率。通常我们取最大心率的 60%～85%为运动适宜心率，但这时最大心率的个人误差在±10 次左右。

一般人的最大心率 = 220 − 年龄(经常运动人的最大心率 = 210 − 0.8 × 年龄)

(e) 按最大心率储备的 50%～85%确定运动心率：

运动心率 = (最大心率 − 安静心率) × 50%～85% + 安静心率

(f) 心率百分比表示法：指表示其本人最大运动能力相当于百分之几的适合强度的方法。

(4) 运动时间：指持续运动时间。运动时间应根据运动目的和运动强度的不同而不同。持续时间和运动强度的配合，可明显地改变运动量。

(5) 运动频率：指每周锻炼的次数。每周锻炼的次数与运动效果密切相关。据有关学者研究表明，对于以增强肌肉力量为目的的锻炼者，隔天锻炼可达到最好效果；作为一般健身保健和耐力性锻炼，每天坚持一次更好，最少每周不能低于 2 次，间隔不宜超过 3 天。因此，每周锻炼 3～4 次是最适宜的运动频率。

四、运动处方举例

(一) 提高心肺功能适应水平的运动处方

心肺功能适应水平的意义是多方面的。最明显的益处就是减少患心脏病的概率，延年益寿。其次为减少患Ⅱ型糖尿病的危险、降低血压和增加骨骼密度。心肺适应水平越高，精力和体力就越充沛，不仅能完成更多的工作，而且不易疲劳，睡眠质量会更好。

1. 准备活动

准备活动的目的是加快心率、升高体温，并增加肌肉的血流量。准备活动通常是进行 5～15 min 舒缓的运动，这可使机体逐渐适应剧烈的运动。选择不同方式锻炼时，准备活动的具体内容有所不同。

2. 锻炼模式

锻炼模式是运动处方中最主要的组成部分，包括锻炼方式、锻炼频率、运动强度和持续时间等。

(1) 锻炼方式：常见的增强心肺适应能力的锻炼方式有步行、慢跑、骑自行车和游泳等，凡是有大肌群参与的慢节奏的运动都可以作为锻炼方式。在选择锻炼方式时，首先应选择喜欢的运动，只有从事喜欢的运动，才容易坚持下去；其次要考虑到可行性和安全性。

(2) 锻炼频率：一周 2 次锻炼就可增强心肺适应力， 3～5 次可使心肺达到最大适应水平，且受伤的可能性减小，但一周锻炼超过 5 次并不能引起心肺适应水平的进一步提高。

(3) 运动强度：运动强度接近 50% 最大摄氧量时即可增强心肺适应能力，故常把这一强度称为锻炼阈。目前推荐的运动强度范围为 50%～85% 最大摄氧量。

(4) 持续时间：最有效提高心肺适应水平的一次锻炼时间是 20～60 min(不包括准备活动和整理活动)。起初每人适应水平和运动强度不同，所以锻炼持续的时间应有区别。

3. 整理活动

每次完整的锻炼都应包括整理活动。整理活动的主要目的是促进血液回流至心脏，以避免血液过多分布在上肢和下肢而造成头晕和昏厥。

(二) 提高心肺适应水平长期锻炼的运动处方

每个锻炼者提高心肺适应水平的运动处方都包括三个阶段：起始、渐进和维持阶段。

1. 起始阶段

许多人开始锻炼时热情有余，期望很高，以至于锻炼初期运动量过大，结果导致肌肉酸痛和过度疲劳，以致影响了坚持锻炼的信心。因此，在锻炼初期目标不能太高。锻炼起始阶段最重要的是让机体慢慢适应运动，可根据不同适应水平持续 2～6 周。

2. 渐进阶段

渐进阶段时间较长，约持续 10～20 周。在这一阶段，锻炼的强度、频率和持续时间应逐渐增加。虽然每个人设置的目标不同，但锻炼频率应达到 3～4 次/周，每次锻炼时持续时间不短于 30 min，强度应达到 70%～90%。

3. 维持阶段

锻炼者通过 16～28 周的锻炼即进入维持阶段。

(三) 发展肌肉力量、耐力的运动处方

负重练习应有短期和长期的目标，确定目标对保持锻炼的兴趣和热情非常重要。力量练习的运动处方也分为三个阶段：开始阶段、慢速增长阶段和保持阶段。

1. 开始阶段

在计划的开始阶段应避免举最大重量。过大的重量会增加肌肉和关节损伤的危险性。

2. 慢速增长阶段

经过开始阶段的力量练习，如果肌肉已经适应练习动作，就可以增加重量，并能重复举起 6～8 次(最高重复次数)。当肌肉力量进一步增强时，可再增加重量，直至达到练习者预定的目标为止。

3. 保持阶段

根据用进废退的原理，如果停止练习，获得的力量会自然消退。保持阶段力量练习的强度应比获得阶段小。研究表明，力量增长后，每周 1 次的练习即可保持原增长水平。若不训练，则 30 周后原增长水平完全消退。

(四) 肥胖者的锻炼

1. 肥胖的判断

脂肪是人体不可缺少的成分，在人体的生命和体育活动中起着重要的生理作用。依据脂肪含量与体重的比例来决定是否肥胖，一旦体内的脂肪堆积数量大于身体重量的正常比例，就意味着肥胖。

2. 肥胖的原因

各种年龄均可能发生肥胖，但大多数肥胖出现在中年以后。引起肥胖的原因大体上可分为遗传和环境两类。

3. 体育锻炼对肥胖者的意义

体育锻炼通过一系列复杂的新陈代谢的变化来影响人体的组成、体重和基础代谢。对减肥的效应主要表现在长期的、有规律的锻炼中。

最佳的减肥法是体育锻炼和饮食节制的结合，因为它们比运用一种方法更能快捷有效地减肥。从长远的眼光看，要想成功地、持久地控制体重，避免减肥后的"反弹"，必须养成体育锻炼和饮食节制的习惯。

4. 减肥运动处方

(1) 要进行大量消耗热能的运动，消耗多余的脂肪，要有顽强的毅力坚持下去。主要从事有氧耐力的锻炼，如步行、慢跑、骑自行车、跳健身操等，每周 5～6 次，每次锻炼时间不少于 30 min。

(2) 调节饮食结构，肥胖人应少吃含糖、淀粉和脂肪的食品，多吃含纤维、维生素多的食品，严格控制饮食摄入量。

(3) 腹部肌肉锻炼每周 5～6 次，以极限次数每次练习 4～5 组，练习内容为仰卧起坐，仰卧举腿、悬垂举腿等。并逐步增加极限次数。

(五) 神经衰弱者的锻炼

1. 神经衰弱的症状

神经衰弱是大脑皮层中枢神经的兴奋和抑制功能失调而引发的一种疾病。一般表现为精神容易兴奋、脑力容易疲劳，并伴有睡眠障碍和各种躯体不适感等症状。

2. 神经衰弱的原因

生活没有规律或长期紧张的脑力劳动以及精神负担过重会导致此病。

(1) 心理、社会因素：心理、社会因素是诱发神经衰弱的重要原因。

(2) 生理因素：个体先天和后天所形成的生理特征，亦与神经衰弱的发病有一定的联系。

(3) 疾病因素：脑外伤、营养不良的人，因神经系统的功能在一定程度上受到削弱，也易患神经衰弱。

3. 体育锻炼对神经衰弱者康复的意义

因为人体所有的组织器官都是在神经系统调节下的随意或自主活动，体育锻炼时，大脑皮层与运动有关的区域(运动区)即出现一个新兴奋区域，该兴奋区域有规律地兴奋，使得大脑皮层的"兴奋—抑制"过程出现新的分配、转移。坚持不懈的锻炼可以改善大脑皮层"兴奋—抑制"过程的灵活性，提高神经系统的功能，加速神经衰弱者的康复速度。此外，体育锻炼还能分散、转移患者对疾病的忧虑和对工作、学习的焦虑等的注意，缓解或消除患者的烦躁、抑郁及迁怒他人他事等不良情绪，从而起到振奋精神、改善情绪状态的作用。美国著名心脏病学家怀特说："运动是世界上最好的安定剂。"

4. 神经衰弱的运动处方：

(1) 参加生动活泼的体育运动，如游戏、球类活动，但运动量应适中，不宜过大。

(2) 从事太极拳、气功等活动，锻炼意念，调控身心，使大脑皮层的兴奋和抑制恢复平衡。

第三章　体育运动卫生与医务监督

体育运动卫生与医务监督是以解剖、生理、生化、病理等知识为基础，以对体育运动者的健康状况和运动能力为研究内容的一门学科。它涉及运动训练场地、器材、环境及对体育运动参加者的健康、安全和运动能力监督等问题。此门学科与运动训练实践紧密结合，应用性强，直接对运动训练、体育锻炼过程进行监控，为运动训练或体育锻炼计划提供科学依据。其作用在于了解体育锻炼者或运动员身体机能状况以及运动训练或体育锻炼后的恢复状况，及时发现问题，对运动过程进行调控，预防运动性疾病，优化运动训练和体育锻炼效果。

第一节　体育运动卫生

一、准备活动

(一) 准备活动的意义

1. 热身运动的生理效果

运动前进行热身运动，可增加肌肉收缩时的速度和力量；可改善肌肉协调能力；可预防或减少肌肉、肌腱韧带的伤害；可以改善肌肉的黏滞性；血红素和肌蛋白结合和释放氧的能力增强；可改善代谢过程；血管壁阻力减少；神经传导速度可因体温适当的提升而获得改善；可使体温上升，从而刺激血管扩张，使活动部位的局部血流增加；可使血液的流速和流量随肌肉温度上升而增加，能源的供输和代谢物的排除也因而改善。

2. 热身运动的心理效果

1954 年，Malareki 通过观察发现：运动员若能"想象"做过热身运动，则运动成绩会获得进步。另外一个例子是，1961 年，Massey 等人进行了一项有关心理的有趣研究——受试者先从事热身运动，但随后又加以催眠，使他们忘记刚刚做过了热身运动，结果显示，运动能力皆未获得改善。由此可见，做"热身运动"可对运动者产生心理作用，从而影响运动成绩。此外，运动者也会增强信心，同时可减少运动伤害的产生。

(二) 热身运动强度要适当

热身运动的强度和持续时间必须因个人体能情况而异，也必须因项目的不同而有所调整。一般来说，身体微微出汗，便可以结束热身运动，也可用心跳次数作为热身运动结束的标准：一般比安静时的心跳增加 60~80 次/min。

热身运动进行的时间大致在 10~40 min，依据年龄、竞技或非竞技、运动项目、个人体质、季节及气温等的不同，热身运动所需的时间也会不同。

二、运动饮食卫生

(一) 运动与饮食的时间搭配

(1) 运动结束休息 1 小时后，方可进食。为了有更好的瘦身效果，建议休息 1.5 小时。

(2) 持续 1 小时以上的中高强度运动之前 1.5～2 小时，可补充少量易消化的食物。以防运动时血糖偏低，体力不支反而影响运动效果。

(3) 饭后休息一段时间，一般 1～2 小时以后再进行跑步或作其他体育锻炼才是适宜的。若饭后即跑步或运动，势必使骨骼肌"抢走"许多血液，造成消化道缺血，不但胃肠的蠕动减弱，而且消化液的分泌也会显著减少，这将引起消化不良，有时还会引起腹痛。

(二) 运动前后该吃什么

运动前的饮食很重要，不要为了追求减重效果而去空腹运动。这样做的结果往往是：运动坚持的时间不够，强度过小，运动结束以后还容易引发暴饮暴食。

1. 运动时间

清晨：空腹或喝杯蜂蜜水。低血糖者至少要喝杯蜂蜜水。

下午：运动时间如选择在 17～19 点，则下午 4 点左右补充一杯酸奶和一个水果。

晚上：运动时间如选择在晚饭后，则晚饭要尽可能清淡，油腻的食物会加重肠胃负担，需要更多的时间消化。

2. 运动强度

(1) 30～60 min：若选择的是中低运动强度，如快走、慢跑之类，则不需要额外补充食物。正常摄取一日三餐，运动前 1～2 小时保证一次加餐，选择一个水果和一小碗燕麦粥。如果是力量训练，则运动前补充一杯酸奶或一盒牛奶，为肌肉的生长提供足量的蛋白质。

(2) 1～3 小时：运动前不要担心体力不支而大量进食。正确的做法是在运动期间补充含糖的运动饮料或者果汁。为了不影响瘦身效果，且有充足体能，也可以补充 1～2 片粗粮饼干，让糖分快速被吸收。

(3) 3 小时以上：通常不建议如此密集的运动。运动前的饮食要易消化，以碳水化合物为主，搭配一些鱼肉和蔬菜。运动时，必须间断性地补充事先准备好的一些食物：苏打饼干、粗粮饼干或新鲜水果。

(三) 运动时该如何喝水

运动前：运动前半小时补水 150～200 ml，或运动前 1 小时补水 300 ml。

运动中：中低强度运动时，每 20 分钟补水 150～200 ml。每小时的总量在 500～600 ml，如高温天气每小时补水量可达 1 L；运动强度较高时建议选择低糖的运动饮料或果汁；剧烈运动时则应选择淡盐水或含盐饮料，补充因大量出汗而流失的钠，同时保持体内的电解质平衡。

运动后：运动结束时，补水 150～200 ml；半小时后方可大量补水。

总结起来，运动的补水原则就是"少量多次"。同时还需注意，应尽量选择常温的水或运动饮料，不要选择冰镇的，以防止过度刺激肠胃，促使血管剧烈收缩，影响肠胃健康。

三、女子体育运动卫生

(一) 女子体育锻炼的注意事项

(1) 注意增加心肺的有氧运动。女子心肺功能比男子弱，因此，女子的体育锻炼应重视加强心肺功能锻炼。增加心肺功能的有效方法是有氧运动，如慢跑、步行、游泳等。这些运动项目不仅可以增强心肺功能，而且可以消耗多余脂肪，有利于健康与健美。

(2) 注意加强腹肌和骨盆底肌的锻炼。位于腹腔周围的肌肉群及腹腔底部下口处的骨盆底肌，共同维持着人体正常的腹压，保持着各脏器的正常位置和功能。从女性生理特点来看，加强这些肌肉的锻炼对女子健康有重要意义。可多做仰卧起坐、仰卧举腿等练习，少做剧烈运动和引起腹压升高的练习，如憋气练习。

(3) 多参加体型健美的练习。健美操、韵律操、艺术体操、舞蹈等运动很适合女性对美的爱好和追求，有利于形体的健美。

(二) 女子经期的体育卫生

月经是女子进入青春期的正常生理现象，体育锻炼过程中，必须根据具体情况认真对待。

(1) 月经正常的女子一般不出现明显的异常变化，可以参加适当的体育活动，如做广播操、打乒乓球、羽毛球等。通过活动，可以改善盆腔的血液循环，减轻盆腔的充血现象，有助于淤血的排除。但不要进行长跑、跳远、跳高、足球和篮球等剧烈震动身体的运动。此外，体育运动还可调节大脑皮质的兴奋和抑制过程，减轻全身不适反应，一般是在月经的第1、2天可以少量轻微运动，在第3、4天则可增加运动量，在第5、6天可以照常运动。

(2) 月经期身体的反应能力、肌肉力量、灵活性都下降，因此运动量要小，强度不宜过大，时间不宜过长，否则会导致卵巢功能失调或月经紊乱。另外，致使腹压明显升高的憋气和静力性动作也应少做，以免引起子宫移动或子宫受压造成经血过多。

(3) 月经期不宜参加游泳，因为子宫内膜脱落、流血，子宫膜形成了创面，一旦冷水和细菌进入了子宫，一方面就会造成被排出的血液和分泌物遇冷凝固而不能排出，引起痛经等不良反应；另一方面就会使细菌随水浸入，引起发炎，危害健康。

(4) 若身体弱，经期有腰酸背痛、全身不适、恶心、口渴、头痛、头晕、下腹有痉挛性疼痛等不良反应，应停止锻炼。

(5) 月经期要经常清洗阴道，勤更换卫生巾，运动后更要注意清洗阴道，要保持经期的卫生，但不能用过热或过冷的水洗。

第二节　体育运动的医务监督

一、体格检查

体格检查即对人体形态结构和机能发展水平进行检测和计量。主要包含三个方面：

1．询问一般史和运动史

一般史：包括既往病史和生活史。

运动史：运动史主要询问参加体育活动的情况，了解是否经常参加体育活动、活动的项目和年限、有无过度训练或运动性伤病史，以及目前情况。

2．体表检查

检查皮肤和黏膜是否苍白，有无黄染，出血点，静脉曲张和皮肤病；检查甲状腺和浅表淋巴结是否肿大；检查脊柱、胸廓、上下肢及足弓形态，并判断人体直立位的姿势等。

3．一般临床物理检查

(1) 心血管系统，主要检查脉搏的频率，听诊心跳速率、节律、心音强度及有无杂音，并测量血压。

(2) 形态测量，目的是了解人体形态、发育状况，并可判断体育锻炼的效果，同时发现存在的问题，以便采取有效的改善措施。形态测量也是运动员选材的重要依据。

(3) 功能检查，包括运动系统功能检查，如肌力、关节活动度或柔韧性的检查；肺通气功能检查，如肺活量、时间肺活量、最大通气量、肺泡通气量；心肺功能检查，如哈佛氏台阶试验(Harvard Step Test)，PWC170 试验、屏息试验、最大吸氧量；神经系统功能检查，如反应时、闪烁值、膝跳反射等。

(4) 化验检查，包括血液常规检查、尿液常规检查、血液生化检查和激素的同位素测定等。

(5) 特殊检查，包括 X 线检查、心电图检查、超声心动图检查、脑电图检查等。

二、运动中的自我监控

自我监督的内容包括主观感觉和客观检查两个方面。

1．主观感觉

主观感觉主要包含一般感觉、运动心情、不良感觉、睡眠、食欲、排汗量等六个方面。适宜的运动量，运动后感有微汗和轻度的肌肉酸疼，休息后即可恢复；次日精力充沛，有运动欲望，食欲和睡眠良好。运动量过大，运动后大汗淋漓，胸闷、气喘、易激动、不思饮食；脉搏在运动后 15 min 尚未恢复常态；次日周身乏力，酸疼，应及时调整减量。运动量不足，运动后身体无发热感，无汗。

2．客观检查

(1) 脉率，经常参加体育运动的人，安静时的脉率较慢。脉率与训练水平有关，一般经过半年训练后可下降 3～4 次/min，经过一年训练后可下降 5～8 次/min。这主要是通过系统训练，使支配心脏的交感神经张力下降，迷走神经张力相对占优势的结果。如发现比平时增高达 12 次/min 或以上，常表明机能反应不良。如有节律异常应进行心电图检查。

(2) 体重，当参加系统的体育运动后，体重变化的情况可分为三个阶段：第 1 阶段的体重有逐渐下降的趋势，这是由于机体失去过多的水分和脂肪的结果。这个阶段一般持续 3～4 周，在此阶段内，体重一般下降 2～3 kg，即相当于自身总重量的 3%～4%，对体型较胖或参加系统训练前较少活动者，体重下降的幅度还要大些。第 2 阶段，体重处于稳定。在此期间，运动后减轻的体重在 1～2 天内得到完全恢复。第 3 阶段，即因肌肉等组织的逐渐发达，体重有所增加，并保持在一定的水平上。

(3) 肌力，正常时，握力和背力等肌肉力量逐渐增强，如肌力下降表示机能不良。

(4) 运动成绩，坚持进行合理训练，运动成绩能逐渐提高或保持在较高的水平上，动作的协调性好。如果照常训练而成绩没有提高甚至下降，运作协调性破坏，熟练的动作不能完成，则可能是功能状况不良的反映或是早期过度训练造成的。

第三节　常见的生理反应现象及处置

一、肌肉痉挛

1. 释义

肌肉痉挛就是俗称的抽筋，它是一种肌肉产生不自主的强直收缩现象。

2. 征象

痉挛的肌肉僵硬，疼痛难忍，痉挛肌肉所涉及的关节，伸屈功能有一定的障碍。

3. 原因

肌肉痉挛的原因：① 疲劳：身体疲劳会影响肌肉的正常生理功能，疲劳的肌肉往往血液循环和能量物质代谢有改变，肌肉中会有大量的乳酸堆积，乳酸不断地对肌肉的收缩物质起作用，致使痉挛产生。② 电解质不平衡： 运动中大量出汗，特别在炎热的天气，电解质不平衡造成运动中大量排汗，使人体内电解质从汗液中大量丢失。电解质与肌肉的兴奋性有关，丢失过多，肌肉兴奋性增高过快，可发生肌肉痉挛。③ 寒冷的刺激：在寒冷的气候中，例如游泳时肌肉受到低温的影响，兴奋性会增高，易使肌肉发生强直性收缩。④ 肌紧张，肌肉连续过快收缩，而放松时间太短促，以致收缩与放松不能协调地、成比例地交替，从而引起肌肉痉挛。特别是在训练水平不高的运动员中较为多见。

4. 处理方法

(1) 发生抽筋时，不要紧张，先检查并确定何处的肌肉产生痉挛，再针对此处的肌肉加以处理。

(2) 发生肌肉痉挛时，通常只要向相反的方向牵引痉挛的肌肉，使之拉长，疼痛都可以得到缓解。处理时要注意保暖，牵引用力要均匀，切忌暴力，以免造成肌肉的拉伤。

(3) 腹部肌肉痉挛时，可做背部伸展运动以拉长腹肌，还可以进行腹部的热敷及按摩。

(4) 小腿肌肉痉挛时，可伸直膝关节，勾起脚尖，同时双手握住脚用力向上牵引。

(5) 游泳中发生肌肉痉挛时不可惊慌，可先吸一口气，仰浮于水面，并立即求救；在水中自救的方法是用没抽筋的一侧手握住抽筋的脚趾，用力向身体的方向拉，同时用抽筋一侧的手掌按住抽筋腿的膝盖向上拉，帮助膝关节伸直，待痉挛缓解后，再慢慢游向岸边。

5. 预防

(1) 要加强身体锻炼，提高本身的健康状况及身体素质，尤其应注意耐寒力及耐久力的提高。

(2) 运动前，必须认真地做好准备工作及热身动作。

(3) 在高温或进行长时间剧烈运动时，应当及时补充电解质，身体疲劳时，应进行充分的休息后再进行运动。

(4) 游泳下水时应先用冷水淋浴，并做热身运动。

(5) 预防胜于治疗，当发生肌肉痉挛时需镇定并小心处理，运动时更不可以勉强。

二、运动性肌肉酸痛

1．释义

在进行超负荷的运动或训练后，特别是平时不经常参加体育锻炼的人，或者长时间中断了体育活动又重新参加锻炼的人，所表现出的明显的肌肉酸痛称之为运动性肌肉酸痛。

2．征象

除肌肉酸痛外，还有肌肉僵硬现象，轻者仅有压疼，重者肌肉肿胀，妨碍活动。

3．原因

(1) 肌肉运动时氧气供应不足，糖无氧分解时产生一种叫做乳酸的代谢产物，如果不能及时排除，乳酸就在肌肉和血液中堆积起来，由于组织缺血缺氧和酸性物质的刺激，导致肌肉酸痛。

(2) 肌肉的张力和弹性的急剧增加，引起肌肉结构成分的物理性损伤，最终导致肌肉酸痛。

(3) 肌肉的神经调节发生改变，使肌肉发生痉挛导致的肌肉酸痛。

4．处理方法

(1) 休息能减缓肌肉酸痛的现象，并可促进血液循环，加速代谢产物的排除。

(2) 静态伸展、牵伸肌肉可加速肌肉的放松和拮抗肌的缓解，有助于痉挛肌肉的恢复。

(3) 拍打按摩，或对酸痛部位进行按摩，使肌肉放松，促进肌肉血液循环，有助损伤修复及痉挛缓解。当然也可以进行自我放松治疗，一般以颈背、四肢为主，头部和胸腹为辅。

(4) 热敷，对酸痛的局部肌肉进行热敷，可促进血液循环，促进新陈代谢。

5．预防

(1) 锻炼安排要合理。在刚开始锻炼时，运动量应由小到大、由慢到快、循序渐进。

(2) 局部温热和涂擦药物。锻炼后用温热水泡洗可减轻肌肉酸痛。

(3) 牵伸肌肉。可加速肌肉的放松和拮抗肌的缓解，有助于紧张肌肉的恢复。

(4) 做好锻炼时的准备活动和整理活动。

(5) 在出现肌肉酸痛时，可采用变换肢体练习的方式，缓解局部肌肉的酸痛和消除疲劳。

三、运动中腹痛

1．释义

运动中腹痛是由激烈运动引起的一时性的机体机能紊乱。

2．原因

(1) 胃肠痉挛多因饮食不当、暴饮暴食、离运动时间过近或吃得过饱、喝得过多(尤其是冷饮)，或因吃的是产气食物和不易消化食物(豆类、薯类、牛肉等)而发病。

(2) 肝脾区疼痛，如果发生在运动刚开始，其原因多为准备活动不足。

由于剧烈运动，呼吸变得不均匀，没有节律，使呼吸变得表浅，频率过快，从而造成呼吸肌疲劳，甚至痉挛。同时呼吸短浅，胸膜腔内压较高，也会妨碍下腔静脉的回流，造成肝、脾淤血性肿大或肝、脾被膜紧张而引起疼痛。

肝、脾悬重，韧带紧张牵扯，亦能引起疼痛，多发生在运动中后期。

(3) 腹直肌痉挛主要是由于运动时大量排汗，盐分丧失，水盐代谢失调所致。

(4) 腹部慢性疾病，运动者原有慢性阑尾炎、溃疡病、慢性盆腔炎或肠道寄生虫等，参加激烈活动时，由于受到振动和牵扯即可产生运动中疼痛。

3．处理

(1) 在运动中发生腹部疼痛时，不单是运动性疾病的运动中腹痛，要迅速准确地做出鉴别，停止训练并送医院急救。

(2) 腹痛在没有明确诊断前，不能服用止痛药，因为会掩盖病情造成误诊。

(3) 一般运动过程中腹痛时，可适当减速，调整呼吸，并以手按压。

(4) 如属胃肠痉挛，可针刺和手指点揉内关、足三里、大肠俞、阳陵泉、承山等穴，亦可用阿托品 0.5 毫克即刻注射，或口服"十滴水"。如属腹直肌痉直肌痉挛，可作局部按摩和背伸动作，拉长腹部肌肉。

4．预防

锻炼要讲科学，运动量的增加应循序渐进，并应合理安排膳食，饭后 1～2 小时才可参加剧烈运动，不吃冷饮和难以消化的食物。

准备活动要做得充分、合理，要由一般的慢的身体练习开始，逐渐加大运动量和强度。运动过程中应注意呼吸节奏，失水较多时应注意及时补充水和盐。

四、极点

1．释义

在进行剧烈运动开始阶段，由于植物性神经系统的机能动员速率明显滞后于躯体神经系统的，导致内脏器官的活动满足不了运动器官的需要，出现一系列的暂时性生理机能低下综合征，主要表现为呼吸困难、胸闷、肌肉酸软无力、动作迟缓不协调、心率剧增及精神低落等症状，这种机能状态称为"极点"。

2．征象

呼吸困难，胸闷难忍，下肢沉重，动作迟缓，并伴有恶心。

3．原因

极点产生的原因主要是内脏器官的机能惰性与肌肉活动不相称，致使供氧不足，大量乳酸积累使血液 pH 值朝酸性方向偏移。

4．处理

减轻极点反应的主要措施包括：

(1) 做好充分的准备运动。

(2) 继续坚持运动。

(3) 适当降低运动强度。

(4) 调整呼吸节奏，尤其要注意加大呼吸深度。

恰当地运用克服极点反应的措施有助于促进"第二次呼吸"的出现(极点出现后，经过一定时间的调整，植物性神经与躯体神经系统机能水平达到了新的动态平衡，生理机能低下综合征症状明显减轻或消失，这时，人体的动作变得轻松有力，呼吸变得均匀自如，这种机能变化过程和状态称为"第二次呼吸")。

五、运动性中暑

1．释义

它是指肌肉运动时产生的热量超过身体能散发的热量而造成运动员体内的过热状态。

2．征象

高热，中枢神经系统障碍，皮肤发热、干燥或呈粉红色。

3．原因

(1) 先天性原因，如慢性特发性无汗症。

(2) 功能性原因，低体能水平、低工作效率、皮肤表面积减少。

(3) 后天性原因，汗腺功能紊乱、传染病、X 线照射、皮肤烧伤后大疤痕、药物影响等。

4．处理

(1) 场地急救要保持呼吸道畅通(必要时气管内插管)，测量血压、脉搏、直肠温度，点滴输液，对严重者要及时送往医院抢救。

(2) 住院治疗包括降温、心脏监护、输液，必要时透析等。

5．预防

(1) 夏天炎热季节时避免在一天中最热时间进行运动。每运动 50 min 后至少休息 10 min。

(2) 运动前、运动中、运动后应及时补充水和盐。

六、运动性昏厥

1．释义

在运动过程中，脑部突然血液供给不足，并达到一定程度时，发生暂时性知觉丧失现象，称之为"运动性昏厥"。

2．征象

开始时可能是感到头昏眼花、心悸气促、恶心呕吐、出冷汗，继而面色苍白、手脚发凉、呼吸缓慢、眼睛发黑，最终失去知觉而昏倒。

3．原因

因为长时间剧烈运动，四肢回流血液受阻，或突然进入激烈运动状态(如疾跑、冲刺)，或在极度疲劳下继续勉强地锻炼，或久蹲后骤然站起，或疾跑后急停，或空腹状态下锻炼出现低血糖等，都可引起运动性昏厥。

4．处理

一旦出现运动性昏厥，就应及时使患者平卧，松解衣领和腰带，使脚高于头部，并进行由小腿向大腿、心脏方向的推摩，促进血液快速回流到心脏，也可点按人中、合谷穴。

如发生呼吸障碍，即进行人工呼吸。轻微患者可同伴搀扶慢走，并协助做伸展运动和深呼吸等。

5．预防

平时应经常参加体育锻炼，以增强体质。运动时要控制运动负荷，防止过度疲劳。

七、游泳性中耳炎

1．释义

游泳性中耳炎是游泳时细菌随水进入中耳而感染引起的中耳炎症。

2．征象

早期发病只会觉得耳有堵塞感、轻度听力减退和轻微耳痛，一般无明显全身症状。到了中耳炎后期，牵拉耳朵或压耳屏都会引起明显疼痛，甚至会有耳朵流脓、耳鸣及暂时性听力障碍等，还常伴有畏寒、发热、怠倦，食欲减退伴呕吐、腹泻等消化道症状。

3．原因

游泳性中耳炎常常由于游泳或淋浴所致的耳内过度潮湿而引起。在污染的水中游泳是游泳性中耳炎常见的原因。

4．处理

要及时到医院检查、治疗。除积极治疗外，平时还要注意排除咽鼓管不通气，预防鼓膜内陷，方法是经常做吞咽动作，保持咽鼓管畅通，使耳室内压力与外耳的压力平衡，避免鼓膜内陷。

5．预防

(1) 游泳前作好体格检查。

(2) 游泳时用蘸有凡士林油的脱脂棉塞紧外耳道，可起保护作用。

(3) 游泳后及时把外耳道内的积水排净。

(4) 鼻子呛水后应按住一侧鼻孔，轻轻将水擤出，不要同时捏两个鼻孔用力擤。

(5) 跳水要注意姿势和方法，不要使耳朵直接受水拍击，以免发生鼓膜外伤。

第四节　运动损伤的预防与处置

一、运动损伤的释义及发病原因

(一) 释义

体育运动过程中发生的损伤，称为运动损伤。

(二) 运动损伤的原因

1. 思想上不够重视

思想上麻痹大意及缺乏预防知识，存在着某些片面认识。

2. 缺乏合理的准备活动

准备活动的目的是进一步提高中枢神经系统的兴奋性，增强各器官系统的功能活动，使人体从相对的静止状态过渡到紧张的活动状态。

3. 技术上的错误

技术动作的错误，违反了人体结构功能的特点及运动时的力学原理而造成损伤。

4. 运动负荷(尤其是局部负担量)过大

运动负荷超过了锻炼者可以承受的生理负担量，尤其是局部负担过大，引起微细损伤的积累而发生劳损。

5. 身体功能和心理状态不良

在睡眠或休息不好、患病受伤或伤病初愈阶段，以及疲劳时，警觉性和注意力减退，反应较迟钝，此时参加剧烈运动或练习较难的动作，就可能发生损伤。

6. 动作粗野或违反规则

在比赛中不遵守比赛规则，或在教学训练中相互逗闹，动作粗野，故意犯规等。

7. 场地设备的缺点

运动场地不平，有小碎石或杂物；跑道太硬或太滑；沙坑没掘松或有小石，坑沿高出地面，踏跳板与地面不平齐；器械维护不良或年久失修，器械安装不牢固或安放位置不妥当；运动时的服装和鞋袜不符合运动卫生要求等。

二、常见运动损伤

(一) 运动性休克

1. 释义

由于剧烈运动引起的人体各重要脏器血流灌注量不足，组织缺血、缺氧，或因无氧代谢增加，机体发生了严重的代谢紊乱和机能障碍，丧失了适应和抵抗能力，导致"运动性休克"。故又称"重力休克"。

2. 征象

运动性休克可分轻、中、重三度。

轻度时，患者自觉头昏、耳鸣，眼前发黑或冒金星，恶心，面色发白，软弱无力。

中度时，患者头昏加重，或因意识模糊而昏倒，即使有同伴搀扶也无力支撑身体，面色苍白，四肢发凉，出冷汗，恶心或呕吐，呼吸减慢，心率减速，脉搏细弱，血压轻度下降。

重度时，患者意识模糊，知觉丧失，面色苍白，四肢厥冷，周身大汗或无汗，呼吸浅表，心率慢并伴有节律不齐，脉细弱或摸不到，血压下降甚至测不出，瞳孔缩小或扩大，对光反射迟钝或消失，也可出现抽搐、大小便失禁等症状。

3. 原因

剧烈运动后，如果立即站立不动，使下肢的毛细血管和静脉失去肌肉收缩时产生的挤压作用，血液由于重力作用而淤积于下肢扩张的静脉和毛细血管里。此时，全身血容量虽无改变，但有效血循环量却急剧减少，导致人体各重要脏器血流灌注量不足，组织缺血、缺氧，或因无氧代谢增加，机体发生了严重的代谢紊乱和机能障碍，丧失了适应和抵抗能力，导致"运动性休克"。

4. 处理

当患者出现休克先兆或轻度休克时，应立即搀扶，尽可能让其继续行走，使下肢肌肉收缩，促使血液回流，使症状消失。出现中度休克时，应使患者平卧，头部放低，两脚抬高，或由同伴二人抬其两下肢，由小腿向大腿做按摩或揉搓，以使血液尽早回流入心。当患者出现重度休克时，除上述处理外，可针刺或掐点人中、百会、涌泉、合谷、十宣等穴。在知觉未恢复以前，不可给任何饮料或服药。如有呕吐，应将其头偏向一侧。也可做 50% 葡萄糖静脉注射等抗休克处理。病情较重者，经现场急救后，应及时转医院抢救。

5. 预防

应从加强体育锻炼入手，使其能适应激烈运动下机体各部分功能的改变。赛跑前，应了解运动员的精神和身体状况，充分做好准备活动。运动结束后应继续慢跑，做好整理活动并做深呼吸。在比赛的现场应有医务人员做好救护准备。

(二) 脑震荡

1. 释义

在运动中，如果头部相互碰撞或头部摔倒在地下，此时很容易发生脑震荡的。当发生脑震荡时，伤者会出现一时性的神志恍惚和意识丧失。

2. 征象

致伤时，神志昏迷、脉搏徐缓、肌肉松弛、瞳孔稍大但能对称；神经反射减弱或消失。清醒后，患者常有头痛、头晕、恶心呕吐感；平时情绪烦躁，注意力不易集中，耳鸣、心悸、多汗、失眠、记忆力减退等。

3. 原因

头部受到外力打击后，使大脑管理平衡的膜半规管、椭圆囊、球囊等感受器官功能失调，以致引起意识和功能的一时性障碍。

4. 处理

单独性的脑震荡并不可怕，可怕的是不能及时发现更严重的头部损伤，因此应立即到医院进一步检查，以防颅内损伤严重，危及生命。

脑震荡无需特殊治疗，一般只需卧床休息 5～7 天，给予镇痛、镇静对症药物，减少外界刺激，做好解释工作，消除病人对脑震荡的畏惧心理，多数病人在 2 周内恢复正常。

(三) 崴脚

1. 释义

踝关节扭伤是一种十分常见的损伤，俗称"崴脚"。

2. 征象

伤后踝关节内侧或外侧有明显的压痛；内、外踝有明显肿胀，局部有皮下淤斑，踝关节活动受限，行走困难。

3. 原因

这种伤是外力使足踝部超过其最大活动范围，使关节周围的肌肉、韧带甚至关节囊被拉扯撕裂，出现疼痛、肿胀和跛行的一种损伤。

4. 处理

(1) 立即停止运动，分辨伤势轻重。轻的可以自己处置，重的就必须到医院请医生诊断和治疗。所以，分辨伤势的轻重非常重要。

(2) 立即用冰袋或冷毛巾敷局部，使毛细血管收缩，以减少出血或渗出，从而减轻肿胀和疼痛。

(3) 冷敷的同时或冷敷后可用绷带、三角巾等布料加压包扎踝关节四周。

(4) 如已发生或怀疑发生骨折，则应先固定结扎。如为开放性骨折，则应加压包扎止血后再将骨折处固定。

(5) 受伤后切忌推拿按摩受伤部位，切忌立即热敷，热敷需在受伤 24～48 小时后开始进行。

(6) 最好用担架把伤员送往医院进一步诊断救治。

(四) 运动性骨折

1. 释义

骨或软骨的完整性或连续性遭到破坏的损伤，称作骨折。

2. 征象

疼痛、肿胀、患部活动功能受限，环形压痛或纵向叩击痛，畸形，骨擦音(轻微的动作，骨折断端可发生磨擦音)，X 线检查异常。

3. 原因

强烈的肌肉收缩可拉断肌肉附着处的骨质。长期、反复的轻微作用力可导致疲劳性骨折。外来直接暴力或间接暴力均可引起骨折。

4. 处理(骨折的急救)

(1) 凡有骨折可疑的病人，均应按骨折处理。一切动作要谨慎、轻柔、稳妥。

(2) 首先是抢救生命，如病人处于休克状态中，应以抗休克为首要任务。

(3) 闭合性骨折有穿破皮肤、血管、神经的危险时，应尽量消除显著的移位，然后用夹板固定。

(4) 在大血管出血时，先止血。若骨折端已戳出伤口，并已污染，但未压迫神经、血管时，不应立即复位，以免将污物带进创口深处。

(5) 若在包扎创口时，骨折断端已自行滑回创口内，则送病人到医院后，务必向负责医师说明，促其注意。

骨折急救时，最重要的一项，就是用妥善的方法把骨折的肢体固定起来。

5. 几种骨折固定技术

院外急救骨折固定时，不能按医院那样要求，经常就地取材，代替正规器材。如各种 2～3 cm 厚的木板、竹竿、竹片、树枝、木棍、硬纸板、枪支、刺刀以及伤者健(下)肢等，都可作为固定代用品。

(1) 颈椎骨折固定：使伤者的头颈与躯干保持直线位置；用棉布、衣物等，将伤者颈睛、头两侧垫好，防止左右摆动；用木板放置头至臀下，然后用绷带或布带将额部、肩和上胸、臀固定于木板上，使之稳固。

(2) 锁骨骨折固定：用绷带在肩背做 8 字形固定，并用三角巾或宽布条于颈上吊托前臂。

(3) 肱骨骨折固定：用代用夹板 2～3 块固定患肢，并用三角巾、布条将其悬吊于颈部。

(4) 前臂骨折固定：用两块木板，一块放前臂上，另一块放背面，但其长度要超过肘关节，然后用布带或三角巾捆绑托起。

(5) 股骨骨折固定：用木板 2 块，将大腿小腿一起固定。置于大腿前后两块长达腰部，并将踝关节一起固定，以防这两部位活动引起骨折错位。

(6) 小腿骨折固定：腓骨骨折在没有固定材料的情况下，可将患肢固定在健肢上。

(五) 关节脱位

1. 释义

关节脱位又叫关节脱臼，是指组成关节各骨的关节面失去正常的对合关系，关节的功能丧失。

2. 征象

关节脱位除有明显的外伤史和患部疼痛、肿胀外，最主要的特征是关节功能的丧失。

3. 原因

在跌倒或受外力冲击时，在一定的姿势下，使关节囊破裂，骨端脱出而发生脱位。

4. 处理

对脱臼的关节，要限制活动，以免加重伤势，并且争取时间及早复位，即用正确的手法将脱出的骨端送回原处，然后予以固定。如果对骨骼组织不熟悉，就不要随意地复位。复位不成功，应将脱臼的关节用绷带等固定好，送医院处理。

另外，脱臼有可能合并骨折，遇到这种情况，应及早送往医院治疗。

5. 几种常见关节脱位的复位方法

对于一般脱位，如果救护人能够复位，也可在现场进行。复位原则是放松局部肌肉，按损伤时的作用力向反方向牵引，首先拉开，然后旋转，用力不要过猛，复位后用绷带固定。

(1) 下颌关节脱位：救护人先将两手的大拇指包上纱布，放在对方两侧下臼齿上，拇指压迫两侧臼齿，其余四指握下颌弓，提起下巴后上方轻推，大拇指从牙上滑出。此时，可听到滑动声响，表示已复位。复位后，伤员上下牙齿可对齐，可自由张嘴，但在一个月内不宜大张嘴。

(2) 肩关节脱位：肱骨下脱位时，要伸臂，肩半外展，牵引，在腋内推肱骨头向上；前脱位时，要屈肘，上臂贴胸，外旋肩关节，肘贴胸向前移，横过胸前，旋肩关节，将手放到内侧肩；后脱位时，使肩半外展，屈肘，外旋肩，肘向前移，用手推肱骨头。

(3) 肘关节脱位：伤员呈坐位，助手握住上臂作对抗牵引。治疗者一手握患者腕部，向原有畸形方向持续牵引，另一只手的手掌自肘前方向肱骨下端向后推压，其余四指在肘后将鹰嘴突向前提拉，即可使肘关节复位。复位后将肘关节屈曲90°，用三角巾悬吊于胸前，或用长石膏托固定。2～3周后去除外固定，辅以积极的功能锻炼，以恢复肘关节的功能。

(六) 运动性软组织损伤

1. 释义

由于运动不当引起的各种急性外伤或慢性劳损以及风寒湿邪侵袭等原因造成人体的皮肤、皮下浅深筋膜、肌肉、肌腱、腱鞘、韧带、关节囊、滑膜囊、椎间盘、周围神经血管等组织的病理损害，通称为软组织损伤。

2. 征象

疼痛，肿胀，畸形，功能障碍。

3. 处理

(1) 闭合性软组织损伤。急性闭合性软组织损伤是由于某一刻的受力或非生理性运用导致的局部软组织损伤，皮肤及黏膜保持完整，伤处与外界没有相通。

处理原则：

早期：伤后24～48小时内。损伤后即刻采用制动、冷敷、加压包扎和抬高患肢等一系列处理方式。严禁对伤处按摩和热疗。

中期：损伤24～48小时后，出血停止，急性炎症消退，局部淤血，肉芽组织正在形成，组织正在修复。可采用热疗、按摩、药物及传统中医药方法等多种方法交替进行，同时安排小运动量的功能康复练习。

后期：损伤基本恢复，肿胀、压痛等局部征象已经基本消失。处理原则是增强肌肉力量，恢复关节活动度，松解粘连。通常以功能锻炼为主，治疗可采用理疗、按摩及其他中医药方法。

(2) 开放性软组织损伤。

擦伤(皮肤表面受到摩擦后的损伤)：由于创口较浅，因而面积小的擦伤，可用生理盐水洗净伤口，创口周围用75%的酒精消毒，局部擦以红汞或紫药水，无需包扎。但面部擦伤，最好不用紫药水。关节附近擦伤经消毒处理后，一般不采用暴露疗法，因为干裂易影响关节运动，一旦发生感染，就易波及关节。因此，关节附近多采用消炎软膏或多种抗生素软膏涂抹，并用无菌敷料覆盖包扎。对于出血比较严重的还要进行止血处理。

撕裂伤：撕裂伤中，以头面部皮肤撕裂伤最为多见，如篮球运动中，眉弓被对方肘碰撞引起眉际皮肤撕裂等。若撕裂的创口较小，经消毒处理后，用粘膏或创可贴粘合即可。撕裂创口较大，则须止血，缝合创口。若伤情和污染较重时，应注射破伤风抗毒血清，并给以抗生素治疗。

刺伤和切伤：田径运动中被钉鞋或标枪刺伤，冬季滑冰时被冰刀切伤，其处理方法基本上与撕裂伤相同。

第四章　体育运动营养与保健

第一节　运动、营养与健康的关系

一、健康的概念

健康是一个具有强烈时代特征的综合概念，随着历史的发展，大致经历了从神灵医学模式、生物医学模式到生物心理社会医学模式的转变。

人类社会早期，健康被视为神灵所赐，这就是早期健康的神灵医学模式。随着生产力水平的提高，人们对生命有了更进一步的认识，认为健康是生物学上的适应，将健康简单地定义为"无病、无残、无伤"。现代医学、社会学研究认为，健康仅从生物学角度来考量是不全面的，同时必须注重社会、心理、行为等因素对健康的影响。因此，健康是一个动态的适应性过程，意味着不断适应变动不止的生物和社会环境。

1985 年，WHO 提出健康的新概念：健康是指除了躯体健康、心理健康和社会适应良好外，还要加上道德健康，这四个方面的健康才算是完全的健康，是最具有权威的关于健康的概念。另外，WHO 还制定了健康的十条标准，是对健康新概念的具体诠释。现代健康包括身体健康、心理健康、道德健康及良好社会适应四个层次，缺少哪一方面都是对健康的不全面理解。

二、运动与健康

规律的体育运动加合理的营养是达到健康标准的最重要保证。人的健康 10%～15% 取决于医疗保健；15%～20% 来自于遗传；20%～25% 依赖于环境；而生活方式和条件则占了50%～55%。

规律的健身运动，一般是指根据不同年龄和身体状况确定的不同的中等强度运动，有人称其为"轻体育"。这种运动不拘形式，每周用于运动的能量消耗约 1800～2200 千卡（1 kcal = 4.18kJ），经常性从事这种健身运动的人被称之为"体育人口"。在美国、日本等发达国家，体育人口都在 70% 甚至 80% 以上，而我国体育人口还不足总人口的 1/3。随着改革开放以来我国经济的持续增长和 1995 年"全民健身计划纲要"的批准和实施，健身的人群在逐年增加，轻体育已成为新世纪的热点。"轻体育"，也称"轻松体育"或"快乐体育"，这种健身方式具有以下特点：

(1) 体能消耗小：它负荷轻，不追求大运动量，体能消耗少，对身体各系统的功能起到调节的作用，使锻炼者心情舒畅，是其力所能及的。

(2) 运动方式灵活：从事"轻体育"不必拘泥于任何方式，无论哪种锻炼方式，一切由自己随心所欲地选择。

(3) 技术要求低：没有过高的技术与规则要求，即使毫无运动基础的人，只要有健身愿望，按自己的意愿运动就可达到健身的目的。

(4) 经济负担小：从事"轻体育"不必承担额外的经济负担，在公园、马路、广场或在家里都可进行，可做到"少花钱可健身，不花钱也可健身"。

(5) 时间要求松：时间上要求宽松，可以利用工作的间歇时间和茶余饭后的零散时间进行，可以在早、晚时间进行，时间安排可长可短，完全依人的体力、兴趣而定。

三、运动与营养

营养与运动都是维持人体健康和提高运动能力的重要因素。体育运动可促进人体对营养物质的消化吸收，并增强人体机能的作用。合理营养与科学训练相结合，可有效地促进身体健康发育，明显提高健康水平和运动能力。

在一些发达国家，已将运动员营养与运动训练有机地结合起来，以提高运动成绩。在群众体育中，合理营养和适量运动对防治一些严重危害人民健康的疾病，如冠状动脉硬化、高血压、冠心病、糖尿病、肥胖症、骨质疏松等都是有效的。同时，也只有在合理营养的前提下，体育锻炼才能达到增强体质和增进健康的目的。

第二节　运动和营养素

一、运动和糖

糖是多羟基醛或多羟基酮及其衍生物的总称，亦可称为糖类，是由碳、氢、氧三种元素构成的一大类化合物。其根据分子结构可分为：单糖(葡萄糖、果糖、半乳糖)、双糖(蔗糖、麦芽糖、乳糖)和多糖(淀粉、糖原、纤维素)。

糖类的主要功能是供给能量、构成机体成分和参与细胞多种活动、节省蛋白质、保肝解毒。糖是人体最经济安全的能源物质，是人体重要的结构物质，其生理功能具有不可替代性。糖是经绿色植物光合作用合成的有机物，在人体内的代谢过程中，经过"燃烧"释放能量，供人体运动及生长需要，人的脑组织仅依靠葡萄糖供能，这是其他任何能量无法替代的。因此，科学的观念应该是"适量吃糖，有利于人体健康"。

二、运动和脂类

通常说的膳食脂类主要包括：甘油三酯、磷脂和胆固醇。其生理功能有：组成人体组织细胞；促进脂溶性维生素的吸收；作为营养素提供能量。一般认为每日膳食中有 50 克脂肪即能满足需要，占每日需要能量的 17%～20%左右。摄入过多的脂肪，对机体不利。

运动是改善体内的脂肪代谢，降低血脂含量，减轻体重和减少体脂的一种有效措施。运动还可增加血液中高密度脂蛋白的含量，它能加速血中胆固醇的运输与排出，对于防止动脉硬化起着重要作用。运动时机体的能量消耗增加，骨骼肌、心肌摄取游离脂肪酸增多，从而进入肝脏的脂肪酸减少，使体内甘油三酯合成降低，使血脂含量降低。

三、运动与蛋白质

蛋白质是以氨基酸为组成单位，由肽键相连的具有稳定空间结构的生物大分子。其生理功能有：构成和修补机体组织功能、催化功能、防御和保护功能、传递信息功能。人体对蛋白质的需要量是随年龄、性别、不同运动项目、运动量和身体状况的不同而异的。一般成人蛋白质需要量每日为 1.2～1.5 克/千克体重，占总能量的 12%～14%。少年儿童正处在生长发育时期，蛋白质供给量每天约为 2.5 克/千克体重。

蛋白质的主要来源有谷类、豆类、坚果类、肉类、禽类、鱼类、蛋类、奶类。大豆及其产品蛋白质含量高，相当于稻米的 5 倍，小麦的 3.3 倍，鸡蛋的 3 倍，瘦猪肉、牛肉、鱼、虾、鸡的 2～3 倍。此外，其含有 8 种人体必需的氨基酸，且各种必需氨基酸含量、构成比例比较接近人体的需要；除蛋氨酸偏低，赖氨酸偏高外，其他接近 WHO 推荐的"理想蛋白质"标准。粮谷类蛋白质中蛋氨酸含量丰富，赖氨酸含量偏低，因此豆类蛋白质与粮谷蛋白质是非常理想的互补蛋白质。

四、运动与其他营养素

维生素是维持人体正常代谢和功能所必需的一类营养素，化学本质均为低分子有机化合物。人体不能合成维生素，必须从食物中获得。维生素不能为机体提供热能，也不是机体的构成物质。虽然机体对维生素需要量很少，但因其各有重要的生理功能，故当机体中某种维生素缺乏或不足时，就会引起代谢紊乱以及出现相应病理症状。通常按其溶解性质分为脂溶性维生素和水溶性维生素两大类。

人体内含有的各种元素，除了碳、氢、氧、氮等主要以有机化合物形式存在外，其余各种元素统称为无机盐。人体内无机盐的总量仅占体重的 4%左右，需要量也不像蛋白质、脂类、碳水化合物那样多，但其中的二十余种，已被证实为人类营养所必需。其生理功能：构成机体组织的重要材料、维持机体的酸碱平衡和渗透压、维持组织的正常兴奋性。

水是人体最重要的组成成分，是不可缺少的营养物质。成年男子体内水分约为体重的 55%～65%，女子约为 45%～55%。水的营养功用：构成人体组织、参与物质代谢、运输物质、调节体温。人体在正常情况下，有一定数量的水分排出体外，因此应当补充相当数量的水，才能处于动态平衡。

膳食纤维是指一切不能为人体消化酶所分解的多糖，包括存在于豆类、谷类、水果、蔬菜中的果胶、纤维素、半纤维素和木质素等。它们虽不能被机体消化和吸收，但在维持身体健康中有重要的作用，是必需的营养物质之一。其生理功能：促进肠蠕动、预防癌症、减少能量摄入。正常成人每日膳食纤维的供给量为 4～12 克。

第三节 大学生常见食物及营养

食物营养是指食物含有的营养物质以及食物的营养功用和营养价值。各种食物由于所含营养素和能量满足人体营养需要的程度不同，因此营养价值也有高低之分。实际上，自然界除了人乳外，迄今还未发现哪一种天然食物能完全满足人体所需要的能量和各种营养素。每种食物各具特色，其营养价值的高低也是相对的。

一、谷类

谷类是植物的种子，主要包括大米、小米、大麦、小麦、燕麦、玉米等。人体每日摄取热能的 60%～80%和蛋白质的 50%～70%是由谷类食物提供的，谷类还是 B 族维生素和一些无机盐的主要来源。谷类营养素的含量，由于品种、气候、土壤和施肥等情况不同，在不同种类粮食之间相差很大。

1. 碳水化合物

谷类中碳水化合物含量为 70%～80%，其主要成分是淀粉，约占总量的 90%。淀粉主要集中在胚乳的淀粉细胞内。淀粉经烹饪加工后容易被消化吸收，是机体最理想、最经济的热能来源。

2. 维生素

谷类是人类膳食中 B 族维生素，特别是维生素 B_1、泛酸、烟酸的重要来源。谷类中的维生素大部分集中在谷皮、糊粉层和胚芽中，精白米面中的维生素只占原含量的 10%～30%。小麦胚芽中含较多的维生素 E，是提取维生素 E 的良好原料，称"麦胚醇"。

3. 蛋白质

谷类含蛋白质约 8%～15%。谷粒外层蛋白质含量高，加工后的精米白面中蛋白质的含量较糙米、标准粉的含量要低，尤其是赖氨酸更为显著。将多种谷类混食，谷类与豆类或动物性食物混食，可起到蛋白质互补作用。

4. 脂肪

谷类脂肪含量很低，除玉米和小米可达 4%以外，其他谷类均在 2%以下。谷类脂肪多为不饱和脂肪酸，其具有降低血胆固醇，防止动脉粥样硬化的作用。谷类脂质中还含有少量的植物固醇和卵磷脂。

大家熟悉的脚气病的发生，就是因为长期食用加工过的精白米，其他膳食中维生素 B_1 又不能满足机体的需要所致。因此，谷类加工应当最大限度地保留其所含营养成分。我国对稻米和小麦加工所确定的标准米和标准面，基本符合上述要求，在节约粮食和预防某些营养缺乏病方面收到了良好的经济效益和社会效益。

二、豆类及其制品

(一) 豆类的主要营养素(以大豆为例)

1. 蛋白质

大豆含有 35%～40%的蛋白质，蛋白质氨基酸组成和动物蛋白相似，含有丰富的赖氨酸和亮氨酸，只有蛋氨酸略低，其余氨基酸接近人体需要之比值，故是谷类蛋白质的理想氨基酸互补食品。大豆蛋白质中丰富的天门冬氨酸、谷氨酸和微量胆碱，对脑神经系统有促进发育和增强记忆作用。

2．脂肪

大豆含脂肪 15%～20%。大豆脂肪中，不饱和脂肪酸高达 85%(亚油酸达 50%以上)，还含有较多的磷脂(卵磷脂约 29%，脑磷脂约 31%)，常被推荐为防治冠心病、高血压、动脉粥样硬化等疾病的理想食品。大豆油的抗氧化能力强，是少有的优质食用油。

3．无机盐和维生素

大豆中钙含量为 191 mg/100 g，比牛、猪肉高数十倍，是正在生长发育中的儿童和易患骨质疏松症老人膳食钙的极好食物来源。此外，大豆还含有较多的硫胺素(0.41 mg/100 g)和核黄素(0.25 mg/100 g)。

(二) 加工烹调对营养价值的影响

大豆含有丰富的蛋白质，但其消化率只有 65.3%，而制成豆腐消化率可达 92%～96%，豆浆中蛋白质消化率也很高，达 84.9%。

(三) 豆类制品的营养价值

1．豆腐及其制品

豆腐的蛋白质含量约为 8%，其制品(豆腐干、卷、丝等)蛋白质含量可达 17%～45%，且豆腐蛋白质的消化吸收率较高。豆腐含水分多，也是钙和维生素 B_1 的良好来源。

2．豆浆

豆浆的营养成分在蛋白质供给上并不亚于鲜乳，其中必需氨基酸含量较齐全，铁含量更超过鲜乳很多(表 4-1)。在制豆浆时，加热煮沸务必充分，要彻底破坏大豆中的胰蛋白酶抑制剂，以促进蛋白质的消化吸收，避免其对消化道刺激引起的恶心、呕吐等症状。

表 4-1　豆浆、人乳和牛乳中各种营养素的含量　　　　(单位：/100g)

	水分/g	蛋白质/g	脂肪/g	碳水化合物/g	热量/kcal	钙/mg	磷/mg	铁/mg	维生素/(A/IU)	硫胺素/mg	核黄素/mg	烟酸/mg
牛乳	87.0	3.3	4.0	5.0	69	120	93	0.2	140	0.04	0.13	0.2
人乳	87.6	1.5	3.7	6.9	67	34	15	0.1	250	0.01	0.04	0.1
豆浆	91.8	4.4	1.8	1.5	40	25	45	2.5	—	0.03	0.01	0.1

三、蔬菜和水果

(一) 蔬菜的营养价值

1．叶菜类

常见的叶菜有油菜、菠菜、韭菜、空心菜、小白菜、芹菜、苋菜、雪里红等，主要提供胡萝卜素、抗坏血酸、核黄素和硫胺素等重要维生素，并有较多的叶酸和胆碱，也是铁、钙、磷等无机盐类的宝库。叶菜类蔬菜含铁量特别高，可作为贫血患者、孕妇和乳母的重要食品。芹菜、油菜和雪里红等含钙较高。菠菜、苋菜等虽含钙丰富，但其中草酸易与钙结合成不溶性草酸钙，因而影响钙的吸收。

2. 根茎类

根茎类蔬菜有土豆、胡萝卜、白萝卜、莴笋、山药、甘薯、芋头、藕、洋葱等，其营养价值不如叶菜类，但亦有其特点。甘薯、山药、芋头、藕中的淀粉含量较高，故被称为"植物面包"。胡萝卜中不仅含有较多的胡萝卜素，还含有木质素，具有防癌和降压作用。

3. 海藻

海藻是在海洋里生长的蔬菜，目前已有 70 多种，如海带、紫菜、裙带菜、发菜等可供食用。海藻有抗放射性污染的作用。海带在日本备受重视，日本医学专家认为海带有重要的食疗作用，如抗癌、降血压、预防动脉硬化和便秘、防止血液凝固和甲状腺肿、维持钾钠平衡以及减肥等作用。海藻食物货源充足，不受季节影响，价格也很便宜，加之食法多样，深受人们欢迎，在膳食中我们应当有计划地选择食用。

(二) 水果的营养价值

新鲜水果是维生素 C 的主要来源。酸枣含维生素 C 和 PP(烟酸)最多，其次为柠檬、蜜柑、广柑、橘子、柚子等。山楂也含有丰富的维生素 C。胡萝卜素含量丰富的水果有橘、海棠、杏、山楂、枇杷和芒果，其中芒果的含量最丰富。富含铁的水果有桃、李、杏等。水果中的有机酸、果胶和纤维素可刺激胃肠蠕动，促进消化液的分泌，有助于食物的消化吸收和排泄。

四、蛋类

人们日常食用的禽蛋主要有鸡蛋、鸭蛋、鹅蛋和鹌鹑蛋等。蛋类的营养较全面、均衡，且容易被消化吸收。各种禽蛋的营养成分大致相同，是理想的天然食品。

(一) 蛋类的营养价值

1. 最优质的蛋白质

蛋类的全蛋蛋白质含量为 13%～15%。鸡蛋蛋白质不但有人体需要的各种氨基酸，而且氨基酸的组成与合成人体组织蛋白所需模式很接近，生物学价值达 95%以上，为天然食物中最理想的优质蛋白质。

2. 蛋黄中的营养成分

蛋黄比蛋清含有较多的营养成分。钙、磷和铁等无机盐多集中于蛋黄，其中钙、磷的吸收率较高；所含铁由于受卵黄高磷蛋白的干扰，吸收率很低，只有 3%。蛋黄中还含有较多的维生素 A、D、B_1 和 B_2；蛋黄中含磷脂较多，还含有较多的胆固醇。蛋黄中的卵磷脂是一种强乳化剂，能使血浆中胆固醇和脂肪颗粒变小，并保持悬浮状态，有利于脂类透过血管壁，为组织利用，可使血浆中胆固醇大为减少，所以不能单纯以蛋黄中含高胆固醇来考虑对动脉粥样硬化的作用，应当全面考量蛋类的营养价值，合理地食用蛋类食物，一天吃 1～2 个鸡蛋是比较合适的。

(二) 加工烹调对营养价值的影响

煮蛋时蛋白质变软和松散，容易被消化吸收，利用率较高。油煎蛋和炒蛋或煮得过老的蛋较难于消化。一般不主张食生蛋，一来蛋类有时会被沙门氏菌等污染，生吃易致病；

二来生蛋清中含有抗生物素和抗胰蛋白酶，前者妨碍生物素的吸收，后者抑制胰蛋白酶的活力。蛋煮熟时，这两种物质即可被破坏。

五、奶类及其奶制品

(一) 奶类的营养价值

1. 蛋白质

奶中蛋白质含量约 3.0%，消化吸收率为 87%～89%，其必需的氨基酸含量及构成比与鸡蛋近似，属优质蛋白质。牛奶中酪蛋白、乳清蛋白含量的构成比与人乳的组成恰好相反，不适合婴幼儿生长发育的需要。

2. 脂肪

奶中脂肪含量约为 30% 左右，呈较小的微粒分散于乳浆中，易于消化，吸收率也高达97%。乳脂中熔点低的油酸含量占 30%，亚油酸和亚麻酸分别占 5.3% 和 2.1%。人乳中含有较高的脂解酶，可帮助婴儿消化脂肪，使其转变为热能。

3. 碳水化合物

奶中所含碳水化合物为乳糖。人奶中乳糖含量约为 7.0%～7.86%，高于牛奶中含量(4.6%～4.7%)。乳糖有调节胃酸、促进胃肠蠕动的作用，有利于钙吸收和消化腺的分泌，还能促进肠道中乳酸杆菌的繁殖，抑制腐败菌生长。有的人喝牛奶后发生腹泻等症状，是因为肠道内缺乏乳糖酶所致，称为乳糖不耐症。

4. 无机盐

牛奶中含有的无机盐主要为钙、磷、钾。其中钙含量尤为丰富，且吸收率很高。但铁的含量很低，1L 中仅含 3 mg。如以牛奶喂养婴儿，应注意铁的强化。此外，奶中还含有多种微量元素，如铜、锌、碘、锰等。

(二) 常用奶制品的营养价值

1. 奶粉

奶粉有含脂奶粉和脱脂奶粉两种。含脂奶粉除挥发性脂肪、糖和维生素略有损失外，其他成分近似于鲜奶，而且奶粉经热处理后，蛋白质凝块细小，柔软、易消化吸收，且已灭菌消毒，较少引起过敏，食用对象与鲜奶相同。脱脂奶粉原料为先经离心分出奶油后的脱脂奶，其脂肪含量不超过 1.3%，适合于消化能力弱、反复腹泻的胃肠道病人和高脂血症老人饮用。

2. 酸奶

酸奶在消毒的鲜奶中接种嗜酸乳酸菌，使其在 30℃ 左右环境中培养，经 4～6 小时发酵而成。酸奶中的营养成分，除部分乳糖转变成乳酸外其余与鲜奶相近。经发酵后的酸奶乳凝块变得更细小，同时乳酸还可刺激胃酸分泌和肠蠕动，能更好地消化吸收。酸度增高有利于维生素的保存。乳酸菌进入肠道可抑制一些腐败菌的繁殖，调整肠道菌丛，防止腐败胺类对人体产生不利的影响。此外，牛奶中的乳糖已被发酵成乳酸，对有乳糖不耐症的人，不会出现腹痛、腹泻的现象。

第四节　大学生健康运动和营养方法

对大学生膳食习惯的调查结果表明，大学生中每天喝牛奶者为 19.4%，有意识摄取多种食品者为 23.5%，每天吃水果者为 31.8%，每天吃鸡蛋者为 35.8%，每天吃豆类及其制品者为 58.6%，有偏食习惯者达 30.3%，有抽烟习惯者达 2.4%。大多数学生没有养成喝牛奶和吃鸡蛋的原因是由于不习惯、经济能力有限和不爱吃。38.9%和 42.1%的学生每天仅吃 2 种和 3 种蔬菜，这离每人每天至少吃 5 种以上蔬菜的营养学要求相距甚远。

一、普通大学生的合理膳食

普通大学生的膳食指南包括：多吃谷类，供给充足的能量；保证鱼、肉、蛋、奶、豆类和蔬菜的摄入；参加体育锻炼，避免盲目节食。

大学生用脑时间长、思维能力活跃、记忆力旺盛，因此，根据大学生的生理需求，除了维持人体正常的生理活动和工作学习的需要外，还应该供给有利于脑力活动的各种营养素，否则可能导致发育迟缓，机体抵抗力下降，智力、记忆力及学习效能减退等。从目前我国各地大学生膳食营养调查报告来看，普遍存在营养不合理现象，优质蛋白质比例仅占总蛋白质的 14.9%～15.9%。据我国首次向世界公布营养调查结果表明，男、女大学生营养不良分别占 28.9%和 36.16%。营养不良可造成身心发育上的各种缺陷或疾病，将会给学习、工作和身心健康带来极为不利的影响。

大学生虽属成人，但他们的肝、脑、脾等脏器还未达到人体发育成熟的其最大重量，心、肺等各器官的功能还未健全，所以大学生要身体好、学习好，必须养成良好的生活习惯，并在饮食营养方面做到搭配合理，补充充足。

(一) 养成良好的生活习惯

1. 重视早餐

据调查，大学生中有接近 15%的同学(以男同学居多)几乎不吃早饭，还有近 10%的同学早晨第一节课后或是课间操时吃早饭。坚持吃早餐的同学中也有很多同学还有"早餐马虎、午餐丰富"的饮食方式。

早餐与前一天的晚餐相隔时间比较长，此时胃早已排空，应及时进餐，使血糖维持在一定的水平。人的心脏和大脑活动所需的能量是直接由血糖供给的，如果不吃早餐或吃得很少，人体会出现饥饿感，学生上课会精力不集中，学习效率差，严重者还会有头晕、乏力、出虚汗等低血糖反应。尤其是上午空腹上体育课，剧烈运动时容易导致运动性低血糖的产生。

早餐食品应该富含水分和营养，但应吃清淡些。油炸食品会增加胃肠的负担，并使脂肪摄入过量。主食要吃些含糖类丰富的食物，如鸡蛋、牛奶等，并应保证每天进食一定量的蔬菜和水果。

2. 保证充足的睡眠

睡眠是大脑休息和调整的阶段，睡眠不仅能保持大脑皮层细胞免于衰竭，使消耗的能量得到补充，还可以使大脑皮层的兴奋和抑制过程达到新的平衡。良好的睡眠有增进记忆力的作用，青少年每天应保证 8 小时的睡眠时间。

3. 饮水充足

水是人体最重要的组成成分和不可缺少的营养素，保持水摄入和排出的平衡对维持人体健康是必需的。正常情况，成人每天摄入和排出的水量约为 2500 ml，所以除进食外，成人每天应饮水约 1180 ml。研究发现，饮水不足是脑衰老加快的一个重要原因。

(二) 科学的营养饮食

为满足大学生的营养需要，最好把效能不同的营养食物搭配成平衡膳食。实践证明，通过调整饮食可迅速改善大脑的疲劳状态，所谓健脑食物，不是指某一种食品，也不是指某一种营养成分，而是指一种平衡的营养状态。有效的健脑方法是摄入对大脑有益的含有不同营养成分的食物，并进行合理搭配，以增强大脑的功能，使脑的灵敏度和记忆力增强，并能清除影响脑功能正常发挥的不良因素。

在脑的成分中，50%～60%是由脂肪组成的，其中必需脂肪酸主要有亚油酸和亚麻酸。在日常饮食中，应注意脂肪量的供给，可多选用植物脂肪。另外，磷脂也是脑细胞中重要的组成部分，可促进脑细胞发达，是健脑的理想食物。脑成分的 30%～35%是由蛋白质组成的。脑中蛋白质是智力活动的物质基础，在记忆、语言、思考、运动、神经传导等方面都有重要作用。糖是脑活动的主要能源物质。脑是消耗血糖最多的器官，脑所消耗的葡萄糖量是全身能量消耗总数的 20%。每人每天食入的粮食中的糖量已经足够了，如过多地补充精制糖，会使脑进入过度疲劳状态，反而影响脑的功能。

二、大学生膳食计划与食谱制定

大学生应根据自身学习和能量消耗特点、经济条件、季节、个人的饮食特点，在有限的大学食堂条件下，多样、平衡、适宜地选择适合自己的膳食，以充分满足机体的需要。选择食物时至少应做到每周食物的多样化，避免单一饮食，保证营养平衡。

大学生食谱制定应保证每天能摄取 2500 kcal 的能量，蛋白质 70～80 g，脂肪 75 g，糖 400～500 g，维生素、无机盐适量摄取。在日常饮食中要注意维生素和无机盐的摄入应充分，食物要多样化，培养良好的饮食习惯，不挑食、不偏食、不吃零食。大学食堂的免费汤应该坚持喝，特别是想控制体重和有减肥意向的同学，更应该在饭前喝一碗免费汤，这样有利于控制体重。

三、大学生健康的运动和饮食处方

(一) 增强免疫力的运动和饮食处方

1. 增强免疫力的运动处方

大学生应积极响应国家"阳光体育"的号召，选择在阳光充足的地方坚持户外活动，如慢跑、步行、快走、爬山等，也可以参加各种拳操练习，如太极拳，使免疫系统功能得到有效增强。应选择中、小强度的运动，避免做剧烈运动。每次运动 30～60 min，也可分 2 次(早上和下午或晚上)，每次 15～30 min，每周 3 次以上。运动过程中应保持充分的休息和睡眠，及时补充水分，避免运动过量而抑制人体免疫系统功能。

2．增强人体免疫力的饮食处方

适当多吃一些高蛋白食物(每天 200 克左右)，如鸡蛋、瘦肉、鱼、豆类等；多吃一些富含维生素 A、维生素 C、维生素 B_1、维生素 B_2、维生素 B_6 和微量元素锌、硒等的新鲜蔬菜(西红柿、香菇、辣椒、蘑菇、萝卜、胡萝卜、黄瓜、菜花、白薯、土豆、白菜、荠菜、油菜、芹菜、菠菜、香椿、木瓜等)、水果(柑橘类、草莓、猕猴桃、大枣、梨、山楂、芒果、杏等)和其他食品(绿茶或红茶)。另外，坚果类(核桃、花生、板栗等)，葱、蒜、洋葱等杀菌食物，玉米、蜂蜜等也应适当食用。每天最好食用 3 种以上蔬菜、2 种以上水果；坚持一天一杯牛奶，再一周吃一次动物肝脏，每次 30～50 g；少吃辛辣、油腻食物。

(二) 增高的运动和饮食疗法

1．增高的运动疗法

大学生虽然已经错过身体发育的高峰期，但是生长并没有停止，因此适宜的运动和合理营养是大学生身体增高的有效条件。

运动处方：坚持做身体增高操(用力伸展上身、抱膝伸腰、额头挨地像古人行叩拜大礼、静力拉伸练习、自由下蹲)。经常慢跑，然后进行柔韧练习、单杠悬垂、纵跳摸高、游泳、打球等各种活动，使活动多样化，少做负重性练习。练习后要放松，休息好，保证充足的睡眠。

2．增高的饮食疗法

身体增高者要多食用与骨骼发育关系密切的营养素，如蛋白质、钙、磷，维生素 A、D、C 及微量元素。保证充足的能量，多食用豆制品和鱼、肉、蛋类等高蛋白食物。有信心和持之以恒的毅力，并怀着浓厚的兴趣进行运动和营养调理，这样不管是在生理上还是心理上对增高都有良好的影响。

第五章　大学生体质健康测试

第一节　大学生体质与健康概述

大学生体质健康广义上是指大学生在体质健康方面的基本状况。狭义上讲可以理解为大学生身体健康素质、身体运动素质和运动能力的综合体现，是学生在大学阶段所表现出的形态发育、生理机能、心理状态、身体素质、运动能力以及对环境的适应和对疾病抵抗力综合的、相对稳定的状态和水平。

一、体质与健康的概念

国际上对体质和健康概念的理解、认识和评价是随着社会的不断发展而发展的，只有用发展的观念去了解什么是体质、什么是健康，才能更科学更合理地评价人的体质和健康。

体质，即人体的质量。现在一般认为是指在遗传性和获得性的基础上表现出来的人体的形态结构、生理功能和心理因素的综合的、相对稳定的特征。其影响因素是多方面的，其中遗传、营养、体育锻炼这三方面起重要的作用。体质在其形成和发展过程中，具有明显的个体差异和阶段性。不同人体质的差异，主要表现在形态发育、生理机能、心理状态、身体素质、运动能力以及对环境的适应能力和对疾病的抵抗力等方面；从水平上包括了从最佳状态到严重疾病和功能障碍的多种不同的水平。同时，人的不同生长发育阶段体质的状况是不断发展和变化的，既有共同的特征又有不同年龄阶段的特殊特征。体质的范畴包括了人体形态结构、生理功能和心理因素等方面。一个人体质的好坏，通常表现为机体的形态结构，生理功能和心理因素的、综合的、相对稳定的一种状态，主要表现在以下五个方面：

(1) 身体形态发育水平，即体型、姿态、营养状况、体格及身体成分等。

(2) 生理功能水平，即机体新陈代谢水平以及器官系统的工作能力。

(3) 身体素质和运动能力发展水平，即心肺耐力、柔韧性，肌肉力量和耐力、速度、爆发力、平衡、灵敏、协调、反应时间等素质及走、跑、跳、投、攀爬等身体活动能力。

(4) 心理发育水平，即本体感知能力、个性、意志等。

(5) 适应能力，即对内外环境条件的适应能力、应激能力和对疾病的抵抗能力。

这五个方面的状况，决定了人们的不同体质水平。在进行体质测量和评价以及检查增强体质的实际效果时，必须看到体质的综合性特点，以及测量和评定的多指标性质。

世界卫生组织(WHO)于 1948 年在其宪章中提出了健康的定义："健康不仅是没有疾病和不虚弱，而且是保持生理、心理和社会适应的完善状态。"这就是生理—心理—社会三维健康视。1978 年，在"阿拉木图宣言"中又重申了这一观念。从这个定义中可以看出，影响健康的因素归纳起来大致可分为以下四类：

(1) 环境，包括自然环境和社会环境。

(2) 生物学基础，包括机体的生物学和心理学因素。

(3) 生活方式。

(4) 保健设施。

体质和健康是从不同侧面、不同范畴来看待人体状况的两个相互关联的概念，健康的范畴要大于体质的范畴。从体质的范畴来看，它要趋向于人体的形态发育、生理机能、心理发展、身体素质、运动能力以及内外环境的适应和抵抗疾病的能力等。从健康的范畴看，它除了包括体质的范畴以外，还强调对环境(包括自然环境和社会环境)的适应、心理卫生、对疾病的预防、卫生保健以及生活方式对健康的影响等。

二、我国学生体质健康现状

2005 年，教育部、国家体育总局、卫生部、国家民族事务委员会和科学技术部共同组织实施了自 1979 年以来的第 6 次全国学生体质与健康调研(前五次分别是在 1979 年、1985 年、1990 年、1995 年和 2000 年)。自 1985 年以来的五次调研结果显示，改革开放 20 多年来，随着我国经济和综合国力的不断发展与进步，国民的生活水平不断提高，教育事业的飞速发展，青少年学生的体质健康状况持续得到改善，总体上是好的，但确实也存在不容忽视的问题。

2005 年，全国学生体质与健康调研结果表明：学生的身高、体重、胸围等形态发育指标继续提高，营养状况继续改善，低血红蛋白等常见病检出率继续下降，握力水平有所提高；但同时也存在不容忽视的问题，包括肺活量水平继续呈下降趋势，速度、爆发力、力量、耐力素质水平进一步下降，肥胖检出率继续上升，视力不良检出率仍然居高不下。

三、改善学生体质健康状况的措施

人们可以通过改善物质生活条件，加强体质健康知识教育，建立健康的生活方式和有目的、有计划、科学的身体锻炼等手段，达到增强体质，使体质健康维持在较高水平的目的。

1. 加强体质健康知识教育

调查发现，许多学生对体质和健康方面的知识严重匮乏，甚至对体质与健康的概念都不了解，更谈不上了解体质与健康评价标准了。因此，应对大学生更多地进行，有关体质与健康知识的教育，如体育理论课上教师增加各种体质健康自我监测手段和评价方法的教学内容，定期举办健康知识讲座，以提高学生对体质与健康的认识。

2. 学会制定自我健身计划

学生在大学期间，学会根据《国家学生体质健康标准》制定科学、合理的自我锻炼计划。充分利用早晨、课余时间进行锻炼，把课内教学和课外活动有机结合起来，形成课内外教学活动"一体化"，这是改善大学生体质健康状况的必要措施。这样不仅有助于达到增强体质、促进健康的目的，同时也有利于大学生在校期间逐步形成体育与健康观念，为终身体育意识的形成打下坚实基础。

3．学会运用体质健康自我评价方法

学会运用体质健康状况的自我测试手段和评价方法，为平时体育锻炼和自我体质健康状况进行评价提供科学的依据。对于体质较差的学生应长期坚持体育锻炼，定期运用简单易行的体质健康评价方法检测自己的体质与健康状况。

4．思想品德教育

一部分学生怕苦怕累，缺乏坚强的意志品质和吃苦耐劳的优良作风，同时又怕脏怕晒，不愿意参加剧烈的体育运动，更不愿在风吹日晒的自然环境中参加各种文化活动，这是影响当前大学生体质健康状况的因素之一。因此，培养大学生的吃苦耐劳精神，克服惰性思想，也是提高大学生体质健康水平的有效手段。

第二节　《国家学生体质健康标准》的建立

《国家学生体质健康标准》是《国家体育锻炼标准》的有机组成部分，是《国家体育锻炼标准》在学校的具体实施标准，它是国家对不同年龄阶段学生个体在体质健康方面的基本要求，是促进学生体质健康发展、激励学生积极进行身体锻炼的教育手段，是学生体质健康的个性评价标准，2007 年开始在全国各级各类学校全面实施。它的实施对促进和激励学生积极参加体育活动，养成良好的体育锻炼习惯，不断增强体质起到重要的作用。

一、我国学生体质健康评价制度的发展

新中国成立以来，党和政府一直非常关心和重视广大学生身体健康，为鼓励和推动学生积极参加体育锻炼、增强体质，国家教育主管部门和体育主管部门在不同时期，根据当时的实际情况，先后制定了一系列学生体质评价制度。对大学生来讲，主要经历了《劳卫制》、《国家体育锻炼标准》、《大学生体育合格标准》及 2002 年至 2006 年间试行的《学生体质健康标准》几个阶段。

我国最早的学生体质评价制度是 1954 年由政务院批准并发布的《准备劳动与卫国》体育制度暂行条例，简称《劳卫制》，经过试行和反复修订，于 1958 年由政务院正式公布实施。1964 年，将《劳卫制》改名为《青少年体育锻炼标准》，以评价青少年的身体素质为主要内容。在特定的历史条件下，《劳卫制》为改善和提高青少年儿童的体质健康状况作出了不可磨灭的巨大贡献，开创了新中国成立以来国民体质健康促进事业的新纪元，也开创了学生体质健康评价工作的先河。

在《劳卫制》实施过程中，逐步发现《劳卫制》存在许多不完善的地方，存在着片面性。在总结实施《劳卫制》经验的基础上，经国务院批准，原国家体委于 1975 年颁布实施了《国家体育锻炼标准》。根据实施过程中的具体情况和发现的问题，分别于 1982 年、1990 年进行了两次修改。《国家体育锻炼标准》比《劳卫制》便先进。首先，《国家体育锻炼标准》面对全国所有学生人群，测试人群分为四个级别，分别为儿童组，9～12 岁，相当于小

学 3～6 年级；少年乙组，12～15 岁，相当于初中；少年甲组，16～18 岁，相当于高中；成年组，19 岁以上，相当于大学。测试内容在《劳卫制》的基础上也做了相应的调整，但仍然以身体素质项目测试为主，共分 5 大类。其次，《国家体育锻炼标准》同时强调学校应当把体育锻炼标准的施行工作同体育课、课外体育活动紧密结合，并纳入学校工作计划。它的推行在当时历史时期，对促进全社会关注学校体育，督促学生积极地参加体育锻炼，保证学生身体正常发育和增强体质都起到了重要的作用。

《大学生体育合格标准》是在《国家体育锻炼标准》实施的同时，于 1990 年 10 月由原国家教委颁布实施的，它的实施对象为大学生，1992 年 7 月进行了部分修订。它从大学生身体形态、身体机能、身体素质、体育课成绩、课外体育锻炼等方面综合评定大学生的体育成绩，与学位制度、学业奖励直接挂钩，是大学生接受体育教育的个体评价标准。

为了贯彻《中共中央国务院关于深化教育改革全面推进素质教育的决定》中提出的"学校教育要树立健康第一的指导思想，切实加强体育工作"的精神，促进学生积极参加体育锻炼，养成经常锻炼身体的习惯，提高自我保健能力和体质健康水平，在认真总结以往各标准实施所取得的成绩和存在的问题的基础上，借鉴国外学生体质健康评价制度的先进经验，针对全国学生体质调研出现的问题，充分考虑我国学生生理、心理的发展规律，紧密结合我国学校体育的实际，教育部、国家体育总局共同组织研制了以健康素质为主要指标的新的《学生体质健康标准》，并于 2002 年 7 月正式颁布实施。同时，为了更好地贯彻落实《中华人民共和国体育法》和《全民健身计划纲要》，指导国民科学健身，促进全民健身活动的开展，提高全民族的身体素质，国家体育总局于 2003 年 4 月又颁布了《国民体质测定标准》，自 2003 年 7 月 4 日起施行。《国民体质测定标准》适用于我国 3～69 周岁国民个体的形态、机能和身体素质的测定与评定，按年龄分为幼儿、青少年、成年人和老年人四个部分，其中青少年为《学生体质健康标准》。

二、现行《国家学生体质健康标准》实施的意义

《国家学生体质健康标准》(简称《标准》)是《国家体育锻炼标准》的一个组成部分，是《国家体育锻炼标准》在学校的具体应用，对我国全民健身运动也起着积极的推动作用。

1. 贯彻落实《体育法》

《国家体育锻炼标准》是我国重要的体育制度，《体育法》明确规定：学校必须实施国家体育锻炼标准，对学生在校期间每天用于体育活动的时间给予保证。《标准》是《国家体育锻炼标准》在学校中的具体实施，目的在于鼓励广大青少年和儿童自觉积极地锻炼身体，促进身体的正常发育和全面发展，增强体质，为全面建设社会主义现代化国家，为培养德、智、体、美全面发展的社会主义建设者和接班人服务。《标准》的实施不仅会促进学生积极锻炼，纠正和改变目前学生体质健康状况出现的突出问题，使学生拥有健康的体魄和健全人格，而且还是依法办学、依法执教的重要内容。

2. 贯彻落实"健康第一"的指导思想

学校教育，特别是学校体育教育直接肩负着"增强全体学生体质"和"促进全体学生健康"的使命。1999 年，第三次全国教育工作会议和《中共中央国务院关于深化教育改革全面推进素质教育的决定》明确指出："健康体魄是青少年为祖国和人民服务的基本前提，

是中华民族旺盛生命力的体现，学校教育要树立健康第一的指导思想，切实加强体育工作。"《标准》是积极贯彻这一思想的重要举措，也是深化学校体育教学改革、推进素质教育的重要步骤。它引导和激励广大青少年积极参加体育锻炼，努力拥有健康的体魄和健全人格，将"健康第一"的指导思想落实到实处，充分发挥了学校体育在素质教育中的作用。2006年12月，全国学校体育工作会议的召开，对开创我国学校体育工作新局面具有现实的指导意义和深远的历史影响。副委员长陈至立在大会中提出"建立和完善监督机制，确保学校体育工作各项政策措施落到实处"的要求，全面贯彻实施《标准》，是教育部、国家体育总局落实这一要求和《教育部、国家体育总局关于进一步加强学校体育工作，切实提高学生健康的意见》中的重要内容的重要举措。

3. 满足社会发展对人体健康的需要

随着社会文明的不断发展，人类在充分享受物质文明的同时，也受到社会对健康带来的威胁，面对精神紧张，营养过剩，运动不足，环境污染等因素所引发的非传染疾病在全球不断蔓延，处于"亚健康状态"的人群不断扩大的趋势，人们对健康的要求越来越高。关爱生命，追求健康是现代人的健康理念。随着科学研究的不断深入，人类对健康的认识发生了深刻的变化，生理—心理—社会三维健康观也日益普遍地为人们所接受。同时，人们对体育的促进功能以及如何通过体育锻炼提高体质健康水平在理论和认识上也有了进一步的提高，体质健康的测量与评价在手段和方法上也不断改进和创新。《标准》是激励学生积极进行身体锻炼的教育手段，而不是为了甄别和选拔优秀体育运动员，它采用个体评价标准，突出了对发展和改善学生健康有直接影响且关系密切的身体机能、身体素质和运动能力方面的测评项目，体现了现代社会对健康的具体要求，从而满足了社会发展对体质健康评价的要求。

4. 发展并完善学生体质健康评价体系

学生体质健康评价是学校体育工作的重要环节，也是学校教育评价体系中的重要组成部分。正确、合理地对学生进行体质健康评价，对促进学校体育和教育工作具有十分重要的意义。

《标准》是在吸取《劳卫制》、《国家体育锻炼标准》的成功经验，认真总结《劳卫制》、《国家体育锻炼标准》、《大学生体育锻炼标准》、《中学生体育合格标准》、《小学生体育合格标准》和《学生体质健康标准》执行过程中所取得的成绩和存在的问题的基础上，根据我国学生体质调研所反映出来的肺活量水平继续呈下降趋势，速度、爆发力、力量耐力、耐力素质等体能素质和心肺功能下降现状，参考国际上有关研究的成功经验和先进做法，建立在以健康素质为主要指标的新的评价体系。《标准》的颁布实现了一标多用：第一，取代《国家体育锻炼标准》中的学生部分，同时原《国家体育锻炼标准》的内容不再执行；第二，取代大、中、小学体育合格标准；第三，可以作为学生体育课成绩评定中体能部分的参考评价依据；第四，是大学生毕业的基本条件之一；第五，与全国学生体质调研的部分指标测试的数据互相兼容。

《标准》是激励学生积极进行身体锻炼的教育手段，它采用个体评价标准，能够清楚地看出学生个体差异与自身某些方面的不足，十分有利于通过测试促进学生积极参加体育锻炼，改善健康状况，促进身体发展。学生体质健康评价是学校体育工作中的重要环节，也是学校教育评价体系中的重要组成部分。正确、合理地对学生进行体质健康评价，对于促进学校体育和教育工作有着重要的意义。《标准》从建立完善我国学校教育评价体系的目标出发，体现了学校体育的价值，回答了学校体育为什么要以"体质健康"为本和怎样以"体质健康"为本的问题，明确了"体质健康"是学校教育和学校体育追求的目标。

第三节　《国家学生体质健康标准》的测试内容与方法

《标准》汲取《国家体育锻炼标准》和《学生体质健康标准》的成功经验，并根据《学生体质健康标准》试行过程中发现的主要问题，以及我国学生体质发展变化中的新情况，对评价指标、测试项目和权重进行了修订和完善。新增项目以身体素质和运动能力项目为主，对通过科学锻炼可明显改变其状况的项目，特别是反映学生耐力素质的测评项目予以较大的权重，目的是培养学生对体育的兴趣和爱好，鼓励和引导学生积极参加体育活动，提高体质健康水平。

一、国家大学生体质健康标准测试的项目

根据《标准》要求，大学生需要完成五类测试，如表 5-1 所示。

表 5-1　大学生《标准》测试项目

项　目	类　别	备　注
身高	必评指标	身高标准体重
体重	必评指标	
肺活量	必评指标	肺活量体重指数
台阶试验、1000 米跑(男)、800 米跑(女)	必评指标	选评一项
50 米跑、立定跳远、跳绳、篮球运球、足球运球、排球垫球	必评指标	选评一项
坐位体前屈、握力、掷实心球、引体向上(男)、仰卧起坐(女)	必评指标	选评一项

注：台阶试验与 1000 米跑(男)、800 米跑(女)隔年交替测试。

二、国家大学生体质健康标准测试的评价指标

根据《标准》，对大学生在五项指标上进行评价，如表 5-2 所示。

表 5-2　大学生《标准》评价指标

项　目	类　别	备　注
50 米跑、立定跳远、跳绳、篮球运球、足球运球、排球垫球	必评指标	选评一项
坐位体前屈、握力、掷实心球、引体向上(男)、仰卧起坐(女)	必评指标	选评一项
身高	必评指标	身高标准体重
体重	必评指标	
肺活量	必评指标	肺活量体重指数
台阶试验、1000 米跑(男)、800 米跑(女)	必评指标	选评一项

肺活量体重指数=肺活量÷体重(取整)(肺活量单位为 ml，测试时保留整数，体重的单位为 kg)；握力体重指数=握力÷体重×100(取整)(握力单位为 kg，测试时保留 1 位小数)。

三、大学生体质健康标准测试评价指标的权重

《标准》评价以 100 分制进行记分，各评价指标的权重如表 5-3 所示。

表 5-3 大学生《标准》评价指标权重

评价指标	权重系数
身高标准体重	0.10
台阶试验、1000 米跑(男)、800 米跑(女)	0.30
肺活量体重指数	0.20
50 米跑、立定跳远、跳绳、篮球运球、足球运球、排球垫球	0.20
握力体重指数、坐位体前屈、掷实心球、引体向上(男)、仰卧起坐(女)	0.20

四、大学生标准评分表

表 5-4 和表 5-5 分别是大学男生和大学女生身高与体重标准对照表；表 5-6 和表 5-7 分别是大学男生和女生的测评项目评分标准。

表 5-4 大学男生身高与体重标准对照表 (单位：kg)

身高段/cm	营养不良	较低体重	正常体重	超重	肥胖
	50 分	60 分	100 分	60 分	50 分
144.0～144.9	<41.5	41.5～46.3	46.4～51.9	52.0～53.7	≥53.8
145.0～145.9	<41.8	41.8～46.7	46.8～52.6	52.7～54.5	≥54.6
146.0～146.9	<42.1	42.1～47.1	47.2～53.1	53.2～55.1	≥55.2
147.0～147.9	<42.4	42.4～47.5	47.6～53.7	53.8～55.7	≥55.8
148.0～148.9	<42.6	42.6～47.9	48.0～54.2	54.3～56.3	≥56.4
149.0～149.9	<42.9	42.9～48.3	48.4～54.8	54.9～56.6	≥56.7
150.0～150.9	<43.2	43.2～48.8	48.9～55.4	55.5～57.6	≥57.7
151.0～151.9	<43.5	43.5～49.2	49.3～56.0	56.1～58.2	≥58.3
152.0～152.9	<43.9	43.9～49.7	49.8～56.5	56.6～58.7	≥58.8
153.0～153.9	<44.2	44.2×50.1	50.2～57.0	57.1～59.3	≥59.4
154.0～154.9	<44.7	44.7～50.6	50.7～57.5	57.6～59.8	≥59.9
155.0～155.9	<45.2	45.2～51.1	51.2～58.0	58.1～60.7	≥60.8
156.0～156.9	<45.6	45.6～51.6	51.7～58.7	58.8～61.0	≥61.1
157.0～157.9	<46.1	46.1～52.1	52.2～59.2	59.3～61.5	≥61.6
158.0～158.9	<46.6	46.6～52.6	52.7～59.8	59.9～62.2	≥62.3
159.0～159.9	<46.9	46.9～53.1	53.2～60.3	60.4～62.7	≥62.8
160.0～160.9	<47.4	47.4～53.6	53.7～60.9	61.0～63.4	≥63.5

续表

身高段/cm	营养不良	较低体重	正常体重	超 重	肥 胖
	50分	60分	100分	60分	50分
161.0～161.9	<48.1	48.1～54.3	54.4～61.6	61.7～64.1	≥64.2
162.0～162.9	<48.5	48.5～54.8	54.9～62.2	62.3～64.8	≥64.9
163.0～163.9	<49.0	49.0～55.3	55.4～62.8	62.9～65.3	≥65.4
164.0～164.9	<49.5	49.5～55.9	56.0～63.4	63.5～65.9	≥66.0
165.0～165.9	<49.9	49.9～56.4	56.5～64.1	64.2～66.6	≥66.7
166.0～166.9	<50.4	50.4～56.9	57.0～64.6	64.7～67.0	≥67.1
167.0～167.9	<50.8	50.8～57.3	57.4～65.0	65.1～67.5	≥67.6
168.0～168.9	<51.1	51.1～57.7	57.8～65.5	65.6～68.1	≥68.2
169.0～169.9	<51.6	51.6～58.2	58.3～66.0	66.1～68.6	≥68.7
170.0～170.9	<52.1	52.1～58.7	58.8～66.5	66.6～69.1	≥69.2
171.0～171.9	<52.5	52.5～59.2	59.3～67.2	67.3～69.8	≥69.9
172.0～172.9	<53.0	53.0～59.8	59.9～67.8	67.9～70.4	≥70.5
173.0～173.9	<53.5	53.5～60.3	60.4～68.4	68.5～71.1	≥71.2
174.0～174.9	<53.8	53.8～61.0	61.1～69.3	69.4～72.0	≥72.1
176.0～176.9	<55.3	55.3～62.2	62.3～70.9	71.0～73.8	≥73.9
177.0～177.9	<55.8	55.8～62.7	62.8～71.6	71.7～74.5	≥74.6
178.0～178.9	<56.2	56.2～63.3	63.4～72.3	72.4～75.3	≥75.4
179.0～179.9	<56.7	56.7～63.8	63.9～72.8	72.9～75.8	≥75.9
180.0～180.9	<57.1	57.1～64.3	64.4～73.5	73.6～76.5	≥76.6
181.0～181.9	<57.7	57.7～64.9	65.0～74.2	74.3～77.3	≥77.4
182.0～182.9	<58.2	58.2～65.6	65.7～74.9	75.0～77.8	≥77.9
183.0～183.9	<58.8	58.8～66.2	66.3～75.7	75.8～78.8	≥78.9
184.0～184.9	<59.3	59.3～66.8	66.9～76.3	76.4～79.4	≥79.5
185.0～185.9	<59.9	59.9～67.4	67.5～77.0	77.1～80.2	≥80.3
186.0～186.9	<60.4	60.4～68.1	68.2～77.8	77.9～81.1	≥81.2
187.0～187.9	<60.9	60.9～68.7	68.8～78.6	78.7～81.9	≥82.0
188.0～188.9	<61.4	61.4～69.2	69.3～79.3	79.4～82.6	≥82.7
189.0～189.9	<61.8	61.8～69.8	69.9～79.9	80.0～83.2	≥83.3
190.0～190.9	<62.4	62.4～70.4	70.5～80.5	80.6～83.6	≥83.7

注：身高低于表中所列出的最低身高段的下限值时，身高每低 1 cm，实测体重需加上 0.5 kg，实测身高需加上 1 cm，再查表确定分值；身高高于表中所列出的最高身高段时，身高每高 1 cm，其实测体重减去 0.9 kg，实测身高需减去 1 cm，再查表确定分值。

表 5-5 大学女生身高与体重标准对照表 （单位：kg）

身高段/cm	营养不良	较低体重	正常体重	超重	肥胖
	50 分	60 分	100 分	60 分	50 分
140.0～140.9	<36.5	36.5～42.4	42.5～50.6	50.7～53.3	≥53.4
141.0～141.9	<36.6	36.6～42.9	43.0～51.3	51.4～54.1	≥54.2
142.0～142.9	<36.8	36.8～43.2	43.3～51.9	52.0～54.7	≥54.8
143.0～143.9	<37.0	37.0～43.5	43.6～52.3	52.4～55.2	≥55.3
144.0～144.9	<37.2	37.2～43.7	43.8～52.7	52.8～55.6	≥55.7
145.0～145.9	<37.5	37.5～44.0	44.1～53.1	53.2～56.1	≥56.2
146.0～146.9	<37.9	37.9～44.4	44.5～53.7	53.8～56.7	≥56.8
147.0～147.9	<38.5	38.5～45.0	45.1～54.3	54.4～57.3	≥57.4
148.0～148.9	<39.1	39.1～45.7	45.8～55.0	55.1～58.0	≥58.1
149.0～149.9	<39.5	39.5～46.2	46.3～55.6	55.7～58.7	≥58.8
150.0～150.9	<39.9	39.9～46.6	46.7～56.2	56.3～59.3	≥59.4
151.0～151.9	<40.3	40.3～47.1	47.2～56.7	56.8～59.8	≥59.9
152.0～152.9	<40.8	40.8～47.6	47.7～57.4	57.5～60.5	≥60.6
153.0～153.9	<41.4	41.4～48.2	48.3～57.9	58.0～61.1	≥61.2
154.0～154.9	<41.9	41.9～48.8	48.9～58.6	58.7～61.9	≥62.0
155.0～155.9	<42.3	42.3～49.1	49.2～59.1	59.2～62.4	≥62.5
156.0～156.9	<42.9	42.9～49.7	49.8～59.7	59.8～63.0	≥63.1
157.0～157.9	<43.5	43.5～50.3	50.4～60.4	60.5～63.6	≥63.7
158.0～158.9	<44.0	44.0～50.8	50.9～61.2	61.3～64.5	≥64.6
159.0～159.9	<44.5	44.5～51.4	51.5～61.7	61.8～65.1	≥65.2
160.0～160.9	<45.0	45.0～52.1	52.2～62.3	62.4～65.6	≥65.7
161.0～161.9	<45.4	45.4～52.5	52.6～62.8	62.9～66.2	≥66.3
162.0～162.9	<45.9	45.9～53.1	53.2～63.4	63.5～66.8	≥66.9
163.0～163.9	<46.4	46.4～53.6	53.7～63.9	64.0～67.3	≥67.4
164.0～164.9	<46.8	46.8～54.2	54.3～64.5	64.6～67.9	≥68.0
165.0～165.9	<47.4	47.4～54.8	54.9～65.0	65.1～68.3	≥68.4
166.0～166.9	<48.0	48.0～55.4	55.5～65.5	65.6～68.9	≥69.0
167.0～167.9	<48.5	48.5～56.0	56.1～66.2	66.3～69.5	≥69.6
168.0～168.9	<49.0	49.0～56.4	56.5～66.7	66.8～70.1	≥70.2
169.0～169.9	<49.4	49.4～56.8	56.9～67.3	67.4～70.7	≥70.8
170.0～170.9	<49.9	49.9～57.3	57.4～67.9	68.0～71.4	≥71.5
171.0～171.9	<50.2	50.2～57.8	57.9～68.5	68.6～72.1	≥72.2
172.0～172.9	<50.7	50.7～58.4	58.5～69.1	69.2～72.7	≥72.8
173.0～173.9	<51.0	51.0～58.8	58.9～69.6	69.7～73.1	≥73.2
174.0～174.9	<51.3	51.3～59.3	59.4～70.2	70.3～73.6	≥73.7
175.0～175.9	<51.9	51.9～59.9	60.0～70.8	70.9～74.4	≥74.5
176.0～176.9	<52.4	52.4～60.4	60.5～71.5	71.6～75.1	≥75.2

续表

身高段/cm	营养不良	较低体重	正常体重	超重	肥胖
	50 分	60 分	100 分	60 分	50 分
177.0～177.9	<52.8	52.8～61.0	61.1～72.1	72.2～75.7	≥75.8
178.0～178.9	<53.2	53.2～61.5	61.6～72.6	72.7～76.2	≥76.3
179.0～179.9	<53.6	53.6～62.0	62.1～73.2	73.3～76.7	≥76.8
180.0～180.9	<54.1	54.1～62.5	62.6～73.7	73.8～77.0	≥77.1
181.0～181.9	<54.5	54.5～63.1	63.2～74.3	74.4～77.8	≥77.9
182.0～182.9	<55.1	55.1～63.8	63.9～75.0	75.1～79.4	≥79.5
183.0～183.9	<55.6	55.6～64.5	64.6～75.7	75.8～80.4	≥80.5
184.0～184.9	<56.1	56.1～65.3	65.4～76.6	76.7～81.2	≥81.3
185.0～185.9	<56.8	56.8～66.1	66.2～77.5	77.6～82.4	≥82.5
186.0～186.9	<57.3	57.3～66.9	67.0～78.6	78.7～83.3	≥83.4

注：身高低于表中所列出的最低身高段的下限值时，身高每低 1 cm，实测体重需加上 0.5 kg，实测身高需加上 1 cm，再查表确定分值；身高高于表中所列出的最高身高段时，身高每高 1 cm，其实测体重需减去 0.9 kg，实测身高需减去 1 cm，再查表确定分值。

表 5-6　大学男生各测试项目评分标准

等级	单项得分	肺活量体重指数	1000 m 跑/s	台阶试验	50 m 跑/s	立定跳远/m	掷实心球/m	握力体重指数	引体向上/次	坐位体前屈/cm	跳绳/(次/1 min)	篮球运球/s	足球运球/s	排球垫球/次
优秀	100	84	3′27″	82	6.0	2.66	15.7	92	26	23.0	198	8.6	6.3	50
	98	83	3′28″	80	6.1	2.65	15.2	91	25	22.6	193	9.0	6.5	49
	96	82	3′31″	77	6.2	2.63	14.4	90	24	22.0	186	9.6	6.9	46
	94	81	3′33″	74	6.3	2.62	13.6	89	23	21.4	178	10.3	7.3	44
	92	80	3′35″	71	6.4	2.60	12.5	87	22	20.6	168	11.1	7.7	41
	90	78	3′39″	67	6.5	2.58	11.5	86	21	19.8	158	12.0	8.2	38
良好	87	77	3′42″	65	6.6	2.56	11.3	84	20	18.9	152	12.4	8.5	37
	84	75	3′45″	63	6.8	2.52	10.9	81	19	17.5	144	12.9	8.9	34
	81	73	3′49″	60	7.0	2.48	10.5	79	18	16.2	136	13.5	9.3	32
	78	71	3′53″	57	7.3	2.43	10.0	75	17	14.3	124	14.3	9.9	29
	75	68	3′58″	53	7.5	2.38	9.5	72	16	12.5	113	15.0	10.4	26
及格	72	66	4′05″	52	7.6	2.35	9.3	70	15	11.3	108	15.6	10.7	25
	69	64	4′12″	51	7.7	2.31	8.9	66	14	9.5	101	16.6	11.2	23
	66	61	4′19″	50	7.8	2.26	8.5	63	13	7.8	94	17.5	11.7	21
	63	58	4′26″	48	8.0	2.20	8.0	59	12	5.4	85	18.8	12.3	18
	60	55	4′33″	46	8.1	2.14	7.5	54	11	3.0	75	20.0	12.9	15
不及格	50	54	4′40″	45	8.2	2.12	7.3	53	9	2.4	71	20.6	13.3	14
	40	52	4′47″	44	8.3	2.09	7.0	51	8	1.4	64	21.6	13.8	12
	30	51	4′54″	43	8.5	2.06	6.7	49	7	0.5	58	22.5	14.3	10
	20	49	5′01″	42	8.6	2.03	6.2	47	6	-0.8	49	23.8	15.0	8
	10	47	5′08″	40	8.8	1.99	5.8	44	5	-2.0	40	25.0	15.7	5

表 5-7　大学女生各测试项目评分标准

等级	单项得分	肺活量体重指数	1000 m跑/s	台阶试验	50 m跑/s	立定跳远/m	掷实心球/m	握力体重指数	引体向上/次	坐位体前屈/cm	跳绳/(次/1 min)	篮球运球/s	足球运球/s	排球垫球/次
优秀	100	70	3′24″	78	7.2	2.07	8.6	74	52	21.1	190	11.2	7.3	46
	98	69	3′27″	75	7.3	2.06	8.5	73	51	20.8	184	11.5	7.8	44
	96	68	3′29″	72	7.4	2.05	8.4	72	50	20.3	175	12.0	8.6	41
	94	67	3′32″	69	7.5	2.03	8.2	71	49	19.8	166	12.6	9.4	38
	92	65	3′35″	64	7.7	2.01	8.0	69	47	19.2	154	13.3	10.5	34
	90	64	3′38″	60	7.8	1.99	7.8	67	45	18.6	142	14.0	11.5	30
良好	87	63	3′42″	59	7.9	1.97	7.7	66	44	17.7	137	14.6	11.9	29
	84	61	3′46″	57	8.0	1.93	7.6	63	43	16.3	130	15.6	12.5	27
	81	59	3′50″	55	8.2	1.89	7.5	61	42	15.0	122	16.5	13.2	25
	78	57	3′54″	52	8.3	1.84	7.4	58	40	13.1	112	17.8	14.0	23
	75	54	3′58″	49	8.5	1.79	7.2	55	38	11.3	102	19.0	14.9	20
及格	72	53	4′03″	48	8.6	1.76	7.1	53	37	10.1	98	19.8	15.6	19
	69	51	4′08″	47	8.7	1.72	7.0	50	35	8.3	92	20.9	16.7	17
	66	49	4′13″	46	8.8	1.69	6.8	48	33	6.5	86	22.0	17.8	15
	63	46	4′18″	44	8.9	1.63	6.6	44	31	4.1	78	23.5	19.3	13
	60	43	4′23″	42	9.0	1.58	6.4	40	28	1.7	70	25.0	20.8	10
不及格	50	42	4′30″	41	9.1	1.56	6.2	39	27	1.5	66	25.8	21.2	9
	40	41	4′37″	40	9.3	1.53	6.0	38	26	1.3	59	26.9	21.9	8
	30	39	4′44″	39	9.5	1.50	5.7	36	25	1.0	53	28.0	22.5	7
	20	37	4′51″	38	9.8	1.46	5.4	34	23	0.6	44	29.5	23.4	6
	10	35	5′00″	36	10.0	1.42	5.0	32	21	0.2	35	31.0	24.3	4

五、《国家学生体质健康标准》各项目测试方法

随着《标准》的实施及推广，测试方法和手段的合理与否，对《标准》实施的目的和效果起着至关重要的作用。如果测试方法不合理、不科学，测试手段不正确、不规范的话，无论《标准》的内容、结构、测试项目、评价指标设计得多么完美，《标准》测试结果的真实性和可比性将无法得到保证，《标准》实施也可能流于形式，从而失去《标准》实施的目的和意义。因此，无论是测试工作人员还是广大大学生都应该正确掌握各项目的测试方法和手段，以提高《标准》实施的效率和保证测试数据的真实性和准确性。

1. 身高的测试

身高指人体自然站立时头顶到地面的垂直高度。通常与体重相结合，对人体的身体程度、生长发育水平和营养状况进行评价。

(1) 测试目的：测试学生身高，与体重测试相配合，评定学生的身体匀称程度，评定学生生长发育的水平及营养状况。

(2) 测试方法：受试者赤足，立正姿势站在身高计的底板上(上肢自然下垂，足跟并拢，足尖分开约成 60°角)。足跟、髂骨部及两肩胛区与立柱相接触，躯干自然挺直，头部正直，耳屏上缘与眼眶下缘呈水平位。测量结果以厘米为单位，精确到小数点后一位。测量误差不得超过 0.5 cm。

(3) 注意事项：① 身体计应选择平坦靠墙的地方放置，立柱的刻度尺应面向光源；② 严格掌握"三点靠立柱"、"两点呈水平"的测量姿势要求；③ 水平压板与头部接触时，头顶的发结要放开，饰物要取下；④ 测量身高前，受试者不应进行体育活动和体力劳动。⑤ 定期校对仪器。

2. 体重的测试

体重指人体的重量，通常与身高相结合，对人体的身体匀称程度、生长发育水平和营养状况进行评价。

(1) 测试目的：测量学生的体重，与身高测试相配合，评定学生的身体匀称程度，评价学生生长发育的水平及营养状况。

(2) 测试方法：测试时，测试仪应放在平坦地面上，受试者赤足，男性受试者身着短裤，女性受试者身着短裤、短袖衫，平稳站立在测试仪上。读数以千克为单位，精确到小数点后一位。测试误差不得超过 0.1 kg。

(3) 注意事项：① 测量体重前，受试者不得进行剧烈体育活动和体力劳动；② 受试者上下测试仪器动作要轻，测试过程中应保持稳定；③ 定期校对仪器。

3. 台阶试验的测试

台阶试验也称"哈佛"台阶试验，通常用来评价人体的心血管机能，以台阶试验指数大小反映人体心血管系统机能状况。台阶试验指数值越大，则反映心血管系统的机能水平越高，反之亦然。

(1) 测试目的：测试学生在定量负荷后心率变化情况，评价学生的心血管机能。

(2) 测试方法：男生用高 40 cm 的台阶(或凳子)；女生用高 35 cm 的台阶(或凳子)。测验前让受试者做轻度的准备活动，主要是活动下肢关节。上、下台阶的频率是 30 次/min，因而节拍器的节律为 120 次/min(每上、下是四动)。受试者按节拍器的节律完成试验。

被测试者从预备姿势开始：① 被测试者一只脚踏在台阶上；② 踏台腿伸直成台上站立；③ 先踏台的脚先下地；④ 还原成预备姿势。按 2 秒上、下一次的速度(按节拍器的节律来做)连续做 3 分钟。做完后，立刻坐在椅子上测量运动结束后的 1 分钟至 1 分半钟、2 分钟至 2 分半钟、3 分钟至 3 分半钟的 3 次脉搏数。并用下列公式算得评定指数，计算结果包含有小数的，对小数点后的 1 位进行四舍五入取整后进行评分。

$$评定指数 = \frac{踏台上下的持续时间(秒) \times 100}{2 \times 3次测定脉搏的和}$$

如果受试者不能完成 3 分钟的负荷运动，以实际上、下台阶的持续时间进行计算，计算公式和方法同上。

(3) 注意事项：① 心脏有病的人不能测试；② 按 2 秒上、下一次的节奏进行，当受试者跟不上节奏时应及时提醒，如果三次跟不上节奏应停止测试，以免发生伤害事故；③ 上下台阶时，膝、髋关节都应伸直；④ 被测试者不能自己测量脉搏。

4．1000 m 跑或 800 m 跑的测试

耐力是机体长时间进行肌肉活动并对抗疲劳的能力，是衡量人的体质健康状况和劳动工作能力的基本因素之一，是从事各项运动必不可少的一种运动素质，1000 m 跑(男)、800 m 跑(女)既测试大学生有氧耐力，也测试无氧耐力的水平，对于评价大学生体质健康状况有着非常重要的意义。

(1) 测试目的：测试学生耐力素质的发展水平，特别是心血管呼吸系统的机能及肌肉力量。

(2) 场地器材：200 m、300 m 和 400 m 田径场跑道，地质不限。也可在其他场地进行，但必须地面平坦，经过准确测量。秒表作为计时工具，使用前要进行校正。

5．肺活量的测试

肺活量是指在不限时间的情况下，一次最大吸气之后尽最大力所呼出的气体量，是反映人体生长发育水平的重要机能指标之一，是评价人体呼吸系统经纬度机能状况的最主要指标。肺活量的大小与体重、身高、胸围等因素有着密切的关系，因此，为了使对学生身体发育的不同因素在肺脏机能的评价中得到体现，评价时采用肺活量体重指数。

(1) 测试目的：测试学生的肺通气功能。

(2) 测试方法：使用干燥的一次性吹嘴。被测试者进行一两次较平日深一些的呼吸动作后，更深的吸一口气，向吹嘴处中等速度和力度匀速呼气至不能再呼出为止(中等速度和力度吹气效果最好)。每位受试者测三次，每次间隔 15 s，记录三次数值，选择最大值作为测试结果。以毫升为单位，不保留小数。

(3) 注意事项：① 电子肺活量计应保持通畅干燥，吹气筒的气管必须在上方，以免口水或杂物堵住气道。② 气管存放时不能打开；③ 定期校对仪器。

6．50 m 跑的测试

50 m 跑是国际上通用的测试项目，测试学生速度、灵敏素质及神经系统灵活性的发展水平。它既能部分地反映身体运动的综合素质，也是人们从事体育活动，学习运动技能所必须具备的身体基本素质。

(1) 测试目的：测试学生速度、灵敏素质及神经系统灵活性的发展水平。

(2) 场地器材：50 m 直线跑道若干条，地面平坦，地质不限，跑道线要清晰。发令旗一面，口哨一个，秒表若干块(一道一表)。秒表使用前应用标准秒表校对，每分钟误差不得超过 0.2 s。标准秒表的选定，以北京时间为准，每小时误差不超过 0.3 s。

(3) 测试方法：受试者至少两人一组测试，站立起跑，受试者听到"跑"的口令后开始起跑。发令员在发出口令的同时要摆动发令旗。计时员视旗动开表计时。受试者躯干部到达终点线的垂直面停表。记录以秒为单位，精确到小数点后一位。小数点后第 2 位数按非零进 1 原则进位，如 10.11 s 读成 10.2 s，并记录之。

(4) 注意事项：① 受试者测试最好穿运动鞋或平底布鞋，赤足亦可，但不得穿钉鞋、皮鞋、塑料凉鞋；② 如有抢跑者，要当即召回重跑；③ 如遇风时一律顺风跑。

7．立定跳远的测试

立定跳远是测试爆发力的项目，主要测试向前跳跃时下肢肌肉的爆发力。力量(最大力量)在体育运动和日常生活中是非常重要的身体素质，腿部的爆发力以腿的力量为基础，没

力量就谈不上爆发力，也谈不上肌肉耐力。

(1) 测试目的：测试学生下肢肌肉爆发力及身体协调能力的发展水平。

(2) 测试方法：受试者两脚自然分开站立，站在起跳线后，脚尖不得踩线(最好用线绳做起跳线)。两脚原地同时起跳，不得有垫步或连跳动作。丈量起跳线后缘的垂直距离。每人试跳三次，记录其中成绩最好一次。以厘米为单位，不计小数。

(3) 注意事项：发现犯规时，此次成绩无效。三次试跳均无成绩者，再跳至取得成绩为止。可以赤足，但不得穿钉鞋、皮鞋、塑料凉鞋测试。

8．坐位体前屈的测试

坐位体前屈是用于反映人体关节和肌肉柔韧性的测试项目。柔韧素质与健康的关系极为密切，柔韧性的提高对增强身体的协调能力，更好地发挥力量、速度等素质，提高运动技能和技术，防止运动创伤等有积极的作用。当人们缺乏体育锻炼，体质下降时，很多都是从柔韧素质的下降开始的。

(1) 测试目的：测量学生在静止状态下的躯干、腰、髋等关节可能达到的活动幅度，主要反映这些部位关节、韧带和肌肉的伸展性和弹性及学生身体柔韧素质的发展水平。

(2) 测试方法：受试者坐在坐位体前屈测试仪上，两腿伸直，两脚平蹬测试纵板，两脚分开约 10～15 cm，上体前屈，两臂伸直向前，用两手中指尖逐渐向前推动游标，直到不能前推为止。测试仪的脚蹬纵板内沿平面为 0 点，向内为负值，向前为正值。记录以厘米为单位，保留一位小数。测试两次，取最好成绩。

(3) 注意事项：身体前屈，两手指向前推游标时两腿不能变曲，推游标时要求匀速，不得突然发力或用力过猛。

9．握力的测试

握力主要反映人前臂和手部肌肉的力量，是反映肌肉总体力量的一个很好的指标。握力体重指数主要反映上肢肌肉的相对力量，即每千克体重的握力。

(1) 测试目的：测试学生上肢肌肉力量的发展水平。

(2) 测试方法：被测试者两脚自然分开成直立姿势，两臂自然下垂；一手持握力计全力紧握(此时握力计不能接触衣服和身体)，用有力(利)手重复三次，取最大值，以千克为单位，测试时保留一位小数。

(3) 注意事项：保持手臂自然下垂姿势，手心向内，不能触及衣服和身体。

10．仰卧起坐(女生)的测试

仰卧起坐是测试腹肌力量和耐力的一个项目，主要是腹肌和髋部肌肉参与工作，而这两部分肌肉的力量和耐力与女生的很多生理功能有密切的联系，因此将仰卧起坐单独列为女生的一个选测项目。

(1) 测试目的：测试腹肌耐力。

(2) 测试方法：受测者全身仰卧于垫上，两腿稍分开，屈膝呈 90 °角，两臂手指交叉贴于脑后。另一同伴压住其踝关节，以便固定下肢。受测者起坐时两肘触及或超过双膝为完成一次。仰卧时两肩胛必须触垫。测试人员发出"开始"口令的同时开表计时，记录 1 分钟内完成次数。计时结束时，受测者虽已坐但未达到双膝者不计该次数，精确到个位。

(3) 注意事项：① 如发现受测者借用肘部撑垫或臀部起落的力量起坐时，该次不计数；② 测试过程中，观测人员应向受测者报数；③ 受测者双脚必须放于垫上。

11．掷实心球的测试

掷实心球是测试学生上肢肌肉爆发力的素质指标。研究表明：男子 17 岁以前，女子 15 岁以前力量素质增长较快，其中男子 12～16 岁、女子 10～12 岁增长速度最快，为快速增长的突增期。男子 25 岁左右，女子 20 岁左右可达到最高水平。

(1) 测试目的：测试学生上肢爆发力。

(2) 场地器材：场地质地不限，长度达到 30 m 以上即可。大学生测试球重为 2 kg。

(3) 测试方法：测试时受测学生站在起掷线后，两脚开立(前后、左右均可)，身体面对投掷方向，双手举球至头上方，稍后仰，原地用力把实心球向前方掷出，与推铅球方法类似。球出手后，不得踩起掷线，否则属犯规，成绩无效。每人投掷三次，记录最好的一次成绩作为测试成绩。记录以米为单位，取一位小数，其他小数位舍去。

12．引体向上(男生)的测试

引体向上是反映男生肩臂最大力量和上肢力量耐力的典型指标，一直是我国学生体质与健康调研、体育考试的重要内容。将该项目纳入学生体质健康标准的指标体系，旨在增强学生参加锻炼和测评的选择性，促进学生积极参与锻炼。

(1) 测试目的：测试学生的上肢肌肉力量和耐力的发展水平。

(2) 场地器材：高单杠或高横杠，杠粗以手能握住为准。

(3) 测试方法：受试学生跳起双手正握杠，两手与肩同宽成直臂悬垂，身体完全静止后，两臂同时用力引体(身体不能有附加动作或摆动)，上拉到下颌超过横杠上缘为完成一次，两次引体向上的间隔不得超过 10 s。记录完成次数作为测试成绩。

13．跳绳的测试

跳绳是综合反映学生跳跃能力和上下肢协调配合能力的项目，同时也能在一定程度上体现力量、协调、灵敏等多项素质的水平，属于反映综合身体素质和运动能力的测评项目。项目对场地器材的要求少，安全性高，且锻炼效果良好。

(1) 测试目的：测试学生的下肢力量和身体协调能力。

(2) 场地器材：测试场地要求地面平整、干净，质地不限。测试器材主要有秒表、发令哨和长度不等的跳绳若干条。

(3) 测试方法：受试学生选择好适宜长度的跳绳，听到开始信号后开始跳绳，动作要求为双脚正跳，每跳跃一次且摇绳一回环(一周圈)，计数一次。一分钟未到前，出现跳绳绊脚等动作，测试继续进行，该次跳跃不计入成绩。成绩以学生一分钟完成正规跳绳的次数为准。

14．篮球运球的测试

篮球运球是篮球运动中最常用的基本技术之一，其水平的高低能较大程度地反映学生篮球运动基本技能水平。

(1) 测试目的：测试学生综合身体素质和篮球运动基本技能水平。

(2) 场地器材：测试场地长 20 m，宽 7 m；起终点线 5 m 后设置两列标志杆，标志杆距同侧边线 3 m，每列相距 1 m，各排标志杆杆距 3 m，共 5 排(图 5-1)。器材包括秒表(使用前须校正)、发令哨、符合国家正式比赛规定的篮球若干个。

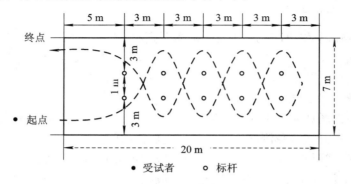

图 5-1　篮球运球测试场地图

(3) 测试方法：受测学生在起点线后持球站立，听到出发口令后，按图中所示方向单手运球依次过杆，每次过杆时需换手运球。受测者与球均返回终点时停表计时。每名学生均有两次测试机会，记录其中成绩最好的一次。以秒为单位记录测试成绩，精确到小数点后一位，小数点第二位非"0"进"1"。

(4) 注意事项：① 测试过程中篮球脱手，如球未出测试区，可将球捡回，从脱手处继续测试，捡球过程不停表；② 测试过程中出现下列情况属犯规行为，不记录测试成绩：抢跑、运球过程中双手同时触球、漏绕标志杆、碰到标志杆、人或球出测试区、未按规定路线完成测试、通过终点时人球分离；③ 两次测试均犯规无测试成绩者，可继续测试至取得成绩。

15. 足球运球的测试

足球运球是足球运动中最常用的基本技术之一，其水平的高低能较大程度地反映学生足球运动的基本技能水平。

(1) 测试目的：测试学生综合身体素质和足球运动的基本技能水平。

(2) 场地器材：在坚实、平整场地或足球场上进行。

测试区域长 30 m，宽 10 m，共设 5 个标志杆，标志杆距两侧边线 5 m，第一标志杆距起点线 5 m，每个标志杆相距 5 m(图 5-2)。器材包括秒表(使用前须校正)、发令哨、符合国家正式比赛规定的足球若干个。

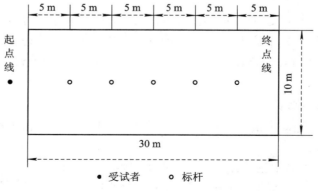

图 5-2　足球运球测试场地图

(3) 测试方法：受测学生在起点线后准备，听到出发口令后开始运动依次过杆，第一次过杆方向由测试者自行选择，受试者和球均越过终点线测试结束，停表计时。每名学生均有两次测试机会，记录其中成绩最好的一次，以秒为单位记录测试成绩，精确到小数点后一位，小数点后第二位非"0"进"1"。

(4) 注意事项：① 测试过程中出现下列现象属犯规行为，不计测试成绩：抢跑、漏绕标志杆、碰到标志杆、故意手球、不按要求完成全部测试；② 两次测试均犯规无测试成绩者，可继续测试直至取得成绩。

16. 排球垫球的测试

排球垫球是排球运动中最常用的基本技术之一，其水平的高低能较大程度地反映学生排球运动基本技能水平。

(1) 测试目的：测试学生综合身体素质和排球运动基本技能水平。

(2) 场地器材：在坚实、平坦的场地或排球场上进行。器材为符号合国家正式排球比赛规定的排球若干个。

(3) 测试方法：受测学生在规定的测试区域内原地将球抛起，连续正面双手垫球，要求动作规范、击球部位准确、达到规定高度，球落地测试即结束，记录符合要求的垫球次数。大学男生垫球高度要求为 2.43 m，女生为 2.24 m。每名学生均有两次测试机会，记录其中成绩最好的一次，以秒为单位记录测试成绩。

(4) 注意事项：测试过程中出现下列现象不做犯规处理，只作为测试调整，但不计数，可继续进行测试，如采用传球等其他方式触球、人或球出测试区、垫球高度不够等。

第四节　《国家学生体质健康标准》测试的管理

一、《标准》实施的组织管理

作为高等学校《标准》实施工作的主要承担者，应由体育部(系)统筹安排、精心组织、科学管理，全部(系)上下积极参与，认真努力工作，克服各种困难，齐心协力，保证《标准》实施工作的顺利开展。

1. 组织机构健全是做好《标准》测试工作的关键

体育部(系)应根据学校的总体部署，成立由部(系)主任为组长，教学办公室主任、群体教研室主任和各教学教研室主任为成员的《标准》测试工作小组，并明确由教学办公室或群体教研室具体负责《标准》测试工作，逐一落实《标准》测试工作的各项工作安排和部署。

2. 建立业务过硬的测试队伍是做好(标准)测试工作的基础

首先，体育部(系)应组织全体教职工深入细致地学习《标准》，从思想上高度重视。其次，对体育教师进行《标准》测试的业务技术培训，提高测试队伍的整体业务能力，以保证《标准》实施工作的顺利工作。

3. 制定科学规范的管理制度是做好《标准》测试工作的保证

《标准》的实施是一个系统工程，它涉及范围广，参与人数多，过程复杂。为了使《标准》测试工作做到有章可循，有法可依，应制定《标准》测试工作的管理制度、《标准》仪器设备的使用与维护和测试场地的管理制度、《标准》测试成绩登录及成绩档案管理制度等一系列有关《标准》实施的规定和制度。

4．测试仪器设备和测试场地是开展《标准》测试工作的物质保证

合理使用下拨的《标准》实施专用经费，精心选择功能完善，性价比合理的《标准》仪器设备，科学合理地布置测试场地，并根据仪器设备和测试场地的实际情况设计完善的测试方案。

5．认真做好《标准》的宣传工作，也是《标准》实施的一个重要环节

《标准》与原《学生体质健康标准》相比，有了很多新的变化。为了更好地让广大学生了解新《标准》，理解新《标准》，认识新《标准》实施的重要意义，积极主动地配合测试，可采用悬挂《标准》宣传横幅、分发《标准》宣传资料、举办《标准》现场咨询活动、制作《标准》宣传展板、布置《标准》宣传橱窗、制作《标准》电视专题片和在日常教学中向学生讲解《标准》等方式进行宣传。

6．做好安全预防工作，确保实施顺利

保证测试过程安全，预防意外事故的发生，是《标准》测试不容忽视的一个重要方面。在测试工作开始前应对可能存在安全隐患的测试仪器设备、场地器材、环境条件及测试方案等进行细致检查与审核，防微杜渐。正确指导学生进行适当准备活动，配备专门医务人员，科学安全地进行测试。

二、《国家学生体质健康标准》测试数据的管理

《标准》测试数据能为相关政府部门提供决策依据，为教育行政部门和学校体育教学改革、体育工作科学化提供理论支撑，为科学研究我国青少年成长规律、研制运动干预措施和效果分析提供科学依据，为广大学生提供健康指导服务。

(一) 国家学生体质健康标准数据管理系统

"国家学生体质健康标准数据管理系统"(Management Information System of China National Student & Fitness Database，以下简称"国家数据库 MIS")是汇集、存储、统计、分析《标准》测试数据的计算机信息管理系统。在总结 2005、2006 年全国《学生体质健康标准》数据上报工作实施经验的基础上，"国家数据库 MIS"根据新的《标准》进行相应的更新改造，具有按各种要求进行统计、分析、检索的功能，每年可容纳全国两亿多学生《标准》测试的全部结果。各级各类学校可通过互联网免费下载数据上报软件，按《标准》要求进行数据上报工作。

(二) 建立"国家学生体质健康标准数据管理系统"的目的和意义

"国家数据库 MIS"是教育部为了更好地贯彻落实"健康第一"的指导思想，深入开展"全国亿万学生阳光体育运动"，全面掌握全国各级各类学校《标准》测试的全部结果而建立的。各级各类学校可通过互联网免费下载数据上报软件，按《标准》要求进行数据上报工作。

1．为《标准》提高信息化的数据上报手段

《标准》规定，学校每年应通过互联网直接将本校《标准》测试数据报送至教育部"国家数据库 MIS"，上报时间为每年 9 月 1 日至 12 月 31。"国家数据库 MIS"是现代信息技术在《标准》实施工作中的充分应用，标志着《标准》的推广实施迈进了定量化、信息化、科学化管理的新阶段，对减轻各地层层统计上报的工作量、提高《标准》测试数据管理效率和节省资源具有十分重要的意义。

2．全面准确地反映我国学生的体质健康状况和特点

"国家数据库 MIS"利用现代信息技术对全国各级各类学校《标准》测试数据进行收集汇总，可完整、全面地记录全国青少年学生的体质健康状况和成长档案，在此基础上进行系统的统计分析，能够全面准确地掌握当前我国不同年龄段、不同地区青少年学生的体质健康状况和特点，并将每年的统计数据资料汇总为全国学生体质健康标准数据年报，向全社会予以公布。

3．为教育、体育行政部门提供决策依据

各级教育、体育行政部门可以利用"国家数据库 MIS"查询获得所辖地区《标准》测试翔实的各类统计数据和指标，从而进行统计分析、比较研究，掌握和了解当地《标准》的实施情况、学生体质健康状况和发展趋势、各学校体育教育工作的开展情况，并将之作为制定相关政策的依据。

4．检验学校体育教学成果，推进学校体育工作科学化

《标准》要求学校每年直接上报本校学生《标准》的测试结果和数据，将强化学校对《标准》测试工作的重视，督促学校认真做好《标准》测试工作，促进学校按照《标准》要求，引导学生养成良好的体育锻炼习惯，积极参加课外体育锻炼。同时，各级学校可利用"国家数据库 MIS"查询、分析本校学生的体质健康状况，与全国或本区的其他同类学生进行比较研究，以检查自身的体育工作，促进本校的体育教学改革。

5．为科研机构研究我国青少年成长发育规律提供科学依据

"国家数据库 MIS"每年接收和存储全国两亿多学生《标准》测试的详细成绩和基本信息，是世界上涵盖人数最多、分析最全面、时间跨度最长的青少年体质健康数据库。"国家数据库 MIS"的统计、分析、检索功能将为科学研究机构、企事业单位及社会公众提供最完整的中国学生体质健康信息，为它们分析我国当代青少年学生成长发育规律、地区体质健康素质水平、身体素质敏感期的一般规律和变化趋势，研制运动干预的措施和效果分析提供宝贵资料。

6．为全国青少年学生提供健康指导服务，唤起全社会的健康意识

"国家数据库 MIS"可为我国广大青少年学生及他们的家长提供在线查询和在线评估服务，供他们随时了解学生的体质健康状况。同时，与"国家数据库 MIS"相关的"中国学生体质健康网"也可对学生进行体质健康知识教育，引导学生积极参加体育锻炼，增强体质健康。"国家数据库 MIS"的建设和《标准》测试数据上报制度的确定，不仅可以使我国学生体质健康状况得到全社会的广泛关注，达到人人关注青少年学生体质健康的目的，还可以唤醒全社会的健康意识，促进全面健身运动的开展。

(三) 高校《标准》测试成绩的管理

学校《标准》测试成绩的管理是学校体育教学工作的一个重要方面,是学校体育课程建设、体育教学内容和教学手段改革等体育教育工作的重要依据。

1. 明确《标准》测试在学校体育教学中的地位

体育课程是大学生以身体练习为主要手段,通过合理的体育教学和科学的体育锻炼,达到增强体质、增进健康和提高体育素养为主要目标的公共必修课程,是学校课程体系的重要组成部分;是高等学校体育工作的中心环节。课程目标中的基本目标明确说明了基本目标是根据大多数学生的基本情况制定的,尤其是它的运动参与目标、身体健康目标这两点在《标准》的实施中更能得到充分的实现。因此,各高等学校应根据自身的实际情况,明确《标准》测试在学校体育教学中的地位,制定学校《标准》测试成绩的相关管理制度,加强管理。

2.《标准》测试成绩纳入大学生体育课总评体系

《标准》测试成绩纳入大学生体育课总评体系,是引起大学生重视《标准》测试,提高认识的激励途径和手段。高校明确《标准》测试成绩在全年体育课总评中所占比例,规定《标准》测试成绩及格,方可参加全年体育课成绩总评;《标准》测试成绩不及格,不得参加全年体育课成绩总评,体育课成绩计为不及格,最高59分。类似的这种规定,从学籍管理上,是把《标准》测试作为高校体育教学的一个方面,体现对《标准》测试的高度重视。另外,这样做也可以看做是对《标准》的一种奖励措施,目的是督促、鼓励大学生认真上好体育课,积极参加课外体育锻炼,努力提高自身体质健康水平,同时,也能更加真实准确地反映本校大学生的体质健康状况。

3.《标准》测试成绩纳入高等学校学生体育工作评价体系

把《标准》实施纳入学校整体工作的管理体系,建立奖惩制度是高校《标准》实施组织管理科学化的关键。《标准》实施是"全国亿万学生阳光体育活动"的重要内容,开展《标准》测试"达标争优、强健体魄"是营造校园浓郁体育锻炼气氛和全员参与的群众性体育锻炼风气的有效途径。《标准》测试成绩纳入高等学校学生体育工作评价体系,明确《标准》测试成绩在评价体系中的权重,对《标准》实施组织工作做得好,《标准》测试成绩达标率、优秀率高的院(系)要予以充分的肯定,在年度院(系)学生体育工作考核评比中予以体现,提出表扬,可以更好地促进高校各院(系)对《标准》实施工作的重视,加强《标准》实施的组织工作,调动各院(系)开展学生群体活动和课外体育锻炼的积极性,形成良性循环,以更好地推动学校学生体育工作的开展,达到《标准》实施的目标。

第六章　田径运动理论与技术

第一节　田径运动概述

一、田径运动的定义与分类

1. 定义

通常把以时间计算成绩的竞走和跑的项目叫"径赛"，把以远度和高度计算成绩的跳跃和投掷项目称为"田赛"。"田赛"和"径赛"合称田径运动。

2. 项目分类

分为竞走、跑、跳跃、投掷和由跑、跳跃、投掷的部分项目组成的全能运动五类。

二、田径运动的起源与发展

田径运动是在社会发展中逐步产生和发展的，是历史上最古老的体育运动之一。1896年在希腊举行的第 1 届现代奥林匹克运动会田径赛，是现代世界田径运动开始的标志。自第 1 届现代奥运会举行至今已经历了 100 多年，随着科学技术的进步，田径运动有了很大的发展。

近代田径运动在 19 世纪末传入中国。旧中国举办过 7 届全运会的田径比赛，由于政治、经济的原因，田径运动没有得到很好的发展，运动水平也很低，成绩十分落后。新中国成立后，在党和政府的关怀下，广大群众和少年儿童积极锻炼身体，田径运动在大、中小学校逐步普及起来，运动水平不断地提高。在 1992 年的第 25 届奥运会中，我国女子竞走运动员陈跃玲获得 10 km 竞走金牌，实现了中国田径运动员在奥运会史上金牌零的突破。在 2004 年雅典奥运会男子 110 米栏决赛中，刘翔以 12.91 s 的成绩获得 110 m 栏冠军，打破了 12.95 s 的奥运会纪录。2005 年，胡凯以 10.30 s 的成绩夺得世界大学生运动会男子百米冠军，这也是中国男子选手在世界重大比赛中夺得的第一块百米金牌。

第二节　径赛项目基本技术

一、竞走

在整个的迈步过程中，身体应始终正直和放松，后背始终平直，迈步时骨盆没有向前或向后倾斜(图 6-1)。

(1) 髋部运动，是人体向前运动的原始动力。通过向前转髋(横轴平面平行于地面)，后腿被推离地面。髋部动作就像一个发动机，使膝关节和脚加速向前运动。在之后的摆动动作阶段，膝关节赶上向前运动的髋的位置。当接触地面时，脚后跟稍微超过膝关节。正确的髋部动作能增大步长(见图 6-2)，同时也能形成沿着一条直线的正确的放脚(见图 6-3)。转髋动作不足或者受骨盆柔韧性的限制，将导致脚落在一条直线的两侧。

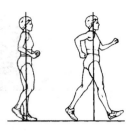

图 6-1　竞走的姿势

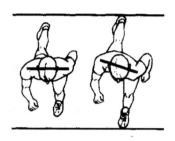

图 6-2　正确的髋部动作能增加步长

图 6-3　正确的放脚

(2) 膝关节动作，在脚跟接触地面的瞬间至支撑腿达到垂直部位时必须伸直(见图 6-4)。在恢复摆动时，膝关节弯曲。因缩短了转动半径，从而加快了摆动的速度。后腿开始弯曲的最佳时机应根据膝关节的结构、柔韧性和运动员的力量来决定。

图 6-4　在脚跟接触地面至支撑腿达到垂直部位时保持直膝

(3) 脚的动作，脚跟首先着地，脚尖翘起，不是整个脚掌着地。一旦脚与地面接触，人体就开始向前运动，在腿完全支撑人体重量之前，脚尖一直没有着地，脚尖离地的时间与肠外侧肌的力量有直接的关系。在蹬离地面之前，有一个以腓肠肌引起脚转向垂直的推动力。摆动腿的脚向前靠近，但不是擦地而过。

(4) 摆臂，因运动员个体的不同而有变化。运动员肘部弯曲程度在 90°～45°之间，肘的弯曲角度必须固定，但在整个的摆臂过程中，肌肉应处于放松状态。摆臂的方向主要是前后方向，而不是左右摆臂。

手移动的路线应从臀后腰带水平的位置沿着弧线摆向胸骨位置，两手不应在身体中线的位置交叉，整个臂的摆动低且放松。两个肩胛骨间不应紧张，摆臂结束时也不应耸肩。运动员的手应放松，呈半握拳状，手腕应伸直。当手摆过臀部时，指尖向内。

二、接力跑

接力跑是田径运动径赛项目中以规定人数、限定距离、并以接力棒为传接工具的集体配合项目。

1. 4×100 m 接力跑

有几种交接棒的方法，在交棒者的手形变化上有：上挑式、下压式和推压式。在递棒者与准备接棒者手形变化的关系上也有三种：向下、向上和开掌。

(1) 上挑式／掌向下：传棒人在加速跑后，接棒人的手臂向后呈对角线状，传棒人将接力棒以由下向上挑的方式放入接棒人的呈"V"形的手掌中(见图6-5)。

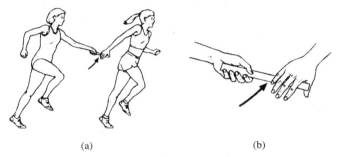

(a)   (b)

图 6-5　上挑式/掌向下交接棒方法和近距离正确的手势

(2) 下压式/掌向上：持棒者加速跑到预定的交接棒区域，手臂伸展；接棒者手臂高举(与跑道平行)，掌心向上，手指微微伸展，拇指指向躯干；交棒者保持快速跑进的姿势，伸出交棒的手臂，将棒向前向下压(见图6-6)。

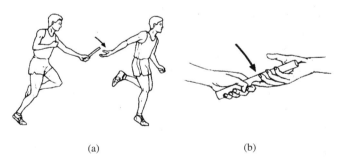

(a)   (b)

图 6-6　下压式/掌向上交接棒方法和近距离正确的手势

(3) 推压式/开掌式：在此方法中，接棒者的手既不向下也不向上，而是将手掌伸开对着交棒者，手掌所处的位置是一个很明显的目标，使交棒者更容易递棒。当采用这种交接棒的方法时，接棒者在语言或非语言的提示下，应将手臂向后伸，使肘关节向后上方抬起，尽量将手臂的前臂抬到与肩同高的位置。为了达到理想的位置，在手掌摆过裤袋时拇指必须向下，手指稍向外伸。手臂通过调整自然地向后伸出，肘关节稍微向外拐。

接力跑运动员棒次分配的原则：一般情况下，第 1 棒应安排起跑技术好和善于跑弯道的运动员，第 2 棒应安排速度耐力好和熟练地掌控了接棒和传棒技术的运动员，第 3 棒运动员除具备第 2 棒运动员的条件外，还应善于跑弯道；第 4 棒通常安排全队成绩最好、意

志品质和冲刺能力都强的运动员。

2. 4×400 m 接力

(1) 传接棒的方法：视觉传递是 4×400 m 接力中最好的一种传接棒方法。接棒人面向跑道的最内道，左手向后伸并与胸同高，接传棒者右手传出的接力棒。接棒者的责任是将接力棒从传棒者手中拿过来(见图 6-7)。

(2) 交接棒的顺序：第 1 棒跑时右手持棒传给第 2 棒左手，第 2 棒快速跑进传给第 3 棒；第 2 棒左脚在后，右脚在前，左手向后伸，眼从左肩向后看，手向上接棒，接棒后马

图 6-7 视觉交接棒

上把棒换到右手，快速跑；第 3、4 棒面向内道站立，左手为跑进者做出明确的目标，手的位置取决于传棒者的位置，接棒者必须正确判断位置、跑道、交接距离和拥挤情况；第 4 棒接棒后迅速将棒换到右手，结束比赛。

三、跨栏跑

1. 男子 110 m 跨栏跑

(1) 起跑至第 1 栏技术：起跑姿势和蹬离起跑器技术与百米跑是一样的，起跑后逐步抬上体的动作要比 100 m 起跑后的加速跑中抬上体动作早。身材高大的跨栏运动员，起跑后应努力采用八步跑至第 1 栏，这样有利于保持栏间三步的适宜节奏。采用八步跑至第 1 栏，运动员必须将摆动腿放在后起跑器上起跑。

(2) 起跨：当运动员起跑至第 8 步着地时，摆动腿必须以膝领先正对栏板折叠前摆(见图 6-8(c))。摆动腿积极快速地折叠前摆大腿是有效攻栏的关键。

攻栏时的起跨距离主要取决于运动员起跨时的水平速度。如果起跨点离栏太近，通常会造成运动员身体过栏时离栏过高。运动员过栏时身体重心的高度应该刚好够运动员过栏为宜(图 6-8(c))。攻栏时头领先躯干过栏，这样能使上体向栏的方向倾斜。躯干前倾能够减小身体重心的高度，从而提高过栏的效率。

起跨腿(亦即起跨离地后的提拉腿)起跨时必须充分蹬伸。起跨腿充分蹬伸能避免提拉腿过栏太早，它是在摆动腿充分有力地折叠前摆条件下自然形成的。

图 6-8 起跨时，摆动腿膝关节折叠前摆

攻栏时髋轴与肩轴应扭紧，摆动腿的异侧肩臂应配合摆动腿的折叠前摆而抬肘向前伸摆至胸前。异侧臂伸摆不能离开身体太远或超过身体矢状面中线，以避免身体过栏时过分转动。

(3) 腾空过栏。

摆动腿：当摆动腿前摆至大腿，接近与地面平行时，动量自动转移到小腿。此时摆动腿的脚摆至过栏前的最高点，在这一过程中摆动腿的脚尖应勾起(见图 6-9(a))。运动员应避免脚绕栏和踢栏。摆动腿脚掌一过栏板就应积极下压着地。此时，脚仍然保持钩起并准备"后扒式"着地。在整个过栏过程中，运动员应保持上体的前倾姿势(见图 6-9(b))。

起跨腿：起跨一结束，起跨腿就应在髋关节后面屈膝折叠上翘脚尖，以膝带动，依次过

栏(见图 6-9(c))。髋轴应领先于起跨腿的膝过栏，并且起跨腿的提拉过栏应是连贯的加速过程。

手臂动作：上栏时的前伸臂应采用大弧度向后划摆，以增大手臂的惯量来平衡起跨腿向相反方向运动产生的巨大惯量。前伸手臂一旦后划摆过起跨腿，就应屈肘来缩短转动半径，转入跑动时的姿势摆动。起跨腿异侧手臂放松摆动，手靠近摆动腿的髋部。腾空过栏过程中手臂的运动应尽可能保持与短跑一样。

图 6-9　过栏时攻栏腿和起跨腿的位置

(4) 下栏着地：运动员应尽量采用积极性着地。摆动腿下栏着地时脚尖微上翘，然后用后扒式着地。着地点应刚好在运动员身体重心的投影点正下方。快速的下栏第一步是由起跨腿的提拉动作效果决定的。

2. 女子 100 m 跨栏跑

女子 100 m 栏项目采用 10 个栏架，栏间距离为 8.5 m，起跑线至第一栏距离为 13.0 m，最后一栏至终点距离为 10.5 m。栏高为 84 cm。通常起跑至第一栏采用八步，栏间跑用三步。110 m 栏的大部分技术都适用于 100 m 栏项目。但是，由于女子栏的栏架低，栏间距短，因此，跨栏技术也有一些明显不同，最明显的不同在于过栏技术和起跨腿技术方面。

(1) 过栏技术：由于 100 m 栏的栏架较低，从而对运动员起跨至下栏落地的距离，即跨栏步有一定影响。由于起跨距离短，摆动腿的摆动攻栏更积极，上栏速度更快，因此，减小了过栏过程中水平速度的损失。栏架高度低，攻栏动作更主动，使运动员身体重心过栏轨迹能最大程度地保持平稳，从而使女子 100 m 栏与男子 110 m 栏相比，下栏落地距离近，跨栏步短。

(2) 起跨腿技术：女子 100 m 栏起跨腿过栏技术不像男子 110 m 栏那样突出强调膝关节折叠高抬。女子跨栏运动员在过栏时，起跨腿充分折叠，脚跟靠近臀部。由于栏高较低，因此，女栏运动员过栏时提拉腿膝关节的位置较低——其程度决定于运动员的身高。身材矮小的运动员提拉腿折叠的高度较身材高大的运动员更接近髋的高度位置。

第三节　田赛项目基本技术

田赛是在一定的区域内进行的各种跳跃和投掷项目比赛的统称。

一、跳高

(一) 助跑

1. 助跑的距离和路线

助跑应该有足够的距离，以获得良好的助跑节奏和速度，为起跳做准备。助跑的距离一般在 8～12 步之间(本节以 10 步助跑作为通常的助跑距离)，助跑的路线为"J"形(见图 6-10)，它可以使身体在起跳时形成正确的位置(后倾)。

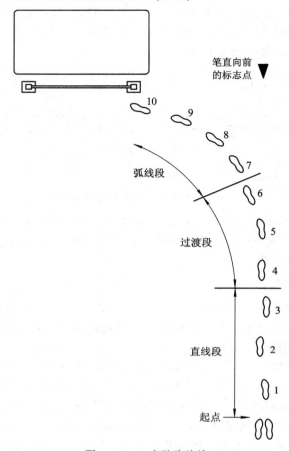

图 6-10　10 步助跑路线

2．丈量步点的方法

丈量时从跳高架近端的立柱开始向助跑一侧平行于横竿的方向量 15 个脚长(约 3～4.9 m)，接着运动员应从垂直于假设的横杆延长线向前走 19 大步(约 12.2～12.3 m)。

3．开始助跑

(1) 直线段。助跑开始的前段是 3～4 步的直线距离，紧接着是 3～4 步的过渡距离，最后是接近跳高架的 4 步弧线助跑。起跳点应该在靠近跳高架的近端，以便为起跳脚提供一个固定的、可见的、一致的落点。无论运动员是采取站立式起跑，还是通过预跑到助跑的起点开始助跑，其第一步都必须是固定的、精确的和有力的。第 2、3、4 步助跑应朝着笔直向前的标志跑进，手臂和膝关节的动作幅度要大，同时运动员应以直立的姿势助跑，目光盯住笔直向前的标志点，加速的节奏从此开始，并要确保每一步的步速均比前一步稍快。

(2) 过渡段。过渡段是指在助跑过程中，由直线助跑转入弧线助跑的 3 步。一般情况下，助跑的第 4、5、6 步(采用 10 步助跑时)属于过渡段。在本阶段应将注意力转向跳高架的近端，同时，身体重心也开始逐渐向弧心方向倾斜，更为重要的是，过渡段是一条平滑的弧线。

(3) 弧线段。此时注意力集中于横杆与跳高架远端的结合处,而不是集中在横杆的中间,因为注意力集中于横杆的中间会使运动员助跑时偏离弧线。同样,运动员的眼睛也不能向下看起跳点,因为眼睛看着起跳点会导致身体倾斜。

(二) 起跳

1. 放脚的位置

起跳脚应快速地迈向跳高架近端外约 0.9 m 的地方,其角度应指向跳高架远端的内侧。

2. 身体的倾斜

在起跳点的正确"倾斜"包含两个角度成分:后仰和内倾。身体的倾斜在起跳时会产生三种旋转:向前空翻、向侧空翻和纵轴旋转。第一种旋转是身体后仰的结果;第二种旋转是身体内倾的结果(从横杆的平面向外,向弧心),它不仅能使身体获得旋转过杆的动量,而且还能使运动员垂直起跳而不致进入横杆平面内;第三种旋转是膝关节缓冲动作的结果,它使运动员背对横杆。当这三种旋转动作——向前空翻、向侧空翻和纵轴旋转结合在一起的时候,其结果就是导致运动员的过杆,这称作旋转的合力。

3. 摆动动作

两臂和摆动腿的技术动作是跳高起跳阶段又一个非常重要的环节。摆动腿应尽可能快地、高地向前移动,大腿至少与地面平行,同时也应与横杆平行。

手臂也是摆动动作的一部分,事实上存在两种手臂的摆动动作,即单臂和双臂摆动。

在双臂摆动中,起跳腿前伸时,双臂尽可能屈肘后摆,然后经体侧向上方摆动至突停。此时前臂位于肩的位置且双手在上。在起跳脚前伸时,用最小的力量使双臂尽量后伸。

单臂的摆动方法是手臂在完成助跑时没有停止摆动,在助跑的倒数第 2 步时,内侧手臂向前;当外侧手臂继续向前并通过起跳点时,内侧手臂保持向前并向高摆动。

(三) 过杆

1. 头和肩

当身体(重心)上升时,起跳时所形成的旋转将使身体沿横杆旋转。运动员起跳离地后,其起跳腿的方向应保持向下,摆动腿的膝关节应保持向上。头在肩上保持平衡,而不是将头倾斜倒向横杆方向。头和肩部应首先过杆,接着背部过杆,肩平行于横杆向前。同样,头应该在肩上保持平衡并朝上。

2. 髋

一旦肩部越过横杆,就应迅速降低(有人称作"头向后仰"),它能使髋部和臀部在接近横杆时上升,这也是旋转速度必须加快的地方。为此,双脚应尽可能地靠近臀部,双臂自然置于体侧。这种压紧身体的姿势(弓形)以及从起跳阶段获得的旋转动量将使运动员的髋部上升到最高点而过杆(见图6-11)。

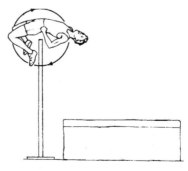

图 6-11 过杆动作

3．腿和脚

当髋部过杆时，腘绳肌必须被向上提，这可以通过降低髋部的位置来完成。此时运动员应及时地低头、含胸、屈髋，从而提高腘绳肌的位置，同时提升膝关节，以保持正确姿势，使脚过杆，随着双膝向上，伸直的双腿将使脚顺利地越过横杆。当运动员接着向海绵垫落下的时候，旋转的速度必须减慢。因此，运动员应在保持双腿伸直的同时，将双臂展开并离开身体。运动员应将背部的上半部分落在垫子上，而不是颈部，以确保落地安全。

二、三级跳远

三级跳远由助跑、单足跳、跨步跳和跳跃几部分组成。

（一）助跑

三级跳远的助跑距离应长到足以使运动员能发挥出近乎其最高速度。同时，助跑要放松，以不至失控。如果助跑速度太慢，最后阶段会失去动量。反之，如果助跑速度太快，会失去控制，双腿难以招架。助跑长度应为约 30.5～39.6 m，初学者的助跑长度应为约30.5 m。初学者往往在助跑后程设第二标记，然而，随着运动经验的增长，倾向于只设一个开始助跑的标记。三级跳远运动员应反复实践助跑距离，直到确定为止。在赛前，还应调整助跑步点的准确性。

（二）单足跳

三级跳的第一跳是单足跳，单足跳的第一部分是起跳。单足跳起跳时的目标是向前向上（与跳远的向上向前不同）。完成这一动作时，上体要保持正直，起跳脚脚踵在臀部下向上转动，随之尽可能将脚踵伸向前方（见图 6-12(a)、(b)、(c)）。此时运动员应寻求"跑离起跳板"的感觉，不要往下看，不要前倾。如果身体倾斜，将会给抬腿及为下一跳做准备造成困难。

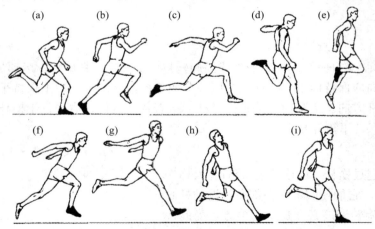

图 6-12　三级跳远的单足跳和跨步跳阶段

摆臂方法有三种：单臂摆动、双臂摆动和单双臂结合摆动。

单双臂结合摆动时，往往是单足跳时单臂摆，跨步跳和跳跃时双臂摆。双臂摆开始于起跳前的最后一步，此时运动员调整臂的位置，为起跳时的双臂摆动做好准备。临近起跳时，臀部停止已摆向体后臂的摆动。然后，当腿在髋部下转动时，与另一只臂一起摆向前方。双臂前摆时，双手的高度不能超过下颌。如果起跳时双臂摆动过高，会导致脚在着地时负担过重。单臂摆的起跳方法就是跑过的跳板的简单动作，似乎是多跑了一步，然而，这"跑过去的一步"就是单足跳。

摆臂方法的选择取决于运动员的速度。大致上是速度快的运动员最好用双臂摆，速度一般的运动员可在三种方法中选择一种，而速度慢的运动员则可在单臂摆中获益。

单足跳腾空时，起跳腿拉向前方并伸展。当脚快要着地时，脚面要摆平，以便能"滚动"进入下一阶段(见图 6-12(c))，即正确的着地应是脚跟先点地，随之"滚动"为全脚掌着地。

(三) 跨步跳

在单足跳结束之前，双臂再拉向体后，为跨步跳(三级跳的第二跳)做准备。跨步跳是由另一只腿摆向前方而完成的(见图 6-12(d)、(e)、(f))。此时，运动员要努力将摆动腿大腿摆至与地面平行的位置。如果采用双臂摆，则双臂都要摆向前方；如果采用单臂摆，则与摆动腿相对应的臂摆向前方，如同跑步一样。无论是双臂摆还是单臂摆，摆动高度都不能超过下颌。

完成跨步跳的方式有两种。一种是上体保持正直(基本与地面垂直)，摆动腿大腿与地面平行，脚趾刚好在膝关节的前面。在最后时刻，摆动腿要尽可能向远处伸。伸腿时双臂拉向体后，以便为跳跃阶段的双臂摆动做好准备。如同上一次着地动作一样，再一次几乎用全脚掌着地(脚跟只是"勉强"先着地)。

另一种"跨步"的方式是在跨步跳时将小腿伸到膝关节前面。这要求运动员稍微放慢胸部和头前移的速度，以便使脚抬起(见图 6-12(f)、(g))。随着腿的伸展和脚的前移，双臂拉向背后，以便为跳跃阶段做好准备(见图 6-12(h)、(i))。

(四) 跳跃

在跳跃开始时，如果采用单臂摆动，则双臂做交替动作；如果采用双臂摆动，则应将双臂迅猛向前摆动。三级跳远的跳跃阶段同跳远近似。由于没有足够的时间来完成走步式空中动作，在跳跃阶段一般采用挺身式空中技术。

完成跳跃时应尽可能向高跳，同时双臂高摆(挺身式空中技术采用双臂摆)，随之前伸。最后双脚前伸，以脚跟先落入沙坑。

三、掷标枪

标枪技术可分成以下几个部分：预跑阶段、交叉步阶段、支撑和出手阶段、随枪缓冲阶段。

(一) 预跑阶段

预跑阶段是在引枪之前的一段助跑距离。大多数投掷运动员采用12～15步助跑。助跑应当逐渐加速，以达到最大可控速度，并在做交叉步和出手动作时能保持这个速度。助跑中运动员应尽可能保持放松，特别是上体和肩要放松。标枪应自然放松地"扛"在肩上，保持水平或枪尖稍低，以利于做引枪动作。

(二) 交叉步阶段

此阶段是做好引枪，形成最佳上体鞭打动作，为迅速有力地进入蹬伸和出手做准备。运动员经常采用 5 步投掷步(以右手持枪为例是左、右、左、右、左，见图 6-13)。

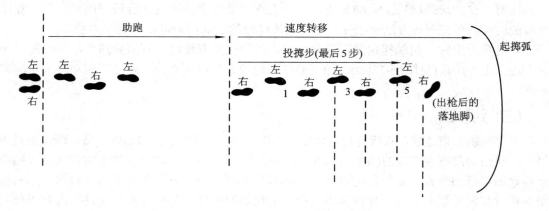

图 6-13　助跑、转换和投掷步阶段，投掷步

当左脚落地时引枪动作就开始了(左 1)。肩稍侧转，投掷臂后伸，手掌心朝上，这样手臂和肩在同一水平面上，手臂在肩的位置向外旋转(见图 6-14(a))。这个预先扭转动作是为肩和手臂的自动和快速地鞭打动作做准备。枪尖置于下颌或眼睛的位置，双肩保持水平。双肩与投掷方向一致，左手前伸并低于胸部，在做交叉步时以维持身体平衡。

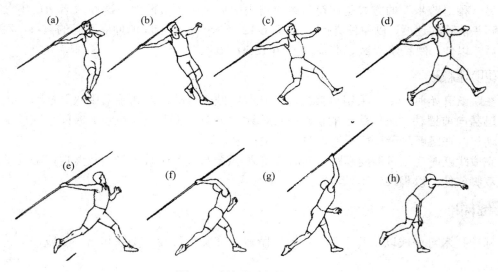

图 6-14　转移、支撑、出手

双腿和臀在此阶段活动最为积极，以左腿的牵拉推动臀部和躯干向前运动。肩的转动会产生髋的较大转动和脚的合适位置。此外，髋和脚的过分侧转会降低速度，从而影响助跑的主要目的，即支撑时所需的速度。倒数第 2 步有一个较大的向前而远离左腿的动作，左腿的积极拉推动作对快速复位有帮助作用，在左脚着地时尽量前伸以形成稳定支撑。在右脚着地时左脚远离右脚留在后面。这一步带动臀和躯干向前，并降低重心。躯干保持直

立，以维持身体向前的速度和使左脚快速着地。左臂向投掷方向伸出，左肩稍向上抬起，展胸为髋和躯干的动作做准备。眼睛注视前方投掷点 50 m 外的地方。右膝弯曲，右腿向前蹬摆，脚尖向上跷起。左脚前伸时对前转髋有帮助。弯曲的右腿在着地时用力向后支撑住。右脚一着地投掷动作就开始了，向前蹬伸右腿以对抗左侧的支撑，这就叫做软步动作(见图6-14(c))。

能增加"工作距离"的躯干"后仰"动作要避免，因为这样会降低向前的速度，减慢支撑腿着地的时间。

(三) 支撑和出手阶段

支撑和出手阶段的动作应看做是前阶段爆发力的持续。从助跑中积聚能量，通过交叉步的适当转换，能形成投掷所需的最大速度，并能形成正确的支撑和出手动作。髋和躯干(见图 6-14(d)、(e)、(f))成直线向前伸展，左脚接近伸直。运动员必须从下肢用力开始，右髋绕髋轴转动到面向投掷方向。左脚支撑，右脚用力蹬转筋以迅速加速躯干伸展，左脚放置于投掷方向上。

左臂开始向投掷方向伸展，以稳定肩部，防止过早打开双肩。然后沿左侧迅速放下成为左侧支撑的一部分。左肩仍尽可能地保持向前(关闭状态)。当投掷臂放松并向前拉抬时，胸部和躯干向前打开。

这个动作能引起胸部和躯干肌肉预先前伸，躯干成反弓形收缩，最后投掷臂以鞭打动作完成投掷。运动员完成动作时，臂、肩、头、眼睛都向着投掷方向(见图6-14(g)、(h))。

(四) 随枪缓冲阶段

此阶段，运动员必须考虑左侧支撑时用力蹬伸，而不是不动，这样在出手时会提高左侧身体重心高度。这个简单的最后一步可以用来检查向前的动量。应该把预跑和步数确定下来，这样随枪动作的投掷步可以有 7～8 步。

第七章 篮球运动理论与技术测试

第一节 现代篮球运动概述

一、概述

篮球运动是一项集体性、综合性的活动性游戏。它起源于人类的劳动过程，是社会文化进步和文明程度提高的反映。作为竞技体育运动项目，其意义在于它是一个举世瞩目的奥运会和世界重大国际体育竞技比赛的重要项目，通过强者间的对抗与拼斗，能显示生命的活力，激励人们树立顽强的意志，勇敢的作风，集体主义精神和克服困难、自强不息、夺取胜利的信念。作为文化，它的价值在于它有特殊的文学性，其产生发展过程中的种种有趣故事能给人以激励和鼓舞，使人增智和受到启迪，而且常能使人记忆犹新，难以忘怀，起到以事论史、以史省事的作用。作为体育科学的学科课程门类，它有全面系统的科学理论基础，不仅能深层次地解析篮球运动的本质，以丰富多彩的理论与实践内容融入全面综合素质教育，而且能给人们以处世哲理的启示，开发自己的智慧，达到博知广识、活跃思维、与时俱进、提高素质的目的，并能在特殊复杂的环境中掌握不同环境、不同时间和空间条件下追求事业成功的规律和支配规律的各种智能、技能与能力。

1936 年，在第 11 届德国柏林奥运会上，男子篮球被列为正式的比赛项目，由此，篮球运动作为一项现代竞技运动拉开了它发展的序幕。

二、现代篮球运动的特点

现代篮球具有以下特点：① 高度与速度逐步统一；② 进攻与防守趋于平衡；③ 身体与技术紧密结合；④ 全面与特长兼备；⑤ 智力与体力并重。

第二节 篮球运动基本技术

一、投篮技术

1. 原地投篮

(1) 双手胸前投篮。依照双手高手持球手法持球于胸前，肘关节自然下垂，两脚前后或左右开立，两膝微屈，重心落在两脚之间，眼睛注视瞄准点。投篮时，下肢蹬地发力，身体向前上方伸展，采用双手高手的出球手法将球投出，球出手时身体随投篮出手方向自然伸展。

(2) 单手肩上投篮(以右手投篮为例)。右手依照单手高手持球手法持球于肩上，左手扶球的左侧，右臂屈肘，上臂与地面接近于水平。两脚前后或左右开立，两膝微屈，重心落在两脚之间。投篮时，下肢蹬地发力，身体向前上方伸展，采用单手高手出球手法将球投出，球出手时身体随投篮出手方向自然伸展，如图7-1所示。

图 7-1 原地单手投篮

2．行进间投篮

行进间单手高手和低手投篮(以右手投篮为例)。跑动中右脚跨出一大步的同时接球，左脚接着跨出一小步并用力蹬地起跳，右腿提膝，双手向前上方举球。当身体腾空接近最高点时，采用单手高手或低手出球手法将球投出，投篮时身体尽量向球篮方向伸展，如图7-2所示。

图 7-2 行进间单手高手投篮

3．急停跳起单手投篮

(1) 接球急停跳起单手投篮(以右手投篮为例)。在移动中跨步或跳步接球的同时，重心下降，两腿弯曲，脚尖指向球篮方向，成基本站立姿势；接着快速起跳，双手同时持球上举，当身体腾空并接近最高点时，采用单手高手出球手法将球投出。

(2) 运球急停跳起单手投篮。在运球中，采用跳步急停或跨步急停的方法接球，成基本站立姿势；接着快速起跳，同时双手持球上举，当身体接近最高点时，采用单手高手投篮出球手法将球投出。

二、运球技术

(一) 运球技术分析

运球动作由身体姿势、手臂动作、球的落点、手脚协调配合四个环节组成。

1. 身体姿势

运球时应保持两脚前后自然开立，两膝微屈，上体稍前倾，头抬起，眼睛平视。非运球手臂屈肘平抬，用以保护球。脚步动作的幅度和下肢各关节的屈度随运球速度和高度的不同而有所变化。

2. 手臂动作

运球时，五指张开，用手指和指根以上部位及手掌的外缘触球，掌心不触球。低运球时，主要以腕关节为轴，用手腕、手指的力量运球；身前高运球和变向高运球时，主要以肘关节为轴，用前臂和腕、指的力量运球；体侧或侧后的提拉式高运球主要以肩关节为轴，用上臂、前臂、腕、指的力量运球。拍按球时，手应随球上下迎送，尽量延长控制球的时间，这样有利于保护球和根据场上情况改变动作。拍按球的部位是由运球的方向和速度来决定的。拍按球的部位不同，使运球的入射角和球反弹起来的反射角也不同。原地运球时，拍按球的上方。向前运球时，拍按球的后上方。

3. 球的落点

运球时应控制球的落点，使球完全保持在自己所能控制的范围内，以便随时利用自己的上体、臂、腿来保护球；而且也要便于技术运用。例如，运球向前推进无防守时，球的落点应控制在身体的侧前方，并根据推进速度保持适当距离。在对手紧逼防守时，应使球远离对手，采用侧对防守的运球方法，将球的落点控制在身体的侧后方，以便更好地保护球和及时抓住战机变换运球方法突破防守。

4. 手脚协调配合

运球时既要使移动速度和运球速度协调一致，又要保持合理的动作节奏。能否保持脚步动作和手部动作协调一致，关键在于按拍球的部位、落点的选择和力量大小的运用。脚步移动越快，拍按球的部位越靠后下方，落点越远，拍按球及反弹起来的力量越大。运球时，手按拍球和脚步动作要保持一定的比例关系和节奏。直线运球，一般拍一次球跑两步。

(二) 运球技术

1. 高运球

运球时，球反弹的高度在腰、胸之间叫高运球。它是在没有防守队员阻挠情况下，为了加快向前推进的速度或在进攻中调整进攻速度和攻击位置时，所采用的一种运球方法。

运作方法：上体稍前倾，抬头看前方，以肘关节为轴，用手按拍球的后上方，把球的落点控制在身体侧前方。手脚协调配合，使球有节奏地向前运行，如图 7-3 所示。

动作关键：手按拍球的部位正确，手脚协调配合。

图 7-3　高运球

2．低运球

运球时，球反弹的高度在膝关节以下的运球叫低运球。当受到对手紧逼或接近防守队员时，常采用这种运球方法保护球和摆脱防守。

动作方法：两膝迅速弯曲，重心降低，抬头看前方，上体前倾，靠近防守队员一侧，用上体和腿保护球。同时，用手腕、手指力量短促地按拍球，以便更好地控制球和摆脱防守，继续前进，如图7-4所示。

动作关键：两膝弯曲迅速，降低重心，上体前倾；按拍球短促有力，手脚协调配合。

图7-4 低运球

3．运球急停急起

运球急停急起是运球时利用速度的突然变化来摆脱防守的一种方法。这种方法多用在对手防守较紧的情况下，在快速运球中突然停止前进，迫使防守队员被动减速停住，趁其重心不稳时，再突然加速起动运球，摆脱防守。

动作方法：运球急停时，用手快速按拍球的前上方，同时，两脚做跨步急停，并转入低运球，用臂、上体和腿保护球。运球急起时，后脚用力蹬地，同时按拍球的后上方加速超越对手，如图7-5所示。

图7-5 运球急停急起

动作关键：按拍球部位正确，停得稳，起得快。

4．体前变向换手运球

体前变向换手运球是运球队员利用突然改变运球方向来突破防守的一种运球方法。这种方法多用于对手堵截运球前进路线时。

动作方法(以运球队员右手运球向对手右侧突破为例)：先向对手左侧快速运球，当对手向左侧移动堵截时，运球队员突然变向，用右手按拍球的右侧后上方，并靠近身体向左侧送拍球，使球落在身体的左侧前方反弹，右脚迅速向左侧前方跨出，上体左转并前倾探肩，换手按拍球的后上方，加速运球突破，如图7-6所示。

动作关键：按拍球的部位、方向正确，同时要及时跨步、侧身护球和加速超越对手。

图 7-6　体前变速变向换手运球

5.运球转身

运球转身是运球队员被防守堵截运球的一侧并且距离较近时，运用后转身改变运球方法，借以突破防守的一种方法。

运作方法(以右手运球为例)：运球转身时，侧对防守，在脚在前做中枢脚，将球控制在身体右侧，右手按球的右侧上方，随着后转身右脚蹬地后撤的同时，将球拉向身体后侧方落地反弹，即换左手运球，从对手的右侧突破，如图 7-7 所示。

动作关键：转身时要加力运球，以加大球的反弹力，增加手控制球的时间，利于拉引球动作的完成；运球转身时，使上臂紧贴躯干来减小球的转动半径，同时运球手臂提拉球的动作和脚的蹬地、跨步、转身动作紧密结合。

图 7-7　转身运球

(三) 运球技术的运用

运用运球技术时，应根据场上的具体情况，因时因地机动灵活地进行。一般在下列情况下可以运用运球技术：

(1) 快攻中，当前面无防守队员时，可快速运球上篮。

(2) 二攻一、三攻二时，可运用运球吸引防守，再传球给无人防守的队员进行攻击。

(3) 当同伴被对方严密防守不能接球时，可以运用运球寻找传球机会或突破上篮。

(4) 在组织和发动快攻而又无法将球传给快攻队员或接应队员时，可运用运球突破对手的封堵。

(5) 当对手移动较差或对方队及个人犯规较多时，可运用运球突破打法，杀伤对手。

(6) 在阵地进攻中，当对方扩大防区时，可运用运球压缩对手防区，创造中、远距离投篮机会；当进攻位置不好时，可运用运球调整位置，寻找配合机会；当对方采取紧逼防守对，可应用运球突破，打乱对方的防守部署；在采用控制球战术时，可运用运球拖延时间等。

三、传球技术

1. 双手胸前传球

双手胸前传球是最基本、最常用的篮球传球技术。一般在中、近距离运用双手胸前传球方式。双手胸前传球是传球技术的基础，具有准确性高、容易控制、便于变化的特点。

动作方法：持球时，两手五指自然分开，拇指形成八字形，用指根以上部位握球的侧后方，手心空出，两肘自然弯曲于体侧，将球置于胸前；肩、臂、腕部肌肉放松，两眼注视传球目标，身体保持基本站位姿势；传球时，后腿蹬地，身体重心向前移动，同时两臂前伸，手腕由下向上翻转，同时拇指用力向下压，食指、中指用力弹拨，将球传出；出球后手心和拇指向下，其余手指向前，如图 7-8 所示。

图 7-8　双手胸前传球

2. 单手肩上传球

单手肩上传球是单手传球中一种最基本的方法。这种传球的力量大，球飞行速度快，常用于中、远距离的传球。

动作方法(以右手为例)：传球时，左脚向传球方向迈出半步，同时将球引到右肩前方，肘部外展，上臂与地面近似平行，手腕后仰；右手托球，左肩对着传球方向，重心落在右脚上，右脚蹬地，转体，前臂迅速向前挥摆，手腕前屈，通过食指和中指拨球将球传出；球出手后，右脚随着身体重心前移而向前迈出半步，保持基本站立姿势，如图 7-9 所示。

图 7-9　单手肩上传球

四、接球技术

1. 原地接球

原地接球是获得球的基本方法之一，是进攻队员之间为了调整进攻位置而采用的接球方法。其动作方法是面向或侧向同伴成基本站立姿势，上体转向来球并注视，可采用双手或单手手法接球，接球同时身体重心降低，准备衔接下一个动作。

2. 跑动接球

跑动接球是篮球比赛中常用的接球方法之一，是进攻推进和快攻过程中采用的主要获球方法。其动作方法是在跑动过程中，脚尖朝着前进方向，上体侧转面向来球，双臂伸出，主动迎接来球。跑动接球后可以运球、投篮或传球等。

3. 摆脱接球

摆脱接球是在阵地进攻中无球队员为了摆脱对手抢占有利持球进攻位置而经常采用的获球方法。其方法是无球进攻队员利用脚步动作(如变向跑、转身、停步等)或同伴的掩护摆脱防守后接同伴传来的球，并采用相应的停步动作以衔接下一个攻击动作。

五、抢篮板球技术

1. 抢占位置

抢占位置是抢篮板球技术的关键，它对能否抢到篮板球起到极其重要的作用。抢占位置时，应根据对手和投篮队员所处的位置正确判断篮板球的反弹方向、距离，运用快速的脚步动作，配合身体动作抢占有利位置。

2. 起跳动作

起跳时，两脚迅速用力蹬地向上跳起，同时双臂上摆，腰腹协调用力，充分伸展身体以抢占空间位置。

3. 抢球动作

在空中手接触球后，迅速屈指、屈腕、屈肘收臂将球拉下。可用双手也可用单手，也可以在空中将球直接点拨给同伴。

4. 抢球后动作

当进攻队员抢到篮板球后，首先补篮或继续投篮，如果没有投篮机会则应迅速将球传给同伴，重新组织进攻。防守队员抢到篮板球后，要及时将球传给接应同伴，为快攻创造有利条件。

抢进攻篮板球时要用快速的移动步法，配合身体动作，摆脱防守队员阻挡，冲抢篮板球或补篮。抢防守篮板球时一定要利用自己靠近篮圈的有利条件，首先挡住对方队员，然后再去抢球。一旦抢到篮板球，要迅速发动快速反击。

六、抢断球

抢断球是截获对方传接球的获球技术。其方法是在判断进攻队员意图和位置的基础上，当球刚由传球队员手中传出的一刹那突然起动，单脚或双脚用力蹬地跃出，身体伸展，双臂或单臂前伸将球截获。

七、防守对手

(一) 防守有球队员

1. 防投篮

当对手在离篮 6 m 左右的范围内接到球时，威胁很大，他可以直接投篮。防守者要站在对手与球篮之间，采用斜步防守，同对手保持一臂的距离。防守人要全神贯注，注意对手眼神和重心位置的变换，判断对手的进攻意图，不要被其假动作迷惑。当对手举球准备投篮时，防守人应随之靠近并将前伸的手臂扬起，手掌对准球；当对手投篮刚出手，防守者要及时起跳，伸直手臂用手腕封球，干扰其投篮弧度，并争取"盖帽"。

2. 防突破

防对手持球突破，要根据对手习惯、技术特点(中枢脚、突破方向、假动作等)来采取相应对策。如对手以左脚为中枢脚，用交叉步从防守者的右侧突破时，防守者可稍偏于对手的左侧站立，以右脚在前的斜步(或平步)防守堵其左脚侧，与前脚同侧的手臂前伸指向球的部位，并伺机以小臂和手的短促动作挑打球，另一手侧伸防对手突破；当对手突破时，要及时用撤步、交叉步或滑步继续防守。

3. 防运球

当对手在离篮 7 m 以外持球，投篮的准确性又较差时，进攻队员往往运球逼近球篮，这时，防守者的任务主要是防运球。防守中应遵循两条原则：一是堵中路迫使其向边、角运球；二是堵其强手迫使其用弱手运球。为了扩大防守面积，堵截对手向纵深方向运球时，应采取平步防守姿势。当对手开始运球时，防守者应将视线集中于对手运球的手和球上，并抢先快速向运球方向滑动，以身体的躯干对着球的着地点，阻止对手从中路运球突破。

4. 防传球

当对手善于传球助攻时，防守队员要积极阻挠其传球。防守时要根据其位置和视线，判断其传球意图。防守队员有时上前贴近对手，挥动手臂封堵其传球，最好将球打掉或干扰其传球的路线、速度和落点，或迫使其向攻击威胁弱的位置传球。

5. 抢球

抢球是从进攻队员手中夺取球的方法，多在防守者离持球者近，而且持球者保护球不好时运用。当进攻队员停止运球、接球或抢到篮板球落地时，防守者趁其保护球不当出其不意地将球抢过来。抢球时动作要快而狠，果断有力，当手指接触球或控制住球的同时，利用拧、拉和身体扭转力量，同时手臂要迅速向腰腹回收，将球抢夺过来。抢球的手法一般是一手在上，一手在下直握。出手要快、动作有力，扭拉要突然。

6. 打球

打球是指击落对方手中球的方法，包括打原地持球队员的球、打运球队员手中的球和打行进间投篮队员手中的球三种情况。

(1) 打原地持球队员手中的球。有自上向下和自下向上两种打球方法。打球时一般采用与球运动的逆向迎击，这样可借助反向合力增大击球力量，易于将球击落。例如，当对手持球由胸以上部位向下移位时，宜采用由下往上的方法打球。打球时多用手指、手掌击球，用手指、小臂与手腕的短促快速动作弹击，不可挥大臂上步抢打。手臂出击动作要快，判断要准确。

(2) 打运球队员手中的球(以右手运球为例)。当运球队员向前推进时，防守者应在左脚向左滑步抢位堵截的同时，在球从地面弹起的瞬间，突然用左手，以短促有力的动作从侧面将球打出，并及时上前抢球。

(3) 打行进间投篮队员手中的球。进攻队员运球上篮时，防守者侧身跟随运球队员，在对方起步上篮跨出第二步，把球由体侧移到腰腹部位的瞬间，防守者可用左手自上往下的斜击方法将球打落。为了避免犯规，打球的手臂要迅速从对手身旁撤离。要求跟随移动快，找准时机，迅速出手，手臂撤离要快。

(4) 盖帽。进攻队员投篮或上篮时，当球刚离手的一刹那，防守队员立即跳起将球打落，称为"盖帽"。盖帽前要根据进攻队员的投篮动作和身高、弹跳等特点，降低重心，迅速移动，选择有利位置，准确判断对手起跳及出球时机。当对手起跳投篮时，立即跟随起跳。此时身体和手臂充分伸展，当对手举球到最高点或球刚出手的一刹那，迅速而果断地向侧或向前点拨球，将球打落。打球动作要小而突然，前臂不要下压，要尽量避免接触对手的身体，以免造成犯规。要求判断准确，起跳及时，盖帽后要注意收腹以免犯规。

7. 易犯错误

(1) 防守时脚步移动慢，当对手由无球到有球时，防守不能及时到位，或上步前冲过猛，或对持球者不敢逼近。

(2) 对手投篮时不举手干扰封盖或封盖时挥臂幅度过大，造成犯规。

(3) 防突破时，身体重心不稳，手脚配合不协调，易受对手假动作迷惑。当对手突破时，脚步移动慢，轻易放弃防守或造成犯规。

(4) 防运球时脚步移动慢，不敢贴近对手，用手臂拦截而脚步不移动，盲目掏打球。

(5) 抢、打球前，时机判断不好，或过早暴露行动意图，失去良好的行动机会。

(6) 抢、打球时，起动慢，移动的步频不快，整个动作缺乏突然性，以致抢、打球失效。

(7) 手臂动作幅度过大，身体用力过猛，身体平衡控制不好，造成犯规。

8. 纠正方法

(1) 强调防守时注意力集中。可以采用二攻二守、三攻三守的练习，要求进攻者在固定位置传接球，强调防守者随球转移及时移位，做到球到手、人到位，球传出立即后撤，人球兼顾，提高脚步移动速度和控制重心的能力，增强防守有球与无球的转换意识。

(2) 强调对方举球投篮时必须扬手干扰，不让对手轻松投篮出手。盖帽时要手臂伸展向上起跳封球，提高起跳、封盖的判断能力及保持身体平衡的能力。

(3) 简化练习方法，要求进攻者协助防守者练习，并检验防守者的动作和反应。进攻的动作由慢到快，由单一到组合，逐步增加练习难度；要求防守积极，快速移动，当对手突破时一定要防守到底。

(4) 提高脚步移动速度和灵活性。强调防运球的正确姿势，要抢先移动，用身体躯干堵截运球。开始练习防运球时，只要求迅速移动跟防，不准用手打球，待脚步移动熟练后再提出打球的要求。

(5) 掌握正确、合理地抢、打球的手部动作。可采用一些辅助练习，提高手臂伸、拉，手腕和手指的拍击、点拨、扭转等动作的力量和突然性。

9. 训练方法

(1) 一攻一守脚步移动训练。两人一组，一攻一守，相距 2~3 m，进攻队员抛接球，防守队员迅速逼近对手，进攻者向左右运球突破，防守者做横滑步堵截；防守队员可以逐步接近对手，进攻队员开始做投篮假动作，然后突然突破，防守者做撤步、滑步堵截。

(2) 全场一攻一守训练。两人一组，一攻一守，进攻队员运球突破，防守队员运用各种防守步法积极移动，保持有利防守位置并伺机抢、打球。一旦防守者被进攻队员突破时，迅速运用撤步、交叉步追防，力争尽快重新占据合理防守位置。

(3) 防中投训练。两人一组用一球。进攻者离篮 6 m 站位，防守者将球传给进攻者后，立即进行防守，进攻者可做投突结合动作，或原地跳起投篮，或向左右拍一次球急停跳投。防守者练习防中投动作。练习一定次数后，攻守互换。

(二) 防守无球队员

防守无球队员由防守的位置与距离、防守姿势、移动步法、断球等环节组成(以人盯人防守为例)。

1. 防守的位置与距离

防守无球队员时，位置与距离的选择非常重要，防守队员必须根据球和自己防守的对手所处的位置来确定和调整自己的防守位置。防守无球队员时，始终要坚持"球—我—他"的选位原则，即防守者的位置始终要位于对手与球篮之间，并偏向有球一侧，与球和所防对手三者要成钝角三角形，防守者始终位于钝角处，视野范围内一定要有自己所防队员和持球进攻队员。防守者与对手的距离要和对手距球的远近成正比，做到对手近球则近，对手远球则远，人、球、区三者兼顾，控制对手接球。根据球和对手所处的位置，防守无球队员可分为强侧(有球侧)防守和弱侧(无球侧)防守。

(1) 强侧防守：当防守的对手处在强侧时，因其临近球，随时都有接到球的可能。为了全力封锁对手接球，同时又能控制对手向篮下切入，防守者应站在球与自己所防守对手的传球路线的内侧位置，逼近对手，采用面向对手侧向球的斜前站立姿势。靠近球侧的脚在前，屈膝，重心在两脚之间；与前脚同侧的手前伸，拇指朝下，手掌处于球与对手的假想连线上，切断对手的传接球路线；离球远的手臂弯曲，以便感觉对手的动向以防切入；眼睛要既看到人，又能兼顾到球。

(2) 弱侧防守：当防守的对手处于弱侧时，因其距球较远，威胁相对较小，为了协助同伴共同加强对有球侧的防守，并便于控制篮板球，应向球和球篮方向靠拢，采用松动防守。经常采用的是面向球、侧向对手的站立姿势，即两脚开立，两膝稍屈，两臂伸于体侧，密切观察球、人的动向。

2. 防守姿势

正确的防守姿势能扩大控制范围和及时向不同方向移动。采用何种防守姿势，应根据对手是处在强侧还是弱侧,以及防守者与对手和球的距离远近来选择。

3.移动步法

防守时,防守队员要根据球和人的移动,合理地运用脚步动作来保证及时占据有利的防守位置,争取主动。防守无球队员常用的移动步法有滑步、撤步、碎步、快跑和转身等。每种步法的运用都是针对一定的进攻行动的。

防守位置、姿势与移动步法三者有密切的内在联系。防无球队员时,一定要了解自己所处的位置是在强侧还是弱侧,再采用相应的防守姿势,确定自己的防守重点,然后根据进攻队员的移动,变化防守步法和动作,以限制无球进攻队员摆脱或接球进攻,达到控制对手的目的。不同位置、不同姿势、不同步法的运用与变化,构成了对无球队员的完整防守。

(三) 断球

断球是截获对方传接球的方法。根据传球方向和防守队员断球前所处的位置,一般分为横断球、纵断球和封断球三种。

1.横断球

横断球是指从侧面跃出截获进攻队的传球。

动作方法:断球时,重心迅速向断球方向移动,以短而快的助跑,单脚或双脚用力蹬地跃出,身体伸展,两臂前伸,用双手或单手将球截获。

2.纵断球

纵断球是指从接球队员身后或侧后方突然用绕前防守步法跃出,截获进攻队的传球。
动作方法:当防守者要从对手右侧绕前断球时,右腿先向前跨第一步,然后侧身跨左脚绕到对手身前,同时重心前移,左脚(或双脚)用力蹬地向前跃出,身体伸展,两臂前伸,将球截获。

3.封断球

进攻队员接球时,因防守位置不适于断球,可采用突然在进攻队员身前伸臂的方法,封锁其接球路线,将球打掉。

第三节　篮球基本战术配合

一、进攻战术基础配合方法

1.传切配合

传切配合是指队员之间利用传球和切入技术所组成的简单配合,包括一传一切和空切两种。传切配合是一种最基本的、简单易行的进攻方法。一般在对方采用扩大盯人或扩大联防时运用。配合方法见图 7-10。⑤为有球队员,❺为防守队员,⑤将球传给④后,向自己左侧做切入的假动作后迅速从自己右侧面向球切入接④的传球后投篮。

图 7-10　传切配合

2．突分配合

突分配合是指持球队员突破对手后，遇到对方的补防或协防时，及时将球传给进攻时机最佳的同伴进行攻击的一种配合方法。当对方采用人盯人防守或区域联防时运用突分配合，可打乱对方的整体防守部署，压缩防区，给同伴创造最佳的外围投篮或篮下进攻机会。突分配合方法见图 7-11。⑤为有球队员，❺为防守队员，⑤运球从❺的左侧突破后，❹上来与❺夹击⑤，⑤将球传给④让其投篮。

图 7-11　突分配合

3．掩护配合

掩护配合是指进攻队员选择正确的位置，借用自己的身体，用合理的技术动作挡住同伴防守者的移动路线，使同伴借以摆脱防守，从而获得接球投篮攻击或其他进攻机会的一种配合方法。

虽然掩护的形式和变化很多，但从组成掩护配合的行动看，一是掩护者主动给同伴做掩护，使同伴借以摆脱防守；二是摆脱者主动移动，利用同伴的身体位置将对手挡住，使自己摆脱防守。掩护配合是攻破紧逼人盯人防守的最行之有效的方法之一。掩护配合时，既可以在无球队员和有球队员之间完成，也可以在无球队员和无球队员之间完成。

掩护配合常见的方法：

(1) 给有球队员做侧掩护。如图 7-12 所示，⑤传球给④后，跑到❹的侧面做掩护，④接球后做投篮动作吸引❹的防守，待⑤到达掩护位置后，④持球或运球从❹的右侧突破投篮，同时⑤后转身准备接球或抢篮板进攻。

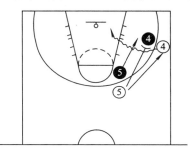

图 7-12　给有球队员做侧掩护

(2) 给无球队员做侧掩护(反掩护)。如图 7-13 所示，⑤传球给④后，反跑到❻的侧面做掩护，④接球后做投篮动作吸引❹的防守，待⑤到达掩护位置后，⑥借助⑤的掩护快速向篮下切入，④及时传球给⑥让其进攻。

图 7-13　给无球队员做侧掩护

二、防守基础配合

防守战术基础配合是指在篮球竞赛中，防守队员两三人之间所采用的协同防守配合的方法。它包括：挤过、穿过、绕过、夹击、关门、补防、交换防守等。

1．交换配合

交换配合是指进攻队员做掩护配合时，防守掩护者的队员与防守被掩护者的队员及时主动地交换自己所防对手的配合方法。只要换防以后的新对手在身高和技术方面无明显的差别，运用交换配合可有效地遏制和破坏对方的掩护配合。通常在对方进行横向的掩护时采用。

2．补防配合

补防配合是指当防守队员被对手突破或出现漏防时，邻近的同伴大胆地放弃自己的对手，及时快速地进行补漏防守的一种配合方法。

3．夹击配合

夹击配合是指两个以上的防守队员，利用对手在场地边角运球或运球停止时，突然快速上前封堵和围夹持球者的一种防守配合方法。通常在紧逼人盯人防守、区域紧逼防守或带有夹击式的扩大联防战术中运用夹击配合。

4．关门配合

"关门"配合是指邻近的两名防守队员协同堵截进攻队员运球突破的一种防守配合方法。通常在区域联防和半场人盯人防守战术中运用。

第八章　排球运动理论与技术

第一节　排球运动概述

"排球"这个国际通用的名字，是美国春田市的霍尔斯特德教授于 1896 年提出来的。为了更好地推广排球活动和开展排球游戏比赛，美国人喀麦隆在 1896 年编写出版了第一套排球比赛规则，使排球游戏的比赛、对抗有了统一评判的标准。为了适应各个阶层人们的需要，排球运动不断繁衍和分化了一些新的形式，使排球运动的运动负荷适中，娱乐性更强，易于被人们接受，主要以娱乐排球和竞技排球两种形式发展。

世界三大排球比赛是奥运会排球比赛、世界锦标赛和世界杯。全面、高度、快速、多变、创新是世界竞技排球发展的总趋势，它同时也标志着竞技排球的技术战术发展的方向。

20 世纪 80 年代，中国女排无论在技术、战术还是战术运用方面都形成了自己的独特风格，始终处于世界排坛的领先地位：1981 年获第三届世界杯女子排球赛冠军，1982 年获第九届世界女子排球锦标赛冠军，1984 年获第 23 届奥运会女子排球赛冠军，1985 年获第四届世界杯女子排球赛冠军，1986 年获第十届世界女子排球锦标赛冠军；2008 年获第 29 届奥运会女子排球赛季军、沙滩女子排球赛亚军。

第二节　排球运动基本技术

排球基本技术包括：准备姿势和移动、垫球、传球、发球、扣球和拦网六大类。

一、准备姿势和移动

1．准备姿势

准备姿势可根据膝关节的弯曲程度分为稍蹲、半蹲、低蹲三种。稍蹲多用于扣球、拦网及球在对方时的间歇；低蹲多用于保护扣球、保护拦网及后排防守中；半蹲则是运用最基本、最广泛的姿势，是学习和练习的基本内容。

(1) 半蹲准备姿势。

下肢：两脚左右开立，约与肩同宽，两脚前后稍错开(见图 8-1)，脚尖稍内成"内八字"形，后脚跟稍提起，两膝弯曲成半蹲，膝关节内扣，膝部垂直面超过脚尖。

图 8-1　半蹲准备姿势

躯干部：稍收腹含胸，上体稍前倾，重心置于两脚支撑面稍偏前。

手臂：自然屈肘放松置于体前，抬头，颈部自然放松，两眼注视来球。

(2) 稍蹲准备姿势。身体重心稍高于半蹲姿势，膝关节角度较大，其他动作与半蹲姿势基本相同。

(3) 低蹲准备姿势。两脚分开比半蹲姿势更大，脚跟提起，膝关节角度更大，上体前倾，两手于胸前自然平伸。

2．移动

移动的目的在于迅速而及时准确地接近球，取得人与球之间恰当的位置，便于合理、准确地击球。移动的方法有并步、跨步和跨跳步、撤步、交叉步、跑步等多种。

(1) 并步移动。来球距身体仅一步左右时，采用并步法移动。移动时，前脚迅速向来球方向迈出一步，身体重心随之移向来球方向，同时后脚用力蹬地，前脚落地后，后脚立即跟上，做好击球前的准备姿势。

(2) 跨步和跨跳步移动。来球较低、距身体两米左右时采用跨步和跨跳步移动。移动时，后脚用力支撑蹬地，前脚迅速向来球方向跨出，身体重心随之移至前腿上。如果判断采用跨步移动仍不能接近球时，可采用跨跳步移动。

(3) 撤步移动。当来球较高、距身体很近时，应采用撤步移动。移动时，首先身体重心后移，然后根据来球的情况和采用击球的方式向后撤步。

(4) 交叉步移动。来球在身体周围三米左右时，可采用交叉步移动。移动时，上体向移动方向倾斜，同时后腿从支撑腿前(或后)迅速迈出一步，并变成支撑腿，原支撑腿从支撑腿后跟上，做侧跨步动作，准备迎击球。

(5) 跑步移动。当判断来球的落点离身体较远时，应采用跑步法移动。移动时，边跑边观察球的情况，根据人与球、网的位置关系取捷径并有节奏地移动至球前，边跑边降低重心，最后一步做跨步移动，并做好击球的准备。

二、垫球

1．正面双手垫

动作要领：垫球时，两手臂对准垫球方向伸直插向球下，两手叠合，两拇指平行对齐，两手掌紧靠，两臂夹紧，手腕紧压，两小臂外旋，使前臂腕关节以上 10 cm 处形成垫击球的平面(见图 8-2)。充分利用脚蹬地、伸髋、含胸提肩抬臂的协调用力将球击出(见图 8-3)。为了更好地控制垫球方向，在垫球的同时身体要有伴送动作。

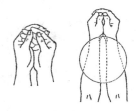

图 8-2　垫球手形与部位

图 8-3　正面双手垫球

2．侧垫球

当来球在体侧时，可采用侧垫球技术。

动作要领：当球向体侧飞来时，同侧脚内旋蹬地，重心随之移动，膝关节弯曲，上体内转，同时两臂夹紧伸向来球方向。侧垫球时，两手臂挺直，垫球侧手臂稍高形成向内的斜面，然后利用脚蹬地并伴有向外转体的动作，垫击球的外侧下方，将球垫出。

3．背垫球

当不便采用传球或正面垫球时，可采用背垫球。

动作要领：当身体移动至球落点约一米时，背对垫球方向，两臂插于球下，腕关节高于肩关节，掌握好垫击角度，然后抬头、挺胸、展腹、扬臂、身体后仰将球向后上方垫出。

4．滚翻垫球

当来球距身体较远、需奋力救球时采用滚翻垫球。

5．垫入网球

球一旦入网，就首先判断好球入网的力量、入网的角度和入网部位。卡准球的反弹路线，以低蹲准备姿势将球救起。

6．单手垫球

当来不及传球或双手垫球时，可采用单手垫击球技术。

7．挡球

挡球是在既不能传球又不能垫球的情况下的一种"应急"技术，常在来球力量大、速度快、弧度平时运用。

挡球可分为双手和单手两种。双手挡球又分并掌法和抱拳法(见图8-4)。

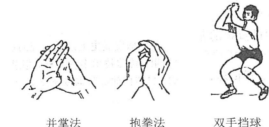

并掌法　　　抱拳法　　　双手挡球

图8-4　双手挡球

三、传球

1．正面上手传球

动作要领：传球前，依据来球做好判断，迅速移动至球下，此时下肢稍蹲，上体稍挺起。

手形：两手手指自然张开，手指稍屈成半球形，小指在前，两拇指相对接近一字形，以拇指、食指、中指指腹触球为主，无名指和小指包在球两侧辅助。掌心空出，手腕稍后仰(见图8-5)。两臂自然屈时，双手抬起置于脸前。

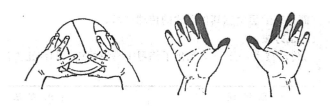

传球手形   传球手指触球部位

图8-5 正面上手传球手形与手指触球部位

击球点：一般保持在额前上方约一球距离。

击球的用力：传球前，手指、手腕和手臂要稍放松。球触手时，指、腕应保持一定的紧张。球触手后，以拇指、食指和中指承担球的压力，无名指和小指包在球两侧辅助控制球。然后充分利用蹬地、伸膝、展髋、伸臂、手腕手指的弹力与身体协调力量将球传出(见图8-6)。

2．背传球

背传球是具有一定隐蔽性和战术意义的传球技术。

传球前，身体保持正面上手传球的准备姿势。传球时，抬头看球，将上臂抬起，手腕后仰，掌心向上，上体稍后仰。击球点保持在额上方，手臂、手腕、手指向后上方用力将球传出(见图8-7)。

图8-6 正面上手传球   图8-7 背传球

3．侧传球

侧传球是带有一定隐蔽性的传球，具有较强的战术性。

传球时，右手稍低，左手稍高，身体稍向右侧倾斜。向左侧传球，与向右侧传球动作方向相反。

四、发球

1．正面下手发球

发正面下手球前，在底线后发球区面对发球方向站好，左脚在前(以右发手球为例)，两脚前后分开约一步，身体重心稍偏后腿。发球时，左手持球于腹前，将球抛向右肩前下方，距身体约一臂远；同时右臂后摆，然后利用后腿蹬地、身体前移、右臂直臂由后向前加速挥臂的力量，用全手掌或虎口、掌根击球的后下部(见图8-8)。

图 8-8　正面下手发球

2．正面上手发球

正面上手发球是用途最广、最基本的发球技术，是发球技术向高水平发展的基础。发球前，在底线后面对球网前后开立，左脚在前，身体重心在右脚上，左手托球于腹前。发球时，左手将球平稳地上抛至右肩前上方高于头约 1 m；同时右臂抬起向后上方引，使肘高于肩，手高于头，手自然张开，抬头挺胸，展腹送髋，上体稍向右侧转。然后利用蹬地、收腹、收胸和大臂带小臂的力量加速用力向前上方做甩动鞭打动作，全手掌击球的后中下部，击球点保持在右肩前上方，并伴有手腕向前推压动作，使球上旋飞行(见图8-9)。

图 8-9　正面上手发球

五、扣球

1．正面扣球(均以右手扣球为例)

正面扣球是扣球技术中最基本的方法。其优点是：正对球网和对方，便于观察，动作灵活性大，适应性强，并能随时根据对方的拦网和防守情况变换扣球路线。

(1) 准备姿势。采用稍蹲准备姿势站在进攻线附近，根据二传传出的球确定助跑起动时机和路线，准备助跑(见图8-10)。

(2) 助跑。一般采用两步助跑为多，左脚先自然向球的预判落点方向迈出第一步，紧接着右脚迈出一大步。右脚迈出时应根据球的落点调整步幅，确定起跳位置。当右脚落地时，左脚迅速跟上，两腿屈膝，重心降低，身体稍后倾，两脚稍分，两脚尖稍内扣，准备起跳。

由于传球的高度、弧度、落点的位置不同，助跑的路线也须调整，一般常用直线、斜线、外绕弧线助跑。

图 8-10　正面扣球

(3) 起跳。在助跑跨出最后一步的同时，两臂经体侧后引。两脚脚根先着地，迅速过渡到全脚掌，立即做蹬地起跳动作，两臂由后积极向前向上猛摆，配合起跳增加弹跳高度，并做好扣球准备。

(4) 空中击球。身体腾空后，上体稍后仰，并向右侧转体，挺胸展腹；右臂屈肘上举后引，置于头的右侧后方，肘关节指向侧前方；下肢稍后摆，身体成反弓形，以收腹转体之力，带动肩、肘、腕关节，使手臂尽量向前上方快速挥动伸直，以全手掌猛力扣击球的后上部；击球的瞬间，手腕做出甩鞭动作，手掌和手指包满球，手腕有扣压动作，使球产生加速上旋沿一定轨迹飞行。

(5) 落地。击球后，顺势收臂以免触网。落地时，双脚前脚掌先着地，然后过渡到全脚掌。着地的同时，顺势屈膝、收腹，缓冲下落的力量。

2. 扣快球

快球的特点是进攻速度快，突然性大，牵制性强，在比赛中能争取时间和空间上的优势，达到突然袭击、攻其不备的目的。快球可分为近体快球、背快、短平快球、平快球、平拉开快球、前飞、背飞、快抹以及个人战术快球等。

3. 个人战术扣球

(1) 时间差扣球。时间差扣球是利用起跳时间的变化牵制对方，争得时间避开拦网，确保网上主动。扣球队员早上步佯做扣快球的起跳动作，动作逼真，虚晃对方，使对方以假当真起跳拦网。当对方拦网队员下落时，突然原地起跳扣半快球或半高球。常用的时间差扣球有近体快球时间差和短平快时间差。

(2) 位置差扣球。位置差扣球是利用助跑结束后突然改变起跑位置的方法，争取空间的扣球技术。起跳时，先按照扣快球的起跳动作佯跳，随即突然改变起跳位置起跳扣半快球或半高球。

(3) 空间差扣球。空间差扣球是指利用快速助跑及冲跳能力，不作垂直起跳，跳起后在空中顺网移动位置改变扣球击球点，错开拦网队员位置，从而达到摆脱对方拦网目的的一种有效扣球技术。常见的空间差扣球有前飞、背飞、拉三、拉四等。

六、拦网

1. 单人拦网

完整的拦网动作由准备姿势和移动、起跳、空中拦击、落地组成。

(1) 准备姿势和移动。队员面对球网，两脚分开平行站立，与肩同宽，距中线约 40 cm，两膝稍屈，上体收腹稍前倾，两臂自然屈肘置于胸前。

拦网的移动，通常采用沿中线的平行并步或交叉步移动，在距球远时可采用跑步法移动，移动结束时须迅速做好制动动作，使两脚尖及上体转向球网。

(2) 起跳。拦网起跳时，两膝弯曲，身体重心降低，两臂屈肘向上摆动配合两脚有力蹬地垂直向上跳起。同时收腹，防止身体向前冲以便控制身体平衡。

(3) 空中拦击。起跳后，两臂顺势沿着球网的垂直面向上伸，两臂超过网上沿后提肩向前上方伸臂过网，两臂保持平行。拦击时，两手主动接近球，手指自然开弯曲成弧形，并保持一定的紧张度，在球的前上方采用"盖帽"或封路线式拦击。拦击瞬间，两手手指和手腕应充分用力，并伴有手腕下压动作(见图 8-11)。

图 8-11　单人拦网

拦网时，应选择起跳的时机和拦击的角度。首先预判对方可能组成的进攻技术，准确地判断好二传传出球的角度、速度、弧度和落点，以及对方进攻队员的助跑路线和起跳点，然后移动到位对准对方扣球队员准备起跳。拦快球时几乎与扣球队员同时起跳；拦一般近网扣球时稍慢于扣球队员起跳；拦远网扣球时一定要掌握好晚跳时机。拦击前，若发现对方欲改扣球路线，则两手应随即移位封堵扣球路线。在二号位或在四号位拦网，外侧手掌心向对方场内侧转改变拦击角度。

(4) 落地。拦网动作结束后，两手臂要立即回缩，以免下落时触网。落地动作以前脚掌先着地，随即过渡到全脚掌屈膝缓冲。

2．集体拦网

集体拦网是以单人拦网为基础，通过两人或三人集体配合，扩大拦网范围，提高拦网效果，减小后排防守压力的战术形式。

(1) 双人拦网。双人拦网是集体拦网的主要形式。常由二、三号位或三、四号位队员组成双人拦网。对中路进攻，则以三号位队员为主，二号位或四号位队员配合拦网。

(2) 三人拦网。三人拦网是以三号位队员主拦直线，其他队员配合拦网，拦斜线。

第三节　排球运动基本战术

一、概述

1. 排球战术分类

排球战术分为进攻战术和防守战术两大系统，在实际运用中有攻防结合、攻防转化等特点。

2. 战术系统

根据排球运动攻防结合、互为转化等特点，排球的战术系统分为：接发球进攻、接扣球进攻、接拦回球进攻、接传垫球进攻四种战术系统，在当前我国排球界简称为"一攻"、"反攻"、"保攻"、"推攻"。除"一攻"外，其他三种为"防反"(防守反攻)。

3. 排球战术意识

战术意识是指队员在发挥技术过程中，具有一定的战术目的的心理活动，也是队员在运动实践中具备的经验、才能和知识的反映。战术意识具体内容反映在技术的目的性、行动的预见性、判断的准确性、攻防的主动性、战术的灵活性、动作的隐蔽性和配合的一致性等方面。

二、阵容配备、位置交换及信号联系

1. 阵容配备

阵容配备是合理地搭配场上队员、充分发挥每个队员的特长和作用的组织手段。

(1) "四二"配备。在该配备中，两个二传手安排在对称位置上，其他四人为攻手，两个主攻手、两个副攻手分别站在对称的位置上(见图 8-12(a))。这种阵容前后排都能保证有一个二传队员和两个进攻队员，便于组成"中一二"和"边一二"的进攻阵形。

(2) "五一"配备。该配备为五个进攻队员和一个二传队员的配备(见图 8-12(b))。这种配备适于攻防兼备、技术较全面的队采用。二传队员的对角位置配备一名接应二传，弥补二传队员来不及去传球的被动局面。

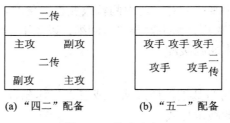

(a) "四二"配备　　　(b) "五一"配备

图 8-12　阵容配备

2. 位置交换

在比赛中为了战术需要和利于充分发挥队员的特长，在队员发球后可采用交换位置的方法，以达到扬长避短的目的。

(1) 前排及前后排之间的换位。前排及前后排之间的换位主要包括：① 为加强进攻，把进攻能力强的主攻手换到最有利强攻的四号位，把善于扣球的副攻手换到三号位或二号位；② 把在前排或轮到后排的二传换到二号位或三号位；③ 为了加强拦网，把拦网好的队员换到三号位。

(2) 后排队员之间的换位。为了加强后排防守，可把队员互换至各自擅长的防守区域，采用专位防守；或把防守能力强的队员换到防守任务重的区域。

3. 信号联系

排球运动是一项高度默契配合的集体项目，为实现快速多变的进攻战术配合，必须通过信号联系统一行动。信号联系有以下几种：

(1) 语言联系：多用简练的语言，将战术编成代号进行联系。

(2) 手势信号联系：确定几种战术手势，在接发球时由二传队员出示。

(3) 落点信号联系：根据一传球的落点位置而运用某种战术的联系方式。

三、个人战术

1. 发球个人战术

(1) 攻击性发球。指从弧度、速度、飘度、力量和旋转度等方面来加大发球攻击性。

(2) 控制落点的发球。指找人、找区、朝对方接发球薄弱的地方或个人发球。

(3) 破坏对方进攻的发球。指通过运用以上两种发球战术，让对方的接发球和战术的分工受干扰，从而使对方战术无法组织成功。

2. 一传个人战术

一传个人战术是指根据本队进攻战术的需要垫出各种不同弧度、速度、落点的一传球。

(1) 组织快攻战术。一传弧度要平，速度稍快，以加快进攻节奏。

(2) 组织二次球战术。一传弧度要高，便于扣二次球或转移。

(3) 向对方场区直接找空挡垫球。

3. 二传个人战术

二传个人战术的基本任务是有效地组织进攻战术，利用空间、时间和动作上的变化，给扣球队员创造有利的进攻条件。二传动作上的变化主要包括：假动作、晃传和隐蔽传球等。

(1) 根据战术目的队员的特点，掌握好集中与拉开、近网与远网、高与低等传球。

(2) 传球时，尽量避开对方拦网强的区域。

(3) 通过隐蔽性传球迷惑对方，以便进行突然攻击。

(4) 根据临场一传的到位或不到位、高球或低球来合理运用技术组织战术。

4. 扣球个人战术

扣球既是个人战术的体现，又是集体配合的最后一环，因此，扣球的成败与个人战术的运用有直接关系。

(1) 灵活运用扣球路线的变化，避开拦网的扣球。

(2) 利用击拦网队员手的扣球(打手出界)。

(3) 采用扣吊结合，运用突然单脚起跳或原地起跳扣球，以达到避强打弱的目的。

5. 拦网个人战术

拦网个人战术是指通过时间、空间和动作的变化，准确地判断来球，完成拦网动作。

(1) 佯拦直线实拦斜线，或正拦侧堵、侧堵正拦。

(2) 发现对方轻扣或吊球时，可做拦网假动作实际后撤防守。

(3) 盯人拦网或重叠梯次拦网。

6. 防守个人战术

防守个人战术主要体现在防守的意识上，需要运动员善于做出正确的判断，选择有利位置，采用合理的接球动作，以保证组成战术的需要。

(1) 根据二传队员的队位和球的落点，预判来球，选择最佳位置，垫球到位。

(2) 根据对方队员的进攻特点，采取相应的防守行动。

(3) 根据对方扣球队员的挥臂动作、扣球手法的变化和本方拦网队员的封网位置，预判球的路线，采取灵活的防守位置。

四、接发球进攻战术

1. 接发球站位

接发球站位阵形一般常用的有五人接发球和四人接发球。

(1) 五人接发球站位。五人接发球站位常在"中一二"和"边一二"进攻战术中运用。运动员可站成"一三二"阵形，也称"W"形(见图8-13)。若对方发球落点比较分散或比较集中，可使用矩形稍松散或相对集中的"一"字形(见图8-14)。

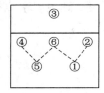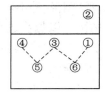
图8-13　"W"形接发球站位

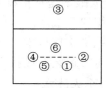
图8-14　"一"字形接发球站位

(2) 四人接发球站位。为战术需要可采用这种四人接发球阵形。如在插上进攻战术中，为缩短插上时间，插上队员与同列前排队员站在网前不接发球，其他四人站成弧形接发球阵形(见图8-15)。

(3) 二传队员转到二或四号位时，可采用换位"一三二"的形式(见图8-16)。换位后组成"中一二"进攻战术。

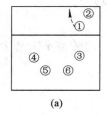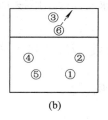
　　　(a)　　　　　　　(b)

图8-15　四人接发球站位

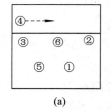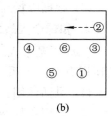
　　　(a)　　　　　　　(b)

图8-16　换位"一三二"接发球站位

2. 进攻战术

进攻战术主要有"中一二"、"边一二"和插上等战术形式。

(1) "中一二"进攻战术。三号位队员作二传，四、二号位队员进攻的形式称为"中一二"进攻战术(见图8-17)。这种战术简单易学，适合于技术水平较低的队采用。其缺点是两点进攻，战术变化少。

(2) "边一二"进攻战术。二号位队员作二传，三、四号位队员进攻的形式称"边一二"进攻战术(见图8-18)。此战术简单易学，有较多的战术变化形式。

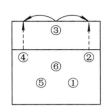

图 8-17　"中一二"进攻战术

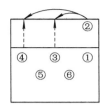

图 8-18　"边一二"进攻战术

(3) 插上战术。后排一号位、六号位或五号位队员，由后排插到前排作二传组织进攻的形式称为"后排插上"进攻战术(见图 8-19)。这种战术的特点是前排能保持三点进攻，可组成多种战术变化，是现代排球的重要进攻战术形式之一。

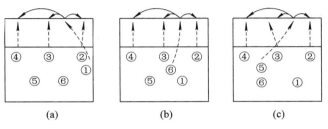

(a)　　　　　　　　(b)　　　　　　　　(c)

图 8-19　"后排插上"战术

五、防守反攻战术

1. 拦网

拦网是防守的第一道防线，又是反攻的前沿阵地，具有网上防守和进攻的双重作用，是得分的重要手段。拦网时应根据对方的战术，采用相应的拦网对策，如个人拦网、集体拦网、人盯人拦网、人盯区拦网、换位拦网等。

2. 后排防守

后排防守要根据前排队员拦网人数、战术等不同情况，采用不同的防守阵形。

(1) 单人拦网时的防守阵形。前排采用与对方扣球队员相对位置拦网。如对方四号位进攻，本方二号位队员拦网，后排防守阵形如图 8-20(a)所示。若本方三号位队员拦网，后排防守阵形如图 8-20(b)所示。

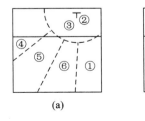

(a)　　　　　　　　(b)

图 8-20　单人拦网的后排防守

(2) 双人拦网时的防守阵形。此时有两种防守阵形："边跟进"防守和"心跟进"防守。"边跟进"防守也称"马蹄形"防守。如对方四号位进攻，则由本队二、三号位队员双人拦网，一号位队员"死跟"或"活跟"拦网保护，四号位队员后撤与五、六号位队员共同组成后排防守阵形——马蹄形(见图8-21)。其弱点是中间空隙较大。

"心跟进"防守又称六号位跟进防守(见图8-22)。本队二、三号队员双人拦网时，六号位队员跟上保护拦网，四号位队员后撤，与五、一号位队员共同组成后排防守阵形。其弱点是后排防守空隙大。

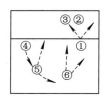

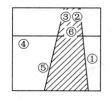

图8-21 "边跟进"防守　　　　　　　图8-22 "心跟进"防守

3. 防守反攻

防守反攻是比赛中最有效的战术手段，对比赛的胜负起着十分重要的作用。不论是拦起的球，还是后排防起的球，二传或接应二传队员都要力争将球调整给适合进攻的队员，进行反攻。

4. 保护扣球的防守阵形

保护扣球要做到"一人扣球，全场保护"的阵形。

第四节　排球运动基本竞赛规则

一、场地与设备

1. 比赛场地

比赛场地包括比赛场区和无障碍区。比赛场区为长18 m，宽9 m的长方形。所有线宽为5 cm，均包括在比赛场区面积之内(见图8-23)。场区四周边线外至少要有3 m、端线外至少要有5 m的无障碍区；场地上空至少要有7 m的无障碍空间。

2. 球

比赛用球的颜色可以是一色的浅色或国际排联批准的多色球，圆周为65～67 cm，重量为260～280 g，气压为0.30～0.325 kg/cm^2。

国际排联世界性比赛，各大洲和各国锦标赛、联赛所使用的球必须是国际排联批准的用球。

为缩短非比赛时间，正式比赛采用三球制。为此在一次比赛中所用的球，其特征包括圆周、重量、气压、牌号及颜色等都必须是统一的。

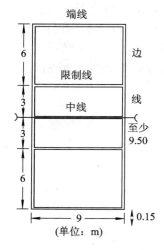

图8-23 排球场地规格

3．球网

球网长 9.5 m，宽 1 m，男子网高 2.43 m，女子网高 2.24 m，设在中线的中心线的垂直上空。球网两端设有两条宽 5 cm、长 1 m 的垂直于边线和中线交接处的标志带(白色)。两标志带的外沿分别设有高出球网 80 cm 的标志杆。标志带和标志杆均被认为是球网的一部分。

二、规则简介

1．发球与判断

(1) 合法发球。发球队员站在本区端线后发球区内任何位置，持球手将球抛起或明显撤离后，用一只手或手臂将球击出。

(2) 发球犯规：① 脚踏端线或在发球区外发球；② 球未清晰离开持球手即行击球；③ 球未过网、触及标志杆或从非过网区越过；④ 球落在界外；⑤ 球在飞行中触及障碍物；⑥ 抛球未击而且触及发球者身体；⑦ 鸣哨后 8 s 内未将球击出；⑧ 发球次序错误；⑨ 球越过发球掩护的个人或集体；⑩ 取消发球试图，发球时将球抛起却又未发，即判发球失误。

(3) 允许重新发球：① 未鸣哨将球发出；② 因特殊情况认可的停止比赛。

2．界内、外球的判断

(1) 界内球。球触及比赛场区的地面(包括界线)，为界内球。

(2) 界外球。球的整个落点完全在场区界线以外的地面上；球触及场内外空间任何物体或场外非比赛人员；球触及标志杆、网绳、网柱或标志杆以外的球网。

3．比赛中的击球

(1) 球队的击球。每队最多击球三次(拦网除外)。一名队员不得连续击球两次(拦网除外)。

(2) 合法击球。① 身体任何部位都允许触球。② 球可以触及身体不同部位，但必须是同时；在第一次击球时，除上手传球外，在一次接球的动作中，可以用身体的任何部位连续触球。

(3) 击球时的犯规。① 持球：队员没有将球清晰地击出，造成接住球或抛出球的情况。② 连击：一名队员连续两次(拦网除外)或球连续触及其身体不同部位。③ 四次击球：一个队连续触球四次(拦网除外)。④ "借助击球"：队员借助同伴或任何物体的支持击球。

4．进入对方场区和空间

(1) 网下穿越。在不妨碍对方比赛的情况下，允许队员在网下穿越进入对方空间。

(2) 穿越进入对方场区。① 队员的一只脚或双脚越过中线触及对方场区的同时，脚的一部分还接触中线或置于中线上空是合法的。② 除脚以外，队员身体的任何其他部分都不允许触及对方场区。

(3) 手越过球网。拦网时，允许越过球网触球，但在对方击球前和击球时不得先行触球。进攻性击球后允许手过网，但击球时必须在本场区空间。

(4) 过网击球。扣球时，击球点越过球网上沿的垂直面。

5．触网犯规

在比赛进行中，队员身体任何部位不得触及球网的任何部分(包括标志带和标志杆)，但队员不是试图去接触球，而无意中触网，不算犯规。

6. 拦网

(1) 合法拦网。① 只有前排队员允许完成拦网。② 集体拦网：两名或三名前排队员彼此靠近配合进行拦网为集体拦网，其中一人触到球则完成拦网。

(2) 拦网犯规。① 在对方进攻性击球前或击球时，过网先行触球。② 后排队员完成了拦网或参加了集体拦网。③ 从标志杆以外伸入对方空间拦网；拦发球、拦网出界。

7. 队员场上的位置和轮转

(1) 队员场上的位置。判断场上队员位置是否正确应以发球队员击球瞬间，场上队员脚的着地部位来判定。前排队员至少有一只脚的一部分，比同列后排队员的双脚距中线更近；右(左)边队员至少有一只脚的一部分，比同排中间队员的双脚距右(左)边线更近(见图 8-24)。在发球后，队员可以在场区和无障碍区的任何位置上。

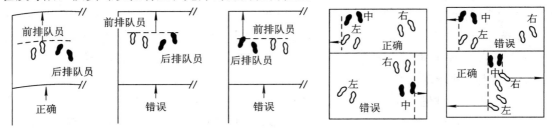

(a) 前排与后排队员位置关系　　　　(b) 同排队员位置关系

图 8-24　队员场上位置示意图

(2) 轮转。轮转次序包括发球及其他队员的站位，在整局中按该局位置表填写顺序进行轮转；接发球队获得发球权后，该队队员必须按顺时针方向轮转一个位置(见图 8-25)。

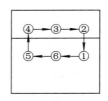

图 8-25　队员场上轮转示意图

8. 后排队员的犯规

(1) 后排队员的进攻性击球犯规：后排队员在前场区或踏进攻线及其延长线完成进攻性击球，并且击球时球的整体高于球网上沿。

(2) 后排队员的拦网犯规：后排队员完成拦网或参加了完成拦网的集体。

9. 暂停和换人

(1) 只有比赛成死球并且裁判员鸣哨发球之前，教练员或场上队员才可以请求暂停或换人。

(2) 暂停：第 1～4 局，每局当领先队达到 8 分和 16 分时，有两次技术暂停，时间为 1 分钟。此外每队还各有一次 30 s 的普通暂停；第 5 局无技术暂停，每队在该局有两次 30 s

的普通暂停。

(3) 换人：每一局每队最多可替换 6 人次。每局首发阵容的队员在同一局中可以退出比赛和再上场各一次，并且只能回到原阵容的位置上；替补队员每局只能上场一次，替补首发阵容的队员。当替补队员下场时只能由被他替换下场的队员来替换。自由人的替换不计入换人次数。

10. 比赛方法

(1) 比赛的抽签。由双方队长参加，抽签的胜方可优先选择发球、接发球和场区中的一项，另一方选择余下部分。

(2) 胜一分、胜一局、胜一场。

胜一分：比赛采用每球得分制，胜一球即胜一分。

胜一局：第 1～4 局先得 25 分，第 5 局先得 15 分且超出对方 2 分的队为胜一局。当第 1～4 局出现 24∶24，第 5 局出现 14∶14 时，比赛继续进行至某队领先 2 分为止，无最高分限。

胜一场：正式比赛采用五局三胜制，先胜 3 局的队为胜一场。

(3) 比赛的记分及决定名次的方法。

比赛的记分：在排球循环制比赛中，胜一场得 2 分，负一场得 1 分，弃权为 0 分。

决定名次：首先以积分多少排定名次；积分相等，按积分相等队的 C 值决定名次，C 值＝总胜局数/总负局数，C 值高者列前；C 值相等，按 Z 值决定名次，Z 值＝总得分数/总负分数，Z 值高者列前。

第九章 足球运动理论与技术

第一节 足球运动概述

足球运动是世界上开展最为广泛、影响最为巨大的体育运动项目，被称为世界第一体育运动。

足球运动技术复杂，战术多变，参加比赛的人员多，比赛场地大，时间长，运动员能量消耗大，是一项极具对抗性与战斗性的集体性运动项目。经常参加足球运动可以培养勇敢顽强、机智果断、坚忍不拔、勇于克服困难、团结协作、遵守纪律等优良品质。足球运动还有利于增强人体健康，提高人体的力量、速度、耐力、灵敏协调等身体素质，增强体质，尤其是对于增强人体心血管系统、呼吸系统等内脏器官功能具有非常积极的作用。

足球运动易普及推广，在全世界范围内具有广泛性的群众基础，其作用和影响已远远超出了足球运动本身的范畴，成为一个国家政治、经济、文化交流的重要工具，显示出无比巨大的影响力与震撼力。

第二节 足球基本技术和练习方法

足球技术，是指运动员在训练、比赛中所采取的合理动作的总称。它由特定的动作结构所组成，并使其贯穿于整个足球活动中的一种基本运动方式。足球技术由技术动作和技术能力两方面组成。技术动作是指运动员在完成某一技术时，所采用的动作方法；技术能力则是指运动员在训练和比赛活动中运用技术的准确、合理以及娴熟的程度。技术动作是技术运用能力的前提，只有掌握了技术动作，才能使技术运用达到全面、准确、快速、合理、娴熟的程度。

足球技术可分为无球技术和有球技术两大类。

一、无球技术

无球技术是足球技术的重要组成部分。它包括起动、跑、急停、转身和身体假动作。

1. 起动

足球比赛中的起动动作是多种多样的，有在静止中，有在慢跑中，有在跳起落地后，有在倒地爬起过程中，有在转身过程中，有在后退过程中，在很多情况下是与各个技术动作紧密联系在一起的，并在一定程度上影响着技术动作完成的质量。因此，不论在什么情况下起动都必须在最短的时间内发挥最快的速度，为完成各项有球技术动作赢得有利的时间优势。比赛中，运动员突然快速的起动是在短时间内超越对手或盯住对手，占据有利空间位置的有效手段。

2．跑

速度已成为现代足球运动的特点之一，而快速的跑动则是"足球速度"的重要组成部分。在全面型的足球比赛中，队员是随着球的移动及场上的情况变化而在高速中活动着。如进攻队员的运球突破、摆脱接应、拉出空档、占领空位及包抄射门等；防守队员的紧逼盯人、相互补位、堵截争抢及封闭射门角度都需要快速的跑动来完成。

由于足球比赛中进攻与防守在时刻变化，因此要求队员的跑动速度、路线、动作也要随之变化。如慢跑、快跑、直线跑、曲线跑、折线跑以及在特殊情况下的侧身跑、插肩跑、后退跑等。

3．急停和转身

比赛中进攻和防守不断变换，球的位置也时刻变化。为了甩掉对手或不被对手甩掉，需要队员有时在高速奔跑中突然停止跑动及突然停止跑动后立即转身，或原地转身改变移动方向。如正面急停、转身急停、前转身、后转身等。

4．身体假动作

在比赛中，为了摆脱对手的紧逼或者为了把对手控制的球夺过来，常用快速而逼真的身体虚晃动作，使对手产生错误的判断，做出错误的行动或动作，而达到自己的预定目的。

假动作做得逼真，会使对手产生相应的反应。当对手做出相应的反应时，由假变真的动作必须做得突然，才能收到预期的效果。因此在快速的虚晃中自如地控制自己身体重心的移动，是顺利地完成假动作的关键因素。

二、有球技术

在激烈对抗的条件下，准确完成技术动作的关键部分就是有球技术。它是足球技术的重要内容。它包括踢球、停球、顶球、运球、抢截球、假动作、掷界外球及守门员技术。

(一) 踢球

踢球是有目的、有意识地用脚的某一部位将球踢向某一预定的目标。用于传球和射门。

1．踢球动作结构

踢球方法很多，动作要领也各自不同，但无论哪种踢球，都是由以下五个环节组成的：

(1) 助跑。助跑分为直线助跑和斜线助跑。助跑的目的就是使踢球腿充分摆动，增大摆腿速度，增大击球的速度和力量，制动身体的前冲和提高踢球的准确性。

(2) 支撑脚站位。支撑脚的位置要以踢球腿的摆动能发挥最大的速度和有利于踢球脚准确触球为原则。支撑脚一般是在球的侧方(10～15 cm)或侧后方(25～30 cm)处。支撑脚膝关节应微屈，以便稳固地支撑身体，起支撑作用。

(3) 踢球腿的摆动。踢球腿的摆动是踢球力量的主要来源。踢球腿的摆幅大、摆速快，球的运动速度就快，距离就远。

(4) 脚触球。脚触球是决定出球准确性的重要环节，也是影响出球力量的重要环节。脚触球包括脚的部位和球的部位。击球时，脚踝应保持适度紧张，膝盖应在球的上方或侧上方，以利于保持正确的脚触球部位和控制出球方向的准确。

(5) 踢球的随前动作。踢球的随前动作是指踢球腿随球前摆送髋使整个身体继续前移，这样既易于控制出球方向和加大踢球力量，又能缓和踢球腿的急速前摆而产生的前冲惯性，有利于维持身体的平衡。

在这五个环节中，支撑脚的站位、踢球腿的摆动、脚触球是其中的重要环节，而脚触球又是决定踢球动作质量的重要环节。

2．踢球方法

(1) 脚内侧踢球。脚内侧踢球是用脚内侧部位(跖趾关节、舟骨和跟骨所构成的三角部位)接触球的一种踢球方法。其特点是脚与球的接触面积大，出球比较平稳、准确。由于踢球时，踢球腿屈膝外转，小腿的摆幅和摆速都受到一定程度的限制，因此出球力量小。适用于短距离传球，射门以及"二过一"战术配合。

踢定位球时，直线助跑，支撑脚踏在球的侧方 15 cm 左右处，膝关节微屈，在支撑脚着地的同时踢球腿以髋关节为轴由后向前摆动，在前摆过程中屈膝外转，踢球脚的内侧正对出球方向，小腿加速前摆，脚尖稍翘起，脚掌与地面平行，用脚内侧部位击球的后中部。

脚内侧踢球在脚与球接触过程中有两种方法。一种是推送式踢法，即运用这种踢法脚触球时，踢球腿要继续前摆。这样踢球脚与球接触的时间较长，出球易平稳。另一种是敲击式踢法。踢球时，踢球腿的大腿摆动不大，只是小腿快速前摆击球。击球后，小腿突然停止摆动。这个动作触球时间短促、动作有力。

踢空中球时，大腿在踢球前先抬起，小腿拖在后面，脚内侧正对出球方向，利用小腿的摆动平敲球的中部。如要踢出低球或高球时，则要踢球的中上部或中下部。

用右脚向左侧踢球时，右脚以脚内侧对正出球方向，由右向左侧摆腿，用推送或敲击动作将球踢出。

用右脚向右侧踢球时，以支撑脚前脚掌为轴，上体向右扭转，使脚内侧对正出球方向，向右摆腿踢球。

(2) 脚背正面踢球。脚背正面踢球是用脚背正面部位(楔骨和跖骨的末端)接触球的一种踢球方法。其特点是踢球腿的摆幅大，摆速快，踢球的力量大，出球的性能变化小，出球方向也比较单一。比赛中常用于踢定位球、空中球、反弹球及倒勾球等。

踢定位球时，首先直线助跑，最后一步稍大并要积极着地，支撑脚踏在球的侧方约10～15 cm 处，脚尖正对出球方向，膝关节微屈。同时踢球腿向后摆起，膝弯屈，然后用力向前摆动。首先大腿向前摆，小腿留在后面，脚背绷直，当膝盖摆至接近球的垂直上方的刹那，小腿加速前摆，身体稍前倾，两臂自然张开维持身体平衡。在击球的刹那，踢球腿脚尖向下，脚踝用力，脚背绷直，脚趾扣紧，以脚背正面击球的后中部。

踢反弹球时，要准确判断球的落点，落地时间和反弹起来的路线。身体正对球的反弹方向，支撑脚踏在球的侧方。当球将落地时，踢球腿小腿急速前摆，在球刚弹离地面时，以脚背正面击球的后中部。

踢空中球(侧身踢空中球)时，首先要判断好球的运行路线和确定好击球点，并使身体侧对出球方向，支撑脚跨上一步，脚尖指向出球方向，上体向支撑脚一侧倾斜，踢球脚的大腿高抬接近与地面平行，然后以大腿带动小腿急速向出球方向挥摆，用脚背正面击球的后中部，同时身体向出球方向扭转。踢球后，面对出球方向。

(3) 脚背内侧踢球。脚背内侧踢球是用脚背内侧部位的几个楔骨、趾骨末端接触球的一种踢球方法。其特点是踢球腿的摆幅大，摆速快，踢球的力量大。由于助跑方向、支撑脚选位灵活性较大，出球的方向变化幅度也较大，因此，可踢出平直球、远距离弧线球等，也便于转身踢球。比赛中，经常用于踢定位球、过顶球、中远距离传球及转身踢球。

踢定位球时，首先斜线助跑。助跑方向与出球方向约成 45° 角，支撑脚踏在球的侧后方约 25～30 cm 处球的横轴(与出球方向垂直的横轴)延长线上。膝弯曲，支撑脚脚尖指向出球方向，身体向支撑脚一侧倾斜。在支撑脚着地的同时，踢球腿以髋关节为轴，大腿带动小腿前摆。当膝盖摆至接近球的垂直上方的刹那，小腿加速前摆，脚尖稍外展，脚背绷直，脚趾扣紧，脚尖指向斜下方，以脚背内侧踢球的后下部。踢球后，踢球腿随球前摆。

搓踢过顶球时，动作方法基本上与踢定位球相同。只是支撑脚踏在球的侧后方，踢球脚不要过于绷直，踢球的后下部，并稍有下切的动作，使球向前上方飞起并回旋。踢球腿不随球前摆。

踢弧线球时，用脚背的内侧踢球的后中部位。摆腿的方向不通过球心，在踢球的刹那，踝关节用力向里并上翘，使球成侧旋并沿一定的弧线运行。

(4) 脚背外侧踢球。脚背外侧踢球是用脚背外侧部位几个趾骨的背面接触球的一种踢球方法。比赛中多用于踢定位球、弧线球和弹拨球。

踢定位球(平直球)时，动作基本与脚背正面踢球，只是用脚背外侧接触球。

踢弧线球时，支撑脚踏在球的侧后方约 15～20 cm 处，踢球脚的脚踝用力，并以脚背外侧踢球的后中部。摆腿的方向不通过球心，并向支撑脚一侧的前方继续摆动，以加大球的旋转。

弹拨球时，踢球腿以膝关节为轴快速侧摆或侧前摆。击球时，踝关节快速转动将球弹出，踢球脚快速收回。

(二) 停球

停球是指队员有目的地用身体合理部位，把运行中的球停住，并使其落于所需要的控制范围内。

1. 停球动作结构

足球比赛中的停球除了规则所不允许的手臂以外，身体的其他任何部位都可以用来停球。停球动作大多由移动、停球部位和方法、削弱球的冲力、停球后的跟随移动等环节组成。

(1) 移动。移动是指准确判断来球的速度、路线、落点以及球反弹角度，迅速地进行移动，使自己能够处于停球时所需要的恰当位置。

(2) 停球部位和方法。根据来球和比赛临场情况正确选择和使用停球的部位和方法，合理地运用停球技术，并且符合战术要求。

(3) 削弱球的冲力。停球时，要做好迎撤动作以缓冲来球的力量。或做轻微下压、切和撤引动作，以求变换球的前进方向，抵消球的前进力量。

(4) 停球后的跟随移动。停球后身体重心必须及时跟进，做好与下一个动作的衔接准备。

2．停球的部位与方法

比赛中常用的停球方法有：脚内侧停球、脚底停球、脚背外侧停球、胸部停球、大腿停球、脚背正面停球等。

(1) 脚内侧停球。脚接触球的面积大，易停放，并且便于改变方向和连接下一个动作。可以用来停地滚球、反弹球和空中球。

停地滚球时，支撑脚正对来球，膝关节微屈，停球腿屈膝外展并前迎。当脚与球接触前的刹那开始后撤，在后撤过程中用脚内侧接触球，把球控制在下一个动作需要的位置上。

停反弹球时，支撑脚踏在球落点的侧前方，膝关节弯曲，上体稍前倾并向停球方向微转，同时停球脚提起，踝关节放松，用脚内侧对准球的反弹路线。当球落地反弹刚要离开地面时，用脚内侧推压球的中上部。如要把球停向左侧，支撑脚应踏在球落点的左侧方，脚尖指向左侧，同时上体也向左侧前倾。

停空中球时，根据来球高度提起大腿迎球，脚内侧对准来球路线，在脚与球接触前的刹那开始后撤。在后撤过程中用脚内侧接触球，把球控制在下一个动作行需要的位置上。

在停空中球时也可将脚提起稍高于选择的停球点，在脚与球接触前的刹那即开始下切，在下切过程中用脚内侧切于球的侧上部，将球停在地上。用下切停法停下来的球，落地后一般还会跳动，需要立即接做下一个动作，将球控制，否则易被对手抢去或破坏。

(2) 脚底停球。由于脚底接触球面积大，易于将球停稳，常用于停地滚球和反弹球。

停地滚球时，支撑脚踏在球的侧后方，膝关节微屈，脚尖正对来球同时将停球脚提起，膝关节自然弯曲，脚尖翘起(脚离地不高于一球)，踝关节放松，用脚前掌接触球的中上部。

停反弹球时，支撑脚踏在球落点的侧后方，当球着地的一刹那，用脚前掌对准球的反弹方向，触球的中上部。

(3) 脚背外侧停球。脚背外侧停球技术常与假动作结合起来做，动作更具有隐蔽性，但因重心移动大，较难掌握。常用脚背外侧停地滚球和反弹球。

停地滚球时，停球脚稍提起，膝关节和脚内转，以脚外侧正对来球，在支撑脚的前侧接触球时，要向停球脚外侧轻拨，将球停在侧前方或侧方。

停反弹球时，面对来球，支撑脚的膝关节微屈。停球脚在支撑脚前方稍提起，脚内翻，使停球腿的小腿与地面有一定角度，踝关节放松。当球刚反弹离地时，用脚外侧触球侧上部，将球停在体侧。

(4) 胸部停球。胸部面积大、位置高，适宜停高球和空中平球。胸部停球有缩胸停球和挺胸停球两种方法。

缩胸式停球一般用来停胸部高度的平直球。停球时，两脚前后开立，两臂自然张开，挺胸迎球。当球与胸接触前的刹那，迅速缩胸、收腹以缓冲来球力量，把球停于体前。如要把球停向左(右)时，则应在接触球前的刹那向左(右)侧转体，并用同侧胸触球。

挺胸式停球一般用来停高于胸部的下落球。停球时两脚前后开立，两膝微屈，两臂自然张开。当胸与球接触前的刹那，上体稍后仰并收下颚，同时挺胸展腹，使球弹向身体前上方并落于体前。

(5) 大腿停球。面对来球，停球腿大腿抬起，以大腿中部对准下落的球，肌肉适当放松。在大腿与球接触前的刹那，大腿迅速撤引挡球，使球落于衔接下一个动作需要的位置上。

(6) 脚背正面停球。脚背正面停球是用脚背正面停空中落下的球的一种比较简便的停球方法。停球时，面对来球，停球脚提起迎球，以脚背正面对准下落的球。在脚背与球接触前的刹那开始下撤，在下撤过程中用脚背正面接触球的底部，膝、踝关节放松，使球落在体前需要的位置上。

(三) 头顶球

头顶球是足球的重要基本技术。头顶球是传球、射门和抢截球的有效手段，在进攻和防守中都起着重要的作用，因此，运动员必须熟练掌握和灵活运用这一技术。

1．头顶球技术的要点

(1) 准确判断来球的性质、速度和落点，选择好顶球的位置及起跳时间。

(2) 击球点应是在身体恢复到直立状态时前额所在的位置。

(3) 顶球时的接触部位应是额正面与额侧面。

(4) 顶球时蹬地、屈体、甩头等用力动作要协调一致。

(5) 跳起顶球时，要保持身体平衡，落地时要注意屈膝缓冲。

2．头顶球方法

(1) 前额正面头顶球。原地顶球时身体正对来球，两脚前后开立，膝微屈，上体后仰，重心在后脚上，两臂自然张开，两眼注视来球。当球运行到身体垂直部位前的一刹那，后脚用力蹬地，收腹，迅速向前屈体，身体重心由后脚移向前脚。顶球时颈部应保持紧张，快速甩头，用前额正面顶球的后中部，上体继续前摆。

跳起顶球时，无论是原地起跳还是助跑起跳，在跳起上升过程中，上体后仰成弓形，当球运行一身体的垂直部位前的刹那，收腹，屈体甩头，用前额正面顶球。顶球后两腿同时自然屈膝，屈踝落地。

(2) 前额侧面头顶球。原地顶球时，两脚前后开立，出球方向的同侧脚在前，两膝微屈，上体和头部稍向出球的相反方向回旋侧屈，身体重心放在后脚上，后膝微屈，两臂自然张开，眼睛注视来球。当球运行到出球方向同侧肩前上方的刹那，后脚用力蹬地，上体迅速向出球方向扭摆，同时颈部紧张地甩头，以前额侧面击球的后中部。

跳起头顶球时，无论是原地跳起顶球还是助跑起跳顶球，都要在跳起上升过程中，上体向出球的相反方向回旋侧屈，侧对来球。在跳起接近到达最高点时，上体急速向出球方向扭转，甩头，用前额侧面将球顶出。注意顶球后两膝微屈以缓和落地力量。

(四) 运球与运球过人

运球是运动员在跑动中用脚的推拨动作使球保持在自己控制范围内的连续触球动作；过人是运动员利用合理的运球动作越过对手。

1．运球时应注意的问题

(1) 运球跑动要自然，步子小而短促，以便随时改变方向。

(2) 脚触球时应是推拨动作。

(3) 运球时，两眼要兼顾球和场上情况，以便及时传球、射门、改变速度、方向或躲闪对手。

(4) 遇有对手争抢时，要用身体掩护球或用离对方远侧的脚运球。

2．运球方法

常用的运球方法有：脚背内侧运球、脚内侧运球和脚背外侧运球。

(1) 脚背内侧运球。脚背内侧运球多在需要用身体掩护球且改变运球方向时运用。运球时步幅要小些，上体稍向运球方向转动，脚尖稍外展，膝关节微屈，在迈步前伸着地前，用脚背内侧推拨球。

(2) 脚内侧运球。当运球接近对方，需要用身体掩护时，多采用脚内侧运球。运球时支撑脚踏在球的侧前方，膝关节稍弯曲，上体前倾并内转。运球脚提起，用脚内侧推球的后中部。

(3) 脚背外侧运球。脚背外侧运球多在快速奔跑和改变方向时运用。运球时步幅要小些，上体稍前倾。运球脚脚尖内转，膝关节弯曲，在迈步前伸着地前用脚背外侧推拨球。

3．运球过人

运球过人在比赛中的运用是千变万化的，但要运用合理必须做到灵活机动地利用时机，准确无误地掌握好过人距离，随心所欲地改变球的速度和方向。在比赛中，队员常用的动作方法有：拨球、拉球、扣球等。

(1) 拨球：是运用脚腕抖拨的动作，以脚背内侧或外侧触球。

(2) 拉球：是用脚底拖球的动作，如由前向后，由左向右或右向左的拖球动作。

(3) 扣球：是运用转身和脚腕急转压扣的动作以脚内侧或外侧将球迅速停住或变向的动作。

(五) 抢截球

抢截是防守技术的综合体现。抢截球包括抢球和截球两个内容。抢球是用规则允许的条件和动作，把对方控制的或将要控制的球夺过来、踢出去或破坏掉。截球是把对方队员间传出的球堵截住或破坏掉。

1．抢截球技术要点

(1) 选择有利的位置。抢截前应与对方保持一定的距离(大约一大步左右)，站在对手与本方球门之间，待机而动。

(2) 掌握好抢截时机。当对方背对抢球人接球时，要大胆上前截球或贴身逼抢。在对方控制好球并面向自己时，不要轻易扑球，当对方控制的球离身体较远时，应果断、快速进行抢截。

(3) 要利用身体的合理冲撞。用肩以下肘以上之部位冲撞对方相应部位，使其失去重心，把球抢过去。

(4) 动作衔接要快。抢截球时，身体重心移动要快，以便连续抢截或抢得球后尽快控制球并处理球。

2．抢截球的方法

抢截球包括正面抢截、侧面抢截等。

（1）正面抢截又称跨步抢截。两脚前后开立，重心在两脚间，两膝弯曲，面向对方。当对方运球脚触球即将着地或刚着地时，一脚立即用力蹬地，抢球脚用脚内侧对准球并向球跨出一步，膝关节微屈，体前倾，身体重心移至抢球脚上，另一脚立即前跨成支撑脚。如对方的脚同时触球时，则要顺势向上提拉，使球从对方脚背滚过。身体要迅速跟上，把球控制住。

（2）侧面合理冲撞抢球。侧面合理冲撞抢球是与对方同一方向并肩跑时采用的抢球方法。当与对手并肩跑动时，身体重心稍下降，同对方接触一侧的臂要紧贴身体。当对手靠近自己一侧的脚离地时，用肘关节以上部位冲撞对手相应部位，使其失去平衡而离开球，乘机将球控制过来。

（六）假动作

在比赛中，运动员为了摆脱对手的阻挠，突破对方的防守，抢夺对方的球或破坏对方对球的控制，经常采用一些假动作。假动作已渗透在各项技术和临场应用之中。

（1）假动作要给人以逼真的感觉。假动作与真动作的衔接要突然、快速、连贯。

（2）假动作必须在接近对方时运用才易生效。

（3）假动作不要求统一规格，在明确它的一般规律后，可以结合各种技术动作，创造适合本人特点的假动作。

假动作可分为有球假动作和无球假动作两大类。无球假动作是指运动员无球时，改变速度、方向的假动作。有球假动作是指运动员有球时，所做的传球、停球、运球过人等假动作。

（七）掷界外球

掷界外球是一次绝好的组织进攻的机会。如能将球掷得既远又准，就会加快进攻的速度，加强进攻的威力。

掷界外球的方法有原地掷和助跑掷两种。

原地掷界外球时，面对出球方向，两脚前后或左右开立，膝关节微屈，上体后仰成背弓，重心移到后脚上(左右开立时，重心在两脚之间)，两手自然张开，拇指相对，持球的侧后部，屈肘将球置于头后。掷球时后脚用力蹬地，两腿迅速伸直，身体重心由后脚移到前脚，收腹屈体，同时两臂急速前摆。当球摆到头上时用力甩腕将球掷入场内。掷球时，后脚可沿地面向前滑动，两脚均不得全部离地或踏入场内，但允许踏在线上。

助跑掷界外球时，掷球动作同原地掷界外球。助跑掷界外球主要是借助于助跑的速度把球掷得更远。

（八）守门员技术

守门员技术包括准备姿势、移动选位、接球、扑球、托球、拳击球、掷球和踢球。

1．准备姿势

两脚左右开立与肩同宽，两膝自然弯曲并稍内扣，脚跟稍提起，身体重心在前脚掌上，两臂于体侧伸开，肘微屈，手指自然张开，掌心向前，眼睛注视来球。

2．移动选位

守门员移动时，多采用侧滑步和交叉步两种步法向两侧移动。守门员选位时，一般情况下应在两球门立柱与球所处的位置所构成的角分线上。当对方在端线附近进攻或罚角球时，守门员应站在"远角"或球门线的远端三分之一处。

3．接球

接球是守门员最主要的技术。它包括接地滚球、接平直球、接高球等。

(1) 接地滚球。接地滚球有直腿式和单腿跪撑式两种方法。

直腿式接球：两腿自然并立，脚尖正对来球，上体前屈，两臂并肘前迎，两手小指靠近，手掌对球。在手触球的刹那，随球后引并屈肘、屈腕，两臂靠近将球抱于胸前。

单腿跪撑式接球：身体正对来球，两腿左右开立，一腿弯曲支撑身体重心，另一腿内转跪撑，膝盖接近地面并靠近前脚脚踵，上体前屈，手臂下垂，两手小指相对，手掌对准来球，稍向前迎，在手触球的刹那，两手随球后引并屈肘、屈腕，两臂靠近，将球抱于胸前，然后起立。

(2) 接平直球。平直球可分为低于胸部和与胸齐高的两种平直球。在接法上各不相同。

接近于胸部的平直球时，身体正对来球，两脚左右开立，上体稍前倾，两臂下垂并屈肘前迎，两手小指相靠，手掌对球，当手触球的刹那，两臂后引并屈肘，顺势将球抱于胸前。

接齐胸高的平直球时，身体正对来球，两臂屈肘并稍上举，两拇指靠近，五指微屈，手掌对球。当手触球时，手腕和手指适当用力，顺势屈臂后引，转腕将球抱于胸前。

(3) 接高球。在确定接球点后，迅速移动并跳起，两臂上伸迎球，两手拇指成八字，手指微屈，手掌对球。当手触球时，手腕和手指适当用力将球接住，顺势屈肘，回缩下引，并转腕将球抱于胸前。

4．扑球

扑球是守门员在通过移动接球来不及的情况下所采用的一种救球方式，它是守门员技术中难度较大的动作。

(1) 倒地扑两侧低球。如扑接左侧低球时，左腿屈膝向左跨出一步，身体左侧。左脚着地后，随着以小腿、大腿、臀部、上体和手臂的外侧依次着地。两臂向球伸出，左手掌心正对来球，右手在左手前上方，两手腕稍向内屈。触球后把球收回胸前，然后站起。

(2) 鱼跃扑侧面地滚球。来球距守门员较远时，可用这种扑接方法。扑接时，两膝微屈，身体重心下降，在身体向扑球方向侧倒的同时，同侧脚用力蹬地跃出，挺胸使身体展开，两臂快速伸出，两手拇指自然分开，手掌对球，向球扑去。手触球时，手指和手腕用力，以屈肘、扣腕的连续动作将球抱于胸前，同时屈膝团身落地时，以两手按球、前臂、肘肩、上体侧面、臀部、大腿、小腿依次着地。

(3) 扑接侧面平高球。扑接时，身体重心先移向靠近来球一侧的脚上，同时用力蹬地向侧面跃出，身体展开，两臂自然伸出，两手拇指靠近，手指自然分开，手掌对球。当手触球时，以扣腕动作将球接住。落地时，以两手按球、前臂、肘、肩、上体侧面、臀部、大腿、小腿依次着地，同时屈肘，转腕将球抱于胸前，并屈膝团身。

5．拳击球

守门员在没有把握接住或有对方猛烈冲门的情况下，为了避免接球脱手，可采用拳击球。拳击球有单拳击球和双拳击球两种方法。

(1) 单拳击球。单拳击球动作灵活，活动范围大，击球点高，多用于击侧面传中球和高吊球。击球时，屈肘握拳于肩前，蹬地跳起接近球，在击球前的刹那，快速冲拳，以拳面将球击向预定目标。

(2) 双拳击球。双拳击球动作，接触球的面积大，准确性高，多用于击正面高球或平高球。击球时，两臂屈肘握拳于胸前，两拳靠拢，拳心相对，当跳起接近最高点即将触球的刹那，两拳同时快速冲出，以拳面将球击向预定目标。

6．托球

托球是在来球弧度较大，其运行路线又是奔向球门横梁的情况下，守门员起跳接球把握性不大时运用。起跳准备托球时，全身伸展成背弓，一臂快速上伸，掌心向上，用手掌前部和手指用力将球稍往后上方托起，使球越过球门横梁。

7．掷球

守门员为了争取时间组织快速反击，经常使用手掷球技术。手掷球包括单手肩上掷球，单手低手掷球和侧身勾手掷球等方法。

(1) 单手肩上掷球。守门员需要做较远距离的掷球时，一般采用单手肩上掷球。单手肩上掷球时，两脚前后开立，两膝微屈，单手持球，屈臂于肩上。掷球前，持球手臂手后引，同时身体随之侧转，重心落于后脚上。掷球时，利用后脚向后蹬地、转体和挥臂、甩腕的力量将球掷向预定目标。

(2) 单手低手掷球。单手低手掷球，由于掷出的球沿地面滚动，因而平稳易接。但掷出的球力量较小，故适用于近距离掷球。掷球时，两脚前后开立，两膝微屈，单手持球于体侧，掷球前持球手臂后摆，同时身体随之侧转或侧前屈，重心移动到后脚上。掷球时，利用后脚蹬地和挥臂、甩腕、手指拨球的力量将球掷向预定目标。

(3) 侧身勾手掷球。勾手掷球是手掷球中力量最大的掷球方法。一般在远距离掷球时采用。勾手掷球时，两脚前后开立，身体侧对出球方向，单手持球后引，臂微屈，同时重心移至后脚上。掷球时，后脚用力蹬地，同时转体，重心由后脚移向前脚。当持球手臂由后经体侧沿弧线摆至肩上时，手指和手腕用力将球掷向预定目标。球出手后，掷球手臂继续前摆，上体前倾，后脚向前迈出，维持身体平衡。

8．抛踢球

抛踢球是守门员把获得的球直接传给远离自己的同队队员的技术动作。抛踢球有踢自抛下落的空中球和踢自抛的反弹球两种方法。抛踢球动作与脚背正面踢球基本相同，只是由于要求踢得远，故守门员都是用力向前上方将球踢出。

第三节　足球基本战术和练习方法

在足球比赛中，为了战胜对手，根据主客观的实际，正确安排阵容、分配力量及所采取的个人行动和集体配合总称为足球战术。足球战术可分为进攻战术和防守战术两大类。其中，每一类又都包含着个人战术和集体战术(见图 9-1)。

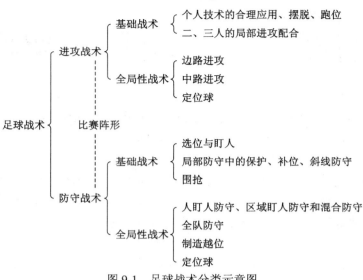

图 9-1 足球战术分类示意图

一、比赛阵形

比赛阵形是指比赛场上队员基本位置的排列，是本队攻守力量搭配和职责分工的形式。

阵形是比赛战术的一个组成部分，它使队员和全队能在进攻和防守中更好地发挥自己的特长。一个球队所采用的阵形主要应根据本队员的特长和与赛队的特点来选择。每个场上队员应在明确个人基本位置和主要职责的前提下，充分发挥自己的智慧，机动灵活地行动。

比赛阵形在百余年的现代足球发展过程中也在不断演变，阵形种类繁多，下面简单介绍几种。

1.“WM”阵形

1930年，英国人契甫曼发明了“WM”阵形。即 3-2-2-3 阵形(见图 9-2)。采用这一阵形进攻时，中锋中央突破，两边锋外线吊中；防守时，三个后卫看守对方三个前锋，两个前卫防守对方两个内锋。“WM”阵形在足球阵形的发展中，第一次达到了攻守人数排列上的平衡，推动了现代足球运动的发展。

“WM”式阵形在使用中，队员位置清楚，分工明确，前锋、前卫、后卫易保持距离，容易形成相互联系的三角配合。这一阵形曾风行并一直保持到 20 世纪 50 年代。

“WM”式阵形攻守比较刻板，随着运动员技术水平和身体素质的不断提高，这一阵形被人们逐渐适应，尤其是“W”式的进攻很容易被“M”式防守所扼制。20 世纪 50 年代初期，这一阵形逐渐被弃用。

图 9-2 “WM”阵形

2．"四前锋"阵形

1954年，匈牙利队首创了"四前锋"阵形，即3-2-1-4阵形，亦为3-3-4阵形(见图9-3)。

这种阵形的特点是：两内锋在罚球区附近频繁交叉换位，又拉又插，进行二过一和传切配合，而拖后中锋则是忽而拉开中央防守空当，忽而又反切插入罚球区，这种频繁地拉插使"WM"式阵形中的一个中卫难以应付，加速了"WM"式阵形的消亡。这种使比赛阵形从攻守平衡发展向攻守人数不平衡发展的改变，被称为足球运动发展中的第一次变革。

3．"四二四"阵形

1958年，巴西队首创了"4-2-4"阵形，如图9-4所示，再次使攻守人数的排列趋于平衡。它被称为足球运动发展中的第二次变革。

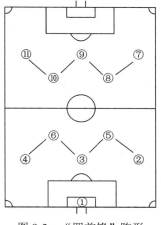

图9-3　"四前锋"阵形

"4-2-4"阵形较之"WM"式阵形，既加强了锋线的攻击力，又增加了后卫的防御力，攻守兼备。重要的是，2个前卫既是进攻的组织者，又是防守的参与者，在锋卫之间起到桥梁与纽带的作用。这比"WM"式和"四前锋"式阵形层次减少，锋卫联系更紧凑，前后穿插更快捷的阵形。此阵形在运用中，对两前卫的体力和技术的全面性有着特殊的要求。该阵形最大的弱点是中场力量相对薄弱。

4．全攻全守型踢法

20世纪60年代相继出现了"4-3-3"和"4-4-2"阵形，特点是从锋线上抽调回1或2名队员加强中场力量。通过20世纪五六十年代的攻守较量，人们更加深刻地认识到只强调攻

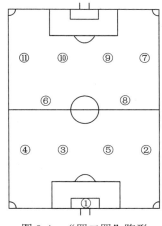

图9-4　"四二四"阵形

与守的某一方面都是片面的和不完善的，必须要稳固防守，积极进攻，攻守平衡。体现在比赛中，不是攻守人数排列上的平衡，而是攻守力量组织上的平衡。1970年，荷兰的阿贾克斯队首创了攻可上，退可守，潮起潮落式的全攻全守踢法，赋予现代足球阵形新的内涵。它被称为足球运动发展中的第三次变革。

而后的几十年，比赛阵形没有大的突破与变革。随着运动员身体素质的加强和技术、战术水平的提高，逐渐形成守多攻少的人数排列。"5-4-1"、"4-5-1"、"5-3-2"、"3-5-2"等，突出体现在稳固后防，力拼中场，插上进攻的立体型打法，并逐渐向全面型过渡。

二、进攻战术

1．全队进攻战术原则

(1) 制造"宽度"原则。进攻者应尽可能多地利用场地宽度，使防守队员被迫扩大横向防守面积，从而制造便于利用的进攻空间。

(2) 传切"渗透"原则。在采用横向拉开防守后，应迅速采用渗透防守的纵向传球，以创造直接射门机会或为射门创造有利的形势。

(3) "机动灵活"原则。当进攻至对方罚球区及前沿危险地带时，防守队员一定会采用紧逼盯人、保护补位等密集的防守措施，阻止进攻和射门。这时进攻者必须灵活地运用各种有球和无球活动，创造性地运用技、战术的突然变化，攻妙地运用个人渗透和所熟悉的几套战术套路配合，拉出空当，达到切入射门的目的。

(4) "快速攻击"原则。防守中一旦抢得球，就要利用对手由攻转守、回撤和重新组织防守的时间，以最快的速度攻击对方球门。进攻的速度越快，越容易抓住可乘之机，争取突破与射门的时间和空间。"快攻"不只是一个人或两个人的快，快攻最大的威力在于全队同步行动，以便同时制造多个进攻点，实施多点攻击，令对手防不胜防。

2．个人进攻战术与原则

(1) 传球。传球是集体配合的基础，是完成战术配合、创造射门时机的主要手段。比赛中，当控球者同时可向几个队员传球时，应将球传给威胁最大的队员。传球前要注意观察、隐蔽自己的意图，及时、准确地传给向前、向空当跑和威胁最大的队员。在向空当传球时，传球的速度应与同伴的跑速相吻合，做到人到球到。在向前方空当传球时，若突破队员速度快，守门员不易出击时，传球力量可大些，以便发挥突破队员的速度。

(2) 摆脱与跑位。摆脱常常作为跑位的前奏而与跑位联为一体。所谓摆脱，是指进攻队员为了避开对方队员的紧逼盯人而采取的各种有目的的身体动作。摆脱的方式有突然起动、冲刺跑、急停、变速、变向和假动作等。跑位是指无球队员在进攻中为自己或同伴创造接传球、射门等机会所实施的战术行动，它是指跑向有利的位置与空当。

(3) 射门。射门是一切战术配合的最终目的，进攻者应充分利用有利时机，进行突然、准确、有力的射门。

3．两人和三人的局部进攻战术

(1) 两人局部进攻战术(见图 9-5)。① 斜(横)传直插二过一；② 斜(横)传斜插二过一；③ 踢墙式二过一；④ 回传反切二过一；⑤ 交叉掩护二过一。

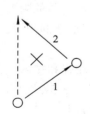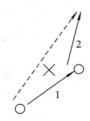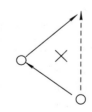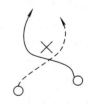

图 9-5　两人局部进攻战术(二打一)

(2) 三人局部进攻战术。三人配合比两人配合进攻面更广、更加富有变化。三人配合的方法归纳起来大致可分两种：一种是一名队员利用自己跑向空当牵制一名防守队员，其他两个进攻队员利用传切配合越过另一防守队员，这种配合称为传第二空当(见图 9-6)；另一种是三名队员通过传球进行一次间接二过一或连续二过一的配合，以越过两名防守防员(见图 9-7)。

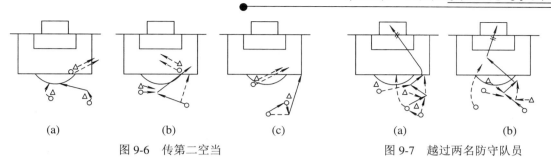

図 9-6 传第二空当 　　　　　图 9-7 越过两名防守队员

4．集体进攻战术

(1) 边路进攻。边路进攻一般是指禁区线以外两侧地区的进攻。它多是通过边锋或交叉到边路的中锋、前卫或插上的后卫，通过传球配合或运球过人的方法突破对方防线，一般是以快速下底传中或切底回扣传中(切入罚球区内到端线附近回扣传中)，中间包抄或跟进射门，边路队员也可运球内切射门。

(2) 中路进攻。中路进攻是指在对方半场中间区域的进攻。它多是通过中锋、内切的边锋或插上的前卫运用传球配合或运球过人，把进攻推向罚球区附近，以罚球区外远射、运球过人、突破和踢墙式配合对方球门实施攻击。

(3) 快速反击。反击是指以防守中获球的队员尽快把球输送给处于有利位置的中、前场队员，使他们在对方尚未完全组织好严密防守之时得到一次良好的射门机会。快速反击的机会通常出现在下列情况：断截到一次对方不准确的传球后；抢得对方脚下控制的球后；对方进攻中犯规而被判罚任意球后；等等。

三、防守战术

1．全队防守战术原则

(1) 延缓原则。丢球后迅速由攻转守的瞬间，是夺回球的最重要的时机。应立即逼抢持球人和相邻的对手，压缩空间，形成紧密的衔接与保护，使对手无法向前传球或快速带球推进。特别要阻止对方发动快速反击，以利于其他同伴迅速调整防守，从而争得时间，退守到位，形成以多防少的局面。防守对方控球队员时必须谨慎有效，迫使对手横传、回传以减缓进攻速度。

(2) 平衡原则。在延缓对手进攻速度的同时，其他队员要迅速地调整位置，根据战术的部署，在局部地区或中、后场，形成攻守人数的均衡，进行盯人防守，使对方在发动进攻阶段就不占有人数的优势。而且无论是盯人防守还是区域防守都应做到对位防守，才能达到防守人数平衡和以多防少，起到稳固防守的目的。

(3) 控制原则。在对方向罚球区组织进攻时，每个防守队员都要选好位置紧盯自己的对手，不让对手在有利的位置接球射门和传球，特别要盯紧无球队员、卡好位置，使他们无法很好地切入得球。在守门员出击和扑救时，要加强保护。

(4) 收缩原则。在罚球区附近危险区域防守时，要组织好整体防守，每个队员要负起分工防守的职责，异侧边卫要向中路收缩，在盯住对手的前提下，应缩小与中卫间的空隙，便于相互保护与补位。"自由中卫"也要妥善地选好位置。随时注意保护与补位，以有效地破坏和控制对手的进攻。

2．个人防守战术与原则

(1) 选位。选位一般是指由攻转守后的防守队根据自己的位置职责和当时的具体情况，有目的地选择恰当的防守位置。一般应选位于进攻者与本方球门线中点的连线上，并保持适宜的横向和纵向联系，以备提供保护和有效补位的基本条件。

(2) 盯人。盯人的基本含义是防守者通过各种方法，紧紧跟随并看住对手，以达到严密控制和干扰对手所采用的技术和战术行动的目的。盯人有紧逼盯人和松动盯人两种方式。紧逼盯人一般是运用于禁区地带或接近球的进攻队员方面，松动盯人一般是运用于离球远的队员方面。

(3) 抢截。所谓抢截，是指防守者有意识地运用各种争抢动作，主动地向持球者发动进攻，把球抢过来，破坏掉或者把持球者的传球断下来。它与其他防守手段最显著的区别在于它的攻击性和主动性。常见的抢截形式有：在对手接球前断截球；在对手接球的刹那间抢断球；在对手持球后抢截球。

(4) 补位。无论是进攻还是防守的有效性，都是由整体力量所决定的，都需要全队队员的高度协作与配合。在任何队的防守体系中，队员们的相互补位是必不可少的。补位又分补空当和相互补位两种形式。

3．集体防守战术

(1) 人盯人防守。人盯人防守是一种除自由人以外，其他每个队员都有固定盯人对象的防守形式。自由人的主要任务是补位和指挥。

采用这种方法，要求队员有极强的个人作战能力，并能根据场上情况进行灵活、及时的补位，同时对队员的体能素质也有极高的要求。

(2) 区域盯人防守。每一防守队员占据一定的活动区域。当对手进入该防区时，对其实施严密盯人，控制其一切有效活动。

采用这种方法时，要特别注意各区域间交界处的防守任务的分工要明确。

(3) 混合防守。混合防守是人盯人防守和区域盯人防守两种形式合为一体的防守打法，是当今比赛中运用较为普遍的防守形式之一。混合防守运用时通常选择体力好、个人作战能力强的队员，以人盯人防守盯住对方的核心或威胁大的队员，限制其行动自由，其他队员多采用区域盯人防守。

(4) 全队防守。全队防守要求防守时发挥集体的力量，努力延缓对方进攻，尽力快速回防到位，注意保持防守层次，采用紧逼盯人，严密防守门前 30 m 范围内最危险的区域。

(5) 制造越位。制造越位是一种特殊形式的防守战术，防守队利用越位规则对进攻队员进行限制，故意造成进攻队员处于越位位置，使进攻队员越位犯规。

采用这种战术时防守队的几个队员必须十分默契，动作协调一致，听从一个队员(一般是自由人)的指挥，使用这种战术必须要谨慎。

四、定位球战术

定位球战术包括任意球、角球、掷界外球、球门球和中场开球战术等。下面仅介绍任意球、角球、掷界外球的攻守战术配合。

1．任意球战术

(1) 任意球进攻战术：此战术又分直接射门和配合射门两种。

直接射门：在罚球区附近获得直接任意球时，由脚法好的队员直接射门。

配合射门：配合射门的目的是避开人墙，创造射门机会。组织这种配合时应注意简捷，传球次数不能多；注意运用假动作迷惑对方，声东击西，避开"人墙"，争得射门机会；传切配合应力求巧妙、准确、及时。

(2) 任意球的防守战术。无论是直接任意球或间接任意球，前锋、前卫应迅速回防，组织"人墙"要快。若射门角度大，组"墙"人数要多；反之，组墙人数可少。一般"人墙"由二至六人组成，"人墙"可封堵距球门较近的一侧，守门员站在距球门较远的一侧，"人墙"要听从守门员的指挥，其他的防守队员应注意盯人与区域防守。一般情况下，头球好的防守者盯住对方空中争顶能力强的队员，中锋盯住对方插上的盯人中卫或拖后中卫，其他防守者分别盯人或站在墙的侧后起保护作用。一名速度快且运球突破能力强的队员站在中线附近准备反击。

2．角球战术

(1) 角球的进攻战术。在组织角球进攻中，队员应分别站位于球门区近角、罚球点和罚球区远角这三点所构成的进攻带上。角球进攻常用的方式有：内弧线球至近门柱和远门柱；外弧线球至近门柱和远门柱。

(2) 角球的防守战术。站位和盯人是角球防守中重要的环节之一。守门员应站在靠近远端立柱附近，一名防守队员站在近门柱附近，发球一侧的锋线防守队员应站在发球队员的前面，争盯能力强的队员盯住头球好的进攻队员，一名快而运球突破能力强的队员站在中线附近准备反击，其余队员根据本队战术思想分别选位和盯人。盯人时，应尽可能站在既能观察到对手和球，又能抢先于对手之前触球的位置上。

3．掷界外球战术

(1) 掷界外球进攻战术。掷界外球的进攻方式有：掷球者沿边线掷球，接球者运球或与同伴配合沉底传中；接球者长传转移或与同伴配合长传转移；发球者掷球于门前或禁区附近，创造直接威胁球门的进攻配合。

(2) 掷界外球防守战术。对方在前场掷界外球时除一至两名队员置于中场准备反击外，其余队员均应回防。掷界外球异侧的防守队员应适当向中路靠拢，以备为同伴提供保护和减小空当距离。对掷球队员附近的进攻队员和门前队员应紧盯，特别应防范对方掷向门前的进攻配合。

第四节　足球竞赛规则与裁判法简介

一、足球竞赛规则简介

1．场地与器材

(1) 场地。比赛场地为长方形，长 90～120 m，宽 45～90 m(正式比赛场地长 100～110 m，宽 64～75 m)。

(2) 球门。球门两门柱内侧相距 7.32 m，横梁下沿距地面 2.44 m，立柱与横梁的宽与直径均为 12 cm。

(3) 球。球的圆周为 68～71 cm，重为 396～453 g，充气后的压力为 0.6～1.1 atm。

(4) 角旗与中线旗。角旗插在场地四角边线与端线交接点外沿处，中线旗插在场地两侧正对中线外 1 m 处，角旗与中线旗的高度不应低于 1.5 m。

2．队员人数与比赛的时间

(1) 队员人数。每队上场人数不得多于 11 人，也不得少于 7 人，其中必须有一人为守门员。每场比赛可有 5 名替补队员，全场比赛可换 3 人，包括守门员与队员。

(2) 比赛时间。全场比赛为 90 min，分上、下两个半时，中间休息 5 min。

3．裁判员

每场比赛由一名裁判员和两名助理裁判员执行裁判任务，其主要职责是执行规则。

4．比赛开始、计胜方法及死球

(1) 比赛开始。开始前双方以投币的方式选择开球或场地。开球时双方站在本方半场内，裁判员鸣笛后，开球队员将球踢入对方半场，待球滚动一周后比赛方为开始。

(2) 计胜方法。凡球的整体从门柱间横梁下越过球门线，即为攻方胜一球，进球多者为胜。新规则规定，在 90 min 比赛后的延长期比赛中，先进球一方为最后胜队。

(3) 死球。凡球的整体越出边线或端线(包括球门线)，或裁判员鸣哨停止比赛时，比赛成死球。

5．越位

(1) 越位位置。队员较球更接近对方端线，该队员即处在越位位置。

(2) 判罚越位。裁判员认为处在越位位置的队员与其同队队员踢或触及球的一瞬间正在干扰比赛，干扰对方或企图从越位位置获得利益，应判罚越位。

(3) 不判罚越位。队员仅仅处在越位位置，直接接得球门球、角球、界外球时。

6．犯规与不当行为

(1) 队员违反下列九项之一者应判由对方在犯规地点踢罚直接任意球：踢或企图踢对方队员；绊摔对方队员；跳向对方队员；猛烈地或带有危险性地冲撞对方队员；除对方正在阻挡外，从背后冲撞对方队员；打或企图打对方队员，或向对方吐唾沫；拉扯对方队员；推对方队员；手触球。

(2) 队员犯有下列任何一项者，应判由对方在犯规地点踢罚间接任意球：裁判员认为其动作具有危险性；球不在控制范围而进行的所谓的"合理"冲撞；阻挡对方队员；冲撞守门员；守门员在本方罚球区内违例。

(3) 队员有下列情况时，应被警告：开始比赛后未经裁判员允许，擅自进场比赛或离场退出比赛；队员持续违反规则；用言语或行动对裁判员的判决表示不满意；有不正当行为。

(4) 队员有下列行为时，应被罚令出场：有恶劣行为或严重犯规；用污言秽语进行辱骂；经警告后仍坚持不正当行为。

7．任意球

任意球分直接任意球和间接任意球两种。直接任意球可以直接射门得分，间接任意球不能直接得分。一方踢任意球时，对方队员应至少距球 9.15 m。

8．罚球点球

罚球点球时，除主踢队员和对方守门员外，其他队员均应站在场内该罚球区和罚球弧外，对方守门员在球未踢出前，应站在球门线上，不得离开此线。主踢队员应将球向前踢出。

9．掷界外球

凡球的整体从地面与空中越出边线，应由最后触球的对方队员在球出界处掷界外球恢复比赛。如不按规定掷球应交由对方掷球。

10．球门球

攻方队员踢或触球使球的整体越出对方端线，由守方队员踢球门球恢复比赛，踢罚球门球须直接踢出罚球区。

11．角球

守方队员踢或触球，使球的整体越出本方端线，由攻方队员在球出界一侧的角球区踢罚角球恢复比赛。

二、裁判法简介

1．对角线裁判制

对角线裁判制的特点是裁判员活动范围大，跑动灵活，距球较近，观察方便(见图 9-8)。

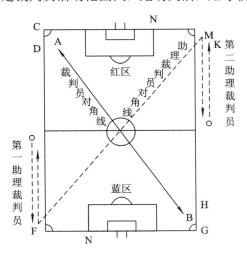

图 9-8 对角线裁判制示意图

2．裁判员鸣笛、手势和助理裁判员旗示

(1) 裁判员必须鸣笛的五种情况：比赛开始；比赛结束；胜一球；罚球点球；令比赛停止。

(2) 裁判员手势：直接任意球——单臂侧平举指示球的方向；间接任意球——单臂上举伸掌；球门球——单臂前平举指向球门区；角球——单臂斜上举指向角球区；继续比赛——两臂侧平举向前挥动。

(3) 助理裁判员旗示：越位——持旗手臂上举，裁判鸣笛后旗指越位地点；界外球——持旗手臂斜上举，指示发球方向；球门球——持旗手臂前平举指向球门区；角球——持旗手臂斜下举指向近端角球区；换人——双手持旗柄两端，上举于头上。

第十章　乒乓球运动理论与技术

第一节　乒乓球运动概述

一、乒乓球运动的起源

乒乓球运动起源于 19 世纪的英国，多雨的气候促使了乒乓球游戏的诞生。乒乓球拍派生于网球。自 1926 年 12 月在英国伦敦举办第一届世界乒乓球锦标赛后，向世界宣告了乒乓球进入世界竞技比赛的行列。

二、世界乒乓球运动的重大赛事

(一) 世界乒乓球锦标赛

每两年举办一届，比赛项目分单双年。偶数年举行男、女团体赛；奇数年举行男、女子单打，男、女子双打、男女混合双打五个单项比赛。截至 2008 年共举办了 49 届世界乒乓球锦标赛。中国四次包揽 7 项冠军。世界上称乒乓球为中国的国球。

(二) 世界杯乒乓球赛

1980 年 5 月，中国香港乒乓球会举办了第一届世界杯乒乓球比赛。此赛事每年举办一届，世界排名前 16 的选手参加比赛，比赛项目为男子单打，女子单打，男、女团体，男子双打和女子双打。

(三) 奥运会乒乓球比赛

1988 年，乒乓球运动列入第 24 届奥运会比赛项目，其为男单、男双、女单、女双四项。2008 年，第 29 届奥运会乒乓球比赛改为男团、男单、女团、女单四项。中国在第 26、27、29 届奥运会上三次包揽 4 块金牌。中国队在六届奥运会共 24 块金牌中，摘金 20 块，占金牌总数的 83.3%。

(四) 世界明星巡回赛

此赛事创始于 1996 年 12 月，首次比赛由中国乒乓球协会主办，中国天津承办第一届国际乒联职业巡回赛总决赛。从此每年一届，成为了国际乒坛的一项传统赛事。每届比赛设几个分站赛和总决赛。本赛事项目为男子单打和女子单打两项。

三、世界乒乓球锦标赛的发展史

推动世界乒乓球锦标赛历史发展的动力是改革与创新。其明显特征为变化，它包括两个方面：球拍更新换代、规则的改革补充。胶皮拍的使用，使乒乓球竞技运动进入旋转时代。海面拍的使用，使乒乓球竞技运动进入旋转与速度抗衡阶段，在日本诞生了中远台长抽进攻型打法。海面正胶拍的使用，使乒乓球竞技运动进入速度加旋转时代，中国造就了直拍近台快攻型打法。1959～1965 年的历届世锦赛上，中国队威名显赫。海面反胶拍将乒乓球竞技运动引入速度与旋转交织在一起的弧圈球阶段。

竞赛规则的改革与修订，引领着乒乓球运动在提高和普及两个方面大力发展。运动员的技术和使用的球拍必须符合竞赛规则的要求，方能在公平公正的竞赛环境中施展其才华，否则将受到规则的处罚。近年来三项重大规则变化：比赛用球由直径为 38 mm、重量为2.5 g 的小球改为直径为 40 mm、重量为 2.7 g 的大球，每局比赛由 21 分制改为 11 分制，身前无遮挡发球等。该举措使乒乓球比赛在强对抗的基础上增加了比赛回合，提高了观赏性，为更广泛地普及该项运动起到了积极的推动作用。

因此，变化促使乒乓球运动不断向前发展，相对不变则为乒乓球运动的新知识、新技能的普及与提高提供适度、稳定的发展环境。

第二节　乒乓球运动基本知识

一、乒乓球运动专用术语

1. 站位

运动员站立的位置叫站位。根据其与球台端线之间的距离，可划分为近台、中台、远台、中近台和中远台(见图 10-1)。

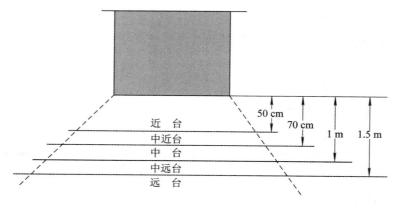

图 10-1　站位

2. 击球点

击球点主要包含三个方面的内容：

(1) 击球点相对身体的前后位置。

(2) 击球点相对身体的左右位置。

(3) 击球点相对身体的高低位置。

3. 击球时间

击球时间分为上升、高点、下降三个时期(见图 10-2)。

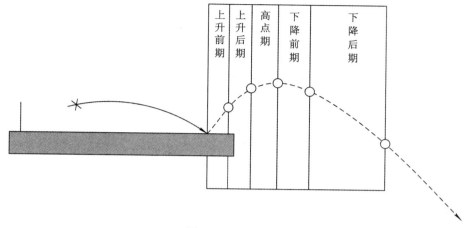

图 10-2 击球时间

(1) 上升期：来球从台面弹起到接近最高点这段过程称为"上升期"。上升期又可分为上升前期和上升后期。

(2) 高点期：弹起的球处于最高点或接近最高点这段过程称为"高点期"。

(3) 下降期：球从高点期回落至地面这段过程称为"下降期"。下降期又可分为下降前期和下降后期。

4. 击球部位

击球部位是指触球瞬间,球拍击在球体上的位置。按钟表一半的刻度划分为 7 个部分(见图 10-3)。上部：接近 12 点的部位；上中部：接近 1 点的部位；中上部：接近 2 点的部位；中部：接近 3 点的部位；中下部：接近 4 点的部位；下中部：接近 5 点的部位；下部：接近 6 点的部位。

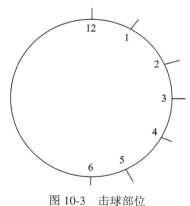

图 10-3 击球部位

5. 球触拍部位

球触拍部位是指击球瞬间,球体触及在球拍上面的位置。球拍的击球拍面可划分为左、右、上、下、中等部位(见图 10-4)。

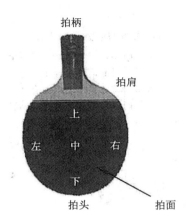

图 10-4　触拍部位

6. 拍形

拍形是指击球时拍面所处的角度和方向。

(1) 拍面角度：击球时拍面与水平面所形成的夹角称"拍面角度"。拍面角度大于 90°，称为"后仰"；拍面角度小于 90°，称为"前仰"(见图 10-5)。

(2) 拍面方向：击球时击球拍面所朝向的方位叫"拍面方向"。

(3) 拍面横度：拍柄与球台端线垂直时为 0°，球拍围前后轴不断向左转而增加其左横角度，当拍柄与球台端线平行时，为左横 90°；球拍围前后轴向右转至与球台端线平行时，为右横 90°(见图 10-6)。

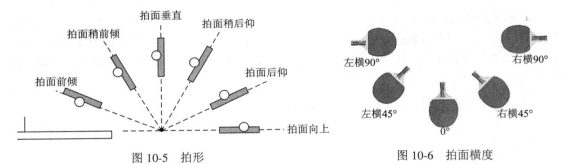

图 10-5　拍形

图 10-6　拍面横度

7. 击球距离

挥拍击球时，球拍的起始点到击球点之间的挥拍长度，称为"击球距离"(见图 10-7)。

击球距离的长短与击球时的引拍幅度、时机、方向、方法、节奏和击球用力等有密切关系。在击球时，应根据击球效果的不同要求，选择适宜的击球距离。

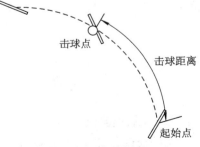

8. 击球基本结构

判断：包括判断来球的路线、旋转性质、旋转强弱、速度快慢以及落点的远近。

图 10-7　击球距离

移位：在教学和训练中，要特别强调移位的时机。即：看清对方击球拍触球瞬间拍面所朝的方向时迅速移位。

击球：击球是基本结构中的中心环节。它包括击球动作程序、击球点、击球距离、击球部位、触拍部位、用力方向、击球力量和动作幅度的可控性运用。① 击球动作程序：乒乓球的击球动作程序由引拍、挥拍、拍触球、随势挥拍和放松五个部分组成。② 击球的部位与用力方向：击球时，拍形决定击球部位，挥拍路径决定用力方向。

还原：每次击球后都必须迅速还原至准备姿势，做好连续击球的准备。

二、乒乓球场地与器材

1．球台的台面

球台的上层表面称为"台面"。台面长 274 cm，宽 152.5 cm，离地面高度 76 cm。

2．球网装置

球网装置包括球网、悬网绳、网柱及将它们固定在球台上的夹钳部分。球网高 15.25 cm，网柱外缘离开边线外缘的距离为 15.25 cm。

3．场地条件

赛区空间应不少于 14 m 长、7 m 宽、5 m 高。赛区应由 75 cm 高的同一深色的挡板围起，以与相邻的赛区及观众隔开。

4．球

(1) 比赛用球：球应为圆球体，直径为 40 mm，球重 2.7 g。球应用赛璐珞或类似的材料制成，呈白色、黄色或橙色，且无光泽。

(2) 选购球的方法：将同一价格不同品牌的球，进行轻微的转动，观察圆度，其后，用拇指按一按，检查硬度。此外，用手掂一下球的重量。圆度好、硬度强、分量重可优先选购。

5．球拍

(1) 球拍的大小，形状和重量不限，但底板应平整、坚硬，市场上 25 元以上的球拍基本上符合竞赛规则的要求。它适合大学生使用。

(2) 选购球拍的方法：将同一价格不同品牌的球拍，摆放在平面的柜台上，将球从一尺的高度降落在球拍上，球触拍反弹次数达六次以上者即可购买。

(3) 反胶海面球拍的养护法：球拍使用后，用一小块吸水的海绵轻擦拍面，去灰尘，保黏性。

第三节　乒乓球运动基本技术

一、基本站位

依据击球者的身高、技术风格、打法类型选择适度的站位。身材矮小者站近台位，身材高大者站中近台位，站在球台端线偏左 1/3 处。

二、准备姿势

两脚平行站立，略比肩宽，身体稍右(左)侧，面向球台。两膝微屈并内旋，前脚掌内侧着地，重心置于两脚之间。上体略前倾，含胸收腹，注视来球。执拍手和非执拍手均应自然弯曲置于体侧，执拍手臂放松以写字姿势握住球拍，使球拍置于腹前。

三、握拍方法

1．横拍握法

握拍方法：拇指在球拍的正面轻贴手中指旁边，食指自然伸直斜贴在球拍的背面，虎口压住球拍右上肩，中指、无名指辅助配合小指自然地握住拍柄，使拇指、食指和小拇指主要握拍点形成三角形，均称"八字式"握法(见图 10-8)。

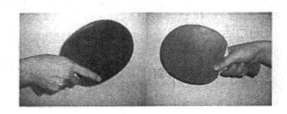

图 10-8　横拍握法

2．直拍握法

直拍握法大体上可分为三种：快攻、弧圈和削球，重点讲述进攻型打法。

直拍快攻的握拍方法：食指和拇指自然弯曲，拇指的第一指关节和食指的第二指关节分别压住球拍的两肩，食指与拇指间的距离要适中(一般以一指宽距离)；中指、无名指、小指自然弯曲斜形重叠，中指的第一指关节侧面顶在球拍背面约 1/3 处，使握拍点形成三角，(见图 10-9)。

图 10-9　直拍握法

3．直拍横打握法

其与直拍近台快攻握法相比，拇指往里握得深一点，食指移至球拍边缘处，握拍不要过紧，后面的三指略伸开些，这样有利于发力及控制拍形，如图 10-10 所示。

图 10-10　直拍横打握法

四、基本步法

1. 步法的基本因素与要求

打乒乓球时，步法要求基本有两条：一是判断准确、视神经反应灵敏迅速；二是步伐启动及时，脚步移动简单，实现击球的目标。

2. 步法的种类与动作要点

乒乓球步法种类有：单步、并步、跨步、跳步、垫步、侧身步、交叉步、小碎步等。

(1) 单步动作要点：以一只脚的前脚掌为轴，另一只脚向前、后、左、右的不同方向移动，当移动完成时身体重心也随之落到摆动脚上(见图 10-11)。

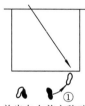 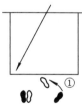 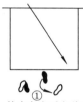 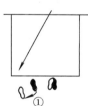

单步向右前方移动　　　单步向左前移动　　　单步向右后方移动　　　单步向左后方移动

图 10-11　单步

(2) 并步动作要点：先以来球异侧方向的脚用力蹬地向另一只脚移(或叫并)半步或一小步，另一只脚在并步落地后即向同方向移动(见图 10-12)。

(3) 跨步动作要点：来球方向异侧脚用力蹬地，另一只脚向来球方向侧跨一大步，而蹬地脚迅速跟着移动，击球后立即还原为准备姿势(见图 10-13)。

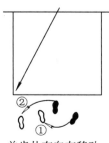 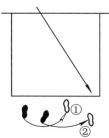 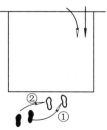 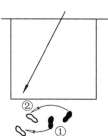

并步从右向左移动　　　并步从左向右移动　　　跨步正手打回头　　　跨步反手削突击球

图 10-12　并步　　　　　　　　　　　　　图 10-13　跨步

(4) 交叉步动作要点：交叉步应先以靠近来球方向的脚作为支撑脚，使远离来球的脚迅速向前、后、左、右不同的方向跨出一大步，支撑脚跟着前脚的移动方向再迈一步；在移动时膝关节始终保持弯曲，与来球方向同侧脚外旋、异侧腿内旋，腰、髋迅速转向来球方向，与挥拍击球同步进行(见图10-14)。

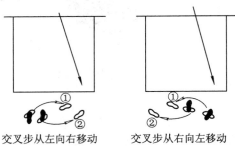

交叉步从左向右移动　　　交叉步从右向左移动

图 10-14　交叉步

(5) 侧身步：包括单步侧身、并步侧身、跳步侧身和交叉步侧身。

单步侧身动作要点：右脚向左侧跨一步，同时上体收腹侧转体，重心落在右脚上，如图10-15所示。快攻打法较多采用此法。

跳步侧身动作要点：基本上同正常的跳步动作要点，跳动中腰、髋向同侧腿方向转动(见图10-16)。它适用于正手发力攻球或发力拉、冲弧圈球。

交叉步侧身：适用于在来球离身体较远时，其移动的范围比跳步大，让位更充分，对于弧圈球选手的发力抢冲比较有利。基本上同正常的交叉步动作要点，在移动的同时要注意腰髋关节配合向右后方转动让位(见图10-17)。

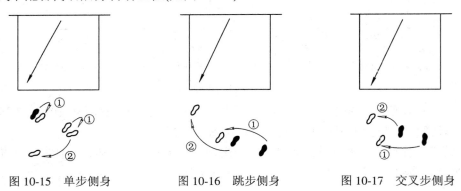

图 10-15　单步侧身　　　　图 10-16　跳步侧身　　　　图 10-17　交叉步侧身

五、发球技术

在乒乓球技术中，发球是唯一不受对方制约的技术。它具有极强的主动性，可以选择自己最合适的站位，按照自己的意图把球发到对方球台的任何位置。此处重点介绍发球的入门技术。

1. 平击发球

(1) 正手平击发球：站位近台中间偏左处，抛球同时向右侧上方引拍，上臂带动前臂向前平行挥动，拍形稍前倾，在球的下降期，小臂向前挥动击球的中上部，使球的第一落点在球台的中段附近(见图 10-18)。若前臂带动手腕弹击球的中上部，则发出奔球。

图 10-18 正手平击发球

(2) 反手平击发球：站位于球台中间偏左处，发球前，身体略向左转，含胸收腹，将球抛至身体左侧前方的同时，向左后方引拍。右臂外旋，拍形前倾，在球的下降期，小臂向前挥动击球的中上部，使球的第一落点在球台的中段区域(见图 10-19)。若前臂带动手腕弹击球的中上部，则发出奔球。

图 10-19 反手平击发球

2. 正手发转球与不转球

动作要点：站位时左脚在前，右脚在侧后，抛球的同时执拍手向后上方引拍。拍面后仰，手腕适当背伸，手臂放松，略转腰待发力。当球降至网高时，执拍手臂加速向前下方挥拍，发球后，挥拍手腕突然制动，以利还原。

发下旋球时，手腕在触球瞬间形成鞭打之力，用球拍的下半部去摩擦球的中下部，体会球拍擦击球的感觉，增加球的旋转度，如图 10-20 所示。

图 10-20 施拉格正手发转球与不转球

发不转球时，拍面后仰用球拍的下半部去轻碰球的中下部。

3. 正手发左侧上(下)旋球

动作要点：左脚在前，右脚在侧后，当球向上抛起的同时执拍手向右后上方引拍，身体向右转动，手腕背伸 90°，球拍稍后仰；当球下落时，手臂自右上方向左下方挥动，发挥动作的鞭打效应(见图 10-21)。

发左侧下旋球时，当手腕从背伸 90°向 180°屈腕的过程中(直拍选手拇指压拍)，使球拍从球的右侧中下部向左侧下部摩擦。发左侧旋球时，在手腕从背伸 180°向 270°方向屈腕的过程中(直拍选手食指压拍)，使球拍从球的右侧中部向左侧部摩擦。

发左侧上旋球时，在手腕从背伸 270°向 360°方向屈腕的过程中(直拍选手食指压拍)，球拍从球的右侧中下部向左侧上部方向擦击球。

顺势挥拍的动作幅度要小，以利还原。

图 10-21　正手发左侧上旋球

4．反手发右侧上(下)旋球

动作要点：右脚稍前，重心在右脚上，抛球的同时腰略向左转，向左后方引拍，拍面稍后仰，手臂放松，当球下落时转体带臂自左上方向右下方挥摆，增大手臂的鞭打效应，以便增强球的旋转(见图 10-22)。

发右侧上旋球，在前臂开始内旋时拍触球，使拍面从球的中下部向左侧上部摩擦。

发右侧下旋球，在前臂未内旋时拍触球，使拍面从球的左侧中下部向右侧摩擦。

图 10-22　反手发右侧上旋球

六、接发球技术

(1) 接发球的原则：逆者昌(逆着旋转接发球则昌)，顺者亡(顺着旋转接发球则死)。

(2) 接发球的方法：第一，逆旋转接发球，即拍形和用力方向均逆着旋转接发球；第二，顺旋转接发球，即拍形顺着旋转方向而击球用力则逆着旋转方向，或拍形逆，用力顺；第三，合理地把所掌握的熟练技术运用到接发球中，是化解接发球被动局面转为主动进攻场面的关键。

1．站位的选择

依据发球员的站位调整接球员的站位地点。

2．判断发球的旋转

判断发球旋转性质的依据和方法：

(1) 球拍从右向左挥动，或球拍擦击球的左侧(下蹲式发球)时，通常均可发出左侧上、下旋球和左侧旋球，或不转球和奔球。

(2) 球拍从左向右挥动，或球拍擦击球的右侧(下蹲式发球)时，通常均可发出右侧上、下旋球和右侧旋球，或不转球和奔球。

(3) 球拍从后上方向前下方挥动时，通常均可发出下旋球和不转球。当拍形后仰，球拍从球的后中下部向前方擦击球则为下旋球，当拍形后仰球碰拍则为不转球。

(4) 球拍从后下方向前上方挥动时，通常均可发出上旋球和奔球。

判断发球的方向、长短、速度和旋转强度。

(1) 判断方向：拍触球瞬间拍面所朝方向为发球的方向。

(2) 判断速度：通常发球动作幅度与鞭打效应成速度的正比关系，其快则快，反之则慢。

(3) 旋转强度：通常发球旋转强度与拍触球的擦击系数成正比关系，与撞击系数成反比关系。擦击成分多则旋转强，撞击成分多则球速快，球碰拍则不转，球速慢。

(4) 判断长短：通常落台点区域与发球的长短成正比关系。发球第一落点落在本方球台的端线附近区域则为长球；发球第一落点远离本方球台的端线区域则为短球。

3．接发球的方法

接发球的方法很多，它由点、拨、推、拉、搓、削、摆短、撇侧旋、挑、晃接、撇接、劈长、拧、反撕、台内抢拉、抢冲等多种综合性技术组成。接发球技术是各项基本技术的综合运用，只有比较全面地掌握各种接发球的方法，才能在比赛中减少被动，赢得主动。

七、搓球技术

搓球是近台还击下旋球的一种基本技术。它是初学者必须掌握的入门技术，常用于接发球或对搓中，可为进攻创造机会。搓球技术包括摆短、捅长、快搓、慢搓、晃撇、劈、拧、撕、砍等。

搓球动作要点：

(1) 正手搓球：击球前，在来球反弹瞬间，身体略向右转带动手臂向右上方引拍，前臂和手腕外旋使拍面稍后仰；击球时，在来球的下降前期，转体带动前臂向前下方挥拍，用球拍的下半部摩擦球的中下部；击球后，前臂随势前送、放松并迅速还原(见图10-23)。

图10-23 正手搓球

(2) 反手搓球：击球前，站位近台，左脚稍前，前臂内旋和手腕外展将球拍引至身体左上方，拍面后仰；击球时，在来球下降前期前臂加速向前下方挥拍，用球拍的下半部摩擦球的中下部；击球后，前臂随势前送放松并迅速还原(见图10-24)。

图10-24 反手搓球

八、推挡球技术

推挡球是我国直拍快攻打法的基本技术之一，包括平挡球、快推、加力推、推下旋、侧挤、减力挡等技术。推挡具有站位近、动作小、球速快、稳定性比较高等特点。它是直拍选手的常用技术。

1. 挡球

直拍挡球动作要点：击球前的动作同准备姿势，直拍反手位挡球时，食指用力，拇指放松(直拍正手位挡球时，拇指压拍)，使拍形成半横状，堵住来球路线，在来球的上升期借助来球之力将球挡回；击球后手臂放松，并迅速还原于准备姿势(见图10-25)。

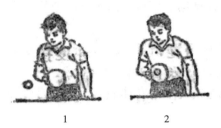

1　　　　2

图 10-25　直拍反手平挡球

横拍挡球动作要点：来球反弹瞬间手腕微屈挡球；其他同直拍(见图10-26)。

1　　　2　　　3　　　4

图 10-26　横拍反手平挡球

2. 快推球

动作要点：击球前，在做好准备姿势的基础上，手臂适当后撤引拍，前臂稍外旋，食指压拍，拇指放松，拍形稍前倾；击球时，在来球的上升期(来球距离身体适当)转体送臂，前臂迎球前伸，(来球离身体距离稍远)移步迎球送臂，中等发力击球的中上部；击球后，手臂快速制动与放松，并迅速还原成准备姿势(见图10-27)。

1　　　2　　　3　　　4

图 10-27　反手快推

3. 加力推

动作要点：击球前，在做好准备姿势的基础上，上臂后收，肘部适当弯曲，贴近身体，前臂提起，食指压拍，拇指放松，拍形前倾，引拍位置稍高于快推；击球时，蹬地转体带动送臂，在上升后期或高点期，加速向前下方推压击球中上部；击球后，手臂快速制动和放松，并迅速还原脚步成准备姿势(见图10-28)。该技术与步法移动相结合击球效果更好。

图 10-28　反手加力推

4．横拍反手快拨

动作要点：击球前，右肩稍沉，以肘关节为轴略屈并前顶，来球反弹时手腕内收，球拍向后下引动，拍面稍前倾；击球时，在上升期，前臂带动手腕向前上方拨击球的中上部；击球后，手臂快速制动并放松，迅速还原成准备姿势(见图10-29)。

图 10-29　反手快拨

九、攻球技术

攻球技术分为正手攻球、反手攻球和侧身攻球。其中又分为快攻、快点、快拉、快带、突击、扣杀、中远台攻球、杀高球、放高球、滑板球等各种技术。

1．正手快攻

动作要点：击球前，在来球反弹瞬间，转体带动手臂引拍至身体右侧方，右肩稍沉，重心移至右脚，拇指压拍，食指放松，拍形稍前倾呈半横状；击球时，转体带动前臂内旋向左前上方挥拍，在上升期击球的中上部，身体重心由右脚移至左脚；击球后，随势挥拍至前额，放松手臂，并迅速还原成准备姿势(见图10-30和图10-31)。

图 10-30　正手快攻

图 10-31　横拍正手快攻

2．正手快点

动作要点(见图 10-32)：击球前，站位靠近球台，右脚向右前方上步插入台下，重心在右前脚掌上，前臂伸向台内，手腕稍外展，手指调整拍形角度符合来球的旋转性质。

快点下旋球时，拍形垂直或稍后仰，在下降前期球拍触球的中部或中下部，以手腕发力为主，向前上方摩擦。击球后迅速还原脚步于准备姿势。

快点一般的上旋球时，拍形稍前倾，手腕多向前发力，撞击多于摩擦，在高点期球拍触球的中上部。击球后迅速还原脚步于准备姿势。

图 10-32　正手快点

3．正手扣杀

动作要点：根据对方来球的落点长短调整站位。击球前，左脚稍前，转动身体，带动手臂向体侧后方引拍(增大击球距离)，拍形前倾；击球时，转体带臂加速向左前下方挥拍，在来球的高点期击球的中上部；击球后，迅速调整脚间距和身体重心与放松手臂，还原于准备姿势(见图 10-33)。

图 10-33　正手扣杀

十、弧圈球技术

弧圈球技术可分为正手弧圈球技术和反手弧圈球技术。根据弧圈球技术的旋转特征可分为加转弧圈球、前冲弧圈球和侧旋弧圈球。

1．加转弧圈球

动作要点(见图 10-34)：正手拉加转弧圈球时，左脚在前，躯干转动带动手臂自然下垂向右后下方引拍，右肩下沉，团身紧重心低，并落在右脚上，拍面稍前倾。击球时，右脚蹬地转体带动手臂向前上方挥动，形成鞭打之力。在来球的下降前期擦击球的中部或中上部，在摩擦球的瞬间迅速收缩前臂减小挥拍半径，增速和加大摩擦力。击球后，身体向左上转动，随势挥拍至头部高度，重心移至左脚，并迅速还原成准备姿势。

图 10-34　正手拉加转弧圈球

2．前冲弧圈球

动作要点：以正手拉前冲弧圈球为例，击球前，左脚稍前，根据来球选择站位远近，转体带臂向右后方引拍，拍面前倾，重心移至右脚；击球时，蹬地转体带动手臂加速向前上方挥拍形成鞭打，在来球的上升后期或高点期摩擦球的中上部；随势挥拍后迅速调整身体重心还原于准备姿势。

十一、直拍横打技术

直拍横打技术包括拨、拉、打、带、挑、撕等。

下面只讲述直拍反面快拨技术。

动作要点：站位近台，两脚开立约比肩宽，击球前，左脚稍前，肘关节稍前顶，前臂外旋、手腕稍内屈，自然向左后上方引拍；击球时，拍形稍前倾，主要用拇指和中指发力向前方挥动，食指自然放松，在来球的上升期或高点期击球的中上部；击球后，手臂随势前送，迅速用小碎步还原成准备姿势(见图 10-35)。

图 3-35　直拍横打

十二、削球技术

正手削球动作要点：站位于离台 1 m 以外，击球前，当来球反弹后，身体略向右转带动前臂向右后上方引拍(约与肩高)，拍形后仰，重心下降移至右脚；击球时，转体带动前臂向左前下方挥拍，在来球的下降后期擦击球的中下部；击球后，身体重心移至左脚，随势挥拍前送的动作稍大，迅速用小跳步调整身体重心，还原于准备姿势(见图 10-36)。

图 10-36　正手削球

反手削球动作要点：击球前，当来球反弹后，身体略向左转，手臂自然弯曲向左后上方引拍(约与肩高)，拍形后仰，重心在左脚上；击球时，转体带动手臂向右前下方挥拍，在来球的下降期擦击球的中下部；击球后，身体重心移至右脚，手臂继续向右前下方随势挥动，迅速用小跳步调整身体重心，还原于准备姿势(见图 10-37)。

图 10-37　反手削球

第四节　乒乓球运动基本战术

乒乓球的基本战术方法适用于各种打法类型的运动员。不同类型及打法在具体的运用战术过程中，使用的技术手段有所不同。

1. 发球的战略思路——知己知彼，灵活多变，赢得主动

(1) 发球的目的性：发球后具备抢攻思路。

(2) 发球的试探性：发现对手接球的弱点。

(3) 发球的变化性：导致对手判断错误。

① 发球的落点变化：相同旋转落点必变；

② 发球的旋转变化：同一落点旋转必变；

③ 发球的速度变化：相似技法速度多变；

④ 发球的节奏变化：连续发球节奏有变；

(4) 发球的严密精准性：知己知彼方百战不殆。

(5) 发球技术的组合性：多种发球技能整合成一套熟练的发球技术，诱敌取胜。

(6) 发球还原的变化性：知彼则改变还原方法，利于抢攻。

2．发球抢攻的战略思路——智为先，勇为后，智勇双全方可胜

(1) 克敌制胜法：接发球出现扣杀机会时，抢攻直接得分。

(2) 克敌致残法：接发球出现抢攻机会时，抢冲或突击空当，第五板扣杀直接得分。

(3) 克敌制伤法：接发球出现抢拉、快攻机会时，抢攻追身，连续进攻得分。

(4) 克敌制惊法：接发球出现进攻机会时，积极上手，主动相持，伺机得分。

(5) 克敌制限法：接发球未出现进攻机会时，回球限制对方上手，创造主动相持的局面。

(6) 克敌拼搏法：赛点、局点和关键分，敢于拼搏，以奇制胜。

3．相持战术

(1) 压制反手，结合变线，伺机抢攻战术，即左推右攻的战法。

(2) 加、减力推压中路，攻两角，伺机抢攻战术。

(3) 打回头球的战术则是有预谋的后发制人，由被动转为主动。

4．搓攻战术

搓攻战术是进攻型选手的一项辅助战术，主要是利用搓球的旋转和落点变化来控制对方，为进攻创造条件。这种战术为普通大学生常用战术。

第五节　乒乓球运动的主要竞赛规则

(一) 规则主要条款

现行乒乓球规则为国际乒乓球联合会(ITFF)所颁布的，主要内容包括：比赛定义，合法发球，合法还击，比赛次序，重发球，1 分，一局比赛，一场比赛，发球、接发球和方位的次序，发球、接发球次序和方位的错误，轮换发球法等。

乒乓球比赛的项目一般包括团体比赛(男子团体、女子团体)和单项比赛(男子单打、女子单打、男子双打、女子双打和混合双打)。

(二) 常用规则

1．定义

(1) 回合：球处于比赛状态的一段时间。

(2) 球处于比赛状态：发球时，球被有意向上抛起前，静止在不执拍手掌上的一瞬间。到该回合被判得分或重发球。

(3) 击球：用握在手中的球拍或执拍手手腕以下部分触球。

2. 合法发球

(1) 发球时，球应放在不执拍手的手掌上，手掌张开和伸平。球应是静止的，球几乎垂直地向上抛起，不得使球旋转，抛球高度 16 cm。当球下降时，发球员方可击球。在双打中，球应先后触及发球员和接发球员的右半区。从抛球前球静止的最后一瞬间到击球时，球和球拍应在比赛台面的水平面之上。运动员发球时，有责任让裁判员或副裁判员看清他是否按照合法发球的规定发球。

3. 合法还击

对方发球或还击后，本方运动员必须击球，使球直接越过或绕过球网装置，或触及球网装置后，再触及对方台区。

4. 重发球

(1) 如果发球员发出的球在越过或绕过球网装置时，触及球网装置，此后成为合法发球或被接发球员或其同伴阻挡。

(2) 如果接发球员或同伴未准备好时，球已发出，而且接发球员或其同伴均没有企图击球。

(3) 由于发生了运动员无法控制的干扰，而使运动员未能合法发球、合法还击或遵守规则。

(4) 裁判员或副裁判员暂停比赛。

(5) 在双打时，运动员错发、错接。

5. 1 分

对方运动员未能合法发球；运动员在发球或还击后，对方运动员在击球前，球触及了除球网装置以外的任何东西；对方击球后，该球越过本方端线而没有触及本方台区；对方阻挡；对方连击；对方用不符合规则要求的拍面击球；对方运动员或他穿戴的任何东西使球台移动；对方运动员或他穿戴的任何东西触及球网装置；对方运动员不执拍手触及比赛台面；双打时，对方运动员击球次序错误等。

第十一章 羽毛球运动理论与技术

第一节 羽毛球运动概述

一、羽毛球运动的传播与发展

据有关资料记载，现代羽毛球运动起源于英国，由印度的"浦那游戏"逐步演变而成。1877 年，第一本羽毛球比赛规则在英国出版。1893 年，英国成立了第一个羽毛球协会。1899 年，该协会举办了第一届"全英羽毛球锦标赛"，此后每年举办一次，延续至今。

羽毛球运动从大不列颠诸岛流传到斯堪的纳维亚和英联邦各国，20 世纪初流传到亚洲、美洲、大洋洲，最后传到非洲。随着这项运动在世界上开展国家的越来越多，1934 年成立了国际羽毛球联合会，总部设在伦敦。1939 年，国际羽毛球联合会通过了各会员国共同遵守的《羽毛球竞赛规则》。

从 20 世纪 20 年代到 40 年代期间，欧美国家的羽毛球运动发展很快，特别是英国和丹麦，历届重大国际比赛的桂冠几乎都被他们所垄断，其次是美国和加拿大也具有相当高的水平。1948 年至 1949 年举办了首届世界男子羽毛球团体赛(汤姆斯杯赛)，马来西亚队击败了美国队、英国队和丹麦队等强队荣登榜首，从此开始了亚洲国家称雄国际羽坛的时代。

20 世纪 50 年代亚洲羽毛球运动发展较快，马来西亚涌现出不少优秀选手，蝉联了 1951 年和 1955 年的两届汤姆斯杯赛冠军，同时在全英锦标赛中再获男子单、双打冠军。

20 世纪 50 年代末，印度尼西亚羽毛球队开始崛起，他们在学习欧洲选手技术和打法的基础上有所创新，加快了比赛的速度和落点的控制，使羽毛球技术水平提高到一个新的阶段，在第四届汤姆斯杯赛中一举击败马来西亚队而夺得冠军。在 20 世纪 60 年代和 70 年代，印尼队的技术水平在国际羽坛上(除中国以外)一直处于遥遥领先的地位，从第 4 届到第 11 届的汤姆斯杯赛，除第 7 届被马来西亚获得外，其余全被印尼队所囊括，并且几乎垄断了在此期间举行的全英锦标赛的男子单、双打的冠军。

女子方面，20 世纪 50 年代中期至 60 年代初，美国队占据世界优势，连续三届获得女子团体赛(尤伯杯赛)的冠军，20 世纪 60 年代后期至 70 年代，世界羽坛的优势转向日本队。

1981 年 5 月，国际羽联重新恢复了中国在国际羽联的合法席位，从此揭开国际羽坛历史上新的一页，进入了中国羽毛球选手称雄国际羽坛的辉煌时期。

在 1988 年汉城奥运会上，羽毛球被列为表演项目，1992 年巴塞罗那奥运会上被列为正式比赛项目，从此羽毛球运动进入了一个新的发展时期。

二、我国羽毛球运动发展史

(一) 五十年代起步

新中国成立前，沿海少数城市虽有羽毛球活动和小型比赛，但范围小、水平低。1956年在天津举行了第 1 次全国羽毛球赛，参加的有 11 个城市，运动员男 49 人、女 29 人。以王文教、陈福寿为代表的华侨羽毛球好手归国，给我国羽毛球运动带来了当时世界上的先进技、战术。第一届全运会羽毛球即列入正式比赛项目，共有 21 个省市、自治区参加了比赛。

(二) 六七十年代世界羽坛的 "无冕之王"

第一届全运会后，汤仙虎、侯加昌、陈玉娘等优秀羽毛球青年选手相继回国。 1964 年在北京召开了全国第 1 次羽毛球训练工作会议，明确提出了我国羽毛球运动"快、狠、准、活"的技术风格和"以我为主、以快为主、以攻为主"的发展方向。

1965 年，中国羽毛球球队出访欧洲羽毛球王国丹麦和羽毛球强国瑞典，中国运动员以其先进的技术、快速的打法和灵活多变的战术取得 34 场比赛全胜的辉煌战绩。此时，因为国际羽联长期错误地接受中国台湾羽毛球组织为一个国家组织，使中国羽毛球队没有参加"汤姆斯杯"等世界羽毛球比赛，但是，亚洲和欧洲的世界冠军都败在中国羽毛球运动员的拍下。在此情况下，欧洲报纸舆论评论中国羽毛球队是世界羽坛的"无冕之王"。

(三) 八十年代独领风骚

1981 年 7 月，在美国圣克拉拉举行的第一届世界运动会羽毛球比赛的五个项目中，中国运动员一举夺得男、女子单、双打共 4 枚金牌，这是我国羽毛球运动员首次在世界性羽毛球比赛中亮相。在 1982 年中国运动员首次参加"汤姆斯杯"赛，即从印尼队的手中夺得世界羽毛球男子团体冠军。1984 年，中国女子羽毛球队把世界女子羽毛球团体赛的奖杯"尤伯杯"又捧在怀中。1986 年，中国的男、女羽毛球队在印尼首都雅加达把"汤姆斯杯"和"尤伯杯"双双举起。1987 年，在中国北京举行的第 5 届世界羽毛球锦标赛的 5 个单项比赛中，中国羽毛球运动员囊括了全部冠军。至此，中国羽毛球队创造了一个国家同时获得并保持了世界羽毛球比赛男、女团体赛和 5 个单项个人赛的全部 7 项冠军这一国际羽坛史无前例的纪录。

(四) 九十年代后期再度辉煌

1996 年亚特兰大奥运会女子双打葛菲、顾俊摘取了金牌，董炯也取得了男子单打银牌的好成绩。1998 年，中国女子羽毛球队夺回"尤伯杯"，而在代表男女羽毛球整体实力的"苏迪曼杯"比赛中实现了 1995 年、1997 年、1999 年三连冠，2000 年中国女子羽毛球队蝉联"尤伯杯"冠军，男子队获得亚军。

三、世界重大羽毛球赛事

(一) "汤姆斯杯"赛 ——世界男子羽毛球团体锦标赛

"汤姆斯杯"是由英国著名羽毛球选手乔治·汤姆斯先生捐赠的。从 1903 年至 1928

近 30 年的时间里，汤姆斯先生曾先后多次在全英羽毛球比赛中获得男子单、双打及混合双打比赛的"三栖"冠军。退役后参加国际羽毛球联合会工作，任国际羽联第一副主席。他在 1939 年召开的国际羽联理事会上提出了一项推动羽毛球运动在全世界范围内广泛开展的建议，即设立世界男子羽毛球团体比赛，并表示愿意为此项比赛捐赠一座金杯，他的这一建议立即得到了国际羽联的赞同。但是由于第二次世界大战的原因，汤姆斯先生的这一良好愿望延迟了 10 年才得以实现。1948 年，国际羽联成功地在英国的普雷斯顿举办了首届代表世界男子最高水平的"汤姆斯杯"男子团体锦标赛，马来西亚队获得冠军。

汤姆斯杯高 28 英寸，用白金铸成，耗资巨大，底部刻有"汤姆斯"字样。汤姆斯杯是流动杯，每次比赛的冠军队将汤姆斯杯带回本国，保留至下届"汤姆斯杯"比赛开始。故该比赛又称为"国际羽毛球挑战杯赛"。

迄今为止，"汤姆斯杯"赛共举行了 20 届。其中 1982 年以前每三年举行一届，比赛采用九场五胜制，1982 年以后每两年(双数年)举办一届。在"汤姆斯杯"比赛的荣誉榜上，印度尼西亚队获得 11 届冠军，马来西亚队获得 5 届冠军，中国队获得 4 届冠军。

(二)"尤伯杯"赛——世界女子羽毛球团体锦标赛

"尤伯杯"是英国 20 世纪 30 年代著名女子羽毛球选手尤伯夫人捐赠的。她在 1930 年至 1949 年间曾多次夺得全英羽毛球锦标赛的女子单打、女子双打和混合双打比赛的冠军。她退役后仍对羽毛球运动情有独钟，自愿捐赠银杯一座，以推动世界羽毛球运动的发展。1956 年，国际羽联正式将世界女子羽毛球团体锦标赛命名为"尤伯杯"赛。同年在英国的兰开夏利瑟姆、圣安民举办了第一届比赛，美国队获得冠军。

"尤伯杯"赛制同"汤姆斯杯"赛一样，在 1982 年以前是每三年举行一届，比赛采用七场四胜制，自 1984 年开始改为每两年(双数年)举行一届，采用五场三胜制。迄今为止，"尤伯杯"赛共举办了 17 届。其中美国队获 3 届冠军，印度尼西亚队获 3 届冠军，日本队获 5 届冠军，中国队获 6 届冠军。

(三)"苏迪曼杯"赛——世界羽毛球混合团体锦标赛

印度尼西亚是著名的世界"羽毛球王国"。"苏迪曼杯"是该国羽毛球协会代表本国人民向国际羽毛球联合会捐赠的一座奖杯，也是为了纪念印度尼西亚前羽毛球著名选手、印尼羽毛球协会首任主席苏迪曼先生而铸造的。该杯的杯身由纯银铸成，外表镶有纯金，杯高 80 cm、宽 50 cm、重 12 kg，造价为 15000 美元，是一座极为珍贵的奖杯。

其他还有如世界羽毛球锦标赛、全英羽毛球锦标赛、奥运会羽毛球比赛、世界羽毛球系列大奖赛等国际羽毛球赛事也较具影响力。

第二节 羽毛球运动特点

一、全身运动项目

据统计，大强度羽毛球运动者的心率可达到每分钟 160～180 次，中强度可达每分钟

140～150 次，低强度可达每分钟 100～130 次。长期进行羽毛球锻炼，可使心跳强而有力，肺活量加大，耐久力提高。此外，羽毛球运动要求练习者在短时间内对球路作出判断并进行反击，因此，它能提高人体神经系统的灵敏性和协调性。

二、可调节运动量

羽毛球运动适合于男女老少，运动量可根据各人年龄、体质、运动水平和场地环境的特点而定。青少年可将羽毛球运动作为促进生长发育、提高身体机能的有效手段进行锻炼，运动量宜为中强度，活动时间以 40～50 min 为宜；老年人和体弱者可作为保健康复的方法进行锻炼，运动量宜为小强度，活动时间以 20～30 min 为宜，达到出出汗、弯弯腰、舒展关节的目的，从而增强心血管和神经系统的功能，预防和治疗老年心血管和神经系统方面的疾病；儿童可作为活动性游戏方法来进行锻炼，让他们在阳光下奔跑跳跃，并要求他们能击到球，培养他们不畏困难、不怕吃苦、不甘落后的品质。

三、不受场地限制

羽毛球运动受到人们普遍欢迎的原因之一是它不受任何场地限制，平时进行羽毛球活动只要有平整的空地就可以了。脑力工作者和职业劳动者利用工间操、上下班前后的时间在空地上开展羽毛球活动，能够减轻疲劳，提高工作效率。

第三节　羽毛球运动裁判法与场地

一、简单裁判法

挑边：在比赛之前采用挑边的方法(抛硬币)来决定发球方和场区。挑边赢者将优先选择是发球或接发球，还是在一个半场区或另一个半场区比赛。输者在余下的一项中选择。

计分方法：2006 年 5 月在日本东京举行的年度代表大会上，羽毛球世界联合会正式决定实行 21 分新赛制，成为今后所有羽毛球国际大赛的通用赛制。同时，在日本东京举行的汤姆斯杯和尤伯杯赛上率先试行。21 分的赛制对于提高运动员的积极性、减少运动员受伤以及电视转播等方面较 15 分制有更大的优势。

世界羽联 21 分制实行每球得分制，所有单项的每局获胜分皆为 21 分，最高不超过 30 分。每场比赛采取三局两胜制，先到 21 分的一方赢得当局比赛。如果双方比分为 20：20 时，获胜一方需超过对手 2 分才算取胜；直至双方比分打成 29：29 时，那么先到第 30 分的一方获胜。首局获胜一方在接下来的一局比赛中先发球。

站位方式：

(1) 单打：当发球员得分数为 0 或偶数时，双方运动员均在各自的右发球区发球或接发球；当发球方的分数为奇数时，双方运动员均在各自的左发球区发球或接发球。

(2) 双打：比赛中，当比分为 0 或偶数时，球由右发球区对角发向对方场地的右接发球区；当比分为奇数时，球由左发球区对角发向对方场地的左接发球区。比赛中，当一方连续得分时，发球员必须在右或左发球区交替发球，而接发球方队员的位置不变。其他情况下，选手应站在上一回合的各自发球区，以此保证发球员的交替。

双打比赛全程，皆为单发球权，即每次一方只有一次发球权。发球方失误不仅丢失发球权也将丢失 1 分，如果这时得发球权的一方得分为奇数，则必须是位于左发球区的选手发球，如果此时得发球权的一方得分为偶数时，则必须是位于右发球区的选手发球。

双打比赛只有接发球队员才能接发球，若其同伴接发球或被球触及则"违例"，判发球方得分，当发球被回击后，球可由二人中任一人击回，不得连击，如此往返直至死球。 双打比赛发球时，发球队员和接发球队员必须站在规定的发球区和接发球区内发球和接发球，他们的同伴站位可以不受限制，但不得妨碍对方。运动员发球和接发球顺序有误时，已得比分有效，但要纠正方位或顺序。

赛中间歇方式：每场比赛均采用三局两胜制。当任一方在比赛中得到 11 分后，比赛将间歇 1 min；两局比赛之间的间歇时间为 2 min。

比赛中常见的违例：

(1) 过手违例——发球时，在击球的瞬间，发球员的拍杆应指向下方，否则，将判违例。

(2) 过腰违例——发球时，在击球的瞬间，整个球应低于发球员的腰部，否则，将判违例。

(3) 挥拍有停顿——发球开始后，挥拍动作不连贯，将判违例。

(4) 脚移动、触线或不在发球区内——自发球开始至发球结束，发球员或接发球员的两脚都必须有一部分与球场地面接触，不得移动，且都必须站在斜对面的发球区内，脚不得触及发球区或接发球区的界线，否则，将判违例。

(5) 最初击球点不在球托上或发球时未能击中球，将判违例。最初击球点不在球托上是指发球时，球拍先触及羽毛或同时击中羽毛和球托。

(6) 发球时，球没有落在规定的接发球区内，将判违例。如发出的球没有落于对角的场区内或不过网，或挂在网上、停在网顶等。

(7) 球从网下或网孔穿过或触及天花板或触及运动员的身体或衣服，将判违例。

(8) 球触及球场或其他物体或人，将判违例。

(9) 击球点超过网的向上延伸面，即在对方场区上空击球，将判违例。

(10) 运动员的球拍从网上、网下侵入对方场区导致妨碍对方或分散对方注意力或妨碍对方、阻挡对方靠近球网的合法击球，将判违例。

(11) 同一运动员连续两次挥拍击中球，或双打的同方两名队员连续各击中球一次，将判违例。

(12) 球停在球拍上，紧接着被拖带抛出，将判违例。

(13) 运动员严重违反或屡次违反比赛的连续性的规定或运动员行为不端，将判违例。如擅自离开比赛场地喝水、擦汗、换球拍、接受场外指导等，或故意改变球形，或破坏羽毛球，或举止无礼等。

重发球：重发球时，原回合无效，由原发球员重新发球。除发球外，球过网后，挂在网上或停在网顶，判重发球。发球时，发球员和接发球员同时被判违例，将重发球。发球员在接发球员未做好准备时，将球发出，判重发球。球在飞行时，球托与球的其他部分完全分离，判重发球。裁判员对该回合不能做出判决时，将判重发球。出现意外情况，判重发球。

交换场区：第一局比赛结束时，双方应交换场地。若局数为 1：1 时，在第三局比赛开始前，双方应交换场地。在第三局比赛中，领先一方比分达到 11 分时，双方应交换场地。若应交换场地而未交换时，则一旦发现就应立即交换，已得分数有效。

参赛人数方面，国际奥委会对奥运会羽毛球项目参赛选手名额有严格限制，参赛总人数限定在 172 人之内。每个项目根据世界排名，选出前 38 名单打运动员、16 对双打选手和 16 对混合双打选手直接参加奥运会。但每个项目中至少必须包括有五大洲的各 1 名选手或 1 对选手。这些运动员必须是该洲世界排名最前面的运动员。如果在世界排名中仍没有某洲的选手，则以在积分期间的最近一次该洲锦标赛中的冠军选手出席。

东道国应有不少于 2 名运动员参加比赛。每个国家或地区在 1 个项目中最多只能有 3 个席位，多出的席位依次让给排名列后的国家和地区的选手。

二、场地和球拍

图 11-1(a)所示为羽毛球的标准场地，以宽 4 cm 的线，划分出比赛场地(比如发球区)。边线边网高为 155 cm，场地中的网高因自然下垂原因也不能低于 152.4 cm，网宽 76 cm。羽毛球分人造合成和天然的两种，其质量在 4.73～5.50 g 之间。天然羽毛球的篓部由 16 根鸭或鹅毛组成，用皮制和塑料扎牢且固定在一个软球托上；塑料羽毛球由一个人造合成物制成。比赛用球一定要拥有一个软木制球托。

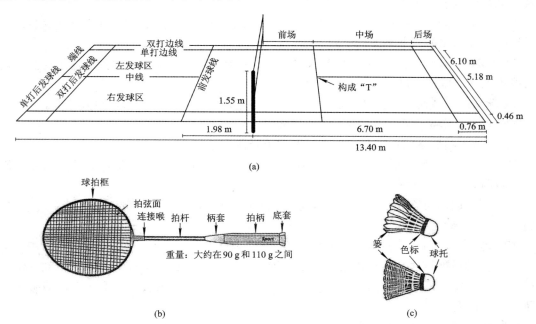

(a)

(b)   (c)

图 11-1 羽毛球场地和球拍

人们用三种色标来区别球：红色＝快球(重球——适合室外)；蓝色＝中等球(中等重量——用于凉爽宽大的室内场地)；绿色＝慢球(轻球——用于温暖较小的室内场地)。

图 11-1(b)所示为羽毛球球拍。球拍总长不超过 68 cm，宽为 23 cm。一个好的球拍，用于连接拍头和拍杆的 T 型区(边接喉)并不明显。所谓连体的球拍，就是拍头与球拍柄浑然一体，高档的连体羽毛球球拍上的 T 型区(连接喉)是包括在拍框中的，以此来支持剧烈的球拍旋转。制造球拍的重要材料是石墨、碳和其他合成材料以及铝和钢(在球拍前部)。

第四节　羽毛球运动基本技术

一、握拍法

(一) 基础握拍法

基础握拍法如图 11-2 所示，紧紧抓牢，指根轻贴拍柄(②)，拇指位于拍柄一侧(①)，其他手指从另一侧环绕拍柄，中指指甲在拇指下，食指在拇指上面(①)，拍子尾部正抵在鱼际处(①、②)，整个手保持握手的手形，要注意拍杆和前臂要一直保持 130°～140° 角状态。

注意事项：拍头是作为手臂的延长，注意击球手臂和拍面要保持垂直(见图 11-2 中的③、④)。

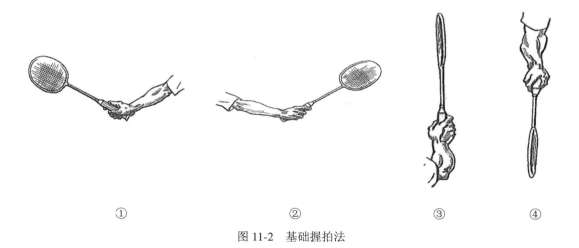

①　　　　　　　　②　　　　　　　　③　　　　　　　　④

图 11-2　基础握拍法

(二) 反手握拍法(拇指握拍法)

反手握拍法如图 11-3 所示，以一般握拍法轻握球拍，将胳膊翻转，手中球拍随手指尽量向右转，直到大拇指转到拍柄另一侧为止(②、③)，前臂和拍杆此时应时刻保持 120°～130° 角的状况(⑤)，最重要的是手腕能随手背灵活转动。反手握拍法又叫做拇指握拍法，主要应用于反手扑球、反手防守和反手平抽球。

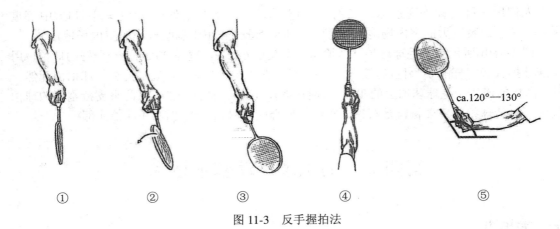

图 11-3　反手握拍法

(三) 力量型握拍法(锤式握拍法)

这种握拍方式(见图 11-4)要握紧拍子，如同用锤子要往木板钉钉子一样(①、②)，所有手指并在一起，食指指尖位于拇指下面并与之相接触(②)，球拍头的表面在这种握拍法中是击球者手臂的延伸，伸开的手臂与拍头成垂直状态(③)，前臂和拍柄大约成 90°角(④)。力量型握拍法对付大力来球很有效，击球前一定要握紧球拍，注意前臂肌肉极易扭伤。

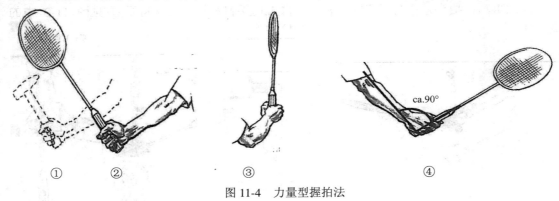

图 11-4　力量型握拍法

(四) 钳式握拍法

通过名字就可以看出握拍手法就像钳子一样，如图 11-5 所示。

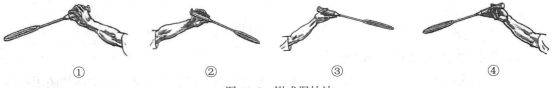

图 11-5　钳式握拍法

反手：食指、中指、无名指和小拇指并拢在球拍柄上侧(①)，击球者可以转动手腕，使拍头拍弦面处于水平状态(与地面平等)(①)，拍头略微不沉，大拇指处于拍柄下侧接触面(②)，为了提高击球远度，以握拍柄时间长一些。

正手：拇指不同于其他手指处于另一侧，无论怎样手指都紧密地排列于狭窄的拍柄上

(③、④)，拍头略微下沉。

应用：反手放网、反手搓球、反手发球(第一阶段)、正手放网、正手搓球。

二、击球方法

(一) 内旋击球(正旋击球)

内旋击球即前臂向内侧转动击球，如图 11-6 所示。

① ② ③ ④

图 11-6 正旋击球

在正手范围内，内旋击球很具杀伤力。方法：通过上肢和髋部的转动带动肘关节向前，肘关节正对球网，同时前臂要转动(重心后仰)(①)，手心冲脸，手臂拉伸，向前旋转(内旋)直至手背冲脸(②、③、④)，球拍和前臂成直角(④)，手腕在击球过程中随手背弯曲。

(二) 外旋击球

外旋击球即前臂外旋(反方击球)击球，如图 11-7 所示。

① ② ⑤ ④ ③

图 11-7 外旋击球

反手范围内外旋击球很具杀伤力。图 11-7 中①、②所示为反手、高手外旋击球，①为前视图，②为侧视图。方法：首先提高肘关节，直至最高，拍头指向地面，前臂首先内旋，不要停顿，肘部伸直，前臂反向外旋(①)，在整个过程中(先内旋再外旋)手腕随手背弯曲，在击球和停止阶段肩并不转动(②)。图 11-7 中③、④、⑤为低手外旋击球。

备注：在大力击球时内、外旋手臂混合使用是很重要的，在反手击球时外旋前有一个先向内旋，需要预先准备肌肉，增大加速过程。

三、发球技术

(一) 发高球

发高球动作如图 11-8 所示。

图 11-8　发高球

击球准备：架起肩膀，出脚，前脚冲向击球方向，后脚向右侧边线转去，身体重心在后脚上，拍头与头同高或略高，击球胳膊弯曲，拇指与食指轻托球座，拍头向后带，指向后场(①、②、③)。

击球过程：向右前方掷球(③)，胳膊从体侧向前用力挥出(④)，同时手臂展开，向前转髋，重心移至前脚，前臂外旋，手腕随手背弯曲(⑤)，在击球前瞬间用力挥臂，手臂有力内旋，展腕(⑥、⑦)，右肩向左带(⑦)，在身体右侧与髋同高位置击球，注意发球规则，前臂继续转动，肘部弯曲，拍子仍向左肩方向挥(⑧)，双脚着地。

(二) 正手发短球

正手发短球动作如图 11-9 所示。

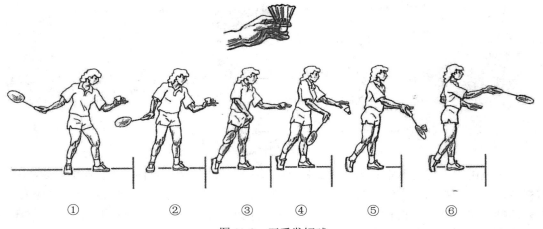

图 11-9　正手发短球

击球准备：端肩，出脚，后脚向右撇(①)，重心在后脚，拍头与肩高，手臂弯曲，拇指和食指捏住球体(①)。

击球过程：上臂紧贴上肢，前摆(②、③、④)，前臂轻外旋，重心移动前脚，转髋，将球往右前方击出，前臂内旋，位于体前与髋关节持平，手臂略微变曲(④、⑤)，将球上挑过网，拍子继续上举，双足触地(⑥)。

(三) 反手发短球

反手发短球动作如图 11-10 所示。

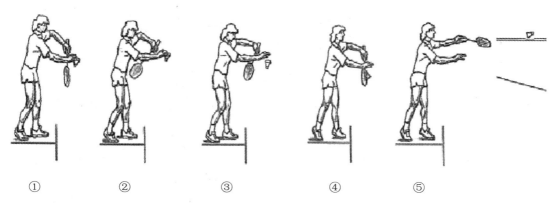

①　　　　②　　　　③　　　　④　　　　⑤

图 11-10　反手发短球

击球准备：右脚在前，身体重心在前脚上，拍子在体前略向后倾斜(①)，握拍手臂肘部举起，反手握拍，拇指、食指轻拈球边篓部，球在体前(①)。

击球过程：轻轻地体前挥动(②)，短的、具有摆动性质地挥拍(③、④)，球刚一下落迅速击出(③)，球在体前触拍(④)，球于略高过球网位置飞过(⑤)，拍子向球网方向扬起，迅速做好接回球准备。

四、网前球技术

(一) 正手放网前球(长线)(举起)

正手放网前球动作如图 11-11 所示。

①　　②　　③　　　④　　　⑤　　　⑥　　　⑦

图 11-11　正手放网前球

预先准备：凑近网前，后腿在前，上肢直立，采用钳式握拍法(①)。在跑动中做好击球准备，右臂逐渐抬高于肩，身体右倾，转动前臂至正手状态使拍面与地面平行(②)，掌心向上，拍头指球网边。

击球过程：球在下降过程中，拍头下沉，紧接着迅速抬平，轻轻将球击出(③、⑤)，手腕要高于拍头。

击球瞬间：稍微伸直前臂，击球的右前方(⑤)，击球时机要早，越高越好，在上肢带动下身体向前运动，带动前腿膝盖弯曲(⑥、⑦)，右脚的足迹以及跟上的后脚最后都在中心位置。

备注：弯曲膝盖不要用力过猛；在停止的那一刻大腿和小腿之间所成角度最大值为90°～100°，此时弯曲的膝盖承受着较大的压力。

(二) 反手放网前球(长线)(举起)

反手放网前球动作如图 11-12 所示。

① ② ③ ④ ⑤ ⑥ ⑦

图 11-12　反手放网前球

预先准备：凑近网前，右腿在前，保持上肢直立(①)，采用钳式握拍法。在跑动中做好击球准备，右臂逐渐抬高于肩，身体左倾至反手状态，使拍头与地面平行(②、③)，掌心向上，拍头指球网边。

击球过程：球在下降过程中，拍头下沉，紧接着迅速抬平，轻轻将球击出，手腕要高于球拍头。

击球瞬间：伸直的胳膊尽力向前，击球托靠前处(⑤)，击球时机要早，越高越好。跑动过程中在上肢带动下身体前移，使膝盖弯曲(⑥、⑦)，右脚足迹以及跟上的后脚最后都回到中心位置。

注意：弯曲膝盖不要用力过猛；在停止的那一刻大腿和小腿之间所成的角度最大值为90°～100°，此时承受较大的压力。

(三) 正手网前勾球

正手网前勾球动作如图 11-13 所示。

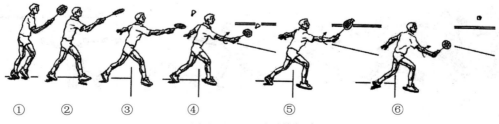

① ② ③ ④ ⑤ ⑥

图 11-13　正手网前勾球

预先准备：凑向网前，右脚在前，保持上肢直立(①、②、③)，采用钳式握拍法。在移动过程中做好击球准备，右手从肩举到与头持平的位置，将拍子向右转到正手位置，拍头保持水平(与地面持平)(②)，手心向上，拍头指向网边。

击球过程：在击球时拍头略有下沉(③)，快速、短促地内旋前臂，将球横穿过网(④、⑤)。

击球瞬间：手臂尽力伸直，击球托的右侧下部，球拍头倾斜时击球，击球时机要早，点越高越好。运动过程中上肢随弯曲的前膝盖前弓，右脚足迹以及跟上的后脚在中心位置。

备注：转动拍头时机越晚，对对手的迷惑性越大；拍头保持水平状态可以是杀球，放网前球或网前勾球，并不确定。

(四) 反手网前勾球

反手网前勾球动作如图 11-14 所示。

图 11-14　反手网前勾球

预先准备：凑向网前，右脚在前，保持上肢直立(①～④)，采用钳式握拍法。在移动过程中做好击球准备，右手持拍从肩举到与头持平位置，将拍子向左转至反手位置，拍头保持水平(与地面持平)(①～③)，手背向上，拍头指向网边。

击球过程：击球时拍头略有下沉(④)，紧接着短促外旋前臂(外旋)，将球横穿过网(⑤、⑥)。

击球瞬间：手臂尽力伸直，手背随手腕转动击球托的左下部(⑥)，球拍头倾斜时击球，击球时机要早，点越高越好。运动过程中上肢随弯曲的前膝盖前弓，右脚足迹以及跟上的脚在中心位置活动。

备注：转动拍头时机越晚，对对手的迷惑性越大；拍头保持状态可以是杀球、放网前球、网前勾球，并不确定。

(五) 正手搓球

正手搓球动作如图 11-15 所示。

图 11-15　正手搓球

预先准备：凑向网前，右腿在前，上肢直立(①～⑤)，采用钳式握拍法。在运动过程中做好击球准备工作，弯曲的右臂举高于头，球拍转成正手位置，拍头保持水平(与地面持平)(②、③),手心向上,拍头指向网边。

　　击球过程:在移动过程中提高手腕,拍头下沉(④、⑤),手腕高于拍头,紧接着右手持拍向球刺去(搓球)(④、⑤),开始作刺的动作时球从网边飞过来(⑤)。

　　击球瞬间:手臂轻轻弯曲凑向右前,跑动时上肢随膝盖弯曲,右脚足迹以及跟上的后脚始终在中心位置。

　　备注:击球时机的选择十分重要;球旋转过网给对方回球造成困难。

(六) 反手搓球

反手搓球动作如图 11-16 所示。

图 11-16　反手搓球

　　预先准备:凑向网前,右腿在前,上肢直立(①～③),采用钳式握拍法。在运动过程中做好击球准备工作,弯曲的右臂上举高于头,球拍左转至反手位置,拍头保持水平(与地面持平)(①、②),手心向上,拍头指向网边。

　　击球过程:在移动中提高手腕,拍头轻微下沉,手腕要高于拍头,开始作刺的动作时,球从网边飞过来(④),紧接着右臂向前伸刺球(搓球)(②、④)。

　　击球瞬间:手臂轻轻弯曲凑向左前。跑动时上肢随膝盖弯曲,右脚足迹和跟上的后脚始终在中心位置。

　　备注:击球时机的选择十分重要;旋转过网给对方回球造成困难。

(七) 正手扑球

正手扑球动作如图 11-17 所示。

图 11-17　正手扑球

　　预先准备:爆发力十足地凑向网前,右脚在前、上肢直立(①、③)。采用匆促握拍法。在运动过程中完成击球准备,拍头要高过头顶,在下一区时要与网边持平,向右转动球拍,拍网正对球网(②、③),肘关节向下拍头向上。

击球过程：出脚时拍头回收，手腕用力使手背向下压(③、④)，击球者不要停顿，立即展开肘部，迅速手臂内旋，展腕发力将球向下扣去。

击球瞬间：球过网后，飞行至击球者体前，高于网边时击球，动作要快，迅速完成后，收腿，两腿在中心位置。

备注：此处运用到了匆促握拍法，该方法有利之处在于方便转动，使拍面正对球网。这种握拍方式和握平底煎锅的方法相同，只能在此处应用，不能用于他处。

(八) 正手挑球(垂直)

正手挑球动作如图 11-18 所示。

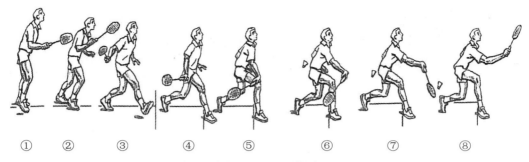

①　　②　　③　　④　　⑤　　⑥　　⑦　　⑧

图 11-18　正手挑球

预先准备：拍头朝向球网(①)，凑向网前，右脚在前，在跑动过程中轻轻将握拍手臂外旋，后向转动(开始挥拍)，拍头指向边线(②、③)，上肢直立(③～⑥)。

击球过程：当右脚着地后，向前挥拍，前臂继续外旋，手腕随手背弯曲(③～⑤)，拍头指向后场(⑤)，前臂快速有力内旋，手腕展开(⑦、⑧)，球过手后，在膝盖右前方击球(⑦)，继续旋转手臂(⑧)，球拍挥向身体左侧，收右脚，回到中心位置。

(九) 反手挑球(垂直)

反手挑球动作如图 11-19 所示。

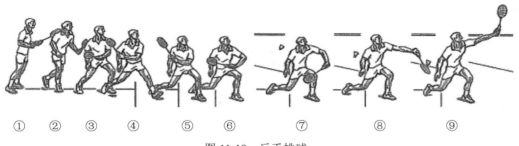

①　②　③　④　⑤　⑥　　⑦　　　⑧　　　⑨

图 11-19　反手挑球

预先准备：拍头指向球网，凑向网前，以右脚在前为结束(①～⑤)，跑动过程中完成击球准备，做好反手握拍动作(②～⑤)，拍头指向身体左侧(⑤)，应尽早做好准备，拍头向上，右肘弯曲。

击球过程：肘关节快速上举，前臂内旋，拍头向右髋下沉(挥去)(⑥、⑦)，手背冲脸腕关节随手背弯曲，不做停顿，快速有力地展开前臂，外旋(⑦、⑧)，球低于手时再展开手臂左侧，右脚前击球(⑧)，前臂转动(外旋)向上，此时上肢和肩卡住不动(⑨)，上肢不转动，只是击球手臂在动，收脚回到中心位置。

五、中场击球技术

(一) 正手接杀球(轻柔一短)

正手接杀球动作如图 11-20 所示。

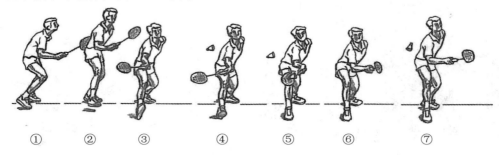

图 11-20　正手接杀球

预先准备：做好基本的防守动作(①)，上肢移动，预先准备，观察球路(一瞬间)，转移身体重心至脚的鱼际处，肘关节在体前，采用基础握拍法，左脚不动，右脚向边线方向伸出，同时拍子迎向来球的方向(③)，右脚脚后跟支起(身体下探)，同时前臂轻轻外旋(③、④)，重心移到右腿。

击球过程：前臂内旋，上肢倾向一侧(④、⑤)，前臂、手上抬，拍子轻轻触球，击球点在身体一侧(⑤)，继续向网边方向举拍(⑥、⑦)，直起右腿，回到中心位置，做好再次击球的准备工作。

(二) 反手接杀球(轻柔一短)

反手接杀球动作如图 11-21 所示。

图 11-21　反手接杀球

预先准备：从基本位置开始屈体，做好防守动作(②)，上肢弯曲，重心转移至脚的鱼际处(②)，采用反手握拍法。分腿(右脚在前)(②~⑥)，拍子握在体前(身体不动)，观察球路(一瞬间)(②)。

击球过程：手腕随手背弯曲(③)，拍子回到反手方向(③)，肘关节迅速向前转，前臂内旋(④)，膝弯曲(向下去)(④)，拍子迎着来球上挥，肘关节上抬，到体前(⑤)，拍头略下沉，前臂、手抬高，挥拍击球，拍头快速、轻柔地到达球下面，在体前击球(⑥)，脚、膝盖、髋节轻轻展开上提(⑥、⑦)。

(三) 正手平抽球

正手平抽球动作如图 11-22 所示。

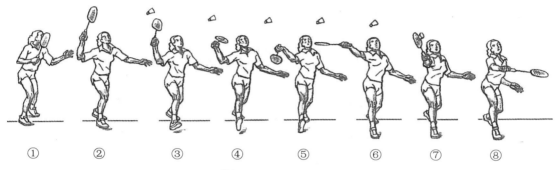

① ② ③ ④ ⑤ ⑥ ⑦ ⑧

图 11-22　正手平抽球

预先准备：拍头向上，采用基本握拍法或力量型握拍法，向右侧出脚(①~④)，脚尖指向右边线，在出脚时做好击球准备，同时右肩向后，击球手与头持平，在右侧(②)，拍头向上肘向下。

击球过程：通过前臂外旋摆臂(③~⑤)，肘向前带动手心向上，拍头指向手背之后(④、⑤)，迅速内旋前臂，展开肘关节，抬到与肩平行位置击球(⑤~⑦)。

击球瞬间：与肩平行在身体一侧或在体前一点，略微曲肘(⑦)，拍子左挥到与髋同高，手背朝脸，收脚，回到中心位置。

(四) 反手平抽球

反手平抽球动作如图 11-23 所示。

① ② ③ ④ ⑤ ⑥ ⑦ ⑧ ⑨

图 11-23　反手平抽球

预先准备：左脚向左伸出，身体随之转动(①、②)，左脚脚尖指向边线，右脚随后马上随左脚向前迈(②~④)，右肩朝向球网，拍头指向身体左侧，反手握拍，手腕随手背弯曲(②~④)，肘关节向下，拍头向下。

击球过程：肘抬到与肩持平，拍头在身体左侧下沉(摆动)，前臂内旋(⑤)，在肘与肩持平时展开，并且外旋手臂到反手位击球(⑤~⑦)。

击球瞬间：与肩持平，肘略弯曲，在体前击球，拍子挥到身体右侧，与肩持平(⑧、⑨)，上肢不要弯，拍头冲网，收脚，迅速回到中心位置。

六、后场步法

(一) 跑向后场(交叉步)

交叉步跑向后场动作如图 11-24 所示。

① ② ③ ④ ⑤ ⑥

图 11-24 跑向后场(交叉步)

预先准备：肌肉绷起，集中精神，拍头向上(①)，右脚后撤，同上肢右转，右脚尖指向右边线，球拍上举(②、③)。左脚与处在后面的右脚快速做交叉步，举起左臂(④、⑤)，双脚脚尖都指向边线，握拍的肩朝向底线，整个步伐以一个急转结束，左臂继续上举(⑤、⑥)，左手迎向来球，重心在右脚上。

(二) 跑向后场(垫步)

垫步跑向后场动作如图 11-25 所示。

① ② ③ ④ ⑤ ⑥ ⑦

图 11-25 跑向后场(垫步)

预先准备：集中精力，拍头向上(①)，右脚后撤，同时上肢向右转，右脚尖指向边线；拍子上举(②、③)，左脚垫步移动，左臂上举(④、⑤)，两脚尖均朝向边线，握拍手臂的臂朝向底线，以一个明显的向右急转结束跑动，左臂继续上举(⑥、⑦)，看球，左手迎着来球，重心在右脚上。

七、后场击球技术

(一) 正手头顶高远球

正手头顶高远球动作如图 11-26 所示。

图 11-26 正手头顶高远球

预先准备：左臂迎向来球，右肩和髋部转动(①)，右脚回撤(急转)(①)，拍头与头持平，肘向外转。

击球过程：拍头在头后，向下沉的同时肘关节在摆动时转动(②、③)，拍头向下，肘关节在前，髋关节转动，重心在前脚，不作停顿击球，手臂展开，前臂有力地内旋(③、④)，在头顶处展开手臂击球(④)，尽力向上伸，前臂继续转动(⑤、⑥)，握拍手背朝向脸，右肩高于左肩，在身体左侧停止挥拍(⑦)，脚步向前挪(④~⑦)，之后迅速回到中心位置。

(二) 正手头顶吊球

正手头顶吊球动作如图 11-27 所示。

图 11-27 正手头顶吊球

预先准备：左臂在前，朝向来球方向，右肩和髋向后转(①)，右脚急转(①)，脚尖朝向边线，拍与头持平，肘关节向外转动，看球。

击球过程：拍头在头后，向下沉，同时肘关节向来球方向转动(②、③)，拍头向下，肘关节向前，就像要击高远球那样，髋关节向前，重心在前脚，击球手臂立刻展开，前臂内旋，击球前一瞬间，顿一下，胳膊与球拍成一线(④、⑤)，手臂伸直，内旋在头上击球(④、⑤)，手臂向上伸，球划出弧线，右肩轻微向前转，握拍胳膊轻轻向髋关节移去(⑥、⑦)。击球过程中脚逐步向前(④~⑧)，之后迅速回到中心位置。

(三) 正手头顶吊球(斜线)

正手头顶吊球动作如图 11-28 所示。

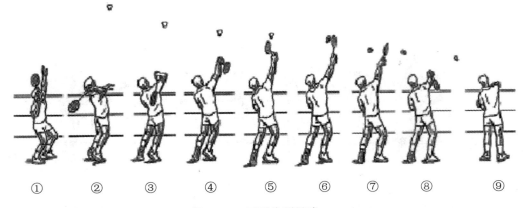

① ② ③ ④ ⑤ ⑥ ⑦ ⑧ ⑨

图 11-28 正手头顶吊球

预先准备：左臂对准来球抬起，右肩和髋明显转动(①)，右脚后撤，急转(①)，拍头与头持平，肘关节向外转(①)，看球。

击球过程：拍头在头后，向下沉，同时肘关节向击球方向转动(摆臂)(②~④)，拍头向下，肘关节向上；向前转动髋关节，重心移到前脚，击球手臂迅速有力地展开(④、⑤)；击球时，拍头(拍面)倾斜(⑤)；需内旋前臂，只要展开手臂，将拍面微侧在上手范围内击球即可，倾斜角度越小，击球越猛；击球的右侧，握拍胳膊与髋关节同高，慢慢停止挥拍，向前跟步。之后迅速回到中心位置，该技术具有迷惑性。

(四) 正手头顶杀球(急转之后)

正手头顶杀球动作如图 11-29 所示。

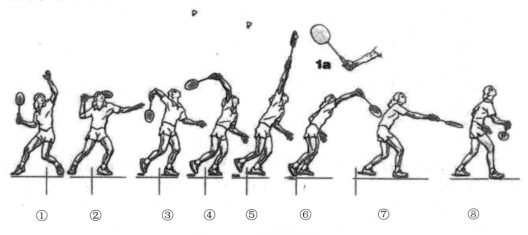

① ② ③ ④ ⑤ ⑥ ⑦ ⑧

图 11-29 正手头顶杀球

预先准备：右臂迎球上举，右肩和髋转动(①)，右脚后撤(急转)，脚尖朝向边线，拍头与头同高，肘关节向外转(①)。

击球过程：采用力量型握拍法，握紧，拍头在头后，向下沉，同时肘朝来球方向转(②、③)，拍头向下，肘关节向上；髋关节向前转，重心移到前脚(③)，向前移动，持拍手臂迅速伸直，前臂内旋(③~⑤)，展开手臂在头顶靠体前击球，伸直手臂；前臂继续旋转(⑥)，手背冲脸，右肩在左肩前(⑤、⑥)，结束旋转前臂，拍子向左侧挥去，这是一个逐步向前的跑动过程(③~⑦)。之后迅速回到中心位置，握紧球拍。

第五节　羽毛球运动基本战术

一、单打战术

(一) 发球战术

(1) 发后场高远球：这是单打中常用的发球，要求把球发到对方端线处，迫使对方后退还击，给对方进攻制造难度。发高远球虽然弧线高，飞行时间长，但由于离网距离远，球从高处垂直下落，后场进攻技术差的对手较难下压进攻。把球发到对方左、右发球区的底线外角处，能调动对方至底线边角，便于下一拍打对方对角网前，拉开对方的站位。

(2) 发平高球：发平高球时，球的飞行弧线较低，但对方仍然必须退到后场才能还击。由于球的飞行速度快，对方没有充裕的时间考虑对策，回球质量会受到一定的影响。对于球飞行弧线的控制，应看对方站位的前后和人的高矮及弹跳能力而定，以恰好不给对方半场拦截机会为宜。落点的选择基本与发高远球相同。

(3) 发网前球：把球发到前发球内角，球飞行的路线较短，容易封住对方攻击自己后场的角度。发球到前发球线外角位能起到调离对方中心为止的作用。

(二) 接发球战术

(1) 接发高远球、平高球：一般可用平高球、吊球或杀球还击。但如对方发球后站位适中，进攻时要注意落点的准确性。若用杀球、吊球还击，自己的速度要跟上；如果对方发球质量很好就不要盲目重杀，可用高远球、平高球还击，伺机再攻，或者用点杀、劈杀、劈吊下压先抑制对方。

(2) 接发网前球：可用平推球、放网前或挑高球还击。当对方发球过网较高时，要抢先上网扑杀。接发网前球的击球点应尽量抢高。

(3) 逼反手：就所有的运动员而言，后场的反手击球总是或多或少地弱于正手击球，相对进攻性调开对方位置使对方反手区露出空档，然后把球打到反手区，迫使对方使用反拍击球。一般用于应对反手较差的对手。

(4) 平高球压底线：用快速、准确的平高球打到对方后场两角，在对方不能拦截的前提下尽量降低球的飞行弧线，把对方紧压在底线上，当对方回击半场高球时，就可以扣杀进攻。使用平高球压底线时，如配合劈吊和劈杀可增加平高球的战术效果。

(5) 防守反攻：这一战术是对付那些盲目进攻而体力又差的对手的。比赛开始，先以高球诱使对方进攻，在对方只顾进攻而疏于自己的防守时，即可突击进攻。

二、双打战术

(一) 发球战术

1．发球站位

发球的站位不同，对发球的飞行路线、弧线、落点和第三拍的击球都有影响。

(1) 发球者紧靠前发球线和中线。这种站位始于反手发网前内角，球过网后球托向下，不易被对方扑击。由于站位靠前，也便于第三拍封网。但站位靠前不利于发平快球，一般是发网前内角位球配合发双打后发球线的外角位平高球。

(2) 发球者站位离前发球线半米，靠中线。这种站位发球的选择面较广，正、反手都可发网前球、平快球、平高球，并且各种路线都可以发。缺点是球的飞行时间长，对方有较多时间判断处理，发球后如果抢网较慢也容易失去网前主动权。

(3) 发球者站在离中线较远处。这种站位主要用于在右场区以正手和左场区以反手发平快球攻对方双打后发球线的内角位，配合发网前外角。值得一提的是，这种发球只能作为一种变换手段。因为这种发球只对反应慢、攻击力差的对手有一定威胁，但对方有了准备时作用就不大了，而且还会使自己陷入被动。

2．发球路线

发球路线和落点的选择需注意如下几点：

(1) 调动对方站位，破坏对方打法。如对方甲、乙两名队员站成甲在后、乙在前的进攻队形，在发球给乙时可以后场为主结合网前，而发球给甲时却要以发网前为主结合后场，这样，从发球起就阻挠了对方调整站位。

(2) 避实就虚，抓住对方弱点发球抢攻。首先要看接发球者的站位，如果他紧压网前站在网前内角位，可用发网前与后场动作的一致性球到对方后场外角位；如对方离中线较远，则可发平快球突袭后场内角位；对接发球路线呆板、变化少的，可针对这种情况发球后抢封角度突击。

(3) 发球要有变化。发球时，网前要和后场配合，网前的内角、外角，底线的内角、外角位的配合，使对方首尾难于兼顾，多点设防，疲于应付；在发球的弧线上也要有变化。这样，接球方就难以摸到发球方的规律了。

3．发球时间的变化

接发球方在准备接发球时，思想虽然高度集中，但因受到发球方的牵制，他要等球发出后才能判断、起动、还击。所以，发球动作的快、慢也应在规则允许的范围内有所变化，不要让接球方掌握规律。

4．发球时心理的影响

在双打比赛中，有时会出现发球失常现象。其原因，一个是发球技术不过硬；另一个则是受接发球者的影响。由于接球者站位逼前，扑、杀凶狠且命中率较高，加之比分正处于关键时，心情紧张，造成手软从而影响了发球质量。遇到这种情况，首先要沉住气，观察接发球者的动向，心理意图，接发球的路线和规律，提高发球质量，增强还击第三拍的信心。另外，发球的路线要善变且无规律，真真假假、虚虚实实，这样就会减少不必要的顾虑，发球质量也会稳定下来。

(二) 接发球

接发球虽然受发球方的牵制，属于被动等待，但由于规则对发球作了击球点不能过腰、球拍上沿须明显低于手、动作必须连续向前挥动(不许做假动作)、不能迟迟不发球等的诸多限制，所以使发球者发出的球不能具有太大的威胁。接发球方如果判断准确、启动快、还击及时，就能在对方发球质量稍差时杀、扑得手或取得主动；反之，也会由于接发球失误或还击不利使自己陷入被动。

1．接发内角位网前球

接发内角位网前球以扑或轻压对方两边中场及发球者身体为主要攻击点，配合网前搓、勾等其他线路。

2．接发外角位网前球

接发外角位网前球，除了以上打的点外，还可以平推对方底线两角以调动对方一名队员至边角，扩大对方另一队员的防守范围。

3．接发内角、外角位后场球

接发内角、外角位后场球时，应以发球者为攻击点，力争扣杀追身球。如起动慢了，可用平高球打到对方底线两角。一般发球者在后场球发出后，后退准备接杀的情况居多，这时可用拦截吊球，落点可选择在发球者的对角。

(三) 攻人

这是双打中常用的一种战术，就是以人为攻击目标。对付两名技术水平高低不一的对手时，一般都采用这种战术。对付两名实力相当的队员时也可采用这一战术。它集总攻势于对方一名队员，常能起到"集中优势兵力打歼灭战"的作用；在另一队员过来协助时，又会暴露出空档，可在其仓促接应、立足不稳时偷袭他。

(四) 攻中路

守方左右站位时把球打在两人的中间，这种战术称为攻中路。这种战术可以造成守方两人抢接一球或同时让球，彼此难于协调的情况；限制对手在接杀球时挑大角度高球调动攻方；有利于攻方的封网，由于打对方中路，对方回球的角度也小，网前队员封网的难度就小了。

第十二章　网球运动理论与技术

第一节　网球运动概述

网球(tennis)是一项优美而激烈的运动，网球运动的由来和发展可以用四句话来概括：孕育在法国，诞生在英国，开始普及和形成高潮在美国，现在盛行全世界。

一、网球运动的起源

网球与高尔夫球、保龄球、桌球并称为世界四大绅士运动。它的起源可以追溯到 12～13 世纪的法国，当时在传教士中流行着一种用手掌击球的游戏，方法是在空地上两人隔一条绳子，用手掌击打由布包着头发制成的球来娱乐，这种游戏被称做"掌球戏"。

到了 14 世纪中叶，法国的一位诗人把这种球类游戏介绍到法国宫廷中，作为皇室贵族男女的消遣。当时玩这种游戏时，场地是宫廷内的大厅，没有网也没有球拍，球是用布卷成圆形后用绳子绑成的，场地中间架起一条绳子为界，利用两手作球拍，把球从绳上丢来丢去。这种玩法法语叫作 Tennez，英语叫作"Takeit! Play"，意即："抓住！丢过去"，今天的"网球(Tennis)"一语即来源于此。不久，木板的球拍被用来代替两手拍球。

二、网球比赛的计分

最原始的网球运动起源于宫廷之中，他们拿可以拨动的时钟来计分，每得一次分就将时钟转动四分之一，也就是 15 分(a quarter，一刻)，同理，得两次分就将时钟拨至 30 分，当然一切都是以他们的方便为基础。这就是 15 分、30 分的由来。

至于 40 分，它比较怪异，它不是 15 的倍数。这是因为在英文中，15 分念作"fifteen"，为双音节，而 30 分念作"thirty"，也是双音节；但是 45 分，英文念作"forty-five"，变成了三个音节，当时的英国人觉得有点拗口，于是就把它改成同为双音节的 40 分(forty)。

虽然这样的计分方法看来有些奇怪，但还是依循传统沿用至今。

三、网球运动展望

网球运动必将受到更多人的青睐。在职业网球的发展中，鹰眼系统的引进，更增加了比赛的不确定性和趣味性，同时极大地提高了欣赏性。但是随着球拍性能的改进和高科技材料的引进，职业选手的发球速度越来越快，以至于顶级职业选手在正式比赛中相持不了几个回合，极大地降低了比赛的观赏性和比赛的激烈性。将来有可能对球拍的材质有所限制，或对球的弹性，或对场地硬度有所规定。

第二节　网球运动基本技术

一、握拍法

1. 西方式握拍法

西方式握拍法是在美国西部加利福尼亚州的水泥硬地球场上发展起来的。西方式正手握拍法：拍面与地面平行，用手从拍上面抓住拍柄，手掌根贴在拍柄右下斜面，拇指和食指都不前伸，拇指压在拍柄上部小平面，食指下关节握住拍柄的右下斜面。西方式反手握拍法：即正手握拍后，把球拍上下颠倒过来，用同一拍面击球。优势：可以产生更多的上旋，但过网后它就会立刻下坠，而球在落地后还会高高地弹起，这就会迫使对手退至底线后回球。劣势：回击低球是此种握拍法的致命点。

2. 大陆式握拍法

大陆式握拍法过去在欧洲大陆盛行，现在多用于上网截击和发侧旋球。大陆式握拍法的要点是：由拇指与食指形成的"V"形虎口放在拍把手的上平面与左上斜面的交界线上，手掌根部贴住上平面，与拍底平面对齐；食指与其余三个手指稍分开，食指点下关节紧贴在右上斜面上。由于大陆式握拍法在正、反手击球时球拍不用转动，因而在上网截击，或在来不及判断该用正手或反手击球时使用较方便。

3. 东方式握拍法

东方式握拍法因最初广泛使用于美国东部的沙土场地面而得名，分正手和反手两种握拍方法。这种握拍的优点是，对来球高一些或低一些，都能用正、反手击球，而大陆式或西方式握拍法却无此优点。

东方式正手握拍法亦称"握手式"握拍法。拍面与地面垂直，手握拍柄好像与人握手一样。准确地说，用握拍手的虎口对正拍柄右上侧，手掌根与拍柄右上斜面紧贴，拇指垫握住拍柄的左垂直面，食指稍离中指，食指下关节压住拍柄右垂直面，五指紧握拍柄。这种握法能增大正手击球的力量。

二、击球

从球的旋转性能分类，有上旋球、下旋球、平击球、侧旋球。

1. 上旋球

正拍上旋球是球拍自后下方向前上方挥动摩擦整个球体产生球由后下方朝前上方转动，故叫做上旋球。上旋球的特点是飞行幅度高，下降快，落地弹起的反射角度较小，前冲力较大。打上旋球最大的优点是便于加力控制，正拍击球中既能发力大，又能控制进入场区减少失误。

2. 下旋球

和上旋球相反方向的是下旋球，俗称"削球"。击球时，球拍稍向后倾斜，挥拍时由后上方至前下方打球的后下部产生下旋转，球由前上方向后下方旋转并向前飘行，过网时很低，落地后弹起也很低并伴有回弹(走)现象。

3. 平击球

挥拍击球的路线向上较平缓，击球时拍面几乎垂直地面，击球的正后部。平击球的球速最快，球落地后前冲力大，球的飞行路线较平直，但其准确性和控制力较差。

4. 侧旋球

击球时球拍由后部向内侧平行挥动(也称"滑击")，使球产生由外向内的侧旋转，故称侧旋球。这种球飞行路线呈水平向外侧的弧线飞行，落地后向外跳，常用于正拍直线进攻。

三、发球

在现代网球运动中，发球技术是非常重要的，是唯一由自己掌握的击球法。

1. 动作要领

(1) 握拍法：大陆式或东方式反手握拍法。

(2) 准备要势：全身放松，侧身站立在端线外中场标记近旁边(单打)，左肩对着左边网柱，面向右边网柱，两脚分开约同肩宽，左脚与端线约成45°，右脚与端线约平行，重心在左脚上。左手持球轻托球拍在腰部，拍头指向前方。呼吸均匀，精神集中。

(3) 抛球动作：后摆抛球与后摆拉拍动作是同步开始的，持球手拇指、食指和中指三指轻轻托住球，掌心向上。当球拍向下向后引拍时，待球手同时下降至右腿处，紧接着当球拍从身后向头上方做大弧度形摆动，身体做转体、屈膝、展肩时，持球手柔和地在身前左脚前上举，直至伸高及头顶。抛球动作要协调、平稳，球送至最高点再离开手指抛向空中。此时右肘向后外展约同肩高，拍头指向天空，左侧腰、胯成弓形状，身体重心随着抛球开始先移向右脚，然后平稳地开始前移。 此刻，肩与球网成直角。

(4) 击球动作：当左手抛出球时，球拍继续向上摆起，这时握拍手的肘关节放松，可以向前转动身体和右肩，使手臂产生一个完美的绕圈(注意不是故意让拍子去做搔背动作)。当球下降至击球点时，迅速向上挥拍击球，左脚上蹬，使手臂和身体充分伸展，当身体向前上方伸展击球时，肩、手臂已经回转，双肩与球网平行。挥拍击球时，持拍手腕带动小臂有一个旋内的"鞭打"动作，这就是发球发力的关键动作，也是其他诸如重心前移、蹬腿、转体、挥拍等力量聚集的总和。

(5) 随挥动作：球发出后，身体向场内倾斜，保持连续的、完整的向前上方伸展的随挥动作。球拍挥至身体的左侧，重心移向前方，做到完全自然地跟进，并保持身体平衡。

2. 发球的分类及其方法

发球基本分三种：平击发球、切削发球和上旋发球。每一种发球都有自己的特点和用途，好的发球具有相当大的攻击力，并使发出的球在速度、力量、旋转和落点方面有变化。

(1) 平击发球。平击发球在诸种发球中是球速最快的发球法，也叫炮弹式发球。该发球不但球速快，而且反弹低。

发平击球时的击球点应在身体的右眼前上方，以拍面中心平直对准球，击球的后中上部。因此手腕的向前拌甩和前臂的"旋内鞭打"非常重要，身体充分向上向前伸展，以获得最高击球点，提高发球命中率。

(2) 切削发球。这是一种以右侧旋转(略带下旋)为主的发球法。就是由球的右上往左下切削击球。发球时把球抛到右侧斜上方，球拍快速从右侧中上方至左下方挥动。击球部位在球的中部偏右侧，使球产生右侧旋转。

(3) 上旋发球。这是以上旋为主，侧旋为辅的发球法。上旋球产生一个明显的从上向下的弧形飞行轨迹过网，发力越强，旋转成分越多，弧形就越大，命中率也越高。发上旋球时把球抛到头后偏左的位置，击球时身体尽量后仰成弓形，利用杠杆力量对球加旋转力，球拍快速从左向右上方挥动，从下向上擦击球的背面，并向右带出，使球产生右侧上旋。

四、接发球

对手将球发出后就要迅速作出判断和反应，并且选择恰当的击球方式来完成接发球。

在接发球的全过程中，眼睛要始终注视来球，一直到完成还击动作。要认真观察对方的抛球动作，这样有利于判断发球的方向和旋转。

五、截击球

截击球是网前技术中的一种攻击性击球方法，当球在落地之前，将球击回到对方半场区，它回球速度快、力量重、威胁大。截击球的后摆动作不应过大，击球点应保持在身体前方约 30~60 cm，要向前迎击来球，注意拍头不要下垂，要保持拍头高于手腕，击球时手腕固定，拍子应紧握，击球时拍子不能移动。

高于网的球，截击时平击的成分可多一些，以打出具有进攻性的力量较大的深球或斜线球。低于网的球，必须充分下蹲，保持拍头仍然要高于或平行于手腕，以利身体重心的稳定。截击球的中下部，成为切削下旋，这种低于网的截击球，不宜打得力量太大，应以推深落点为目的。如果对方来球力量太重，自己就不应再主动发力，只要握紧球拍打准落点即可。

正手截击动作：

(1) 当对方球飞来时，迅速上前。

(2) 在自己最能使上劲的位置击球。要领是认为自己就要打出制胜一击了。

(3) 随球动作幅度要大，并迅速调整姿态迎接下次击球。

反手截击动作：

(1) 反手击球时，大多数球员都采用两手握拍法。

(2) 将拍头与球平行。为了成功截球，在击球瞬间要用尽全身力量。

(3) 与制胜球同样要领，为了不使手腕扭伤，接着用腕部动作随挥。

虽说球是以较高的高度飞过来的，但也没必要特意在肩的高度击球。不如等球落至胸与腰之间位置时再打，这样比较容易用上劲。

六、高压球

网球高压球是一项绝对的强攻性技术。

高压球可分为凌空高压球、落地高压球、前场高压球、后场高压球等几种，其动作与发球相似。

1．后摆球拍

以准备姿势为基础，在脚步开始调整、身体位置相应变化的同时转体、侧身，并以最短捷的动作将球拍摆至肩上。

(1) 指向来球：高压球在移动定位时非持拍手应指向空中的来球，避免将手吊在体侧，这不仅有助于测寻击球点的位置，而且对保持身体的平衡也有积极的作用。

(2) 背弓动作：后摆时除伴随有转体、侧身动作外，还应有适度的屈膝及背弓动作。高压球不单纯依靠手臂或手腕的甩动发力，而是靠腰腹、腿部及身体整体的协调发力。

2．挥拍击球

判断准击球点并移动到位后，以双脚为支撑向击球点方向蹬地、转体、收腹继而挥拍击球。发力程序和感觉与发球相似。

3．随挥

高压球的随挥动作仍与发球类似，击球过后顺势将球拍收于持拍手异侧的腿侧就可以了。

4．步法

要求击球者快速反应、灵活移动、准确取位以获得理想的击球点，否则很难打好高压球。

采用双脚一前一后的方式站位：与持拍手相异一侧的脚在前，另一脚在后，两脚连线与球网近乎垂直。跳起扣杀时也是如此，在落地时还要注意膝、踝关节的缓冲，并且以快速的回位来准备下一次击球。

七、削球

(一) 握拍方法

(1) 让球拍拍面与反手单手击球的击球点相吻合。

(2) 以左手支撑着球拍(指右手选手)。

(3) 用右手从上面抓握拍子。

首先应以单手反手击球时使用的握拍方法开始练习。基本上是使用东方式反手握拍法。只要是单手反手击球，无论是削球、平击球还是抽球，基本上是以采用东方式握拍法为宜。

(二) 引拍方法

反手削球技术的要点是：后摆引拍后拍子的高度、位置；完成向后引拍做好准备的时间早晚；削击球的时机。

此外，还应注意：

(1) 持拍一侧的右手臂肘关节不能太低。

(2) 绝对不能使用手腕。

(3) 运用削球时，要注意完成后摆时拍子所在的位置。

(4) 后摆引拍时，只有做到左腋不打开，才能保证削球的挥拍动作是由内向外的挥动。

(5) 向后摆拍要做到使肩触到下颌为止。

(三) 后摆动作

削球时，务必要让球拍自上而下走一条直线。如果球拍不是很好的引摆在肩口上，那么削球动作时，球拍必然变成了沿圆环弧形线挥动，此时不可能击出旋转球。

第三节　网球运动基本战术

一、单打战术

(一) 发球与截击球

发球与截击球战术是发球上网选手的策略。应用这一战术时，必须具备迅速的步伐，以防止对手打超身球或打空当。

(1) 利用侧身发球，把球打在对方身体中央，使对手无法打回斜角球。

(2) 以基本的发球结合截击球战术，上网将球打至对方空当。

(二) 随球上网

随球上网也是比赛中的主要得分手段。这一战术的关键是步伐启动要快，看清对方的回球，主动迎上高点击球。

(1) 自己主动将旋转的弧线球深深打进底线内。

(2) 趁对方将注意力集中在来球上时，突然快速上网，将对方击回的弧线球用高截击球或过头击球扣杀至对方空当。这一战术在女子比赛中经常使用。

(三) 接发球上网

接发球时必须积极主动，尤其是对方的第二次发球。

(1) 当对方的第二次发球落到平分的反手侧(比较容易接)时，可以用反拍抽击将球打回至中线深处。

(2) 因为此时对方难以打出弧线较大的球，所以可以大胆抢攻上网，将回球截杀在对方空当。

(四) 打反弹球

这一战术是将球打到离底线 30～50 cm 的地方，用反弹球战胜对方的方法。

(1) 双方反手互拉强力上旋球，一方抢先变招，迅速回到正手。

(2) 用正手拉强力上旋球于底线两边大角深处，不给对方上网及底线起板的机会。

二、双打战术

(一) 协作配合战术

双打要求两个队员配合得像一个人，才能把两个人的长处结合起来，打出比任何一个人单打水平都高的比赛。瞬间的默契配合正是双打战术的突出特点，是双打战术成功取胜的关键。而"默契配合"建立在两个队员相互了解和信任的基础上，是在长期配合中磨炼出来的。两个队员移动要一致，相互间的距离不能拉开 3.5 m 以上。

(二) 协同防守

当自己的同伴回到端线去救高球时，自己不应当继续留在网前，如果发生这种情况，就会在两人之间出现漏洞，让对方打出落点很好的"破网"球来。所以，当同伴退回去时，自己也要跟着退，使自己一方处于最佳的防守位置。退回端线后虽然被动了，但一旦出现浅球时，两人就可立即一块向前，回到网前。

(三) 抢网战术

1. 在发球前作出抢网决定

抢网是指网前人横向移动，拦截对方接球员打过来的斜线球。它要求发球方有敏捷的思维和快速的步法。很重要的是两人要在事先商定，如果对方打斜线球时，网前人则要去抢网。

2. 防住空出的场地

当网前人扑出去拦截接发球时，他所处的那半个球场便无人防守，所以发球员发球之后，不应该直接冲向前，而应向前跑几步，然后向同伴留下的那半场跑去，并继续向网前移动。抢网的人在拦截之后，应当继续进入发球员的场区。两人交叉移动，可以防住对方可能回击的直线球以及抢网人第一次截击没能得分后的回击。

3. 起动要早

抢网时，需要在对方接球员击球的一瞬间起动，而不要在接球员击球之前移动，把自己的行动意识暴露给对方。如果接球员察觉到你要抢网，便会打直线球并可能得分。等待击球时，身体前倾，准备好蹬出去击球。向右边抢网时，蹬左脚并快跑几步到截击位置。

4. 退在后场对付抢网的队员

当对方网前队员抢网时，接球员和同伴要掌握好站位。如果你是接球员的同伴，并在向网前移动，抢网者就可能往下击球到你的脚下，使你难以回击。

5. 打直线球

如果接发球老是打斜线球，对方就会判断出来并积极抢网。所以，一旦对方抢网开始，就要打直线球使对方网前人不敢随意抢网。也可以试用攻击性挑高球过头顶的方法。如果网前人知道你的高球有威力，就会从网前向后退步，这就减少了抢网成功的可能性。

6. 抢网时向下击球

要抢网成功，就要向前移动，靠近球和网，才能往下打球。越近网，球就越高，也就越易于截击。抢网者要朝着对方网前人的脚下，或对方的空当拦击，以便直接得分。

(四) 发球的配合

双打球经常比单打球更具有强烈的攻击性。由于发球员的同伴首先占据了网前制高点的位置，随时准备截击接发球员的第一还击球，因此给对方的压力很大，迫使接发球员势必向发球员甲还击大角度的球，这个还击不仅角度大，而且要求有一定的球速，否则，有可能被乙抢截，所以难度很大。

第四节　网球运动基本竞赛规则

一、基本规则

(一) 发球

1. 发球前的规定

发球员在发球前应先站在端线后、中点和边线的假定延长线之间的区域里，用手将球向空中任何方向抛起，在球接触地面以前，用球拍击球(仅能用一只手的运动员，可用球拍将球抛起)。球拍与球接触时，就算完成了球的发送。

2. 发球时的规定

发球员在整个发球动作中，不得通过行走或跑动改变原站的位置，两脚只准站在规定位置，不得触及其他区域。

3. 发球员的位置

(1) 每局开始，先从右区端线后发球，得或失一分后，应换到左区发球。

(2) 发出的球应从网上越过，落到对角的对方发球区内，或其周围的线上。

4. 发球失误

(1) 未击中球。

(2) 发出的球，在落地前触及固定物(球网、中心带和网边白布除外)。

(3) 违反发球站位规定。

发球员第一次发球失误后，应在原发球位置上进行第二次发球。

5. 发球无效

发球触网后，仍然落到对方发球区内，接球员未作好接球准备等，均应重发球。

6. 交换发球

第一局比赛终了，接球员成为发球员，发球成为接球。以后每局终了，均依次互相交换，直至比赛结束。

(二) 通则

1. 交换场地

双方应在每盘的第 1、3、5 等单数局结束后，以及每盘结束双方局数之和为单数时，交换场地。

2. 失分

发生下列任何一种情况，均判失分。

(1) 在球第二次着地前，未能还击过网。

(2) 还击的球触及对方场区界线以外的地面、固定物或其他物件。

(3) 还击空中球失败。

(4) 故意用球拍触球超过一次。

(5) 运动员的身体、球拍，在发球期间触及球网。

(6) 过网击球。

(7) 抛拍击球。

3. 压线球

落在线上的球都算界内球。

(三) 双打

1. 双打发球次序

每盘第一局开始时，由发球方决定由何人首先发球，对方则同样地在第 2 局开始时，决定由何人首先发球。第 3 局由第 1 局发球方的另一球员发球。第 4 局由第 2 局发球方的另一球员发球。以下各局均按此秩序发球。

2. 双打接球次序

先接球的一方，应在第 1 局开始时，决定何人先接发球，并在这盘单数局，继续先接发球。双方同样应在第 2 局开始时，决定何人接发球，并在这盘双数局继续先接发球。他们的同伴应在每局中轮流接发球。

3. 双打还击

接发球后，双方应轮流由其中任何一名队员还击。如运动员在其同队队员击球后，再以球拍触球，则判对方得分。

(四) 计分方法

1. 一局

(1) 每胜 1 球得 1 分，先胜 4 分者胜 1 局。

(2) 双方各得 3 分时为"平分"，平分后，净胜两分为胜 1 局。

2. 一盘

(1) 一方先胜 6 局为胜 1 盘。

(2) 双方各胜 5 局时，一方净胜两局为胜 1 盘。

3. 决胜局计分制

在每盘的局数为 6 平时，有以下两种计分制。

(1) 长盘制：一方净胜两局为胜 1 盘。

(2) 短盘制(抢七)：决胜盘除外，除非赛前另有规定，一般应按以下办法执行：

(a) 先得 7 分者为胜该局及该盘(若分数为 6 平时,一方须多得 2 分)。

(b) 首先发球员发第 1 分球,对方发第 2、3 分球,然后轮流发两分球,直到比赛结束。

(c) 第 1 分球在右区发,第 2 分球在左区发,第 3 分球在右区发。

(d) 每 6 分球和决胜局结束都要交换场地。

4. 短盘制的计分

(1) 第 1 个球(0∶0),发球员 A 发 1 分球,1 分球之后换发球。

(2) 第 2、3 个球(报 1∶0 或 0∶1,不报 15∶0 或 0∶15),由 B 发球,B 连发两分球后换发球,先从左区发球。

(3) 第 4、5 个球(报 3∶0 或 1∶2,2∶1,不报 40∶0 或 15∶30,30∶15),由 A 发球,A 连发两球后换发球,先从左区发球。

(4) 第 6、7 个球(报 3∶3 或 2∶4,4∶2 或 1∶5,5∶1 或 6∶0,0∶6),由 B 发 1 分球之后交换场地,若比赛未结束,B 继续发第 7 个球。

(5) 比分打到 5∶5,6∶6,7∶7,8∶8……时,需连胜两分才能决定谁为胜方。但在记分表上则统一写为 7∶6。

(6) 决胜局打完之后,双方队员交换场地。

二、场地规则

1. 球场

球场应为长 78 英尺(23.77 m)宽 27 英尺(8.23 m)的矩形。中间由一条挂在最大直径为 1/3 英寸(0.8 cm)粗的绳索或钢丝绳上的球网分开。

2. 球网

球网粗绳索或钢丝绳最大直径为 1/3 英寸(0.8 cm),网的两端应附着或挂在两个网柱顶端,网柱应为边长不超过 6 英寸(15 cm)的正方形方柱或直径为 6 英寸(15 cm)的圆柱。网柱不能超过网绳顶端 1 英寸(2.5 cm)。每侧网柱的中点应距场地 3 英尺(0.914 m),网柱的高度应使网绳或钢丝绳顶端距地面的垂直距离为 3 英尺 6 英寸(1.07 m)。在单双打两用场地上悬挂双打球网进行单打比赛时,球网应该由两根高度为 3 英尺 6 英寸(1.07 m)的"单打支杆"支撑,该支杆截面应是边长小于 3 英寸(7.5 cm)的正方形方柱或直径小于 3 英寸(7.5 cm)的圆柱。每侧单打支杆的中点应距单打边线 3 英尺(0.914 m)。球网需要充分拉开,以便能够有效填补两根支柱之间的空间,并有效打开所有网孔,网孔大小以能防止球从球网中间穿过为宜。球网中点的高度应该是 3 英尺(0.914 m),并且用不超过 2 英寸(5 cm)宽的完全白色的网带向下绷紧固定。球网上端的网绳或钢丝绳要用一条白色的网带包裹住,每一面的宽度介于 2 英寸(5 cm)到 2.5 英寸(6.35 cm)之间。在球网、网带及单打支杆上都不能有广告。

3. 球场线

球场两端的界线叫底线,两边的界线叫边线。在距离球网两侧 21 英尺(6.4 m)的地方各画一条与球网平行的线,为发球线。球网与每一边的发球线和边线组成的场地再被发球中线分为两个相等的区域,为发球区,发球中线是一条连接两条发球线中点,并与边线平行的线,线宽须 2 英寸(5 cm)。每一条底线都被一条长 4 英寸(10 cm)、宽 2 英寸(5 cm)的发球中线的假定延长线分为相等的两个部分，由一条短线分隔，该短线为"中点"，它与所处的底线呈直角相连，自底线向场内画。除了底线的最大宽度可以不超过 4 英寸(10 cm)以外，所有其他线的宽度均应在 1 英寸(2 cm)到 2 英寸(5 cm)之间。所有的测量都应以线的外沿为准。

4. 永久固定物

网球场地上的永久固定物不只包括球网、网柱、单打支杆、网绳、钢丝绳、中心带及网带，有的特殊物体也算永久固定物，如球场四侧的挡板、看台、环绕球场固定或可移动的椅子以及观众、所有场地周围和上方的配套设施，还有出于各自预定位置的裁判、司网裁判、脚误裁判、司线员和球童。

如果广告位于球场后侧司线的椅子后面，则广告中不能包括白色或黄色。浅色只有在不干扰球员视线的情况下才允许被使用。

三、比赛设备规则

1. 球

场上用球外部需要由纺织材料统一包裹，颜色为白色或黄色，接缝处需无缝线痕迹。用球的尺寸需要符合要求，重量要介于 2 盎司(56.7 g)和 $2\frac{1}{6}$ 盎司(58.5 g)之间。在从 100 英寸(254 cm)的高度向混凝土地面做自由落体运动时，反弹的高度应该介于 53 英寸(134.62 cm)和 58 英寸(147.32 cm)之间。当在球上施加 18 磅(8.165 kg)的压力时，向内发生的弹性形变应该介于 0.22 英寸(0.559 cm)和 0.29 英寸(0.737 cm)之间，压缩后反弹形变的范围应该介于 0.315 英寸(0.8 cm)和 0.425 英寸(1.08 cm)之间。这两种形变数据应该是以球的三个轴测试后得到的平均值。在每一种情况下，任何两个数据之间的差异不能大于 0.03 英寸(0.076 cm)。

2. 球拍

不符合下列要求的球拍不允许在按照本规则进行的比赛中被使用：

(1) 球拍的击球面应该是平坦的，由连接在球拍框上的拍弦组成，拍弦在交叉的地方应该是相互交织或相互结合的；拍弦所组成的试样应该大体一致，特别是中央的密度不能小于其他区域的密度。球拍的设计和穿弦应使球拍正、反两侧在击球时性质大体保持一致。

拍线上不应有附属物或突出物，除非该附属物仅仅，并且非常明确地是用来限制和防止拍弦磨损、撕拉或振动的，而且它的尺寸以及位置也必须是合理的。

(2) 从 1997 年 1 月 1 日起，在职业比赛中使用的球拍拍框的总长度(包括拍柄)不能超过 27 英寸(73.66 cm)。从 2000 年 1 月 1 日起，在非职业比赛中使用的球拍拍框的总长度(包括拍柄)不能超过 27 英寸(73.66 cm)。

(3) 拍框，包括拍柄都不能有附属物和装置，除非该附属物仅仅，并且非常明确地是用来限制和防止球拍磨损、破裂、振动或是用来调整重量分布的，而且它的尺寸以及位置也必须是合理的。

第十三章　跆拳道运动理论与技术

第一节　跆拳道文化概述

跆拳道是一项源于朝鲜民族的传统武艺，是以拳和脚为主要进攻武器的格斗对抗项目。现代跆拳道源于韩国，是以技击格斗为核心，修身养性为基础，磨炼意志、振奋精神为目的的一项竞技体育运动。跆拳道是以脚为主要进攻武器的运动，脚法占到 70%以上。传统的跆拳道包括套路、兵器、擒拿、摔锁、对练自卫术和其他基本功夫。现代跆拳道只是传统跆拳道的一部分，它技术简单、实用、易学，融搏击、规范、教育予一身。

一、跆拳道的历史

1. 古代跆拳道的发生发展

原始社会生产力极为低下，人们为了生存，必须同自然界的野兽博斗，本能地产生了各种搏斗的技法。经过漫长的岁月，随着人们强健体魄和本能自卫而产生的搏击逐渐演化为有意识的积极活动，从而产生了朝鲜民族特有的运动形式，也就是古代跆拳道的雏形。直至高丽(始于 918 年)、李朝时代(1390 年～1910 年)民间盛行"跆根"、"手搏"、"花郎道"等武艺活动，各王朝都把这种搏斗技能引入军队，作为士兵必修项目，进行严格训练，并作为选拔武官的一种手段。

2. 近代跆拳道的发展

近代跆拳道的发展始于 1910 年，日本侵占朝鲜，许多朝鲜人被迫流浪到中国和日本谋生，因此跆拳道也传入亚洲一些国家。同时他们将跆拳道与中国的武术和日本的空手道揉合在一起，进一步提高了跆拳道的实战能力。

3. 现代跆拳道运动的发展

现代跆拳道运动的发展始于 1945 年朝鲜独立后，朝鲜的自卫术再度兴起，因战乱流落海外的朝鲜人也将各地的武技带回本国，和跆拳道融于一体，从而形成了现代跆拳道的体系。当时技击方法很多，名称也较为繁杂，如唐手道、跆跟等。1955 年 4 月 11 日，崔泓熙将军提出了"跆拳"二字，由此，产生了跆拳道。1959 年 9 月 3 日成立了大韩跆拳道协会。1961 年 9 月，朝鲜成立了唐手道协会，后更名跆拳道协会。1962 年跆拳道被接纳为朝鲜业余体育协会的会员，首次列为全国运动会的正式比赛项目。1966 年 3 月 22 日，由韩国、越南、马来西亚、新加坡、德国、美国、土耳其、意大利、埃及的九个协会在汉城正式成立了第一个国际组织——国际跆拳道联盟(International Taekwondo Federation，ITF)，跆拳道正式进入了国际社会。1973 年 5 月 28 日在汉城成立了第二个国际跆拳道组织——世界跆拳道联合会(The Word Taekwondo Federation，WTF)，金云龙任主席。1980 年，国际奥委会正式承认了世界跆拳道联合会。在短短二十多年里，跆拳道这项运动得到迅猛发展。目前世界上约有一百四十多个国家的三千多万人在进行跆拳道的训练。

目前，跆拳道运动已经成为完全独立的国际体育组织和正规的比赛项目。在世界锦标赛、亚洲锦标赛和亚运会上共设有男女各八个级别。跆拳道每两年举办一次世界锦标赛和世界杯比赛。

4. 跆拳道运动在中国的发展

中国跆拳道运动的发展开始于 1992 年。1992 年 10 月 7 日，中国跆拳道筹备小组成立，这标志着我国跆拳道运动的正式开始。

1994 年 5 月，在河北保定举行了首届全国跆拳道教练员和裁判员学习班。1994 年 9 月，在云南昆明举行了第一届全国跆拳道比赛，当时共有 15 个单位 150 多名运动员参加了比赛。

1995 年 5 月，共有 22 个单位 250 多名运动员参加了在北京体育大学举行的第一届全国跆拳道锦标赛，从此，跆拳道运动在中国迅速发展起来。

1999 年 6 月 7 日，在加拿大埃特蒙多举行的世界跆拳道锦标赛上，我国运动员王朔战胜多名世界强手，获得女子 55 公斤级冠军，这是我国运动员获得的第一个跆拳道世界冠军。

2000 年第 27 届悉尼奥林匹克运动会，我国运动员陈中获跆拳道女子 67 公斤以上级冠军。

2004 年第 28 届雅典奥林匹克运动会，我国运动员罗微获跆拳道女子 67 公斤级冠军，陈中获跆拳道女子 67 公斤以上级冠军。

2008 年第 29 届北京奥林匹克运动会，我国运动员吴静钰获跆拳道女子 49 公斤级冠军。

二、跆拳道的礼节

跆拳道练习虽然是以格斗形式进行的，但双方都是以提高技艺和磨炼意志品质为目的，因此在练习或比赛前后都一定要向对方敬礼，即倡导"以礼始，以礼终"的尚武精神。跆拳道标准礼为鞠躬的自然姿势，腰部前倾 15°，头部下倾 45°，两手握拳贴于双腿两侧。练习者进入场地时，首先向老师敬礼。练习前双方应相互敬礼，练习后再次相互敬礼。

比赛开始前，运动员依照主裁判"立正"、"敬礼"令，立正向陪审席行标准礼。运动员依主裁判"向左向右转"的口令，内转相对，立正站好，再依"敬礼"的口令，相互敬礼。比赛结束时，运动员在各自的位置相对站立，依主裁判"立正"、"敬礼"的口令，相互敬礼，而后依主裁判"向左向右转"及"敬礼"的口令转向监督官，向监督官行标准礼。

三、跆拳道的级别与段位

区别跆拳道的级别主要从腰带上来看。10 级为白带：表示空白，根本没有跆拳道知识，意味着入门阶段。9 级为白带加黄杠。8 级为黄带：表示大地，草木在大地生根发芽，意味着学习基础阶段。7 级为黄带加绿杠。6 级为绿带：表示草木，成长中的绿色草木，意味着技术进步阶段。5 级为绿带加蓝杠。4 级为蓝带：表示蓝天，草木向着蓝天茁壮成长，意味着进度达到相当高的阶段。3 级为蓝带加红杠。2 级为红带：表示危险，已具备相当的威力，意味着克己和警告对手不要接近。1 级为红带加黑杠。黑带：表示白色的对立，相对白色技术已经熟练，意味着黑暗中也能发挥自身能力。黑带是跆拳道高手的象征，是实力的体现，更是一种荣誉和责任。黑带段位分一段至九段。一段至三段是黑带新手的段位，四段至六段是高水平的段位，七段至九段只能授予具有很高学识造诣和对跆拳道的发展作出重大贡献的杰出人物。

黑带一段以上选手有资格参加全国性比赛，二段以上选手有资格参加国际比赛。选手取得黑带后便有资格担任教练指导跆拳道运动。四段以上称为"师范"，五段以上称为"大师"。四段以上有资格申报国际教练、国际裁判，并有资格担任道馆馆长或总教练。

黑带一段至三段的段位，由中国跆拳道协会或其注册认可的团体分会考核颁发。晋升四段至六段，须由世界跆联(国技院)或国际跆联(ITF)晋级委员会考核。晋升七段至九段，须由 WTF 或 ITF 特别委员会进行评审。

四、跆拳道的精神

跆拳道精神总结起来是十二个字——礼义、廉耻、忍耐、克己、百折不屈。

五、传统跆拳道与竞技跆拳道的区别

在许多资料中看到跆拳道有肘击、膝撞、摔锁、甚至挖眼、踢裆的动作，为什么在正式比赛中又不允许使用这些技术？

跆拳道在远古时代就已经产生，当时为了生存、防卫和肉搏战争的需要，产生的一切技术均围绕实战搏斗，动作古朴实用，除了各种蹴技(脚法)、拳技外，还有手刀、擒拿、摔锁等形式，在对敌搏斗中往往收到"一招制敌"的效果。现代人们称其为"自由搏击跆拳道"，也就是"防卫跆拳道"、"传统跆拳道"。

跆拳道发展至今，已演变成一种风靡全球的集竞技、防卫、体育为一体的比赛项目。竞赛规则规定不许用手攻击头部，禁用肘法、膝法、摔法、擒拿，严禁攻击下身和后脑，这看似限制了部分技术动作的发挥，却对推动跆拳道的发展产生了巨大的作用。

新规则产生的跆拳道，首先考虑了运动员的安全。因为比赛是为了发展运动员而不是伤残运动员。也更进一步突出了跆拳道善用腿击、凶猛凌厉、变化多端、潇洒实用的特色，使比赛既紧张激烈又扣人心弦，集竞技性、实用性、欣赏性为一体，既符合奥运会的要求，又相对较安全，深受世界各国体育爱好者欢迎，称为"奥林匹克跆拳道"，即"竞技跆拳道"、"现代跆拳道"。

第二节　跆拳道实战中的姿势站位与基本步法

一、实战姿势

实战姿势分为三种：标准实战姿势、侧向实战姿势和低位实战姿势。

1．标准实战姿势

左脚在前叫左势实战姿势，简称左势；右脚在前叫右势实战姿势，简称右势。

(1) 动作规格：两脚前后开立与肩同宽，前脚脚尖45°斜向右前方，后脚脚尖向正前方，双脚脚跟抬起，膝关节微弯曲，重心在两脚之间；上身自然直立，45°斜向右前方，双手握拳，左手拳心向下，置于胸前，拳眼向内，右手拳心向内，拳眼向后，置于右侧下颌处；两臂弯曲，上臂靠近两肋；头部直立向前，目视正前方。

(2) 动作要领：两脚分别置于身体中线的两侧；身体自然，肌肉放松；膝关节松而不懈，富有弹性。

(3) 易犯错误：左右脚交叉，重心不稳；全身紧张，肌肉僵硬；重心偏前或偏后，不利于启动；膝关节不弯曲，缺乏弹性。

2．侧向实战姿势

身体完全侧向，前后脚在一条直线上，其他部位同标准姿势。此种实战姿势不利于直接向前的前踢、横踢，但有利于侧踢及其他转身腿法(如后踢、后旋、360°旋风踢)的连接。

3．低位实战姿势

身体姿势同标准实战姿势，只是双膝弯曲加大，重心降低。这种姿势重心低，不易失去重心，但移动相对较慢。

动作解析：标准的实战姿势两脚分别置于身体中线的左右两侧(即右脚站在右侧，左脚站在左侧)，靠近中线，但不能同时站在中线上，更不能交叉，以防脚底支撑面过小，重心不稳；也不能两脚远离中线，以防支撑面过大，重心过稳，不利于迅速移动。双手握拳，左拳往前送，右拳往后撤，身体呈侧向，这样有利于封住胸前空档，右拳在下颌处有利于对头部的保护。肘关节贴近身体，主要是保护人体最薄弱的部位——两肋。左肋下的脾脏，右肋下的肝脏，均为较脆弱的脏器，若暴力击打容易破裂造成大出血，因此必须充分保护。两臂所放位置不是固定的，也可以一臂垂下或两臂都垂下。两脚之间的距离和重心的高低可根据具体情况进行调整，原则上是在移动时能最快调整好身体重心。但这些动作技术的变形必须是在熟练掌握标准动作之后，高水平运动员根据具体实战情况作动作调整时使用，不建议初学者模仿。

二、站位

根据实战中与对手相关的站位关系，站位可分为开式站位和闭式站位。

1．开式站位

开式站位指和对方身体有相应的站位。即自己的身体前面相对对方的身体前面，包括左势对右势和右势对左势两种形式。

2．闭式站位

闭式站位指和对方的身体有不相对应的站位。即自己的体前对应对方的体后，包括左势对左势和右势对右势两种站位形式。

三、基本步法

1. 跳换步

由标准实战姿势开始，两脚同时蹬地使身体腾空，空中两脚前后交换，同时转体；落地时身体姿势成另一侧的准备姿势。跳换步的腾空不宜高，略离地面即可；换步时要拧腰转髋，迅速敏捷，其目的是干扰对方的攻防思路，选择适宜自己进攻的方位和转换自己身体的得分部位使对方不能得分。同时争取反击的空间和时间，马上转入进攻。

2. 前滑步

由标准实战姿势开始，两脚成斜马步；前进时，后脚蹬地，前脚向前滑行，后脚迅速向前跟进，身体保持斜马步不变，可连续进行。

3. 后滑步

由标准实战姿势开始，前脚掌用力蹬地，后腿先退后一步，前脚随即后退，两脚以及身体仍保持原来姿势；若前脚掌蹬地后，后脚沿地向后滑行一步，前脚随即同样向后滑行一步，两脚以及身体仍保持原来姿势。这种步法可以拉开和对手的距离，避开对方的进攻，准备做反击动作。

4. 上步

标准实战姿势开始，两脚成斜马步，后脚蹬地向前迈步，身体侧转成另一侧斜马步，可连续进行，注意拧腰转髋。后蹬地，前脚向前跳跃为前跃步。前滑步和前跃步都属于前进步，是主动进攻时采用的步法。也可用于假动作，配合手臂动作进行，便于快速接近对方。

5. 撤步

从标准实战姿势开始，以后脚前脚掌为轴，前脚抬起向后经后脚内侧向后撤一步，形成和原来相反的实战姿势。后撤步可根据实战需要左右变化，调整与对方的相对距离，准备进行攻击或反击。

6. 前垫步

由标准实战姿势开始，后脚向前脚并拢的同时，前脚蹬地向前迈步，仍成原来的实战姿势。前垫步动作的要点是后脚向前要迅速，不等后脚落定，前脚就要蹬地前移，前脚移动的距离要适当，既能照顾与对方的位置关系，又便于自己后面的连接动作。垫步动作要迅速、轻捷、连贯，要快速接近或远离对方。后面的连接动作要连续迅速，可在垫步过程中做动作，不给对方任何机会。

7. 后垫步

由标准实战姿势开始，前脚向后脚并拢的同时，后脚蹬地向后退步，仍成原来的实战姿势。后垫步动作的要点是前脚向后要迅速，不等前脚落定，后脚就要蹬地后移，后脚移动的距离要适当，既能照顾与对方的位置关系，又便于自己后面的连接动作。后垫步动作要迅速、轻捷、连贯，要快速远离对方。后面的连接动作，无论是防守还是反击，都要连续迅速，可在垫步过程中做动作，不给对方任何机会。

8. 左移步

由标准实战姿势开始，两脚前脚掌同时侧蹬地，离开原来的位置，向左侧移动，离开原来的位置，叫左移步。

9. 右移步

由标准实战姿势开始，两脚前脚掌同时侧蹬地，离开原来的位置，向右侧移动，离开原来的位置，叫右移步。

侧移步的作用是避开对方有力的攻击，移动到对方的侧面，准备进行反击。

10. 弧开步

由标准实战姿势开始，前脚的前脚掌原地蹬踩地面，后脚同时向左(右)蹬地后右(左)跨移一脚，成为和原来准备姿势不同方向的准备姿势。向左跨步为左弧形步(左环绕步)，向右跨步为右弧形步(右环绕步)。

11. 前冲步

由实战姿势开始，后脚向前迈前一步，身体姿势同时转正，随即前脚向前冲一步仍成为实战姿势。可连续冲几步成实战姿势。前冲步的动作要领是两腿要连贯快速，类似加速冲刺，步幅小、频率要快，灵活多变，是主动追击对方的有效步法。连续动作要轻捷快速，给对方造成慌乱。

12. 组合步

组合步是指各种步法之间的不同组合。跆拳道技术在实战运用的过程中，通过各种步法的运用和变化，有意或无意地组合起来综合运用。运用步法目的是为了调整距离，使自己的动作更加快速灵活，进而达到进退自如、控制节奏、有效攻击和有效防守的目的。步法的组合应根据实际情况的变化而改变，把攻击和反击的技术与步法紧密结合起来，做到在移动中进攻，在移动中防守，在移动中反击，使步法的运用和拳法、腿法融为一体，成为进攻、防守、反击的有机连接技术，从而达到取得实战胜利的目的。

第三节　跆拳道的基本技术

一、前踢技术

前踢技术是跆拳道腿法中最简单的，同时也是最基础的技术，前踢是横踢的基础。

1. 动作过程

以左势实战姿势为例，右脚向后蹬地，身体重心前移至左脚；右脚蹬地顺势屈膝提起，左脚以前脚掌为轴外旋约90°，同时，右腿迅速以膝关节为轴伸膝、送髋、顶髋，把小腿快速向前踢出，力达脚尖；踢击目标后右腿迅速放松弹回，向前落地成右势实战姿势。

2. 动作要领

(1) 膝关节上提时大小腿折叠，膝关节折叠紧，小腿和踝关节放松，有弹性。

（2）踢击时顺势往前送髋；高踢时往上送髋。

（3）提膝达到预定高度一瞬间，大腿突然制动将所有力量和速度全部传至小腿和脚，鞭打出去。

3. 易犯错误

（1）支撑脚没有踵转。

（2）踢击腿髋关节没有展开，踢击时膝关节没有朝向正前方。

（3）直腿上撩，大小腿没有折叠紧。

（4）大腿制动不足，膝关节到达预定高度，大腿没有停止运动而是随脚继续向上。

（5）踢击目标时向前用力，与推踢动作混淆。

（6）上体后仰过大，失去平衡。

（7）击打时脚面没有绷直。

4. 进攻部位

进攻的部位可以是裆部、头部下颏，当对手失去平衡时，亦可攻击其腹部及胸部。

5. 分解教学

（1）提膝控腿练习。从左势实战姿势开始，右脚蹬地，重心前移至左脚，左脚以前脚掌为支撑点向前辗转，右脚蹬地屈膝上提膝关节，右脚脚尖绷直，上体略后仰，保持身体平衡，持续 1 min 以上。

要领：支撑脚踵转幅度必须大于 90°，踢击腿髋关节必须充分展开，提膝后膝关节必须朝向正前方。

（2）提膝落地练习。从左势实战姿势开始，右脚蹬地重心前移至左脚，左脚以前脚掌为支撑点向前踵转，右脚蹬地屈膝上提膝关节，膝关节到达最高点一瞬间，放松右腿向前落地。

要领：支撑脚辗转，膝关节正前方，髋关节展开前送，力从脚起，随拧腰转髋的力量传至膝关节。

要求：该练习必须在提膝控腿练习动作动力定型后再开始，否则，形成错误动作之后很难再纠正。该练习既是前踢的分解动作，也可作为直接进攻的武器，也就是膝撞。

（3）完整前踢练习。该练习必须在前两个练习动作熟练之后再开始。刚开始，整个完整的动作不要用力，也不要求速度，但要求动作的完整性和连贯性。动作动力定型后即可以加快动作速度。速度就是力量。

二、横踢技术

横踢技术是跆拳道中最重要最常用的腿法，是一切腿法的基础。

1. 动作过程

以左势实战姿势为例，右脚蹬地，重心移到左脚，右膝关节夹紧向前起腿；左脚前脚掌辗地外旋 180°以上，右脚膝关节向前抬成水平状态，膝向左侧，当膝关节向左运行至身体前正中线的一瞬间，大腿突然制动，小腿快速向左前横踢出，击打目标后迅速放松收回小腿。右脚向前落地成右势实战姿势。

2. 动作要领

(1) 提膝时大小腿夹紧，直线上提。

(2) 支撑脚外旋180°，髋关节向前送，身体与大小腿成直线。

(3) 踢击目标的瞬间，头、肩、腰、髋、膝、腿、脚应在同一个竖直平面内。

(4) 严格注意击打的力点正脚背；踝关节放松，击打的感觉是"鞭打"。

3. 易犯错误

(1) 膝关节不夹紧；大小腿折叠不够；外摆的弧形太大。可采取贴墙练习克服动作错误。

(2) 大腿制动不足；膝关节到达身体前的正中线时，大腿没有停止运动而是随脚继续向左。

(3) 上身太直、太往前、重心往下落。

(4) 踝关节不放松，脚内侧击打(应为正脚背)。

(5) 动作不连贯，中间有停顿，二次发力。

(6) 击打时脚面没有绷直。

4. 进攻部位

可以进攻的部位有腹部、肋部、胸部和头部。

5. 分解教学

(1) 提膝翻髋练习。从左势实战姿势开始，右脚蹬地，重心前移至左脚，左脚以前脚掌为支撑点向前蹍转，右脚蹬地屈膝上提膝关节，同时翻髋，右脚膝关节向前抬置水平，膝向左侧，上体略后仰，保持身体平衡，持续 1 min 以上。

要领：支撑脚蹍转幅度必须大于 180°，踢击腿髋关节必须充分展开，提膝后膝关节必须翻过来；踢击腿的大腿面与支撑腿及身体必须在同一平面内。

(2) 控腿练习。提膝翻髋动作的基础上，将踢击腿完全展开，脚伸直，上体略后仰，保持身体平衡。

要领：踢击腿、支撑腿及身体必须在同一平面之内。

要求：该练习必须在提膝翻髋练习动作动力定型后再开始，否则，形成错误动作之后很难再纠正。

(3) 提膝落地练习。从左势实战姿势开始，右脚蹬地，重心前移至左脚，左脚以前脚掌为支撑点向前蹍转，右脚蹬地屈膝上提膝关节，同时翻髋，所有动作达到提膝翻髋控腿要求的一瞬间，放松右腿屈膝向前落地。

要领：支撑脚碾转，膝关节正前方，髋关节展开前送，力从脚起，随拧腰转髋的力量传至膝关节。

要求：该练习亦需在提膝翻髋练习动作动力定型后再开始，否则，形成错误动作之后很难再纠正。

(4) 完整横踢练习。该练习必须在前三个练习动作熟练之后再开始。刚开始，整个完整的动作不要用力，也不要求速度，但要求动作的完整性和连贯性。动作动力定型后即可以加快动作速度。速度就是力量。

三、推踢技术

推踢技术与前踢技术有些相似，故学习时，应在前踢技术完全掌握后，最好再学完横踢技术后再进行。这样可以有效避免因动作相似而造成的干扰。

1. 动作过程

以左势实战姿势为例，右脚蹬地，重心前移，左脚支撑，右脚蹬地后大小腿折叠屈膝上提；同时左脚以前脚掌为轴向前捻转 90°，上体略后仰，用右脚脚掌向前迅速蹬推，力点在脚掌，推力向正前方。动作完成后，右膝迅速放松屈膝向前落地，呈右势实战姿势。

2. 动作要领

提膝后尽量收紧膝关节；重心往前移，利用身体的重量为力量；推的时候腿往前伸展、送髋；推的路线水平往前。推踢的攻击目标是腹部。

3. 易犯错误

(1) 收腿不紧，直腿起，容易被阻截。

(2) 上身太直，重心往下落，腿不能水平前推。

(3) 上体过于后仰，重心不能迅速前移，不利于前踢发力和衔接下一攻防动作。

4. 进攻部位

进攻腹部、截击腿部。

5. 分解教学

(1) 提膝练习。同前踢提膝控腿，唯一不同的是，前提控腿时，脚尖要求绷直，而推踢时，脚尖要求勾起来。

(2) 完整动作练习。该练习必须在前面练习动作熟练之后再开始。初始时整个动作不要用力，不要求速度，只要求动作的完整性和连贯性。动作动力定型后即可以加快动作速度并加大力量。

四、后踢技术

后踢是跆拳道所有腿法中最实用的防守反击腿法，具有很好的隐蔽性和很强的杀伤力。

1. 动作过程

以左势实战姿势为例，以左脚前脚掌为轴内旋约 90°，重心移到左脚，上身以头领肩向右旋转 90°，背向目标，同时右腿勾脚屈膝收腿，上提至踢击腿大小腿与上体充分重叠后，右脚迅速向后直线蹬出。动作完成后迅速回缩并向前落地呈右势实战姿势。

2. 动作要领

(1) 起腿后上身与踢击腿大小腿折叠成一团。

(2) 动作延伸，用力延伸。

(3) 转身，踢膝，出腿一次性完成，不能停顿。

(4) 击打目标在正后。

(5) 转身后目光不能正看目标，只可用余光后望。转动幅度为头转 180°，肩转 90°。

3. 易犯错误

(1) 上身与大小腿不折叠，直腿往上撩。

(2) 转身、踢腿有停顿，不连贯。

(3) 击打成弧线，旋转发力。

(4) 肩部旋转过多，胸部暴露容易被反击。

4. 进攻部位

进攻部位可以为腹部、胸部和头面部。

5. 分解教学

(1) 转身练习。以左势实战姿势为例，以左脚前脚掌为轴内旋约90°，重心移到左脚，头领肩向右旋转，头部转动180°，肩部转动90°，背向目标。

(2) 提膝练习。接上势，右脚勾脚提膝，大小腿与上体重叠。

(3) 踢击练习。接上势，右脚向后直线蹬出后，屈膝落地成右势实战姿势。

(4) 完整动作练习。该练习必须在前三个练习动作熟练之后再开始。刚开始，整个完整的动作不要用力，也不要求速度，但要求动作的完整性和连贯性。动作动力定型后即可以加快动作速度，速度就是力量。

五、下劈技术

跆拳道的下劈技术是跆拳道中最具特色的一项技术，也是非常实用且具威力的反击动作。其技术结构简单，但对柔韧性要求较高。

1. 动作过程

以左势实战姿势为例，右脚蹬地，重心前移至左脚，同时，右腿以髋关节为轴直腿上踢，踢击腿与身体折叠，右脚过头达到最高点的一瞬间，借助踢击腿的重力，大腿后群肌肉的回缩力向前下压，同时向前充分送髋，以右脚后跟(或脚掌)为力点劈击，落地时屈膝成右势实战姿势。

2. 动作要领

腿尽量往高、往头后举，要向前上送髋，重心往高起；脚放松往前落，落地要有控制；起腿要快速、果断；踝关节要放松。

3. 易犯错误

(1) 起腿不够高，不够充分，重心不往高起。

(2) 踝关节紧张，往下压太用力。

(3) 重心控制、腿控制不好，落地太重。

(4) 上身后仰太多，未随重心一起前移。

4. 进攻部位

劈腿的主要攻击部位有头顶、脸部和锁骨。

六、侧踢技术

侧踢主要用来阻挡对方进攻，是跆拳道比赛常用的一个主要防守技术，也是摆踢的基础。

1. 动作过程

以左势实战姿势为例，右脚蹬地屈膝上提，左脚以前脚掌为轴外旋 180°，同时右脚脚尖勾紧快速向右前方直线踢出，着力点在脚跟或脚掌外侧，踢击目标后迅速放松右腿，并屈膝向前落地，呈右势实战姿势。

2. 动作要领

(1) 踢膝时，大小腿、膝关节夹紧，直线向上提起。

(2) 提膝、转体、踢击要协调连贯，一气呵成。

(3) 踢击时要转体、展髋，上体略侧倾。

(4) 踢击目标的瞬间，头、肩、腰、髋、膝、腿、脚应在同一个竖直平面内。

(5) 大小腿直线踢出，原路直线收回。

3. 易犯错误

(1) 大小腿折叠不够，腿部肌肉收不紧。

(2) 踢击时髋关节没有展开，致使肩、髋、踝没有在同一平面内，不是直线踢击。

(3) 动作缺乏弹性，不连贯，直腿回收。

(4) 上体前俯或侧倾过大，踢击无力。

4. 进攻部位

侧踢的攻击部位为腹部、肋部、胸部、头部和面部。

5. 分解教学

(1) 提膝团身练习。以左势实战姿势为例，右脚蹬地屈膝上提，左脚以前脚掌为轴外旋 180°，右膝与上体折叠团身，左脚支撑保持平衡。

(2) 完整动作练习。该练习必须在前面练习动作熟练之后再开始。初始整个动作不要用力，不要求速度，只要求动作的完整性和连贯性。动作动力定型后即可以加快动作速度并加大力量。

七、摆踢技术

摆踢也叫勾踢，在实际运用中是迎击对方得分的技术，同时也是后旋踢的准备动作。

1. 动作过程

从左势实战姿势开始，右脚向后蹬地，身体重心前移至左脚，左脚支撑，右腿屈膝提起；左脚以前脚掌为轴，脚跟向外旋转约 180°，右腿膝关节内扣，右腿向左前方伸出，伸直后用脚掌向右侧用力屈膝鞭打，然后右腿顺势放松，屈膝回收，落回原地成实战姿势。

2. 动作要领

(1) 起腿后右腿屈膝抬过水平，然后内扣。

(2) 右脚要随转体尽量向左前伸展。

(3) 右脚掌向右鞭打时要屈膝扣小腿。

(4) 鞭打后顺势放松。

3. 易犯错误

(1) 提膝后直接向前方伸直右腿，没有做膝内扣动作。

(2) 击打时，小腿和脚没有横向鞭打。

(3) 鞭打后不放松，落地姿势改变。

4. 进攻部位

摆踢的攻击部位为头部、面部和胸部。

5. 分解教学

(1) 屈膝控腿练习。从左势实战姿势开始，右脚向后蹬地，身体重心前移至左脚，左脚支撑，右脚屈膝前提；左脚以前脚掌为轴，脚跟向外旋约180°，同时，右膝稍内扣。

(2) 击打动作练习。右腿伸膝，向左前方伸直，右脚在屈膝扣小腿动作的带动下，向右用前脚掌做鞭打动作；右脚鞭打结束后，放松屈膝回收，落回原地成左势实战姿势。

(3) 完整动作练习。该练习必须在前面两个练习动作熟练之后再开始。初始整个动作不要用力，不要求速度，只要求动作的完整性和连贯性。动作动力定型后即可以加快动作速度并加大力量。自行练习时可以利用支撑物练习提膝和横向鞭打。

八、后旋踢技术

后旋踢简称后旋，是比赛中常用的动作之一，也是运动员反击对方进攻的主要技术。

1. 动作过程

以左势实战姿势为例，两脚以两脚掌为轴均右旋约 180°，以头领肩身体右转约 90°，两拳置于胸前；上体右转，与双腿拧成一定角度；右脚蹬地将蹬地的力量与上体拧转的力量合在一起，将右腿向后上以髋关节为轴直腿摆起，右腿继续向右后旋摆鞭打，同时上体向右转，带动右腿弧形摆至身体右侧，右腿屈膝回收；右脚落地呈右势实战姿势。

2. 动作要领

(1) 转身、旋转、踢腿连贯进行，一气呵成，中间没有停顿。

(2) 击打点应在正前方，呈水平弧线。

(3) 屈膝起腿的旋转速度要快；重心在原地旋转360°。

3. 易犯错误

(1) 转身、踢腿中有停顿，二次发力。

(2) 起腿太早，最高点不在正前方。

(3) 上身往前、往侧、往下，失去平衡。

4. 进攻部位

后旋踢的攻击部位为头部和胸部。

5. 分解教学

(1) 勾踢练习。

(2) 完整的后旋练习。后旋踢其实可以简单地理解为转身接勾踢，因此熟练掌握勾踢技术后加转身动作即可完成。

九、前横踢技术

前脚横踢也叫前横踢，是跆拳道比赛中较为常用的技术之一，也是运动员得分的主要技术。主要用于直接进攻，或假动作。与横踢相似，由于用前腿击打，距离对方近，动作较隐蔽，因而很难使对方觉察；缺点是击打力度较小。

1. 动作过程

以左势实战姿势为例，右脚向前垫步，将身体重心移至右腿，同时提起左腿，向前送髋，大小腿稍折叠，绷紧脚面，左膝向内快速弹踢小腿，击打完毕自然向前落地，成右势实战姿势。

2. 动作要领

(1) 后支撑脚一定要配合积极向前移动。

(2) 左小腿要快速向前弹出，尽量增加鞭打力量。

(3) 小腿弹出后，在伸直的瞬间要有一个制动过程，使脚产生鞭打效果。

3. 易犯错误

(1) 没有向前垫步。

(2) 踢击腿的大小腿没有折叠。

4. 进攻部位

前横踢的攻击部位为肋部、胸部、腹部和面部。

5. 分解教学

(1) 前垫步练习。

(2) 横踢练习。

(3) 完整前横踢动作练习。

十、双飞踢技术

1. 动作过程

以左势实战姿势为例，右脚向前垫步，将身体重心移至右腿，同时提起左腿，向前送髋，大小腿稍折叠，绷紧脚面；左脚起跳后在空中用左脚前横踢迅速踢击后，腾空左右脚交换，左脚落地支撑，右脚迅速横踢目标后向前落地，成右势实战姿势。

2. 动作要领

(1) 左腿横踢目标的同时，右脚蹬地跳。

(2) 右脚起跳后迅速随身体左转横踢目标。

(3) 两腿在空中交换，左脚先落地。

3. 易犯错误

(1) 左脚前横踢和右脚起跳时机不同时，或早或晚。应该先利用踢击沙袋练习左脚横踢同时右脚起跳的动作，熟练后再起右腿横踢。

(2) 左脚前横踢和右横踢之间时隔过长。可利用原地左脚前横踢起跳右横踢空击练习，提高出腿和起跳的速度。

4. 进攻部位

双飞踢的攻击部位为肋部、胸部、腹部和头部。

5. 分解教学

(1) 前横踢练习。做左势前垫步后，左腿向前做前横踢攻击目标。

(2) 完整动作练习。左腿向前做前横踢攻击目标，右脚同时起跳，在空中顺势交换两腿。简单来说，双飞踢也就是前脚横踢接横踢，因此只要前脚横踢和后脚横踢都熟练掌握，这个技术便显得很容易。

十一、旋风踢技术

转体 360°旋风踢，简称旋风踢，简单来说，也就是后转身 360°后接横踢，是跆拳道比赛和实战中常用的技术。旋风踢主要用于中远距离击打对手。

1. 动作过程

以左势实战姿势为例，左脚内扣，身体以头领肩向右后 180°转体，同时右脚由后面向左脚左侧前方跨出一步；右脚落地的同时左腿随身体继续右转向右后摆起，此时身体已转动 360°，左脚蹬地起跳，顺势在空中用左横踢击打对方腹部及后头部，右脚落地支撑。

2. 动作要领

(1) 转体动作要迅速果断，左脚内扣时脚跟对敌。

(2) 右脚随身体右转向后右侧摆起时不要太高，以能带动身体旋转起跳为宜。

(3) 左脚蹬地起跳，身体腾空，但不过膝，目的是快速旋转出腿。

(4) 左脚横踢时，右腿向下落地，要快落站稳，即横踢目标的同时右脚落地。

3. 易犯错误

(1) 左脚内扣落地角度不足，使后面的动作难以完成。

(2) 转体、摆腿、起跳动作不连贯，动作幅度过大。

(3) 左腿横踢没有利用转体轻跳的顺势力量，打击力度不够大。

4. 进攻部位

旋风踢的攻击部位为头部和胸部。

5. 分解教学

(1) 横踢练习。

(2) 转身上步练习。先练习原地转身，右腿要主动配合转动。

(3) 转身接横踢练习。

(4) 完整的后旋练习。

第一节　游泳运动概述

一、游泳的作用与价值

游泳是人类在长期的生产、生活实践以及与大自然的斗争中产生和发展而来的，是人类凭借自身肢体的动作与水的相互作用力在水中行进的一种运动。游泳作为一项重要的技能与工具，渗透到我们生活中的诸多领域，如水上资源开发、科学考察、防洪抢险、救护打捞、武装泅渡等，在日常生活、生产以及在军事建设中都发挥着重要的作用。

游泳是一项很好的运动，它有利于增强人体健康，提高人体的力量、速度、耐力、灵敏、协调等身体素质，增强体质。长期参加游泳运动，不但可使人体的神经、呼吸和血液循环等系统的机能得到改善，而且还能促进人体均匀、协调、全面的发展。特别是在增强心肺功能，促进新陈代谢，培养顽强的意志品质等方面都具有积极的作用。

二、游泳的分类

广义范围的游泳运动应包括游泳、跳水、水球、花样游泳和蹼泳等。目前，游泳被分为两大类：用以参加正式游泳比赛的姿势称为竞技游泳，包括有爬泳、仰泳、蛙泳、蝶泳和混合泳。具有实用性和锻炼价值的其他姿势称为实用游泳，包括有侧泳、反蛙泳、潜水、踩水等。

三、竞技游泳比赛项目

根据比赛场地的不同，竞技游泳比赛可分为 50 m 长池比赛和 25 m 短池比赛。奥林匹克游泳比赛在 50 m 泳池中进行，共设 32 个比赛项目。按照国际游泳联合会的规定，在 50 m 泳池进行的游泳比赛共有男、女 40 项世界纪录；25 m 泳池进行的游泳比赛共有 42 项世界纪录(增加 100 m 个人混合泳、4×50 m 混合泳接力)。

(1) 奥运会游泳比赛不设仰泳、蝶泳、蛙泳 50 m 项目和男子 800 m、女子 1500 m 自由泳项目。

(2) 个人混合泳的泳式完成顺序：蝶泳、仰泳、蛙泳、自由泳；混合泳接力的泳式完成顺序：仰泳、蛙泳、蝶泳、自由泳。

(3) 2005 年 10 月 27 日，国际奥委会在瑞士洛桑正式决定将男、女 10 公里公开水域游泳项目增设为北京奥运会的正式比赛项目。

第二节　游泳运动的基本技术

一、蛙泳技术

1．身体姿势

身体水平地俯卧水中，稍抬头，头部置于两臂之间，掌心向下，两眼俯视前下方，这时身体与水面约成5°～10°角；当吸气时，下颌露出水面，肩部升起，这时身体与水面的角度较大，约为15°角。

2．腿部动作

蛙泳的腿部动作如图14-1所示。

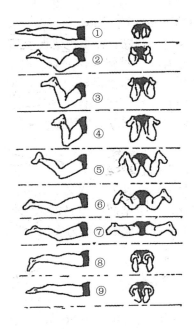

图 14-1　蛙泳的腿部动作

（1）收腿：收腿动作产生阻力，因此收腿动作相对要慢，放松而自然。两腿边收边分开，脚踵向臀部靠拢，两脚和小腿回收时要在大腿的投影截面内，以减少回收时的阻力。收腿结束后，大腿和躯干约成110°～140°角，两膝内侧与髋关节同宽。

（2）翻脚：收腿结束时，脚仍向臀部靠拢，这时膝关节稍向内扣，同时两脚向外侧翻开，使脚和小腿内侧对准后蹬方向。

（3）蹬腿：蹬腿动作实际包括有夹水动作。蹬腿是以大腿发力，先伸髋关节，其次是伸膝、伸踝关节，使蹬水方向尽量向后。蹬腿动作应连贯、快速而有力。

（4）滑行：蹬腿结束后，腿部处于略低的位置，脚距离水面约 30～40 cm，这时身体应随着蹬水动作向前滑行，使腿保持较高的位置，以减少阻力。

3．臂部动作

蛙泳的臂部动作如图 14-2 所示。

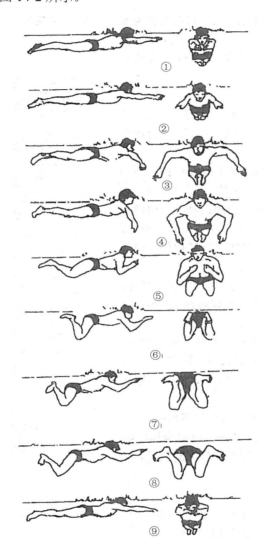

图 14-2　蛙泳的臂部动作

（1）开始姿势：两臂自然向前伸直，两臂与水面平行，掌心向下，手指自然并拢，身体呈较好的"流线型"。

（2）抱水：从开始姿势起，前臂和上臂立即内旋，掌心向外斜下方并稍勾手腕，两手分开向侧斜方抱水。当手掌和前臂感到有压力时，就开始划水（见图 14-2①、②）。

（3）划水：紧接抱水动作后，加速向后划水，整个划水动作肘部保持较高位置。蛙泳划水方向是向侧、下、后、内方屈臂划水，划水路线是椭圆形曲线（见图 14-2③、④）。

(4) 收手：收手是划水阶段的继续，手先向内向上收缩到头的前下方，手掌由向后继而成斜上相对，最后掌心向下并前伸。在整个过程中，手的动作应积极、快速、圆滑地完成。收手结束时，肘关节低于手，大小臂成锐角(见图 14-2⑤)。

(5) 伸臂：伸臂动作是由伸直肘关节、肩关节组成的，掌心由朝上逐渐转向下方，伸臂动作要轻快，不能有停顿现象(见图 14-2⑥、⑦、⑧、⑨)。

4. 臂与呼吸和臂、腿、呼吸的完整配合

蛙泳中的呼吸是和手臂的划水动作紧密配合的。运动中用口吸气，用口、鼻呼气。蛙泳的呼吸形式有早呼吸和晚呼吸两种。早呼吸是两臂划水开始时，头和口露出水面做吸气动作，由于整个呼吸过程较长，宜于初学者采用。晚呼吸是随着臂的有力划水动作，有头和肩部上升时吸气，这对保证动作的连贯性和加强划水效果有利，为基础较好的人和运动员所采用。

蛙泳的完整配合技术是一次腿部蹬夹水，一次划臂、一次呼吸。臂、腿、呼吸配合技术可概括为：划臂抬头腿不动，收手低头又收腿，先伸胳膊再蹬腿，臂腿伸直漂一会。

二、爬泳(自由泳)技术

1. 身体姿势

爬泳时身体应伸直成流线型，近乎水平地俯卧在水面。稍收腹，脸部和前额浸入水中，臀部接近水面，身体纵轴与水面成 $3°\sim5°$ 角，头与身体的纵轴成 $20°\sim30°$ 角。呼吸时自然转向一侧，身体可围绕纵轴有节奏地转动。

2. 腿部动作

爬泳中腿部动作主要用来维持身体平衡并产生一定的推动力。爬泳打水时，两腿自然伸直，两脚稍内扣，以增大打水面积。要求踝关节放松，髋关节先发力，以大腿带动小腿做鞭状上下交替打水，打腿幅度以两脚跟的垂直距离约为 $30\sim40$ cm 为宜。向下打水时，膝关节弯曲成 $160°$ 角，使小腿和脚背向后下方打水，同时产生身体向前和上浮两个分力。当大腿向上打水时，小腿继续向下，直到伸直膝关节，开始做向上打水的动作，大腿带动小腿上移，髋关节逐渐展开，腿自然伸直，脚跟接近水面完成向上打水。向上打水用较小的力量，而向下打水时要用较大的力量和较快的速度来完成。

3. 臂部动作

爬泳时，划臂是推动身体前进的主要力量。臂部动作是由入水、抱水、划水、出水、移臂五个部分组成。

(1) 入水。臂入水时，肘关节略屈并高于手，手指自然伸直并拢，手指向斜下方向插入水或掌心稍向外侧切入水中，动作要自然放松。臂的入水点应在肩的延长线上或在身体中线和肩延长线中间。

(2) 抱水。臂入水后，积极插向前下方，并逐渐开始屈腕，屈肘对水，肘关节通过肩关节的内转而稍向外转，保持高肘，以形成前臂和手向后划水的有利对水面。划水开始后，当手臂与水面成 $40°$ 角时，手和前臂已经接近垂直对水，肘关节屈至 $150°$ 角左右。

(3) 划水。划水分为拉水和推水两个过程。拉水是直臂和屈臂，这时前臂的速度快于上

臂,当臂划至肩下方时,手在体下靠近身体中线,屈肘约 90°～120°。整个拉水过程应保持高肘姿势。当臂经过肩下垂直线时,应使上臂与前臂同时向后推动,同时肩部后移,以加长有效的划水路线。向后推水是通过屈臂到伸臂来完成的。为了使前臂、手掌能以最大的面积对水,在推水过程中肘关节要向上,向身体靠近。从拉水到推水应连贯而快速地完成。

(4) 出水。划水结束后,臂借助推水后的惯性,将肘部向上方提起,并迅速将臂提出水面,起臂和手掌应尽量放松。

(5) 空中移臂。臂在空中前移的动作是手臂出水动作的继续,移臂时动作应放松自如,尽量不破坏身体的流线型,要和另一臂的划水动作协调一致。

爬泳两臂的正确配合是均匀前进的重要条件之一。依照划水时两臂所处的位置不同,可以分为前交叉、中交叉、后交叉三种形式(见图 14-3)。对于初学者来说,可以采用第一种形式,以掌握爬泳动作和呼吸动作。采用后两种形式,有利于发挥两臂的力量和提高动作频率。

前交叉　　　　　　　　　　中交叉　　　　　　　　　　后交叉

图 14-3　爬泳三种形式

4. 呼吸与腿、臂的完整配合

爬泳时应有节奏地进行呼吸,一般是两臂各划一次做一次呼吸。以右臂动作为例,右手入水后,口鼻开始逐渐呼气,同时向右转头,右臂划水结束提肘出水,嘴出水时把剩余的气快速呼出,然后立即吸气。右臂前移至肩时吸气结束,然后闭气并将头转正,右臂随之前移入水。

目前爬泳的配合动作有三种:一种是两腿打水六次、两臂划水两次、呼吸一次的配合方法,简称 6∶2∶1,也可采用 4∶2∶1 或 2∶2∶1 的配合方法。这三种不同的配合方式均被广泛采用。对于初学者来说,腿部动作比较重要,采用第一种配合更容易保持平衡和协调,更易于掌握爬泳技术(见图 14-4)。

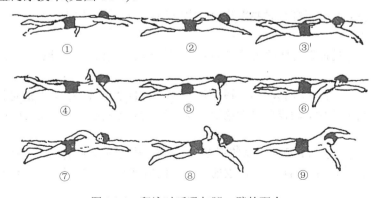

①　　　　　　　　　　②　　　　　　　　　　③

④　　　　　　　　　　⑤　　　　　　　　　　⑥

⑦　　　　　　　　　　⑧　　　　　　　　　　⑨

图 14-4　爬泳时呼吸与腿、臂的配合

三、仰泳技术

1．身体姿势

仰泳时身体平直地仰卧于水中，头和肩略高于臀，身体纵轴与水平面构成一个不大的仰角，整个身体处于较高的位置。

(1) 头部姿势：头在仰泳中起着舵的作用，并可控制身体左右转动。头要自然地仰在水面，后脑部浸在水中，颈部肌肉放松，使水位于耳际附近，两眼看后上方。

(2) 腰腹动作：为了保持身体良好的流线型姿势，游仰泳时臀部及腰部肌肉要保持适度的紧张，下肋上提，不要含胸。

(3) 身体的转动动作：游仰泳时，运动员的身体要不断围绕身体纵轴转动。当一臂划水至一半，另一臂在空中移臂时，身体的转动角度最大，一般在 45°左右。仰泳的两肩转动角度一般小于 45°，肩关节灵活性差的可大于 45°。身体转动的目的在于：

(1) 有利于臂出水和做空中移臂动作。

(2) 加强臂的划水力量。

(3) 保持一定的划水深度。

总之，身体姿势的好坏对腿部动作的效果和配合动作有直接的影响，而腰腹肌肉的强弱对身体的姿势和位置以及协调腿臂动作均有重要作用。

2．腿部动作

仰泳中，腿部动作的作用有：

(1) 保持身体处于较高的水平姿势。

(2) 控制身体的摇摆，保持平衡。

(3) 产生一定的推进力。

仰泳腿部动作同爬泳腿部动作相似，不同之处是它的膝关节弯曲度比爬泳稍大，约为 135°，打腿的幅度约在 45 cm 左右。通常称作"上踢下压"，即"屈膝上踢，直腿下压"。踢腿动作是以大腿带动小腿，小腿带动脚，以"鞭状"踢水的形式来完成的，所以通常把腿部动作称为上鞭和下鞭动作。

当大腿开始向上移动时，小腿由于惯性作用继续向下，小腿向下移动结束时，大腿与小腿构成 130°～140°角，两脚相距 40～45 cm 左右。由于股四拖肌的紧张收缩，大腿带动小腿向后上方踢水。踢水时，脚背稍向内旋能加大踢水的对水面，踝关节是否放松灵活是仰泳产生前进力的关键。

3．臂部动作

仰泳中，臂的动作是产生前进力的主要来源。当前仰泳都采用两臂在体侧交替屈臂划水的技术，其优点是：加长了有效划水的路线；使前进力的方向指向前方，划水效果好；调动更多的肌肉群积极参加工作，增加划水横截面。

(1) 入水：手臂自然伸直，手掌展平，小指领先入水，入水点在身体纵轴的延长线上。为了更好地对准水，手掌与前臂应成 150°～160°角。这种入水方式为伸肩做积极的抱水创造了条件，便于发挥胸大肌、背阔肌的力量。

（2）抱水：当手臂切入水中后，躯干向入水的同侧方向转动，借助前移速度，直臂向深水处积极抓水，同时做转腕和肩内旋动作，并开始屈臂。尽直向前伸臂，使手掌、前臂和上臂处于最有利的向后对水位置，形成有利的划水面。这种动作通常称作"抱水"，完成抱水动作时，臂和身体纵轴构成40°左右的角，手掌离水面30 cm左右，肘关节自然弯曲。

（3）划水：仰泳的划水动作是推进身体前进的主要动力，整个动作是由抱水开始，以肩为中心，划至大腿下方为止。划水包括拉水和推水两个部分。拉水是在臂前伸抱水的基础上进行的。开始拉水时，前臂内旋，肘关节向下弯曲150°角左右，并逐渐下沉至靠近腰部。这样，手掌和前臂对准水，加大划水面。游进时，屈肘角度应逐渐减少，当手掌离水平面15 cm左右，前臂与上臂形成90°～110°左右的角时，手掌、前臂和肘同时向后移动(见图14-5)。

图14-5　游进时的前臂与上臂

当手臂划过肩线时，应充分利用拉水的速度和划水面，使手掌、前臂和上臂同时用力向后下方做推压的动作，并利用推水的惯性，使手腕做内旋下压的动作。推水结束时，手掌在臂部下方离水面40～50 cm左右(见图14-6)。整个划水路线呈"S"形(见图14-7)。

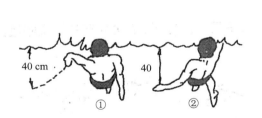

图14-6　推水结束时的手掌位置

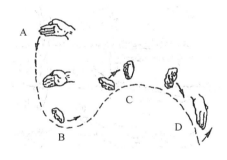

图14-7　"S"形划水路线

（4）出水：臂出水是指手臂划水结束后迅速提出水面的动作过程。正确的出水动作是先压水后提肩，使肩露出水面后，由肩带动上臂、前臂和手依次出水。划水结束时，手掌自然转向下方，并靠拢大腿，用手臂内旋下压的作用力和肩部三角肌收缩的力量，使手臂自然地提出水面。

（5）空中移臂：臂出水后，应迅速沿着肩的垂直面向肩前移动。当手臂移过垂直部位后，手掌即开始内旋，使掌心向外翻转(如采用小指先出水则无此动作)，为入水动作做积极准备。

仰泳两臂的配合采用"连接式"的技术。即当一臂划水结束时，另一臂已入水并开始划水；一臂处于划水的中部，另一臂正处于移臂的一半。在整个臂的动作过程中，两臂几乎都是处于完全相反的位置，这样一来的配合能够保证动作的连贯性和速度的均匀性，而且还有助于加强划水力量。

4．呼吸动作

仰泳的呼吸要有严格的节奏。一般是划臂两次，呼吸一次。吸气时要用口来进行，用口、鼻呼气。应在一臂移臂时吸气，另一臂移臂时呼气。这种呼吸方法可防止呼吸频率过快，并可保证充分的呼气与吸气。

5．臂腿配合技术

现代仰泳技术中采用 6：2：1 的配合形式，即 6 次打腿、2 次划臂、1 次呼吸(见图 14-8)，也有少数运动员采用 4：2：1 的配合技术。

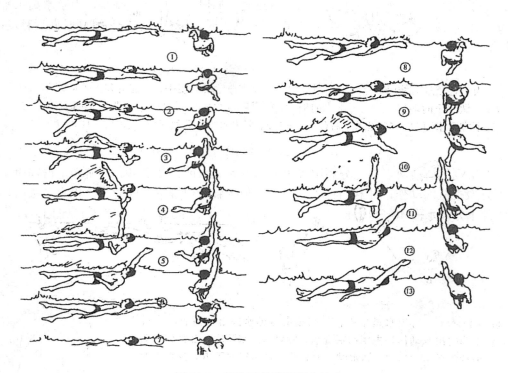

图 14-8　仰泳时的臂腿配合技术

四、蝶泳(海豚泳)技术

1．身体姿势

蝶泳没有固定的身体位置，躯干各部分和头不断改变彼此之间的相对位置，由于身体波浪动作，自然形成上下的起伏。

正确的蝶泳技术是一种以横轴(腰)为中心躯干，腿做有节奏的摆动动作的技术，发力点在腰部，以大腿带动小腿，做上下的鞭水动作，而这些动作与头部和臂部动作紧密联系在一起，形成蝶泳特有的波浪动作。蝶泳波浪动作由下面几个因素形成：

(1) 由于腿向下打水，水对腿的反作用力，使臀部上升到水面。

(2) 由于两臂抱水进入划水前部时，使头和肩抬高，下肢上浮。

(3) 由于空中向前移臂，使头和肩下沉。

(4) 由于移臂抬头吸气，使臀部下沉。

以上四个因素所形成的身体上下浪状摆动是有节奏而自然的，它有利于身体各部分的协调配合，使身体始终保持较高的位置，形成较好的流线型。同时给两臂划水的两腿打水创造了有利的条件。

2．躯干和腿部的动作

蝶泳打水时，两腿自然并拢，两脚脚掌稍向内旋成"八"字。当两腿在前一次打水周期向下打水结束后，两脚处于最低点，膝关节伸直，臀部上升至水面，髋关节约屈成160°角，然后两腿伸直向上移动，髋关节逐渐展开，臀部下沉。当两腿继续向上时，大腿开始下压，膝关节随大腿下压动作自然弯曲。大腿继续加速下压，随着屈膝程度的增加，脚抬起接近水面，臀部下降到最低点，膝关节屈成约110°～130°角时，脚向上抬到最高点，并准备向下打水。当脚向下打水时，踝关节放松，脚面绷直，此时即蝶泳打腿产生推进力最大的时候，然后随着大腿加速下压，脚面和小腿加速向后推水。当两脚继续加速向下打水尚未结束时，大腿开始向上移动；当膝关节伸直时，向下打水的动作结束。

3．臂部动作

蝶泳臂部动作的全过程是：两臂在头前入水，同时沿着身体两侧做曲线向后划水，划水结束时，两臂经空中前移再做第二次划水。

蝶泳臂部动作由入水、抱水、划水、推水、出水、空中移臂六部分组成。

(1) 入水。蝶泳的入水动作有宽入水和窄入水两种类型。现代蝶泳技术多采用与肩同宽的肩前入水技术，入水点距肩较近，同时手掌斜插入水，手掌与水面成45°角。这样做的优点在于：臂入水后，略向下侧抓水即可进入抱水和划水阶段，手掌与水平面成一定角度，可以减少手掌带进气泡并能迅速划水，有利于加快动作频率和高肘划水动作的完成。

臂入水时，手掌领先，小臂、大臂依此入水，入水后不宜向前伸和过分做潜水动作，否则会形成大波浪和身体上下起伏的现象。

(2) 抱水、划水和推水。当两臂入水后，手和前臂内旋向侧下方抓水，接着两臂逐渐向内弯曲，高抬肘，使手掌和前臂成为主要的对水面。在进入划水阶段时，使肘保持较高位置，随后即做加速划水动作。在划水的前半部分，上臂内旋动作和逐渐加大屈臂动作是同时进行的，当两臂划至肩下方时，小臂与大臂之间约成90°～100°角。然后手掌、手臂、大臂一起继续加速向后推水。在推水过程中，小臂和大臂的角度逐渐加大，划至腹下时，两手距离最近，然后两手弧形向外推水而结束整个划水动作。两臂的划水路线形成对称曲线。优秀运动员采用的划水路线是在抓水后立即使手掌和前臂对好水，向内划水划至头的下方时，两手距离最近，然后加速向后划。这种划水的路线好似钥匙洞，故称之为"钥匙洞"型划水路线，这种技术需要较大的臂力。

(3) 出水。当两臂划至髋部两侧时，利用推水的惯性迅速提肘出水，在两臂推水尚未结束时肘开始做向上提的动作。这是由于后半部划水产生的加速度，而使两臂做弧形的向外推水动作，并把从划水至推水时产生的动量，移到了提肘出水和空中移臂上。

(4) 空中移臂。当推水结束、提肘出水后，两臂即由空中前移。开始移臂时肘微屈，手掌几乎向上，肘先于手出水，两臂放松，内旋沿身体两侧低平抛物线前摆。整个动作在开始时稍用力，利用臂推水的惯性向前提肘出水。移臂时要速度快，否则会造成躯干下沉。

肩关节的灵活性对蝶泳移臂动作起着重要作用。开始移臂时肩关节上提，肩胛骨并拢，然后向前转肩，肩关节灵活性好的运动员可以迅速、轻松地完成这一动作。

4．呼吸动作

蝶泳的呼吸是与臂部动作配合完成的。游蝶泳时借助两臂推水时的惯性，同时使头部抬起，口露出水面吸气，吸气时肩部应保持在水中。

蝶泳呼吸一般采用臂划水一次、呼吸一次的方式。目前蝶泳呼吸方法一般采用晚呼吸。

蝶泳晚呼吸是在划水后三分之一进行的。运动员在划水的主要阶段就已开始抬头，肩部升高，当两臂划过身体的垂直线到推水时，脸部几乎完全出水，并开始吸气，吸气一直持续到两臂完成推水动作和开始移臂时。颈部应该弯曲，低头入水。晚呼吸的优点是：在身体位置升高时吸气，能够使身体保持相对的水平，阻力小。蝶泳的呼吸与两臂的配合，为提高速度和身体位置的平稳创造了条件，很多运动员采用划水两次吸气一次的配合方法。也有的运动员在出发后和冲刺时采用闭气游的方法。

5．臂腿配合动作

蝶泳配合动作应该是速度均匀、节奏明显的，每次打水的时间间歇大致相同，打水连贯而有力，当前运动员多采用2：1：1的配合技术。

蝶泳臂腿配合的方法是：两臂入水时做第一次向下打水(见图 14-9①～④)，抓水时腿向上(见图 14-9⑤、⑥)；当两臂划至胸、腹下部时，开始做第二次向下打水，臂推水结束，打水结束(见图 14-9⑦～⑩)；移臂时，腿又向上准备做下一周期的打水动作。

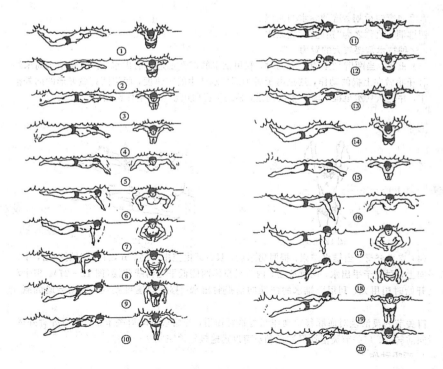

图 14-9　蝶泳时的臂腿配合技术

臂入水时做第一次打水动作，能较好地发挥躯干和腿的作用，保持游进时良好的均匀速度，并能减少移臂时身体下沉。当两臂划至腹下时，开始做第二次打水，这时游进速度比较快，身体位置也比较高。做第二次打水不仅能产生推进力，而且可以使下肢得到支撑，使身体升高，身体呈较好的流线型，可增强划水效果。这种配合形式称之为连贯配合技术，为大多数运动员所采用。

第三节　游泳锻炼卫生与安全知识

一、保护眼睛

若游泳的时间长，就应采取一些保护性的措施，如戴上护目镜，使眼睛不与水直接接触。没有护目镜时，可以少睁眼睛或眯缝着眼进行练习，以减少水的刺激。也可以改变一下游泳的姿势，多练习仰泳或抬头游蛙泳或爬泳。有条件时可以扶板做些腿部的专门练习。但不管怎样，在游泳结束后应养成用干净的水洗洗眼睛、漱漱口的好习惯。

二、耳朵进水

(1) 侧压法：头侧向耳内有水一侧，用手掌紧压着耳朵，屏住呼吸，然后猛地抽开手掌，将水吸出。

(2) 侧跳法：头和身体侧向耳内有水一侧，做单脚跳或双脚跳，将水震动流出。跳动时配合侧甩头动作效果更好。

(3) 加水侧跳法：由于耳道较窄和吸附力的作用，当耳内积水很少时不易流出，可以再灌入一些水，增加积水量，然后再侧跳便可将水全部排出。

总之，游泳时耳朵内有水一定要及时设法清理，因为耳朵内温度高，若存水则容易滋生细菌，引起炎症。

三、抽筋

抽筋现象的出现主要是身体过于疲劳、水温过低或动作过分紧张、蹬腿用力过猛等原因所造成的。肌肉抽筋一般都是采用牵引拉长抽筋部位肌肉的方法来解除的，并加以揉捏抖动等办法使抽筋肌肉逐渐放松。抽筋是危险的信号，应立即就近上岸休息，擦干身体，按摩抽筋部位，并注意保暖。

第四节　游泳救护知识

水中救护的两个主要环节是"看水"和"现场急救"。所谓看水，即观察水面情况，分析事故性质，判断营救措施。

一、间接救护技术

间接救护是救护者利用救生器材，对较清醒的溺者施救的一种技术。游泳场所一般都应备有救生圈、竹竿、木板、泡沫块、轮胎、绳子及输氧设备等。下面介绍几种常用的救护器材和使用方法。

(1) 救生圈。最好在救生圈上系好一条绳子，当发现溺者时，可将救生圈掷给溺者。如在江河里，就向溺者的上游掷去，溺者得到救生圈后，将他拖至岸边。

(2) 竹竿。溺者离岸、船较近时，可将竹竿伸给溺者，切勿捅戳。待溺者抓住后将其拖至岸或船边。

(3) 绳子。在绳索的一头系一漂浮物，将绳子盘成圆形，救护者握住绳子的一端，然后将盘起来的绳子掷在溺者的前方，使溺者握住绳子上岸。

(4) 木板(包括一切可浮物)。在没有其他救护器材的情况下，木板也可作为救护器材。将木板掷给溺者，亦可扶木板游向溺者，然后将溺者拖带上岸。

二、直接救护技术

直接救护技术是救护者不借助任何救生器材，徒手对溺者施救的一种技术。直接救护技术大致可分为入水前的观察、入水、游近溺者、水中解脱、拖运、上岸、岸上急救等过程。

1．入水前的观察

当发现溺水者时，应立刻迅速扫视水域，并判断溺者与自己的距离方位。在江河湖海中还要注意水流方向、水面宽窄、水底性质等因素。救护者要遵循入水后尽快游近溺者进行施救的原则，迅速选择入水地点。

2．入水

入水指救护者在发现溺水情况后，由岸(船)边跳入水中准备赴救的过程。入水要迅速、注意目标。入水方法大致分两种。

(1) 在熟悉的水域或游泳池，可用鱼跃式(头先入水)的出发动作。其优点是速度快。

(2) 在不熟悉的水域，可用"八一"式(脚先入水)的动作。动作要领是起跳后，两臂侧前举，一腿前伸微屈，一腿稍向后屈。当身体接近水面时，两腿夹水，手臂迅速压水。这种入水方法的优点是不会使身体下沉过多，并能防止碰到石头或暗桩，而且基本使头部不入水，以便看清目标。

3．游近溺者

游近溺者指救护者在入水后迅速靠拢和控制溺水者作好拖带准备的过程。一般采用速度较快的抬头爬泳，亦可采用头不入水的蛙泳，以便观察溺者。

当游到离溺者2～3 m处，深吸口气采用潜深技术接近溺者，以保证自身体力。如溺者面向自己，则潜入水中，游到溺者身旁，两手扶住他的髋部，将他转至背向自己，然后进行拖运。另一种方法是正面游近溺者后，用左(右)手握住他的左(右)手，用力向左(右)边一拉，借助惯性使溺者身体转 180°背向自己，然后进行拖运。如溺者背向自己，可直接游近溺者急停后，一手托腋，使其口鼻露出水面，一手夹胸作好拖带准备，并有效控制对方。

在水质混浊的游泳场所，则应有意识地由正面转向溺者的一侧，看清并及时抓住溺者在水面上挣扎的近侧手，边拉边作夹胸动作控制对方。

4. 水中解脱

水中解脱指救护者在接近或寻找溺者时被溺者抱住后施行解脱，并进行有效控制溺者的一项专门技术。由于水中挣扎的溺者，只要抓住任何东西就不会轻易松手，所以救护人员需要掌握一定的解脱方法，以防万一。解脱时一般应利用反关节和杠杆的原理，动作要迅速、熟练、突然。下面介绍几种常见的水中解脱方法。

(1) 虎口解脱法。虎口是指溺者拇指与食指之间的部位，当救护者的臂部(单臂或双臂)任何部位被抓住时，都可用这种方法进行解脱。

a. 当溺者两手从上抓住救护者的两手腕时，救护者可握紧双拳向溺者的拇指方向外旋，肘内收来解脱(见图 14-10①)。如果溺者从下抓住救护者的两手腕，则紧握拳向溺者虎口方向内旋，肘关节向外展，即能解脱。

b. 当溺者两手从下抓住救护者的一只手腕时，救护者一手可握紧拳头，另一手从溺者的两臂中间穿出，握住自己拳头突然从虎口下拉，即可解脱(见图 14-10②)。

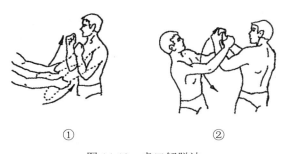

①　　　　　②

图 14-10　虎口解脱法

(2) 托肘解脱法。救护者向上推托肘关节而施行的一种解脱方法。

a. 从后面被溺者抱住颈部：救护者首先握住溺者靠近自己胸前的一只手腕，另一手从下向上托溺者同侧臂的肘关节使之转体，然后低头，并向上推溺者的肘关节，使救护者头部从溺者腋下钻出来，离开溺者肘关节后，乘势将溺者的手腕拉至背后，另一手扶住溺者的前胸，进行拖运。

b. 被溺者从前面抱住颈部：救护者用左(右)手推溺者的左(右)肘关节，右(左)手握住溺者的同一手腕并向下拉，然后，头从溺者的两臂中间钻出来，这时握住溺者的手腕从他腋下向后扭转拉到前后，同时另一手放开推溺者肘关节的手，并托住溺者的下颏进行拖运。

(3) 推扭解脱法。即救护者推扭溺者头部再拖行的一种解脱方法。

溺者从前方被拦腰抱住时，救护者一手按住溺者的后脑勺，另一手托住溺者的下颏，向外扭转他的头，并顺势把溺者转至背向自己，然后进行拖运(见图 14-11①)。

(4) 扳指解脱法。即救护者扳开溺者手指所施行的一种解脱方法。

溺者从后方被拦腰抱住时，救护者用右手抓住溺者右手的一指，用左手抓住溺者左手的一指，分别向右左用力拉开(见图 14-11②)，然后放开溺者的一只手，乘势转至溺者背后进行拖运。

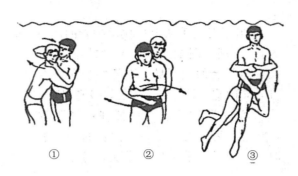

①　　　　　　②　　　　　　③

图 14-11　托肘解脱法

(5) 外撑解脱法。救护者利用两手掌相对屈肘外撑所施行的一种解脱方法。

溺者从背后被连同两臂拦腰抱住：救护者两腿用力向下蹬夹水，连同溺者一起在水中升高身体位置(见图 14-11③)。当头出水后深吸口气，然后突然下沉，同时用两臂向外撑的方法进行解脱，随后转到溺者背后进行拖运。

5．拖运

拖运是指救护者采用侧泳或反蛙泳进行水上运送溺者的一项专门技术。拖动时为防止溺者因不明被救而强行挣扎，一般均采用夹胸拖带法。但应注意救护者及被拖运者的嘴、鼻必须露出水面。夹胸臂不可贴近溺者的喉部。拖运分侧泳或反蛙泳两种技术。

(1) 侧泳拖运法。指救护者侧卧水中，一手扶住溺者，一手在体侧划水，两腿做侧泳蹬剪水的动作前进。拖运时，一种是一臂伸直托住溺者的后脑，一手在体侧划水，两腿做侧泳蹬剪水的动作；另一种是一手抄腋下，同侧髋部紧贴溺者的背部，另一手在体侧划水，两腿做侧泳蹬剪水动作。

(2) 反蛙泳拖运法。指一手或两手扶住溺者，以反蛙泳腿的动作使身体前进。拖运时，一种是仰卧水面、两臂伸直，两手扶住溺者的两颊，腿做反蛙泳动作使身体前进；另一种是仰卧水面、双臂伸直，以两手的四指挟着溺者的两腋窝下，大拇指放在肩胛骨上，腿做反蛙泳动作使身体前进。

6．上岸

遇到处于昏迷状态的溺者时，可先将他拖运到岸边，然后再将他弄上岸以便抢救。这在浅滩或斜坡的河岸以较方便，如果在游泳池或陡坡，上岸就比较困难。下面介绍两种在游泳池上岸的方法：

(1) 池边上岸方法。救护者先用右手握住溺者的右臂，将其右手先放到岸边，随后用左手将溺者的右手压在岸边，用右手和两腿的力量支撑上岸。然后迅速用右手拉左手，并将右手换到溺者的右手腕(溺者背靠池壁)，再用左手拉住其左手腕，将溺者沉入水(头不要没入水中)，借溺者身体向上的浮力，把他提拉上来，并立即进行抢救。

(2) 扶梯上岸方法。将溺者拖运至梯前，搭在自己的右肩上，两手握住扶梯，稳步上岸。当溺者的前臂移到池边时，慢慢放下，随后将右脚踏在池边上，右手托住溺者的颈部，左手抓住扶梯，弯腰向前，慢慢将溺者放倒(见图 14-12)，立即进行抢救。

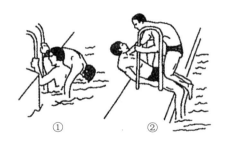

① ②

图 14-12 扶梯上岸方法

7. 岸上急救

将溺者救上岸以后，首先是观察溺者的病状，然后再决定做人工呼吸或做心脏按压，同时找救护车。

(1) 观察病状。① 确认意识。握手看或大声喊叫，溺者若有意识的话，就会反握握手者的手，或有回应，也有时眼皮眨动。② 确认呼吸情况。把脸贴在溺者的鼻、口，感受呼吸的交流，同时观察胸腹部，若有呼吸，腹部的皮肤就有上下起伏。③ 确认脉搏。一般切手腕的动脉，切不到此脉时，就切颈动脉。通常脉率成年人为 60～80 次/min；小孩为 80～100 次/min。当脉搏只有 30 次/min 左右时(无脉或微跳时)，应立刻做心脏按压。

(2) 人工呼吸(口对口呼吸)。当溺者救上岸后，心脏还在跳动，应立刻进行人工呼吸。在进行人工呼吸前，先要清除溺者口鼻中的异物，保证呼吸道的通畅。有活动的假牙应取出，以免堕入气管内。如溺者牙关紧闭，救护者从他后面，用两手大拇指由后向前顶住溺者的下颌关节，并用力向前推，同时用两手的食指与中指向下扳颌骨就可扳开溺者的牙关。

在迅速做完上述处理后，接着进行控水，将溺者呼吸道中的水排出，以便进行人工呼吸。控水的方法是：救护者一腿跪着，另一腿屈膝，将溺者腹部放在屈膝的大腿上，一手扶着溺者的头，使溺者嘴向下，另一手压背部，把水排出。

排出水后，要立即进行人工呼吸。实践证明，口对口吹气的效果比较好，而且简便易行。操作方法：使溺者仰卧，救护者用一手捏住溺者的鼻子，另一手托着溺者下颏，深吸一口气，然后用嘴对紧溺者的嘴将气吹入。吹完一口气后，离开溺者的嘴，同时松开捏鼻子的手，并用手压一下溺者的胸部，帮助他呼气。如此有规律地反复进行，每分钟约做 14～20 次。开始时可稍慢，以后可适当加快。

在抢救已停止呼吸的溺者时，需要做很长时间，因而最好有两人以上轮流进行。

(3) 心脏按压。当溺者失去知觉时，将心脏按压和人工呼吸同时进行很重要。心脏按压法包括：俯卧压背法、仰卧举臂压胸法、侧卧压胸法和胸外压放心脏法。这里介绍常用的仰卧举臂压胸法和胸外压放心脏法两种。

a. 仰卧举臂压胸法。此法特点是既可做人工呼吸又能起到压放心脏的作用，因此遇溺者呼吸、心脏均停止时可采取此法。方法是：溺者仰卧，肩下垫毛巾或衣服，头稍后仰，救护者跪于溺者头部上方，握其两手腕。操作呼气动作时，救护者上体前倾，增加压力，将溺者的双臂变曲，用其两前臂压迫双肋处，通出肺部空气；操作吸气动作时，将溺者双手提起，向左右两侧做伸展动作，此时胸腔扩展，空气便会进入肺中。接着继续将溺者的两臂经头上，回复到呼气的手势。

b. 胸外压放心脏法。此法使用于溺者无心跳或心跳极微弱时。具体方法：溺者仰卧，救护者跪在溺者身旁，将一手掌置于溺者的胸骨下端，另一手掌覆在上，两手掌重叠在一起，两臂伸直，借助身体的重力，稳健有力地向下垂直加压，压力集中在手掌根部，使溺者胸骨下陷 3～4 cm，压缩心脏，然后抬起手腕，使胸廓扩张，心脏舒张。这样有节奏地进行，成人为 60～80 次/min，小孩为 80～100 次/min，直至心脏再跳动或确认死亡为止。

做人工呼吸和心脏按压，应先在 3～4 s 内做 2 次人工呼吸，然后做 15 次连续的心脏按压，这样反复进行。另外，做心脏按压的同时，应注意观察两点：切颈动脉查脉搏；观察瞳孔。当呼吸停止和心脏停止跳动时，瞳孔就会扩大，反之瞳孔缩小。

三、自我救护

在游泳中，当发生抽筋时必须保持镇静，不要慌张，可呼救也可自救。

在水中自我解救抽筋部位的方法，主要是拉长抽筋的肌肉，使收缩的肌肉松弛和伸展。自救的方法如下：

(1) 手指抽筋。将手握拳，然后用力张开，这样迅速反复做几次，直到抽筋消除为止。

(2) 小腿或脚趾抽筋。先吸一口气仰浮水面，用抽筋肢体对侧的手握住抽筋肢体的脚趾，并用力向身体方向拉，同时用同侧手掌压在抽筋肢体的膝盖上，帮助抽筋腿伸直。

(3) 大腿抽筋。可同样采用拉长抽筋肌肉的办法解救。

第十五章　武术运动理论与技术

中华武术，源远流长。它有着悠久的历史和广泛的群众基础，是中华民族在长期生活与斗争实践中逐步积累和发展起来的一项宝贵文化遗产。在长期的历史演变中，武术逐渐形成了自己的运动规律，以独特的技术风格和多方面的社会功能享誉于世。

第一节　武术的特点和作用

一、武术的特点

武术主要有如下三大特征：

(1) 寓击技于体育之中。

武术作为体育运动，技术上仍不失攻防击技的特性，而是将技击寓于搏斗运动与套路运动之中。

(2) 内外合一、形神兼备的民族风格。

既究形体规范，又求精神传意、内外合一的整体观，是中国武术的一大特色。

(3) 广泛的适应性。

武术的练习形式、内容丰富多样，不同的拳种和器械适应人们不同年龄、性别、体质的需求，人们可以根据自己的条件和兴趣爱好进行选择练习。

二、武术的作用

武术的作用主要有以下几点：

(1) 提高素质，健体防身：武术套路运动其动作包含着屈伸、回环、平衡、跳跃、翻腾、跌扑等，人体各部位几乎都要参与运动。

(2) 锻炼意志，培养品德：练武对意志品质考验是多面的。练习基本功，要不断克服疼痛关，磨炼"冬练三九、夏练三伏"的常年有恒、坚持不懈的意志品质。套路练习，要克服枯燥关，培养刻苦耐劳、砥砺精进、永不自满的品质。

(3) 竞技观赏，丰富生活：武术具有很高的观赏价值，无论是套路表演，还是散手比赛，历来为人们喜闻乐见。

(4) 交流技艺，增进友谊：武术运动蕴涵丰富，技理相通，入门之后会有"艺无止境"之感。群众性的武术活动，便成为人们切磋技艺、交流思想、增进友谊的良好手段。随着武术在世界广泛传播，还可促进与国外武术爱好者的交流。

第二节 太 极 拳

一、太极拳概述

太极拳是因为拳法变幻无穷，遂用中国古代的"阴阳"、"太极"这一哲学理论来解释拳理而被命名的。

太极拳的来源有下列三个方面：

(1) 综合吸收了明代各家拳法。

(2) 结合了古代导引、吐纳之术。

(3) 运用了中国古代的中医经络学说和阴阳学说。

太极拳在长期演变中形成许多流派，其中流传较广或特点较显著的有五式：陈式(分老架、新架两种)、杨式(河北永年人杨露禅)、吴式、武式、孙式。

太极拳主要有挤、按、采、肘、靠、分、云、推、搂等手法；栽、搬、拦、撇、打等拳法；蹬、分、拍、摆莲等腿法。其运动特点是：心静体松、呼吸自然，轻灵沉着、圆活连贯、上下相随、虚实分明，柔中寓刚、以意导动。

二、基本技法

(1) 虚灵顶劲：虚灵顶劲即"顶头悬"。练拳时讲究头部的头正、顶平、项直、颏收，要求头顶的百会穴处要向上轻轻顶起，同时又须保持头顶的平正。

(2) 气沉丹田：气沉丹田，是指身法端正，宽胸实腹，"意注丹田"(意识引导呼吸，将气徐徐送到腹部脐下)。

(3) 含胸拔背：含胸是胸廓略向内涵虚，使胸部有舒宽的感觉。

(4) 松腰敛臀：太极拳要求含胸、沉气，因此在含胸时就必须松腰。

(5) 圆裆松胯：裆即会阴部位。头顶百会穴的"虚灵顶劲"要与会阴穴上下相应，这是保持身法端正、气贯上下的锻炼方法。

(6) 沉肩坠肘：太极拳在松肩的前提下要求沉肩坠肘，两臂由于肩、肘的下坠会有一种沉重的内劲感觉，这就是上肢内在的遒劲。

(7) 舒指坐腕：舒指是指掌自然伸展，坐腕是腕关节向手背、虎口的一侧自然屈起。

(8) 尾闾中正：尾闾中正是关系身躯、动作姿势"中正安舒"、"支撑八面"的准心。

(9) 内宜鼓荡，外示安逸：鼓荡是对内在精神所提的要求，鼓荡是精神振奋的意思。

(10) 运动如抽丝，迈步如猫行：太极拳运动要像抽丝那样既缓又匀、又稳又静，迈步又要像猫那样轻起轻落，提步、落步都要有轻灵的感觉。

三、简化太极拳(二十四式)

(一) 动作名称

①起势②左右野马分鬃③白鹤亮翅④左右搂膝拗步⑤手挥琵琶⑥左右倒卷肱⑦左揽雀

尾⑧右揽雀尾⑨单鞭⑩云手⑪单鞭⑫高探马⑬右蹬脚⑭双峰贯耳⑮转身左蹬脚⑯左下势独立⑰右下势独立⑱左右穿梭⑲海底针⑳闪通臂㉑转身搬拦锤㉒如封似闭㉓十字手高探马㉔收势。

图 15-1　预备姿势

(二) 动作分解说明

预备姿势：面向南方，身体自然直立；两腿自然伸直，两脚脚尖向前；胸部放松，不要故意挺胸收腹；两臂自然下垂，两手放在两腿外侧，手指微屈；头颈正直，下颏微回收，口微闭，上齿轻叩下齿，舌抵上腭，面部表情自然，眼平看前方，精神集中，全身放松(见图 15-1)。

1. 起势

(1) 第一动：两脚开立(见图 15-2①)。

a. 左脚向左迈出一步，前脚掌先着地，随即全脚踏实，脚尖向前，两脚距离与肩同宽，成开立步。

b. 眼看前方。

(2) 第二动：两臂前举(见图 15-2②、③)。

a. 两臂慢慢向前平举至两手与肩平，两臂自然伸直(不要用力挺直)，距离与肩同宽，两肘微下垂(肘尖不要外敞)，两肩松沉，手心向下，手指微屈，指尖向前。

b. 眼看前方。

(3) 第三动：屈膝按掌(见图 15-2④)。

a. 上体保持正直，两腿慢慢屈膝成半蹲状，松腰松胯，身体重心落于两腿中间。

b. 随屈膝下蹲，两臂同时慢慢下落，两掌轻轻下按至与腹部同高，展掌、舒指，两肩松沉，两肘微下垂与膝相对；落臂按掌需与屈膝下蹲协调一致。

c. 眼看前方。

这是"起势"的定式。

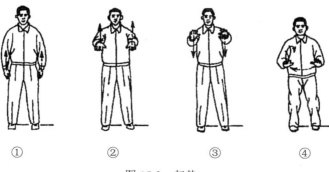

①　　　　②　　　　③　　　　④

图 15-2　起势

2. 左右野马分鬃

1) 左野马分鬃

(1) 第一动：抱球收脚。

a. 上体微向右转至面向南偏西，身体重心置于右腿上(见图 15-3①)。

b. 同时右手略上提收在胸前，右臂在右胸前平屈，肩部放松，右肘尖微下垂，右手手心向下，手指微屈。左手手心逐渐翻转向上，左臂屈肘向右下方划弧至与腹同高，左手手指微屈，置于右手下方；两手手心上下相对，在胸前右侧成抱球状(见图15-3②)。

c. 左脚随之收到右脚内侧，脚尖点地，左膝正向南方(见图15-3③)。

d. 眼看右手。

(2) 第二动：转体迈步(见图15-3④)。

a. 上体向左转至面向南偏东，左腿膝部略向外开(膝盖向正东)，随之左脚向左前侧方迈出一步，左腿自然伸直，脚跟着地；右腿保持原屈膝程度承担体重，两脚跟之间的横向距离约20 cm。

b. 随转体和左脚迈出，两手开始分别向左上、右下斜线分开。

c. 视线随左手移动。

(3) 第三动：弓步分手(见图15-3⑤)。

a. 上体继续向左转至面向东方；随转体左脚全脚掌逐渐踏实，左脚尖正向东方，左腿屈膝慢慢向前弓出，身体重心逐渐前移至偏于左腿，左膝与左脚尖上下相对在一条垂直线上，右腿自然伸直，右腿跟后蹬稍外展，右脚尖向东南方，成左弓步；上体保持正直，松腰松胯。

b. 随转体两手继续分别向左上、右下斜线分开，视线随左手移动，直至左手向左上移至体前、高与眼平；手心斜向上，展掌、舒指；右手向右下方落按于右胯旁，手心向下，指尖朝前，坐腕、展掌、舒指；两臂肘部微屈，保持弧形；转体、弓腿和分手要协调一致。

c. 最后眼看左手。

这是"左野马分鬃"的定式。

图15-3　左野马分鬃

2) 右野马分鬃

(1) 第一动：后坐跷脚(见图15-4①)。

a. 右腿屈膝，上体慢慢后坐，身体重心移至右腿；左脚尖翘起，微向外撇，左腿自然伸直。

b. 同时上体微向左转，两手开始边翻掌边划弧，准备"抱球"。

c. 眼看左手。

(2) 第二动：抱球跟脚。

a. 上体继续左转。

b. 同时两手继续划弧，左手在上，右手在下，两手心相对在胸前左侧成抱球状(见图 15-4②)。

c. 同时左脚全脚掌踏实，屈膝弓腿，身体重心慢慢移至左腿；随即右脚跟进至左脚内侧，脚尖点地(见图 15-4③)。

d. 眼看左手。

(3) 第三动：转体迈步。本动与"左野马分鬃"第二动相同，只是左右式相反，且转体幅度稍小些(见图 15-4④)。

(4) 第四动：弓步分手。本动与"左野马分鬃"第三动相同，只是左右式相反(见图 15-4⑤)。

这是"右野马分鬃"的定式。

①　　　　②　　　　③　　　　④　　　　⑤

图 15-4　右野马分鬃

3) 左野马分鬃

(1) 第一动：后坐跷脚。同"右野马分鬃"第一动，只是左右式相反(见图 15-5①)。

(2) 第二动：抱球跟脚。同"右野马分鬃"第二动，只是左右式相反(见图 15-5②、③)。

(3) 第三动：转体迈步。同与"左野马分鬃"第二动(见图 15-5④)。

(4) 第四动：弓步分手。同"左野马分鬃"第三动(见图 15-5⑤)。

这是"左野马分鬃"的定式。

①　　　　②　　　　③　　　　④　　　　⑤

图 15-5　左野马分鬃

3. 白鹤亮翅

(1) 第一动：跟步抱球(见图 15-6①、②)。

a. 上体微向左转。

b. 右脚脚跟先离地，随即向前跟进半步，前脚掌着地，身体重心仍在左腿。

c. 同时左手翻掌向下，平屈于胸前；右手翻掌向上，向左方划弧至左腹前，两手手心上下相对，在胸前左侧成抱球状。

d. 眼看左手。

(2) 第二动：后坐转体(见图15-6③)。

a. 上体微向右转，右脚全脚掌踏实，身体后坐，身体重心移至右腿。

b. 同时两手随转体开始向右上、左下分开。

c. 视线随右手移动。

(3) 第三动：虚步分手(见图15-6④)。

a. 身体微向左转至面向前方(东方)。

b. 同时两手继续向右上、左下分开，右手上提停于额前右侧，手心斜向左后方(西北)，虎口朝上，展掌、舒指；左手下按至左胯前，手心向下，指尖朝前，坐腕、展掌、舒指。

c. 同时左脚稍向前移，脚前掌着地，膝部微屈成左虚步，上体正直，松腰松胯。

d. 转体、分掌和步型的调整要协调一致、同时完成。

e. 眼看前方。

这是"白鹤亮翅"的定式。

① ② ③ ④

图 15-6　白鹤亮翅

4. 左右搂膝拗步

1) 左搂膝拗步

(1) 第一动：转体落手(见图15-7①)。

a. 上体微向左转。

b. 同时右手微向右、向上翻掌，由额前下落至面前；左手开始外旋向上翻掌。

c. 眼看前方。

(2) 第二动：转体收脚(见图15-7②、③、④)。

a. 上体向右转。

b. 随转体右手继续下落，经胯侧再向右后上方划弧至与耳同高，手心斜向上；左手由左胯侧向上经面前再向右下划弧至右肩前，肘部略低于腕部，手心斜向下。

c. 同时左脚收至右脚内侧，脚尖点地，身体重心在右腿。

d. 眼看右手。

(3) 第三动：迈步屈肘(见图15-7⑤、⑥)。

a. 上体微向左转。

b. 右腿保持原屈膝程度，身体重心仍在右腿，随转体，左脚向左前侧方迈出一步，左腿自然伸直，脚跟着地，两脚跟的横向距离约 30 cm。

c. 同时右臂屈肘将右手收至右耳侧，虎口对耳，掌心斜向左下方；左手下落至右腹前，手心向下。

d. 眼转看前方。

(4) 第四动：弓步推搂(见图 15-7⑦)。

a. 上体继续左转至面向前方。

b. 左脚掌踏实，左腿弓屈，右腿自然伸直成左弓步，身体重心主要移至左腿，上体正直，松腰松胯。

c. 同时右手从耳侧向前推出，手指高与鼻平，推掌时沉肩垂肘，推到顶点时要坐腕、展掌、舒指；左手继续向前、向下、向左划弧由膝前搂过，按在左胯侧稍偏前，手心向下，指尖朝前，坐腕、展掌、舒指。

d. 两手推搂和转体弓腿必须协调一致，同时完成。

e. 眼看右手。

这是"左搂膝拗步"的定式。

① ② ③ ④ ⑤ ⑥ ⑦

图 15-7　左搂膝拗步

2) 右搂膝拗步

(1) 第一动：后坐跷脚(见图 15-8①)。

a. 右腿屈膝，上体后坐，身体重心移至右腿；左腿自然伸直，左脚尖翘起，略向外撇；同时上体微向左转。

b. 同时两手放松，开始翻掌划弧。

c. 眼看右手。

(2) 第二动：转体跟脚(见图 15-8②、③)。

a. 上体继续向左转。

b. 同时左脚掌逐渐踏实，左腿屈膝前弓，身体重心移至左腿；右腿跟至左脚内侧，脚尖点地。

c. 同时两手继续划弧，左手由胯侧边向上翻掌、边向左后上方划弧至手与耳同高，手心斜向上；右手由右侧向上经面前向左下划弧至左肩前，肘部略低于腕部，手心斜向下。

d. 眼看左手。

(3) 第三动：迈步屈肘。本动与"左搂膝拗步"第三动的动作相同，只是左右式相反(见图 15-8④、⑤)。

(4) 第四动：弓步推搂。本动与"左搂膝拗步"第四动的动作相同，只是左右式相反(见图15-8⑥)。

这是"右搂膝拗步"的定式。

① ② ③ ④ ⑤ ⑥

图15-8　右搂膝拗步

3) 左搂膝拗步

(1) 第一动：后坐跷脚。本动与"右搂膝拗步"第一动的动作基本相同，只是左右式相反(见图15-9①)。

(2) 第二动：转体跟脚。本动与"右搂膝拗步"第二动的动作基本相同，只是左右式相反(见图15-9②、③)。

(3) 第三动：迈步屈肘。本动与"左搂膝拗步"第三动相同(见图15-9④、⑤)。

(4) 第四动：弓步推搂。本动与"左搂膝拗步"第四动相同(见图15-9⑥)。这是"左搂膝拗步"的定式。

① ② ③ ④ ⑤ ⑥

图15-9　左搂膝拗步

5. 手挥琵琶

(1) 第一动：跟步松手(见图15-10①)。

a. 身体重心移至左腿，右脚向前跟进半步，前脚掌着地。

b. 同时右掌放松，准备回带；左掌准备上挑。

c. 眼看右手。

(2) 第二动：后坐挑掌(见图15-10②)。

a. 右脚全脚掌踏实，身体后坐，重心移至右腿，随右脚踏实上体稍向右转，左脚跟离地。

b. 随转体左掌由下向左、向上划弧挑至体前，掌心斜向前下方，高与鼻平；右臂屈肘回带，右手收至胸前，掌心斜向前下方。

c. 视线随右手移动。

(3) 第三动：虚步合臂(见图15-10③)。

a. 上体微向左回转，但仍保持稍向右侧身状。

b. 同时左脚稍向前移，脚跟着地，膝部微屈，成左虚步；上体正直，松腰松胯。

c. 同时两臂向里相合，左手心向右，高与鼻平；右手合在左前臂里侧，手心向左；两臂肘部均微屈。

(4) 眼看左手。

这是"手挥琵琶"的定式。

图15-10 手挥琵琶

6. 左右倒卷肱

1) 左倒卷肱

(1) 第一动：转体撤手(见图15-11①、②)。

a. 上体微向右转。

b. 同时随转体右手边向上翻掌，边由下经右胯侧向右后上方划弧，平举至与耳同高，手心斜向上，肘部微屈，左手随之在体前翻掌向上。

c. 眼随转体先略向右肩再转向前看左手。

(2) 第二动：提膝屈肘(见图15-11③)。

a. 上体微向左回转。

b. 同时左腿屈膝轻轻提起，脚尖自然下垂，准备向后退步。

c. 同时右臂屈肘将右手收向耳侧，手心斜向前下方。

d. 眼看前方。

(3) 第三动：退步推手(见图15-11④)。

a. 上体继续微向左转至朝前(东方)。

b. 同时左腿向后略偏左侧退步落下，前脚掌着地，身体重心仍在右腿。

c. 同时右手经耳侧开始向前推出，手心向前下方；左手开始向后收回，手心向上；右手在上、左手在下，两手在体前交错。

d. 眼看右手。

(4) 第四动：虚步推掌(见图15-11⑤)。

a. 左脚全脚掌踏实，身体重心后移至左腿。右腿以前脚掌为轴将脚扭正(成脚尖朝前)，右膝微屈成右虚步。上体正直，松腰松胯。

b. 同时右臂沉肩垂肘，右掌继续前推，推到顶点时，手指高与鼻平；要坐腕、展掌、舒指；左掌继续向下、向后划弧收回至左胯侧，掌心向上。

c. 眼看右手。

这是"左倒卷肱"的定式。

①　　②　　③　　④　　⑤

图 15-11　左倒卷肱

2) 右倒卷肱

(1) 第一动：转体撒手(见图 15-12①)。

a. 上体微向左转。

b. 同时左手由左胯侧向左后上方划弧举至与耳同高，手心斜向上，肘部微屈。右手随之在体前翻掌向上。

c. 眼随转体先略向左看，再转向前看右手。

(2) 第二动：提膝屈肘。同与"左倒卷肱"第二动，只是左右式相反(见图 15-12②)。

(3) 第三动：退步推手。本动与"左倒卷肱"第三动相同，只是左右式相反(见图 15-12③)。

(4) 第四动：虚步推掌。与"左倒卷肱"中的第四动相同，只是左右式相反(见图 15-12④)。

这是"右倒卷肱"的定式。

①　　②　　③　　④

图 15-12　右倒卷肱

3) 左倒卷肱

(1) 第一动：转体撒手。本动与"右倒卷肱"第一动相同，只是左右式相反(见图 15-13①)。

(2) 第二动：提膝屈肘。本动与"左倒卷肱"中的第二动相同(见图 15-13②)。

(3) 第三动：退步推手。本动与"左倒卷肱"中的第三动相同(见图 15-13③)。

(4) 虚步推掌。本动与"左倒卷肱"第四动相同(见图 15-13④)。

这是"左倒卷肱"的定式。

①　　　　　②　　　　　③　　　　　④

图 15-13　左倒卷肱

4）右倒卷肱

(1) 第一动：转体撤手。本动与"右倒卷肱"第一动相同(见图 15-14①)。

(2) 第二动：提膝屈肘。本动与"左倒卷肱"第二动相同，只是左右式相反(见图 15-14②)。

(3) 第三动：退步推手。本动与"左倒卷肱"第三动相同，只是左右式相反(见图 15-14③)。

(4) 第四动：虚步推掌。本动与"左倒卷肱"中的第四动相同，只是左右式相反。注意此动在退右脚时，右脚尖外撇的角度要略大一些，以便接做"左揽雀尾"的动作(见图 15-14④)。

这是"右倒卷肱"的定式。

①　　　　　②　　　　　③　　　　　④

图 15-14　右倒卷肱

7．左揽雀尾

(1) 第一动：转体撤手(见图 15-15①)。

a. 上体微向右转。

b. 同时右手由胯侧向右后上方划弧举至与肩同高，手心向右上方，肘部微屈；左手在全前放松成手心向下，两臂约成侧平举状。

c. 视线随转体向右方移动。

(2) 第二动：抱球收脚(见图 15-15②、③)。

a. 上体继续右转。

b. 同时右臂向胸前平屈，手心翻转向下；左前臂外旋，左手由体前划弧下落至右腹前，手心向上，两手上下相对成抱球状。

c. 同时左脚收至右脚内侧，脚尖点地；身体重心仍在右腿上。

d. 眼看右手。

(3) 第三动：迈步分手(见图 15-15④)。

a. 上体微向左转。

b. 同时左脚向左前方迈出，脚跟着地，两脚脚跟横向距离不超过 10 cm。

c. 同时两手开始向左上右下分开。

d. 视线随左手移动。

(4) 第四动：弓腿绷(见图 15-15⑤)。

a. 上体继续向左转至面向前方。

b. 同时左脚掌逐渐踏实，左腿屈膝前弓，右腿自然伸直，右脚跟后蹬，身体重心前移成左弓步。上体正直，松腰松胯。

c. 同时左臂平屈成弧形，肘部略低于腕部，向体前挪出，腕高与肩平，手心向里；右手向右下方划弧落按于右胯旁，手心向下，四指朝前，坐腕、展掌、舒指。

d. 眼看左前臂。

这是"左揽雀尾"中的"绷式"。

(5) 第五动：转体伸臂(见图 15-15⑥)。

a. 上肢微向左转。

b. 随转体左前臂内旋，左手向左前方伸出，手心向下；右前臂外旋，右手经腹前向上、向左前伸至左前臂里侧，手心向上。

c. 眼看左手。

(6) 第六动：转体后将(见图 15-15⑦)。

a. 上体向右转。

b. 同时随转体两手向下经腹前向右后上方划弧后将，直至右手手心斜向上，高与耳平；左臂平屈于胸前，手心向里。

c. 同时右腿屈膝，身体后坐，左腿自然伸直，身体重心逐渐移到右腿。

d. 眼看右手。

这是"左揽雀尾"中的"将式"。

(7) 第七动：转体搭手(见图 15-15⑧)。

a. 上体向左转至面向前方。

b. 同时右臂屈肘将右手收回，经面前向前搭于左腕内侧(相距约 5 cm)，手心向前，两肘部略低于腕部。

c. 眼看左腕部。

(8) 第八动：弓腿前挤(见图 15-15⑨)。

a. 左腿屈膝前弓，身体重心慢慢前移，右腿自然伸直成左弓步，上体正直，松腰松胯。

b. 同时左手心向里，右手心向前，双手与肩同高，向前慢慢挤出，两臂呈半圆形。

c. 眼看左手腕部。

这是"左揽雀尾"的"挤"式。

(9) 第九动：后坐收掌。

a. 左前臂内旋，左手向下翻掌，手心向下；右手手心转向下，经左腕上方向前伸出，随之两手左右分开，与肩同宽。

b. 然后右腿屈膝，上体慢慢后坐，身体重心移到右腿，左腿自然伸直，左脚尖翘起(见图 11-15⑩、⑪)。

c. 后坐的同时两臂屈肘，两手沿弧线收至腹前，手心都向前下方。

d. 眼看前方(见图 15-15⑫)。

(10) 第十动：弓步按掌(见图 15-15⑬)。

a. 左脚掌逐渐踏实，左腿屈膝前弓，身体重心慢慢前移，右腿自然伸直成左弓步，上体正直，松腰松胯。

b. 同时两手向上，向前沿弧线按出，与肩同宽，手心均向前，按到顶点时腕部高与肩平，两肘微屈，坐腕、展掌、舒指。

c. 眼看前方。

这是"左揽雀尾"中的"按式"，也是"左揽雀尾"的定式。

图 15-15　左揽雀尾

8. 右揽雀尾

(1) 第一动：转体扣脚(见图 15-16①、②)。

a. 右腿屈膝，上体后坐并向右转身，身体重心移至右腿，左腿自然伸直，左腿尖尽量里扣。

b. 同时右手掌心向外、经面前向右平行划弧至右侧，手心向前，两臂成侧平举状。

c. 视线随右手移动。

(2) 第二动：抱球收脚(见图 15-16③、④)。

a. 左腿屈膝，身体重心移回左腿，上体微左转，右脚收至左脚内侧，脚尖点地。

b. 同时左臂向胸前平屈，手心向下；右手由体前右侧边向上翻掌边划弧下落至左腹前，手心向上；两手手心相对成抱球状。

c. 眼看左手。

(3) 第三动：迈步分手。本动与"左揽雀尾"第三动相同，但左右式相反(见图 15-16⑤)。

(4) 第四动：弓腿绷臂。本动与"左揽雀尾"的第四动相同，只是左右式相反(见图 15-16⑥)。这是"右揽雀尾"中的"绷式"。

(5) 第五动：转体伸臂。本动与"左揽雀尾"第五动相同，但左右式相反(见图 15-16⑦)。

(6) 第六动：转体后捋。本动与"左揽雀尾"第六动相同，但左右式相反(见图 15-16⑧)。这是"右揽雀尾"中的"捋式"。

(7) 第七动：转体搭手。本动与"左揽雀尾"第七动相同，但左右式相反(见图 15-16⑨)。

(8) 第八动：弓腿前挤。本动与"左揽雀尾"第八动相同，但左右式相反(见图 15-16⑩)。这是"右揽雀尾"中的"挤式"。

(9) 第九动：后坐收掌。本动与"左揽雀尾"第九动相同，但左右式相反(见图 15-16⑪、⑫、⑬)。

(10) 第十动：弓步按掌。本动与"左揽雀尾"第十动相同，但左右式相反(图 15-16⑭)，这是"右揽雀尾"中的"按式"，也是"右揽雀尾"的定式。

图 15-16　右揽雀尾

9. 单鞭

(1) 第一动：转体扣脚(见图 15-17①、②)。

a. 左腿屈膝，上体后坐，身体重心逐渐移至左腿，右脚尖尽量里扣。

b. 同时上体各左转，随转体左手(手心向外、虎口向右)经面前向左平行划弧至身体左侧，手心向左(东偏南)，指尖朝上，肘微下垂；右手随转体向下(手心斜向后)经腹前向左划弧至左肋前，手心向后上方。最后转体至面向东南。

c. 视线随左手移动。

(2) 第二动：勾手收脚(见图 15-17③、④)。

a. 上体右转至南偏西，右腿屈膝，身体重心移至右腿，左脚收至右脚里侧，脚尖点地。

b. 同时右手随转体向右上方划弧，手心由向里逐渐翻转向外，经面前至身体右侧变勾手(右臂右手指向南偏西)，腕高与肩平，肘微下垂；左手向下经腹前向右上划弧，手心逐渐转向里，最后停于右肩前。

c. 视线随右手移动，最后眼看右勾手。

(3) 第三动：转体迈步(见图 15-17⑤)。

a. 上体微向左转，随之左脚向左前侧方(即正东中线略偏北侧)迈出，脚跟着地，脚尖略外撇，两脚脚跟横向距离不超过 10 cm。

b. 是时左手随上体左转经面前平行划弧向左移动，手心逐渐向外翻转。

c. 在此动开始时，视线转随左手移动。

(4) 第四动：弓步推掌(见图 15-17⑥)。

a. 上体继续左转至面向东稍偏北(斜约 15°)。

b. 随转体左脚全脚掌踏实，左腿屈膝前弓，右腿自然伸直，右脚跟后蹬稍外展，成左弓步，上体正直，松腰松胯。

c. 同时随转体身体重心逐渐移向左腿，左掌慢慢翻转向前推出，最后手心向前，腕与肩平，坐腕、展掌、舒指。左臂沉肩垂肘，左掌和左膝、左脚尖上下相对；右臂在身体右后方，勾手与肩同高，肘部微下垂。

d. 视线随左手移动，最后眼看左手。

这是"单鞭"的定式。

图 15-17 单鞭

10. 云手

1) 云手之一

(1) 第一动：转体扣脚(见图 15-18①、②)。

　　a. 右腿屈膝，上体后坐，上体向右转至南偏西，左脚尖里扣朝向正南方，身体重心逐渐移向右腿。

　　b. 同时左手向下经腹前划弧(掌心由向体前随转体逐渐转腕翻掌，使掌心经向下转至向斜后方)至右肋前。

　　c. 视线由看左手转为平视前方。

　　(2) 第二动：转体撑掌(见图 15-18③)。

　　a. 上体继续右转至面向西南。

　　b. 右勾手此时变掌外撑，掌心向西偏南，沉肩垂肘、坐腕、展掌、舒指，高度不变；左手由左肋前继续向上向右划弧至右肩前，掌心斜向里。

　　c. 眼看右手。

　　(3) 第三动：转体云手(见图 15-18④)。

　　a. 上体逐渐左转至面向南偏东，左腿慢慢屈膝，身体重心逐渐移向左腿，右脚跟逐渐离地。

　　b. 随转体左手(手心向里、虎口向上)经面前划弧至身体左侧，保持屈肘，手心斜向里，指尖高与鼻平；同时随身体右手向下划弧至腹前，掌心由向右逐渐翻至斜向上。

　　c. 视线随左手移动。

　　(4) 第四动：撑掌收步(见图 15-18⑤)。

　　a. 上体继续向左转至面向东南。

　　b. 同时身体重心继续左移，最后完全移至左腿；右脚前掌随即轻轻提起，收向左脚内侧(相距 10～20 cm)轻轻落地，前脚掌先着地，全脚掌再踏实，脚尖与膝盖上下相对，都朝南方；两腿保持屈膝状态。

　　c. 同时左手翻掌外撑，腕与肩平，掌心向东偏南，沉肩垂肘，坐腕、展掌、舒指；右手由腹前继续向左上方划弧至左肩前，手心斜向里。

　　d. 视线随左手移动，最后眼看左手。

　　这是"云手"的定式。至此，"云手之一"完成。

①　　　　　②　　　　　③　　　　　④　　　　　⑤

图 15-18　云手之一

　2) 云手之二

　　(1) 第一动：转体云手(见图 16-19①、②)。

　　a. 上体渐向右转至南偏西；身体重心逐渐移向右腿，左脚跟逐渐离地。

　　b. 同时右手(掌心向里、虎口朝上)随转体经面前平行划弧至身体右侧，掌心向左(正东)，腕与肩平；左手随转体向下向右经腹前划弧至右肋前，掌心由向左逐渐翻转至斜向里。

c. 视线随右手移动。

(2) 第二动：撑掌出步(见图 15-19③)。

a. 上体继续向右转至西南；身体重心逐渐完全移到右腿，左脚前掌随之轻轻提起，向左横跨一步，轻轻落下，前脚掌先着地，随即全脚踏实，脚尖向前(南方)。

b. 同时右手翻掌外撑，掌心向西偏南，腕与肩平，沉肩垂肘，坐腕、展掌、舒指；左手由肋前继续向右上方划弧至右肩前，掌心斜向里。

c. 视线随右手移动，最后眼看右手。

(3) 第三动：转体云手。本动与"云手之一"第三动相同(见图 15-19④)。

(4) 第四动：撑掌收步。本动与"云手之一"第四动相同(见图 15-19⑤)。这是"云手"的定式。

至此，"云手之二"完成。

①　　　　②　　　　③　　　　④　　　　⑤

图 15-19　云手之二

3) 云手之三

(1) 第一动：转体云手。本动与"云手之二"第一动相同(见图 15-20①、②)。

(2) 第二动：撑掌出步。本动与"云手之二"第二动相同(见图 15-20③)。

(3) 第三动：转体云手。本动与"云手之一"第三动相同(见图 15-20④)

(4) 第四动：撑掌收步。本动与"云手之一"第四动相同，只是在最后右脚收近左脚落地时，脚尖微里扣，以便于接做"单鞭"的弓步(见图 15-20⑤)。这是"云手"的定式。

至此，"云手之三"完成。

①　　　　②　　　　③　　　　④　　　　⑤

图 15-20　云手之三

11. 单鞭

(1) 第一动：转体勾手(见图 15-21①、②、③)。

a. 上体右转至南偏西。

b. 同时随转体右手(虎口朝上)经面前平行向右划弧至身体右侧,掌心由斜向里逐渐向外翻转至前方变勾手；左手向下经腹前向右上划弧至右肩前,掌心由向左前方逐渐翻转至斜向里。

c. 同时随转体重心逐渐移至右腿,左脚跟轻轻离地(此时左脚前掌不需再向右脚内侧收拢)。

d. 视线随右手移动,最后眼看右勾手。

(2) 第二动：转体迈步。本动与前"单鞭"第三动相同(见图15-21④)。

(3) 第三动：弓步推掌。本动与前"单鞭"第四动相同(见图15-21⑤)。这是"单鞭"的定式。

图 15-21　单鞭

12. 高探马

(1) 第一动：跟步松手(见图15-22①)。

a. 身体重心继续前移,右脚向前跟进半步,前脚掌着地。

b. 同时左手逐渐放松成掌心向下,右勾手开始松开变掌。

c. 眼看左手。

(2) 第二动：后坐翻掌(见图15-22②)。

a. 右脚全脚掌踏实,右腿屈膝后坐,身体重心移至右腿,左脚跟随之逐渐离地；同时上体微向右转。

b. 同时右手勾手变掌,两手心翻转向上,两肘微屈。

c. 视线随转体移动。

图 15-22　高探马

(3) 第三动：虚步推掌(见图15-22③)。

a. 上体微向左转至面向前方。

b. 同时左脚稍向前移，脚前掌着地，膝部微屈成左虚步，上体正直，松腰松胯。

c. 同时右臂屈肘，右手经耳侧向前推出，推到顶点时坐腕、展掌、舒指，手心向前，高与眼平；左臂屈肘并微外开，左手收至左侧腰前，手心向上。

d. 眼看右手。

这是"高探马"的定式。

13. 右蹬脚

(1) 第一动：穿掌提脚(见图 15-23①)。

a. 上体微向右转。

b. 同时左手经右手腕北面向前穿出，两手交叉，手背相对，腕与肩平，左手心斜向后上、右手心斜向前下。

c. 同时左脚轻轻提起收向右脚里侧。

d. 眼看左手。

(2) 第二动：迈步分手(见图 15-23②、③)。

a. 上体微右左转。

b. 同时左脚向左前侧方(东偏北约 30°)迈步，脚跟着地，两脚跟横向距离约 10 cm，脚尖向前(东偏北约 30°)，身体重心仍在右腿。

c. 同时左手翻掌向外(体前)，两手开始向两侧划弧分开。

d. 视线随左手移动。

(3) 第三动：弓步抱手(见图 15-23④)。

a. 上体继续微向左转。

b. 同时左脚掌踏实，左腿屈膝前弓，右腿自然伸直，身体重心前移成过渡左弓步，上体保持正直。

c. 同时两手经两侧向腹前划弧，手心斜向里，肘部微屈。

d. 眼看右前方。

(4) 第四动：跟步合抱(见图 15-23⑤)。

a. 上体微向右转。

b. 同时右脚跟进至左脚内侧，脚尖点地。

c. 同时两手由腹前继续向上划弧交叉合抱于胸前，右手在外，手心均向里。

d. 眼看蹬脚前方。

(5) 第五动：提膝分手(见图 15-23⑥)。

a. 身体重心完全稳定在左腿，膝部微屈；右腿屈膝上提，脚尖自然下垂。

b. 同时两臂边翻掌边向右前、左后经面前划弧分开，手心转向外。

c. 眼看蹬脚前方。

(6) 第六动：蹬脚撑臂(见图 15-23⑦)。

a. 右脚脚尖回勾向右前方(东偏南约 30°)慢慢蹬出，右腿蹬直，力在脚跟。

b. 同时两臂继续向右前、左后划弧平举撑开，肘部微屈，腕与肩平，手心均斜向外，坐腕、展掌、舒指，右臂与右腿上下相对。

d. 眼看右手。

这是"右蹬脚"的定式。

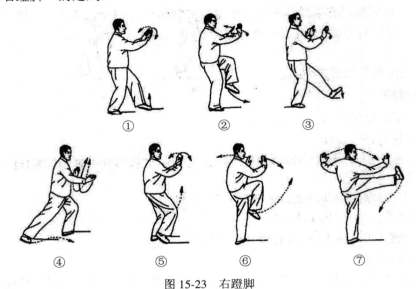

①　　　　　②　　　　　③

④　　　　⑤　　　　⑥　　　　　⑦

图 15-23　右蹬脚

14．双峰贯耳

(1) 第一动：收腿落手(见图 15-24①、②)。

a. 右腿小腿收回，屈膝平举，脚尖自然下垂。

b. 同时左手由后向上、向前下落至体前，两手心均翻转向上，随之两手同时由体前向下划弧弧分落于右膝两侧。

c. 眼看前方。

(2) 第二动：迈步分手(见图 15-24③)。

a. 右脚向前方(东偏南约 30°)落下，脚跟着地，脚尖向前，两脚跟横向距离不超过 10 cm，身体重心仍在左腿。

b. 同时两手继续下落至胯两侧，手心斜向前上，准备变拳。

c. 眼看前方。

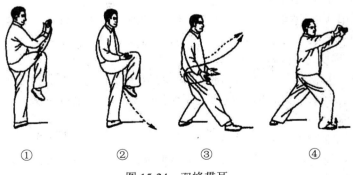

①　　　　　②　　　　　③　　　　　④

图 15-24　双峰贯耳

(3) 第三动：弓步贯拳(见图 15-24④)。

a. 右脚掌逐渐踏实，右腿屈膝前弓，身体重心慢慢前移，左腿自然伸直成右弓步，上体正直，松腰松胯。

b. 同时两手握拳分别从两侧向上向前划弧贯至面前，沉肩垂肘；两臂保持弧形，两拳高与耳齐，相距 10～20 cm，拳眼斜向内，呈钳形状。

c. 眼看右拳。

这是"双峰贯耳"的定式。

15．转身左蹬脚

(1) 第一动：转体扣脚(见图 15-25①、②)。

a. 左腿屈膝后坐，身体重心移至左腿，上体向左后转，右脚尖里扣 90°。

b. 同时两拳变掌，由上向左右划弧分至两侧平举，手心斜向外，肘部微屈。

c. 眼看左手。

(2) 第二动：收脚合抱(见图 15-25③、④)。

a. 右腿屈膝后坐，身体重心再移到右腿，左脚收到右脚内侧，脚尖点地。

b. 同时两手向下划弧经腹前再向上合抱于胸前，左手在外，手心均向里。

c. 眼看前方。

(3) 第三动：提膝分手(见图 15-25⑤)。

a. 身体重心完全移于右腿，右膝微屈；左腿屈膝上提，脚尖自然下垂。

b. 同时两臂边翻掌边向左前、右后经面前划弧分开，手心转向外。

c. 眼看左前方蹬脚的方向。

(4) 第四动：蹬脚撑臂(见图 15-25⑥)。

a. 左脚脚尖回勾，向左前方(西偏北约 30°)慢慢蹬出，左腿蹬直，力在脚跟。

b. 同时两臂继续向左前、右后划弧平举撑开，肘部微屈，腕与肩平，手心均斜向外，坐腕、展掌、舒指，左臂与左腿上下相对。

c. 眼看左手。

这是"转身左蹬腿"的定式。

①　　　　　②　　　　　③　　　　　④　　　　　⑤　　　　　⑥

图 15-25　转身左蹬脚

16．左下势独立

(1) 第一动：收腿勾手(见图 15-26①、②)。

a. 左腿屈膝收回平屈(脚不可落地)，脚尖自然下垂。

b. 随之上体向右转。

c. 同时右掌变勾手，左手向上、向右经面前划弧下落至右肩前，手心斜向后。

d. 眼看右勾手。

(2) 第二动：蹲身仆步(见图 15-26③)。

a. 右腿慢慢屈膝半蹲，身体重心仍在右腿；左脚下落向左侧偏后伸出，成左仆步；仆步时左膝伸直，左脚尖里扣，两脚掌全部着地。

b. 同时左手开始下落。

c. 眼仍看右勾手。

(3) 第三动：转体穿掌(见图 15-26④)。

a. 右腿继续向下全蹲，上体向左转，身体重心仍在右腿上。

b. 同时左手一边向外翻转一边继续下落，手心转向右，沿左腿内侧划弧向前穿出，上体不要过于前俯。

c. 眼看左手。

(4) 第四动：弓腿起身(见图 15-26⑤)。

a. 左脚以脚跟为轴，脚尖尽量外撇，屈膝前弓；右脚以脚跟为轴，脚尖尽量里扣，右腿逐渐蹬直；身体重心前移，上体微左转向前起身，成过渡弓步状。

b. 同时左臂继续向前穿，立掌挑起，手心斜向右；右勾手在身后下落，右臂伸直后举，勾尖转向上。

c. 眼看左手。

(5) 第五动：提膝挑掌(见图 15-26⑥、⑦)。

a. 身体重心继续前移，右腿慢慢屈提起，脚尖自然下垂，左腿微屈支撑体重成独立式，头颈、上体要正直。

b. 同时右勾手下落变掌，由后下方顺右腿外侧向前划弧挑起，屈臂置于右腿上方，肘膝相对，手与眼平，手心斜向左，坐腕、展掌、舒指；左手下落按于左胯旁，手心向下，四指朝前，坐腕、展掌、舒指。

c. 眼看右手。

这是"左下势独立"的定式。

图 15-26　左下势独立

17．右下势独立

(1) 第一动：落脚勾手(见图15-27①、②)。

a. 右脚下落于左脚右前方，脚前掌着地。

b. 随之以左脚前掌为轴脚跟内转，左脚尖指向南偏东，身体向左转，重心在左腿。

c. 同时左手向左后上方(东南)平举变勾手，腕与肩平，右手随转体经面前向左划弧至左肩前，手心斜向后。

d. 眼看左勾手。

(2) 第二动：蹲身仆步(见图15-27③)。

a. 左腿慢慢屈膝半蹲，右脚稍提起离地，然后向右侧偏后伸出，成右仆步；仆步时右膝伸直，右脚尖里扣，两脚掌全部着地。

b. 同时右手开始下落前穿。

d. 眼仍看左勾手。

(3) 第三动：转体穿掌。本动与"左下势独立"第三动相同，但左右式相反(见图15-27④)。

(4) 第四动：弓腿起身。本动与"左下势独立"第四动相同，但左右式相反(见图15-27⑤)。

(5) 第五动：提膝挑掌。本动与"左下势独立"第五动相同，但左右式相反(见图15-27⑥、⑦)。这是"右下势独立"的定式。

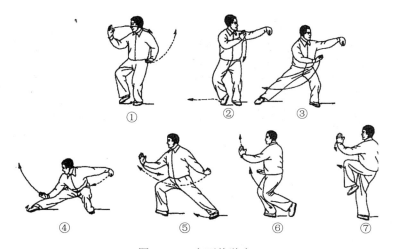

图 15-27　右下势独立

18．左右穿梭

1) 左穿梭

(1) 第一动：落脚坐盘(见图15-28①、②、③)。

a. 左脚向前方稍偏左侧落地，脚尖外撇，脚跟先着地，随之身体重心略向前移，左脚踏实，身体微向左转，两腿屈膝成半坐盘式。

b. 同时两手开台划弧、准备抱球。

c. 眼看左手。

(2) 第二动：抱球跟脚(见图15-28④)。

a. 身体重心继续前移，由左腿支撑体重，右脚跟至左脚内侧，脚尖点地。

b. 同时上体继续微左转，两手左上右下在左胸前成抱球状。

c. 眼看左手。

(3) 第三动：迈步滚球(见图 15-28⑤、⑥)。

a. 身体右转。

b. 同时右脚向右前方(西偏北约 30°)迈出，脚跟着地，两脚跟的横向距离约 30 cm，身体重心仍在左腿。

c. 同时右手一边翻掌一边划弧上举至面前，左手向左下划弧至左肋侧，两手动作如同将所抱之球加以翻滚状。

d. 眼看右前方。

(4) 第四动：弓步推架(见图 15-28⑦)。

a. 右脚掌踏实，右腿屈膝前弓，身体重心前移，左腿自然伸直成右弓步，上体正直，松腰松胯。

b. 同时左手由肋侧经胸前向前上方推出，高与鼻平，推到顶点时，舒掌、坐腕、手心向前；右手继续一边翻掌一边向上举架，停于右额前上方，松肩垂肘，手心斜向上，展掌、舒指。

c. 眼看左手。

这是"左穿梭"的定式。

①　　②　　③　　④　　⑤　　⑥　　⑦

图 15-28　左穿梭

2) 右穿梭

(1) 第一动：后坐跷脚(见图 15-29①)。

a. 上体微左转。

b. 同时左腿收屈，上体微后坐，右腿伸展，身体重心后移至左腿，右脚尖翘起微外撇。

c. 同时两手开始划弧、准备抱球。

d. 眼看左手。

(2) 第二动：抱球跟脚(见图 15-29②、③)。

a. 上体微右转。

b. 同时身体重心前移至右脚，左脚跟进至右脚内侧，脚尖点地。

c. 同时两手右上左下在右胸前成抱球状。

d. 眼看右手。

(3) 第三动：迈步滚球。本动与"左穿梭"第三动相同，但左右式相反(见图 15-29④、⑤)。

(4) 第四动：弓步推架。本动与"左穿梭"的第四动相同，只是左右式相反(见图15-29⑥)。

① ② ③ ④ ⑤ ⑥

图 15-29　右穿梭

19. 海底针

(1) 第一动：跟步松手(见图 15-30①)。

a. 身体重心移至左腿，右脚向前跟进半步，前脚掌着地。

b. 同时两手放松并开始划弧下落。

c. 眼看右手。

(2) 第二动：后坐提手(见图 15-30②)。

a. 上体微向右转，右脚以前脚掌为轴，脚跟微内转，随即逐渐踏实，身体后坐，重心移至右腿，左脚脚跟随之离地。

b. 同时右手下落经右胯侧向后、向上抽提至耳侧，手心向左，指尖朝前；左手经体前向前、向下划弧下落至腹前，手心向下，指尖斜向右。

c. 眼看右前方。

(3) 第三动：虚步插掌(见图 15-30③)。

a. 上体微向左转至面向前方(正西)。

b. 同时右手从耳侧向斜前下方插下，手心向左，指尖朝前下，展掌、舒指；左手从腹前经左膝前划弧按在胯前左侧，手心向下，指尖朝前，坐腕、展掌、舒指。

c. 同时左脚稍前移，膝部微屈，脚前掌着地成左虚步。

d. 眼看前下方。

这是"海底针"的定式。

① ② ③

图 15-30　海底针

20．闪通臂

(1) 第一动：提手收脚(见图 15-31①)。

a. 左脚提起收向右腿里侧。

b. 同时右手经体前上提至肩前，手心向左，指尖朝前；左手经胸前上提至右腕里侧下方，手心向右，指尖斜向上。

c. 眼看前方。

(2) 第二动：迈步分手(见图 15-31②)。

a. 上体微右转。

b. 同时左脚向左前方迈出，脚跟着地，两脚跟横向距离不超过 10 cm，身体重心仍在右腿。

c. 同时两手开始一边翻掌一边分别前推、上撑。

d. 眼看右前方。

(3) 第三动：弓步推撑(见图 15-31③)。

a. 上体微向左转至面向前方(正西)。

b. 同时左脚掌踏实，左腿屈膝前弓，右腿自然伸直成左弓步，上体正直，松腰松胯。

c. 同时左手一边翻掌一边向体前推出，手心向前，高与鼻平，坐腕、展掌、舒指，左臂肘部微屈；右手一边翻掌一边屈臂上举撑在额右侧上方，手心斜向上，展掌、舒指，推撑时沉肩垂肘。

d. 眼看前方。

这是"闪通臂"的定式。

①　②　③

图 15-31　闪通臂

21．转身搬拦捶

(1) 第一动：转体扣脚(见图 15-32①)。

a. 右腿屈膝后坐，身体重心移至右腿，上体向右转，左脚尖尽量里扣。

b. 同时右手开始向后划弧下落，左手开始划弧上举。

c. 眼看东偏北。

(2) 第二动：坐身握拳(见图 15-32②，图 15-32③为正面图)。

a. 左腿屈膝后坐，身体重心移至左腿；右脚跟离地并以右脚前掌为轴微向内转。

b. 同时右手继续向下、向左划弧，在腹前屈臂握拳，拳心向下；左手继续屈臂上举于额左前上主，掌心斜向上方。

c. 眼看东偏北。

(3) 第三动：踩脚搬拳(见图15-32④、⑤、⑥，图15-32⑤为正面图)。

a. 上体向右转至面向前方(正东)。

b. 同时右脚提起收回后不点地即向前垫步迈出，脚尖外撇，脚跟先着地随即全脚掌踏实，身体重心仍在左腿。

c. 同时右拳经胸前向体前翻转搬出，肘部微屈，拳心向上，高与胸平；左手经右前臂外侧下落按于左胯旁，手心向下，指尖朝前。

d. 眼看右拳。

(4) 第四动：转体旋臂(见图15-32⑦)。

a. 上体微向右转至南偏东。

b. 同时右腿屈膝，身体重心大部前移至右腿，随转体左腿屈膝，左脚跟离地。

c. 同时左掌经左侧向前上划弧拦出，手心斜向右下方；右拳经右侧内旋划弧收回，拳心转向下，右臂平屈于胸前右侧，肘略低于腕部。

d. 眼看右前方。

(5) 第五动：上步拦掌(见图15-32⑧、⑨)。

a. 左脚向前迈出，脚跟着地，两脚脚跟横向距离不超过10 cm，身体重心落在右腿。

b. 同时上体微向左转至面向前方(正东)。

c. 同时左掌边外旋边继续向前上拦至顶点，手心斜向右，指尖斜向上；右拳继续外旋收至右腰旁，拳心转向上。

d. 眼看左手。

(6) 第六动：弓步打拳(见图15-32⑩)。

a. 左脚掌踏实，左腿屈膝前弓，身体重心慢慢前移，右腿自然伸直成左弓步，上体正直，松腰松胯。

b. 同时右拳一边内旋一边向前(正东)打出，拳心向左，高与胸平，肘部微屈；左手微收，附于右前臂内侧，手心向右，指尖斜向上。

c. 眼看右拳。

这是"转身搬拦捶"的定式。

图15-32 转身搬拦捶

22．如封似闭

(1) 第一动：穿掌翻手(见图15-33①、②)。

a. 左手边翻掌向上边由右腕下向前伸出，右拳变掌并随之翻转向上，两手交叉，随即分开，与肩同宽，手心均向上，平举于体前。

b. 眼看前方。

(2) 第二动：后坐收掌(见图15-33③、④)。

a. 右腿屈膝，上体慢慢后坐，身体重心移到右腿，左脚尖翘起。

b. 同时两臂收屈，两手边向下翻掌边沿弧线经胸前收至两肋前，手心斜向下。

c. 眼看前方。

(3) 第三动：弓步按掌(见图15-33⑤、⑥)。

a. 左脚掌踏实，左腿屈膝前弓，身体重心慢慢前移，右腿自然伸直成左弓步，上体正直，松腰松胯。

b. 同时两手向上、向前推出，与肩同宽，手心均向前，按到顶点时，腕部高与肩平，沉肩垂肘，坐腕、展掌、舒指。

c. 眼看前方。

这是"如封似闭"的定式。

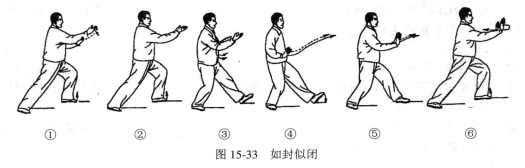

    ①   ②   ③   ④   ⑤   ⑥

图15-33　如封似闭

23．十字手

(1) 第一动：转体扣脚(见图15-34①)。

a. 右腿屈膝后坐，身体重心移向右腿，并向右转体至朝南，左脚尖里扣，指向正南。

b. 同时右手开始经面前向右平摆划弧。

c. 眼看右手。

(2) 第二动：弓腿分手(见图15-34②)。

a. 身体继续微向右转至朝南偏西，重心继续右移，右脚尖外撇，右腿弓屈，左腿自然伸直成右侧弓步。

b. 同时右手继续向右平摆划弧，成两臂侧平举状，两手心斜向前，肘部微屈。

c. 眼看右手。

(3) 第三动：坐腿扣脚(见图15-34③)。

a. 身体微向左转至朝南，重心慢慢移向左腿，右脚尖先里扣，随之右脚跟离地内转。

b. 同时两手开始向下、向里划弧。

c. 视线随右手移动。

(4) 第四动：收脚合抱(见图 15-34④)。

a. 身体重心移稳在左腿，右脚轻轻提起向左收回，在距离左脚约一肩宽处落地，前脚掌先着地，随即全脚掌踏实，脚尖朝前(正南)成开立步，随之身体慢慢直立。

b. 同时两手继续下落经腹前再向上划弧交叉合抱于胸前，右手在外，手心均向里，两臂撑圆，腕高与肩平。

c. 眼看前方。

这是"十字手"的定式。

① ② ③ ④

图 15-34　十字手

24. 收势

(1) 第一动：翻掌前撑(见图 15-35①)。

a. 两手向外翻掌前撑，两肘松垂，两肩松沉。

b. 眼看前方。

(2) 第二动：分手下落(见图 15-35②、③)。

a. 两臂慢慢分开下落至两胯侧，全身放松，上体正直，头微上顶。

b. 眼看前方。

(3) 第三动：收脚还原(见图 15-35④)。

a. 身体重心慢慢移至右脚，左脚脚跟先离地，随即全脚轻轻提起收至右脚旁，前脚掌先着地，随即全脚踏实，脚尖向前(正南)，两脚并拢。

b. 眼看前方。

这是"收势"的定式。

① ② ③ ④

图 15-35　收势

第三节 24式太极拳技击用法

太极拳的技击法是太极拳的上乘功夫，因为在实战中可以切实体会太极拳"绵里藏针"、"外柔内坚"的劲法，对太极拳虚虚实实，变化无穷的奥妙，及"四两拨千"的效能有所认识。

(一) 野马分鬃

(1) 乙上步用左拳击打甲胸部；甲用左手格抓乙的左腕部(见图15-36(a))。

(2) 甲右脚迅速上一步，别住乙方的左腿，同时，左手穿过乙方的左腋下向其颈部穿出，并向右后反别，可使其倒地(见图15-36(b))。

[要点] 整个动作要求协调一致，充分利用弓腿进身带身靠的力量将乙方跌出。

(a) (b)

图 15-36 野马分鬃技击用法

(二) 白鹤亮翅

(1) 乙用左直拳右踢腿同时击打甲方；甲应立即用右手向上、向右挡开乙方的左拳，同时，用左手向下、向左搂其右腿，防开乙方的上下进攻(见图15-37)

(2) 随即用右手向右后采拉乙方的左手，左手搂住其左腿向上、向右弧形上抬，并向右转腰，制乙后倒。

[要点] 防守动作和反攻动作要紧密衔接起来，中间不可有停顿，整个动作要求协调圆活。

图 15-37 白鹤亮翅的技击用法

(三) 搂膝拗步

(1) 乙用右拳击打甲方的腰部；甲方迅速用左手向下、向左将其右拳格开(见图15-38(a))。

(2) 随即甲迅速用右掌向前猛击乙右胸部(见图15-38(b))。

[要点] 防守动作要和进攻动作协调一致。出掌时，要充分发挥蹬右腿和向左转腰的力量，将其击出或击翻倒地。

(a)   (b)

图 15-38 搂膝拗步的技击用法

(四) 手挥琵琶

(1) 乙上左步用右直拳击打甲方;甲方身体重心向后坐,右腿屈膝半蹲,左脚尖上勾,避开乙方的冲拳(见图 15-39(a))。

(2) 同时,甲右手向上抓住乙方的右腕并向左用力,左手猛拍其左肘关节,利用双手的合力,使其肘关节受伤(见图 15-39(b))。

[要点] 双手用力必须同时进行,发劲要冷弹快猛。

(a)   (b)

图 15-39 手挥琵琶技击用法

(五) 倒卷肱

(1) 乙突然从背后抱住甲;甲方应迅速向下蹲,以防被对方抱起(见图 15-40(a))。

(2) 随即甲身体重心向后移,左臂向前伸,同时,右臂屈肘,以肘尖向乙方的胸部猛顶,解脱乙方抱腰,击伤对方(见图 15-40(b))。

(a)   (b)

图 15-40 倒卷肱技击用法

[要点] 用左肘击乙方的胸部时，头要向右后转，并要猛力向右转腰，以助顶肘之力。

(六) 揽雀尾(掤、捋、挤、按)

1. 掤势

(1) 乙上步用右拳击打甲；甲立即起左手外格其腕部(见图15-41(a))。

(2) 随即甲右脚向前上一步，右腿屈膝半蹲，蹬左腿，成右弓步；同时，左用抓乙右腕向下、向后带拉，右手向乙的右腋下用力掤出，可将乙击出或击倒(见图15-41(b)、(c))。

[要点] 甲左手向后带拉，使乙有后缩之意，此时，甲应乘乙后缩之势，借其力迅速出右手做"掤"的效果就好。如不借其力，是无法将对方掤出去的。在掤时，要以腰为主宰，用腰力将乙掤出。

(a)   (b)   (c)

图 15-41 揽雀尾掤势技击用法

2. 捋势

(1) 乙上右步用左掌推击甲；甲立即举起手格其左腕部(见图15-42(a))。

(2) 随即甲右脚向前上一步，左手由前向下、向后弧形带拉，右手按住乙的左肩或左肘部由前向下、向后弧形猛捋，可将乙从甲的身体左侧向后捋出或拖倒(见图15-42(b)、(c))。

[要点] 甲要乘乙向前猛推之势，借其力将乙向后捋出。在捋时，上身要正直，要充分利用上身向左转的力量，使捋的效果更佳。

(a)   (b)   (c)

图 15-42 揽雀尾捋势技击用法

3. 挤势

(1) 乙右手抓甲右腕向后引甲；甲顺乙之捋势，右脚向前上一步，同时，左手向自己的右臂方向移动(见图 15-43(a)、(b))。

(2) 随即甲身体重心前移，屈右腿，蹬左腿，成右弓步；同时，左手手掌附于右腕内侧，以右小臂平挤乙的胸部，将乙挤出(见图 15-43(c))。

[要点]　太极技法最主要的特点是借力。"挤势"看起来好像是主动进攻之势，其实质却是借对方的捋劲，顺势发力。动作要及时、连贯、协调。

(a)　　　　　　　　　　(b)　　　　　　　　　　(c)

图 15-43　揽雀尾挤势技击用法

4．按势

(1) 乙用双拳击打甲两太阳穴；甲立即用双手从乙的两臂之间向上架住(见图 15-44(a))。

(2) 随即甲身体重心略向后移；同时，用双手由上向下、向后弧形将乙双臂下引，使乙被引进落空(见图 15-44(b))，而后甲用双手立即向前快速将乙挤出(见图 15-44(c))。

[要点]　甲下引动作必须呈弧形，并要向左转腰，将乙的劲引空后，方可出击，将其按出。

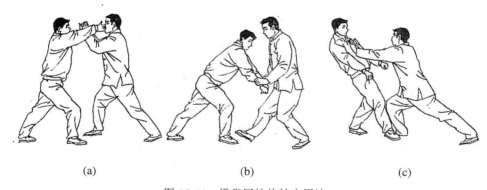

(a)　　　　　　　　　　(b)　　　　　　　　　　(c)

图 15-44　揽雀尾按势技击用法

(七) 单鞭

(1) 乙上左步用右拳击打甲方；甲立即用右手向上、向后弧形钩其右腕(见图 15-45(a))。

(2) 随即甲左腿屈膝半蹲，右腿伸直，成左弓步；同时，右手钩住其右腕向后带拉；左手成立掌猛力向其胸击出(见图 15-45(b))。

[要点]　击掌时，腰要向右转，利用腰腿之劲发力。整个动作的劲路，应向前、向右弧形发力，方可将对方击出或击翻倒地。

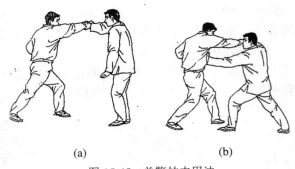

(a)   (b)

图 15-45   单鞭技击用法

(八) 云手

(1) 乙方用右拳向上击打甲方的下颌；甲应立即用左手向上、向左弧形格开(见图 15-46(a))。

(2) 随即甲用右手由下向上、向右弧形上抬，反别其右肘关节，可使乙方肘部受伤(见图 15-46(b))。

[要点]　双手动作要同时进行，同时用力，不可有先后。反别其右肘时，要使对方屈肘，否则此动作无效。

(a)   (b)

图 15-46   云手技击用法

(九) 高探马

乙用右拳击打甲方；甲身体重心向后坐，右腿屈膝半蹲，左腿微屈膝，并以左脚尖虚点地面，成左高虚步；同时，左掌向下按拍乙方的右拳，右掌向其脸部猛击(见图 15-47(a)、(b))。

(a)   (b)

图 15-47   高探马技击用法

[要点]　按掌和击掌必须同时进行。发劲时，腰要向左略转，充分发挥"腰为主宰"的作用。

(十) 右蹬腿

(1) 乙用左拳击打甲方；甲方应用双手交叉上架其冲拳(见图15-48(a))。

(2) 随即甲双手左右分开，化解乙方来拳，并迅速屈膝提起右腿，猛力向乙方的腹部蹬出(见图15-48(b)、(c))。

[要点]　蹬腿时，脚尖勾起，着力点在脚跟上。腿要行屈后伸，支撑腿要微屈膝站稳，蹬腿要有爆发力。

(a)　　　　　　　　(b)　　　　　　　　(c)

图15-48　右蹬腿技击用法

(十一) 双峰贯耳

(1) 乙上左步用双拳击打甲方；甲立即用双手下按(见图15-49(a))。

(2) 随即甲右腿屈膝半蹲，左腿伸直，成右弓步；同时，双手握拳由下向外、向上弧形挥臂，并用双拳同时击打乙方的左、右太阳穴，拳眼朝下，拳心朝外(见图15-49(b))。

[要点]　双拳必须弧形勾击，但弧形不可过大。力要从跟发，发劲要猛，力点要准。

(a)　　　　　　　　　　(b)

图15-49　双峰贯耳技击用法

(十二) 左蹬腿

乙上左步用右直拳击打甲方；甲方双手向上左、右分开，并用左手挡格乙方来拳，同时，左腿屈膝上提，并迅速向乙方的腹部蹬击(见图15-50(a)、(b))。

[要点]　蹬腿时，脚尖要钩起，着力点要在脚跟上。腿要先屈后伸，支撑腿膝微屈站稳。

蹬腿时要有爆发力。

(a)   (b)

图 15-50　左蹬腿技击用法

(十三) 下势独立

乙用右拳击打甲方；甲迅速用左手抓住其右腕关节并向后拉，同时右手(屈肘)由其右腋下向上挑起，使其身体前倾，此时，右腿屈膝向上猛提，用右膝猛顶其胸、肋部(见图 15-51)。

[要点]　动作要快速有力，协调一致。顶膝的部位最好是肋骨部位。

图 15-51　下势独立技击用法

第十六章 健美操运动理论与技术

第一节 健美操运动概述

一、健美操运动的概念与分类

按照目的任务和国外的惯例，健美操运动分为健身性健美操和竞技性健美操两大类(见表 16-1)。

表 16-1 健美操运动的分类

健身性健美操			竞技性健美操
徒手健美操	轻器械健美操	特殊场地健美操	
一般健美操	重器械健美操	水中健美操	男子单人
拳击健美操	踏板操	固定器械健美操等	女子单人
搏击操	哑铃操	功率自行车	混合双人
瑜伽健身术	橡皮筋操		三人
拉丁健美操	健身球操		混合六人
街舞			

二、健美操运动的特点与功能

(1) 健美操运动的特点：高度的艺术性、强烈的节奏性、广泛的适应性、健身的安全性。

(2) 健美操运动的功能：增进健康美功能、塑造形体美功能、缓解精神压力、娱乐身心功能、医疗保健功能。

第二节 健美操运动基本技术

健美操的基本技术包括：基本步伐和上肢动作两部分。

一、基本步伐

(一) 基本步伐体系

人体运动对地面产生一定的作用力，而地面同时也给予人体相应的反作用力，即"冲击力"。所有步伐可按冲击力分为三种：无冲击力动作、低冲击力动作、高冲击力动作。许多低冲击力动作同时也可做成高冲击力动作(见表 16-2)。无冲击力动作指两只脚都接触地面的动作，或不支撑体重的动作；低冲击力动作指总有一只脚接触地面的动作；高冲击力动作指两只脚都离开地面，即有腾空的动作。

根据动作完成形式的不同，我们又可将基本步伐分为五类：

交替类：两脚始终做依次交替落地的动作。

迈步类：一条腿先迈出一步，重心移到这条腿上，另一腿用脚跟、脚尖点地或吸腿、屈腿、踢腿等，然后向另一个方向迈步的动作。

点地类：一腿屈膝站立，另一腿伸出，用脚尖或脚跟点地后还原到并腿位置的动作。

抬腿类：一腿站立，另一腿抬起的动作。

双腿类：双脚站立、身体重心在两腿之间的动作。

表 16-2　有氧操常用基本动作体系

类别	原始动作形式	低冲击力形式	高冲击力形式	无冲击力形式
交替类	踏步(march)	踏步(march) 走步(walk) 一字步(easy walk) V 字步(V-step) 漫步(mambo)	跑步(jog)	
迈步类	侧并步(step touch)	并步(step touch) 迈步点地(step tap) 迈步吸腿(step knee) 迈步后屈腿(step curl) 侧交叉步(grapevine)	并步跳(step jump) 小马跳(pony) 迈步吸腿跳(step knee) 迈步后屈腿跳(step curl) 侧交叉步跳(grapevine)	
点地类	点地(touch step)	脚尖点地(tap) 脚跟点地(heel)		
抬腿类	抬腿(Lift step)	吸腿(knee lift(up)) 摆腿(Leg lift) 踢腿(kick)	吸腿跳(knee lift) 摆腿跳(leg lift) 踢腿跳(kick) 弹踢腿跳(flick) 后屈腿跳(leg curl)	
双腿类			并腿跳(jump) 分腿跳(squat jump) 开合跳(jumping jack)	半蹲(squat) 弓步(lunge) 提踵(calf raise)

(二) 基本动作说明

1. 两脚交替类

1) 踏步(原始动作)

一般描述：两腿原地依次抬起，依次落地(见图 16-1)。

技术要点：在下落时，踝、膝、髋关节依次有弹性地缓冲。

图 16-1　踏步

2）走步

一般描述：迈步向前走四步或向后退四步，然后反之(见图 16-2)。向前走时，脚跟先落地，过渡到全脚掌；向后走时则相反。

技术要点：在落地时，膝、踝关节有弹性地缓冲。

图 16-2　走步

3）一字步

一般描述：一脚向前一步，另一脚并于前脚，然后再依次还原(见图 16-3)。

技术要点：向前迈步时，先脚跟着地，过渡到全脚掌；前后均要有并腿过程；每一拍动作膝关节始终有弹性地缓冲。

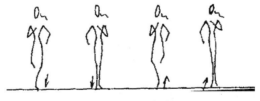

图 16-3　一字步

4）V 字步

一般描述：一脚向前侧方迈一步，另一脚随之向另一方迈一步，成两脚开立，屈膝，然后再依次退回原位(见图 16-4)。

技术要点：两腿膝、踝关节始终保持弹动状态，分开后成分腿半蹲，重心在两脚之间。

图 16-4　V 字步

5) 漫步

一般描述：一脚向前迈出，屈膝，重心随之前移，另一脚稍抬起，然后原地落下；或者向后撤一步，重心后移，另一脚稍抬起，然后原地落下(见图16-5)。

技术要点：两脚始终保持交替落地，身体重心随动作前后移动，但始终在两脚之间。

图16-5　漫步

6) 跑步

一般描述：两腿经过腾空，依次落地缓冲，两臂屈肘摆臂(见图16-6)。

技术要点：落地屈膝缓冲，脚跟尽量落地。

图16-6　跑步

2. 迈步类

1) 并步(侧并步为原始动作)

一般描述：一脚迈出，另一脚随之并拢屈膝点地；再向反方向迈步(见图16-7)。

技术要点：两膝始终保持弹动，动作幅度和力度可随风格而定。

图16-7　并步

2) 迈步点地

一般描述：一脚向侧迈一步，两腿经屈膝移重心，另一腿再向前、侧或后用脚尖或脚跟点地(见图16-8)。

技术要点：两膝放松保持弹动。

图 16-8 迈步点地

3) 迈步吸腿

一般描述：一脚迈出一步，另一腿屈膝抬起，然后向反方向迈步(见图 16-9)。

技术要点：经过屈膝半蹲，抬膝时支撑腿稍屈膝。

图 16-9 迈步吸腿

4) 迈步后屈膝

一般描述：一脚迈出一步，另一腿后屈，然后向反方向迈步(见图 16-10)。

技术要点：经过屈膝半蹲，支撑腿稍屈膝，后屈腿的脚跟靠近臀部。

图 16-10 迈步后屈膝

5) 侧交叉步

一般描述：一脚向侧迈一步，另一脚在其后交叉，随之再向侧迈一步，另一脚并拢，屈膝点地(见图 16-11)。

技术要点：第一步脚跟先落地，身体重心快速随脚步而移动，保持膝、踝关节的弹动。

图 16-11 侧交叉步

3．点地类

1) 脚尖点地

一般描述：一腿稍屈膝站立，另一腿伸出，脚尖点地，然后还原到并腿姿势(见图 16-12)。

技术要点：支撑腿始终保持屈膝站立，并且随动作有弹性的屈伸。

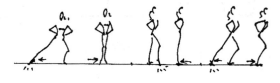

图 16-12　脚尖点地

2) 脚跟点地

一般描述：一腿稍屈膝站立，另一腿伸出，脚跟点地，然后还原到并腿姿势。只可做向前和向侧的脚跟点地(见图 16-13)。

技术要点：支撑腿始终保持屈膝站立，并且随动作有弹性的屈伸。

图 16-13　脚跟点地

4．抬腿类

1) 吸腿

一般描述：一腿屈膝抬起，落下还原(见图 16-14)。

技术要点：支撑腿保持屈膝弹动，大腿上抬超过水平；上体保持正直。

图 16-14　吸腿

2) 摆腿

一般描述：一腿抬起摆动，落下还原(见图 16-15)。

技术要点：抬腿角度要低，脚尖绷直，上体正直。

图 16-15　摆腿

3) 踢腿

一般描述：一腿稍屈膝站立，另一腿抬起，然后还原(见图 16-16)。

技术要点：抬起腿不需很高，但要有控制；保持上体正直。

图 16-16　踢腿

4) 弹踢(跳)

一般描述：一腿站立(跳起)，另一腿先向后屈，然后向前下方弹踢，还原(见图 16-17)。通常以高冲击力的形式出现。

技术要点：腿弹出时要有控制，保持上体正直。

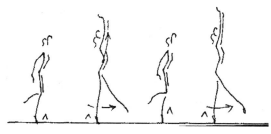

图 16-17　弹踢(跳)

5) 后屈腿(跳)

一般描述：一腿站立(跳起)，另一腿向后屈膝，放下腿还原(见图 16-18)。通常以高冲击力的形式出现。

技术要点：支撑腿保持弹性，两膝并拢，脚跟靠近臀部。

图 16-18　后屈腿(跳)

5. 双腿类

1) 并腿跳

一般描述：两腿并拢跳起(见图 16-19)。

技术要点：落地缓冲有控制。

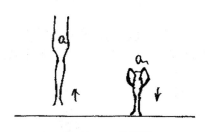

图 16-19　并腿跳

2) 分腿跳

一般描述：分腿站立屈膝半蹲，向上跳起，分腿落地屈膝缓冲(见图 16-20)。

技术要点：屈膝半蹲时，大、小腿夹角不要小于 90°，空中注意身体的控制。

图 16-20　分腿跳

3) 开合跳

一般描述：由并腿跳起，分腿落地；然后，再由分腿跳起，并腿落地(见图 16-21)。

技术要点：分腿屈膝跳起，分腿落地；然后，再由分腿跳起，并腿落地。

图 16-21　开合跳

4) 半蹲

一般描述：两腿有控制的屈和伸，可分为并腿半蹲和分腿半蹲(见图 16-22)。

技术要点：分腿半蹲时，两腿左右分开稍大于肩(或与肩同宽)，脚尖稍外开，屈膝时关节角度不得小于 90°，膝关节对准脚尖方向，臀部向后 45° 方向下蹲，上体保持直立。

图 16-22　半蹲

5) 弓步

一般描述：两腿前后分开，两脚平行站立；蹲下、起来(见图 16-23)。

技术要点：半蹲时后腿关节向下，大腿垂直于地面；重心始终在两脚之间。

图 16-23　弓步

6) 提踵

一般描述：两腿脚跟抬起，落下脚跟稍屈膝(见图 16-24)。

技术要点：两腿夹紧，重心上提时，收紧腹部；落下时屈膝缓冲。

图 16-24　提踵

二、常用上肢动作

在完成基本动作时加入不同的手臂动作就会使动作变得丰富多彩，或改变动作的强度和难度。如手臂在肩以上的动作强度就大于手臂在肩以下的动作强度；手臂动作变化多的一组动作就难于手臂动作变化少的动作组合。下面就介绍几种常用的手形和手臂动作。

(一) 常用手形

1. 掌形

一般描述：五指伸直并拢(见图 16-25)。

2. 拳形

一般描述：握拳，拇指在外(见图 16-26)。

3. 五指张开形

一般描述：五指用力伸直张开(见图 16-27)。

图 16-25　掌形　　　　图 16-26　拳形　　　　图 16-27　五指张开形

(二) 上肢动作

1. 举

一般描述：臂伸直向某方向抬起。

2. 屈臂

一般描述：前臂与上臂角度不断减小。

3. 伸臂

一般描述：前臂与上臂角度不断增大。

4. 屈臂摆动

一般描述：屈肘在体侧自然地摆动。可依次和同时进行。

5. 上提

一般描述：直臂或屈臂由下至上提抬起。如屈臂前提、直臂侧提。

6. 下拉

一般描述：臂由上举或侧上举拉至身体两侧。

7. 胸前推

一般描述：立掌，臂由肩部向前推。

8. 冲拳

一般描述：屈臂握拳，由腰间猛力向前冲拳。

9. 肩上推

一般描述：立掌，屈臂由肩部向上推。

10. 摆动

一般描述：以肩关节为轴，手臂在 180° 以内的运动称之为摆动。

11. 绕和绕环

一般描述：以肩关节为轴，手臂在 180° 至 360° 之间的运动为绕；大于 360° 以上的圆周运动为绕环。

12. 交叉

一般描述：两臂重叠成 X 形。

在进行上述上肢动作练习时，应注意肌肉的用力阶段，使动作富有弹性，避免上肢动作过分僵硬。

第三节　健美操音乐与动作编排

一、健美操音乐

音乐是声音的艺术。音乐作为完整的艺术形式有着自己独特、系统和完整的表达方式。

健美操的动作在音乐的衬托下，更具生命力与艺术性，可以说音乐为健美操插上两只翅膀，使健美操扩大了表现空间。如果说仅仅由动作构成了健美操的锻炼与原始的冲动，音乐则为健美操注入了灵魂，并使内心的激动呐喊出来。

就其相关因素，音乐的节奏与速度，严格地控制着动作的节奏与速度。因此，在很大程度上控制着运动的强度。仅就节奏与速度而言，时间相同，节奏与速度越复杂、越快，强度就越大，反之越小。

音乐的风格决定动作的风格。音乐风格受时代变化、民族地域、环境、作者等因素影响，因此我们应当尊重音乐的风格，因为唯有这样动作与音乐才能协调，音乐才能有力地支撑起动作。

音乐的强弱变化为动作的力度与起伏创造了内在的条件，使动作与音乐在结构上产生联系，曲调与节奏的变化加之动作起伏从而产生韵律感，增加了健美操的韵律感，使健美操美学价值更高。

音乐的情绪有控制健美操动作与脑细胞兴奋的作用，因此在音乐伴奏下进行锻炼可以延缓疲劳的出现。同时音乐的情绪可以影响人的情绪，这也是健美操多选择曲调欢快、节奏强劲的音乐作为伴奏音乐的重要原因之一。欢愉明快的音乐可以更快地调动起人的兴奋性。

运用音乐时的注意事项：

(1) 音乐的风格与动作的风格应相一致。音乐的选择直接影响着健美操的风格、结构、节奏和速度，音乐选配得当容易激发编操者的创作灵感和练习者的锻炼激情。健身健美操应体现出民族风格，并向着突出时代特征的方向发展。

(2) 音乐应体现健美操特点。健美操是健、力、美的统一体，选配音乐时要注意体现这一点，强调美与力的结合。音乐旋律要动听，力求新颖，丰富多变，节奏鲜明。

(3) 要注意音乐速度的选用。健美操的音乐速度通常以 10 s 为单位作为设计动作速度的标准。竞技健美操要求音乐必须在 $1'40''\sim1'50''$ 之间，速度在每 10 s 24～27 拍，健身健美操要求音乐必须在 $2'30''\sim3'$ 之间，速度在每 10 s 22～26 拍，充分体现健身健美操的有氧性及健身性。相比之下，较快节奏的音乐更容易提高一套动作的活跃性，同时也更容易引起群众的共鸣。

(4) 成套动作的连贯性和完整性。一般成套音乐套路开头采用 10 s 的慢拍或造型变化，突出风格特点。中间每部分或小的阶段要体现高低起伏的变化。如果是经过剪接，则剪接处前后乐曲的旋律应基本相似，且有一定的连贯性。音乐的结尾一定要保持音乐的完整性，不要动作做完或时间到了，就把音乐从这里卡断，这样的结果会给人一种悬在空中而没有结束的感觉。

二、健美操的动作编排

目前大学生成套健身健美操除参加比赛外，各类表演也是广大学生丰富文化生活的重要内容。在大学生中积极开展介于竞技与表演之间的成套健身健美操，特别是更具感染力和更多参与者的集体健身健美操已成为发展健美操运动的一个重要途径。这就要求专门从事健美操教学的教师和教练，在健身健美操编排的艺术上进行认真探讨，掌握编排艺术，不断挖掘编排过程中的艺术魅力。

(一) 成套健身健美操的构成

成套健身健美操由音乐、动作和编排三个要素组成，它们之间的关系可用图 16-28 形象地表示。

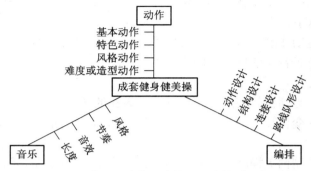

图 16-28　音乐、动作、编排三要素关系示意图

在成套健身健美操动作中，如果说音乐是灵魂，动作是躯骨，那么编排就是经络，编排是套路成型的关键，是成套动作质量的保证，是衡量成套健身健美操价值的重要指标。

(二) 成套健身健美操动作的编排

1. 动作设计

(1) 针对大学生生理、心理特点选择动作。在校大学生一般年龄在 18～24 岁，因此在编排时，应选择一些刚劲有力、健美大方、富有朝气、积极快速、振幅较大、舞蹈因素多、时代特点突出、有明显锻炼价值的动作。同时，造型动作要新颖、独特、多变、有趣、奔放。在设计动作时应考虑到学生的实际水平，除包括基本动作外还可设计一些使学生通过努力都能完成的动作，具有挑战性，做到有一定难度的同时又具有可接受性。

(2) 借鉴相关项目，内容设计要突出特色。动作编排应有机结合舞蹈、体操、技巧等一些相关项目艺术，创造性地编排出既刚又柔、协调流畅的动作。此外在设计时考虑加入健美操中的一些风格操，如拉丁健美操、街舞等动作来渲染整套操，但是此内容和时间不宜太多，要起画龙点睛的作用，设计做到有特色。

2. 结构设计

当我们想要创编一套操时，编排中，先要根据这套操所需要达到的要求，确定这套操当中的核心动作、风格动作，然后与所选音乐进行反复分析确定出操的表现风格，安排多少难度动作、多少操化动作、多少造型动作，集体项目还应考虑队员间有多少的配合等，勾勒出成套动作的整体结构和框架，如果有了比较清晰的想法，就可以具体操作了。

3. 连接设计

(1) 合理分配各类动作。选择设计好单个动作和成串的组合动作后，要将风格性动作、难度动作、配合动作等按照一定的原则，合理地分配连接，切忌出现"头重脚轻"等安排不平衡。

(2) 把握好成套动作的节奏。节奏是表演艺术的基本要素，一套成功的健美操编排，主题动作和陪衬动作要节奏分明，其动作要有大小、快慢、强与弱、刚与柔的搭配，有开始、有高潮、有结束。高潮应多在后半段形成，吸引人的动作和队形要逐渐上升，感染观众。

4. 路线、队形设计

首先根据场地特点要合理充分的利用场地，注意利用队形变化，加强整套操的流动性，不要在一个队形上做过多的动作，队形、方位的变化应巧妙并易于整齐一致，不应牵强附会，生拉硬扯，以影响整套操的连贯性。在队形变化中注意把惊险、新颖、观赏性强的动作安排在场地中间，给观赏者留下清晰深刻的印象。其次在队形选择上应按照操的内容与风格选择适宜的队形，以便更好地展现主题。

在初步完成整套操的编排后，配合音乐完成整套操的动作演练，观察整体表演效果，加以修改，使整套操的动作和音乐的风格、情感完全吻合。并注意随着训练的深入，队员技术情况的日趋变化，应去掉那些难以完成的动作，根据队员特点修改或增加那些表演效果好、队员擅长完成的动作，精雕细刻，使之日趋完善。

(三) 健美操动作编排的原则

1. 根据编操的目的、任务、对象、特点进行编排的原则

健美操总的目的、任务是增进健康，培养正确的体态，塑造美的形态，陶冶美的情操。但具体到某一套操，其具体任务又会有所侧重，创编的要求也不尽相同。另外，创编任何一套健美操时，都必须考虑使用对象的具体情况，要针对不同对象的生理、心理特点，来确定总体构思的特点、风格和动作内容。

2. 坚持全面发展身体的原则

创编健美操时，必须坚持全面发展身体的原则。为了达到增进健康的目的，编排的动作涉及身体各个部位、各个器官系统的机能，以及身体整体素质，使之能得到全面、协调的发展。另外，在动作设计上要讲究对称，即动作的结构、身体各部位的活动、练习方式等方面应是对称的，这样有助于身体全面发展。

3. 合理安排动作顺序和运动量

在安排成套健美操的顺序和运动量时，主要应考虑使用对象的具体情况，应符合其人体运动的合理的生理曲线要求，动作由小到大，由慢到快，由弱到强，由局部到整体，使心率变化由低到高，波浪形的逐步发展，并出现最高心率，且能恢复到平静状态。另外，在安排运动量时，还要考虑到练习者的年龄、性别和实际承受能力。

4. 精心设计动作，使之有独特的风格和特点

健美操的动作设计，是创编整套动作的重要一步。在进行单个或成节动作设计时，除了参考平时注意收集积累的各种素材外，还要精心设计每一个动作，要考虑到动作的幅度、速度、节奏、数量和形式，力求动作简单易学、造型美观、富有弹性、结构合理、讲求实效，其整体动作要连贯，活而不乱，符合总体构思。

5. 选配音乐要考虑其风格、韵律及内在结构特点

音乐是健美操的灵魂。如果失去灵魂，健美操将失去其价值和意义。因此，在选配音乐时，要考虑到音乐的各种特点，使动作和音乐巧妙结合。

6．根据比赛规则要求进行编排的原则

竞技健美操的编排要依据比赛规则的要求进行。规则对每套动作的难度、时间等均有严格的规定。

第四节　健美操基本竞赛规则

高校健美操竞赛规则一般参照《中国健身健美操竞赛规则》、国家体育总局颁发的《健美操竞赛规则》和国际体操联合会颁发的《竞技健美操竞赛规则》三个版本。在这里我们主要介绍健身性健美操的竞赛规则。

一、总则

(1) 竞赛内容：符合规则及规程要求的自编成套动作比赛。

(2) 成套动作时间：自编成套动作时间为 $2'30''\sim3'$(不含提示音和前奏音乐)。

(3) 比赛音乐：音乐速度每 10 s 22～26 拍；成套动作允许有 2×8 拍的音乐前奏；参赛队必须自备比赛音乐，比赛音乐可以使用一首或多音乐曲混合的音乐，可加入特殊音效，音乐必须录制在 CD 或普通录音带的"A"面开头。

(4) 参赛人数与更换运动员：每队参赛人数至少 4～6 人，性别不限。如有特殊情况更换运动员时，需持有效证明，经组委会同意方可更换。

(5) 比赛场地：比赛场地为 10×10 m^2 的地板或地毯，标志带为 5 cm 宽的白色带。标志带是场地的一部分。

(6) 服装：运动员须穿适合运动的健美操服和运动鞋，着装整洁、美观、大方，不允许使用悬垂饰物。例如：皮带、飘带和花边等；女运动员的头发须梳系于后，头发不得遮住脸部；允许化淡妆，禁止戴首饰。

(7) 比赛程序与计分方法：比赛分为预赛和决赛，凡参赛队均参加预赛，预赛前八名者进入决赛，不足八名时，递减一名录取。比赛中得分高者名次列前，如遇得分相等，按艺术分高者名次列前，再相等则名次并列，无下一名次。

二、成套动作的评分

成套动作的评分包括艺术分、完成分和裁判长减分。

(一) 艺术裁判的评分

艺术分是从 10 分起评，对每个错误给予减分。艺术裁判的评分因素为：动作设计、音乐、队形与空间、表演。

1．动作设计(5 分)

健身健美操的动作设计应符合四个原则：健身、娱乐原则；安全无损伤原则；全面发展身体的原则；符合年龄特点的原则。

1) 基本步伐、手臂动作及动作组合(2 分)

(1) 动作设计必须包括七个基本步伐：踏步、开合、吸腿、踢腿、弓步、弹踢腿跳、后踢腿跑或类似形式。

(2) 手臂动作要体现多样性及动作的不对称性。

(3) 动作组合中应使身体的各部位(头、手、上臂、前臂、躯干、腿和脚)协调配合，共同参与的部位越多评价越高。

(4) 同一动作组合允许出现一次对称动作。

(5) 成套动作的设计要以操化动作为主，融合现代舞蹈和传统项目武术等项目的动作，必须符合健美操运动的特点。成套动作中不允许出现任何清楚地显示其他项目特征的造型或静止动作(如芭蕾、健美、搏击等)。

(6) 成套动作中不鼓励出现难度动作，如出现类似动作，不予加分，对出现的错误予以减分。开始和结束允许出现托举动作，但不允许出现违例动作。

(7) 成套动作中至少应出现两次运动员之间有接触的交流配合动作。

(8) 成套动作中托举的数量不得多于 3 次。

2) 过渡与连接(2 分)

(1) 在成套动作中应合理、流畅地连接健美操基本步伐、动作组合。

(2) 对灵活和流畅的空中、地面的相互转换，运动员可以依次或分批做动作，但任何一名运动员不允许停顿 1×8 拍。

3) 强度(1 分)

强度的评价取决于动作的频率、动作的速度及幅度、完成动作的耐力、移动等因素。

2．音乐(1 分)

音乐的选择应完整并与成套动作的风格协调。音响的效果应是高质量的，并有足够音量，必须和运动员成套动作相配合。

3．队形与空间的运用(2 分)

(1) 成套动作的队形变化应自然、迅速、流畅、美观、清晰。成套动作的队形变化不少于 5 次，至少出现 3 次流动队形变化；移动路线要合理使用 4 种以上(前、后、左、右、对角等)。

(2) 成套动作应均衡、合理、充分地使用场地和空间，要充分使用场地每一个区域，充分利用三维空间和方向的变化。

4．表演(2 分)

运动员动作表演要充分体现表现力、自信力和感染力。

(1) 表现力：运动员通过娴熟的动作技巧，通过自身的活力、热情和全身心投入的激情来吸引观众的能力。

(2) 自信力：运动员充满自信、唯我独尊的良好自我感觉。

(3) 感染力：运动员与观众目光持续接触的能力，并最终感染观众。

(4) 表演的动作应与音乐主题、风格融为一体，要与音乐的拍节相吻合、并配合乐句。

(5) 动作表演就是演绎音乐的内涵，要充分体现主题内涵，这是最值得倡导的表演。

(二) 完成裁判的评分

完成分是从 10 分起评，对每个完成错误给予减分。完成裁判的评分因素为：技术技巧、一致性。

1. 技术技巧

技术技巧指完美完成所有动作的能力，包括以下方面：

(1) 身体姿态控制能力：在完成动作时始终保持身体正确姿态的能力。

(2) 动作的力度：成套动作的力度、爆发力、肌肉耐久力。力度是通过动作快速准确到位的延伸制动控制来实现的，动作要松而不懈、力而不僵。

(3) 动作的准确性：动作技术规范、部位准确、清楚，动作方向清楚，完美控制。开始与结束动作要清楚。运动员的节奏感与动作的韵律性应保持协调一致，完美体现动作的弹动与控制。

(4) 动作的熟练性：动作技术纯熟，轻松流畅。

(5) 动作的幅度：动作幅度要大，但要避免"过伸"运作和大幅度的反关节动作。

2. 一致性

动作的一致性包括：

(1) 整体完成动作的能力，运动范围的一致性。

(2) 所有运动员应体现出一致与均衡的运动强度。

(3) 所有运动员应具有一致的表演技巧。

完成评判员对所有动作出现错误的减分标准：

小错误：稍偏离正确完成，每次扣 0.1 分。

中错误：明显偏离正确完成，每次扣 0.2 分。

大错误：较严重偏离正确完成，每次扣 0.3 分。

严重错误：严重偏离正确完成，每次扣 0.4 分。

失误：根本无法达到要求，失去平衡(跌倒)等，每次扣 0.5 分。

(三) 裁判长

裁判长的职责：记录评判整套动作，并根据技术规则负责监控在场全体裁判的工作。

裁判长负责如下减分：

(1) 时间不足(指成套动作时间少于 2′30″)，扣 0.2 分。

(2) 时间超过(指成套动作时间多于 3′)，扣 0.2 分。

(3) 参赛人数不足或超过均扣 0.2 分。

(4) 音乐速度不符合要求，扣 0.2 分。

(5) 运动员被叫到后 20 s 未出场，扣 0.2 分。

(6) 运动员的着装仪容不符合规定，扣 0.2 分。

(7) 运动员在比赛时掉物或装束散落，扣 0.2 分。

(8) 运动员身体触及线外地面，每次扣 0.1 分。

(9) 托举超过 3 次，每次扣 0.5 分。

(10) 违例动作减分，每次扣 0.5 分。

三、违例动作

为了保持健美操的特色，对不利于健身健美操发展的其他项目的表现形式，以及身体各关节过分伸展与过分弯曲的易损伤身体的动作禁止使用。违例动作如下：

(1) 所有沿矢状轴或额状轴翻转的动作。

(2) 所有高于 30°的水平支撑动作。

(3) 任何与身体的自然姿态完全相反的动作，如反背弓、背部挤压、膝转、足尖起、仰卧翻臀等。

(4) 使用爆发性加速或减速动作，如抽踢等。

(5) 任何马戏或杂技动作。

(6) 抛接动作。"抛"是指由同伴抛起或借助同伴的力量弹起至腾空位置，"腾空"是指一个人不触及地面或同伴。

第十七章 体育舞蹈运动理论与技术

第一节　体育舞蹈概述

一、体育舞蹈的含义

体育舞蹈是由属于文艺范畴的舞蹈演变而来的体育项目，是以人自身的形体动作为物质手段，它兼有文艺和体育的特点，是介于两者之间的，以竞赛为目的，具有自娱性和表演观赏性的竞技舞蹈，又叫"国际标准舞"，原名为"舞厅舞"或"舞会舞"，也有称之为"社交舞"、"交谊舞"、"交际舞"。体育舞蹈包含摩登舞和拉丁舞两大类 10 个舞种，摩登舞中有华尔兹、探戈、狐步舞、快步和维也纳华尔兹；拉丁舞中有伦巴、恰恰、桑巴、斗牛和牛仔舞。

二、体育舞蹈的起源

体育舞蹈前身的交际舞是最早出现在欧洲的农民舞蹈，如"低舞"(1350～1550 年)和"孔雀舞"(1450～1650 年)，都是由男女成对来跳的。16 世纪在英国被称为"乡村舞"的队列舞盛行；17 世纪法国"小步舞"受到广泛的欢迎；18 世纪中期，华尔兹舞在维也纳郊区和奥地利高山地区产生；19 世纪初，华尔兹出现近距离的搂抱形式，这种男女舞伴"近距离搂抱"的舞蹈猛烈抨击了传统的交际舞观念，使交际舞发生革命性的变化；进入 20 世纪后，又出现了狐步舞、探戈舞等交际舞。这样现代交际舞的内涵也逐渐明晰起来，它是指"舞伴距离较近"的，在舞厅中活动的交际舞。

1768 年，在巴黎出现了第一家交际舞舞厅，由此交际舞开始在欧美各国流行，成为一种普遍的社交方式。为了便于普及并进一步提高大众的参与意识，舞蹈教师们将其规范化、职业化并通过比赛将其竞技化。1924 年，英国皇家舞蹈教师协会对当时的交际舞进行了整理，将各种舞的舞步、舞姿、跳法加以系统化和规范化，相继制定规范了布鲁斯、慢华尔兹、慢狐步舞、快华尔兹、快步舞、伦巴、探戈等交际舞。1950 年，由英国 ICBD(摩登舞国际理事会)主办了首届世界性的大赛"BLACKPOOL DANCE FESTIVAL 1950"（"黑池舞蹈节"），并把规范后的舞蹈命名为"国际标准交谊舞"，随后每年的五月底，在英国的"黑池"都会举办一届世界性的大赛。第二次世界大战以后，英国皇家教师舞蹈协会又整理了拉丁舞蹈，也将它纳入国际体育舞蹈范畴，1960 年，拉丁舞也成为世界交际舞锦标赛的比赛项目之一。这样，国际上形成了具有统一舞步的两大系列 10 个舞种的国际标准舞。

三、体育舞蹈的发展

(一) 国际体育舞蹈的发展概况

体育舞蹈的发展离不开体育舞蹈组织的管理、组织及推广工作。目前国际上有两个国际体育舞蹈组织。一个是国际体育舞蹈联合会(IDSF)，另一个是世界舞蹈及体育舞蹈理事会(WDDSC)。国际体育舞蹈联合会是管理业余体育舞蹈事务和比赛的国际组织，世界舞蹈及体育舞蹈理事会是管理职业体育舞蹈事务和比赛的国际组织。2000年，IDSF与WDDSC签署理解合作备忘录，拟将合并成立世界舞蹈运动联合会(WDSF)。

体育舞蹈的第一个国际组织是于1935年12月10日在布拉格成立的国际业余舞蹈联合会(IADF)，其成员国有奥地利、捷克斯洛伐克、丹麦、英国、法国、德国、荷兰、瑞士及南斯拉夫。不久，比利时、加拿大、意大利、挪威的协会也相继加入。奥地利的弗朗兹·布切勒当选为联合会的首任主席。1956年更名为国际业余舞蹈理事会(ICAD)，后来在1990年又更名为国际体育舞蹈联合会(IDSF)。1995年，IDSF取得世界运动协会(IWGA)和国际体育总会(ARISF)的会员资格。1997年9月，体育舞蹈正式得到国际奥委会承认，并且IDSF成为唯一的代表体育舞蹈的国际组织。2000年，体育舞蹈成为悉尼奥运会闭幕式的表演项目。同年，IDSF向国际奥委会申请体育舞蹈作为夏季奥运会正式比赛项目。1970年，IDSF有22个会员国和会员协会；1980年，有28个会员国和会员协会；1990年，有34个会员国和会员协会；到了2002年，IDSF已经拥有79个会员国和会员协会，并且有43个会员国已经得到奥委会的承认。

世界舞蹈与体育舞蹈理事会(WDDSG)通常简称为"世界舞蹈总会"。它的前身是摩登舞国际理事会(ICBD)，在菲利浦·理查德森(Philip Richardson)的极力鼓动下，22名来自12个国家的职业舞蹈者于1950年9月22日在苏格兰爱丁堡创建摩登舞国际理事会(ICBD)，这是第一个国际职业舞蹈组织。最初它的成员国包括9个欧洲国家和3个其他地区的国家，而今已经成为职业舞蹈及体育舞蹈的世界顶尖权威。

(二) 我国体育舞蹈的发展现况

我国体育舞蹈的开展受西方文化的影响，交谊舞于20世纪30年代率先进入上海，后又在天津、广州等大城市广泛流行。新中国成立后，国内盛行内部舞会，通常由各地的工会、共青团、妇联组织舞会，领导与群众同乐，大家一起跳交谊舞。1956年以后，交谊舞陷入困境，1979年2月2日，人民大会堂春节联欢会后复出。20世纪80年代初，随着改革开放的进一步深入，体育舞蹈进入了一个新的发展时期，外国专家及优秀选手纷纷来华讲学、表演、交流、培训，体育舞蹈迅速从北京、广州向全国推广。1986年，文化部中国舞蹈家协会正式成立了"中国国际标准舞总会"(20世纪90年代后改名为"中国国际标准舞学会")，并于1987年举办了"第一届全国国际标准舞锦标赛"，以后每年举行一次，国标舞事业得到了我国各级政府关心，成为社会主义精神文明建设的重要内容。从1998年开始，国标舞被列入中国文化部"荷花奖"的评奖单项，从此又开辟国标舞事业一个崭新的篇章。

1989年8月，国家体委成立了体育舞蹈俱乐部。1991年5月3日，"中国体育舞蹈协会"宣告成立。随后，"中国体育舞蹈培训中心"在全国各地广泛开展培训工作：依照国际规则，制定了我国第一个《体育舞蹈竞赛规则草案》；1993 年 12 月，举办了"中国上海、北京世界杯体育舞蹈锦标赛"，这是我国首次获得世界体育舞蹈职业总会(WDDSD)和世界体育舞蹈业余总会(IDSF)认可的世界性公开赛，也是中国最具规模的舞蹈大赛。

1994 年，"中国国际标准舞协会"和"国际标准舞学院"相继成立。1995 年，中国两次派团赴英国和德国参加比赛。1995 年和 1996 年先后两次在上海和北京举办"英国皇家舞蹈教师协会"(ISTD)教师资格考核，共有近 70 人通过，成为该会会员。1996 年 5 月，中国国际标准舞协会首次派出考察团参加世界著名的英国"黑池"第 71 届舞蹈节。2001 年在第 76 届"黑池"舞蹈节国际标准舞大赛中，我国体育舞蹈明星、五星级全国冠军获得者李兆林、李小媛闯入"黑池"职业新星组摩登舞比赛前 24 名，为中国赢得了荣誉，为全世界华人赢得了骄傲。2004 年，栾江和张茹获得了"黑池"大赛职业新星拉丁组冠军，这是中国体育舞蹈历史上第一个"黑池"冠军，实现了该项目比赛零的突破。

目前我国开设体育舞蹈课程的高校也越来越多，包括一些有条件的中学、民办院校也相继开设体育舞蹈课程，特别是在一些文科院校，体育舞蹈更是备受宠爱。随着体育舞蹈教师队伍建设的不断完善和大学生对体育舞蹈认知度的不断提高，体育舞蹈将在全国高校得到更广泛的普及。

四、体育舞蹈的基本知识

(一) 舞程线

舞程线是指沿舞程向(逆时针方向)行进的路线。即跳舞时为了避免发生碰撞而规定的舞者必须沿逆时针方向围绕着舞池中央作连续发展式运动。在习惯中，把靠近主席台一侧的那条长线称为 A 线，依次是 B 线、C 线、D 线，再回到 A 线，如此往复循环。本书的图解都是按照在舞程线上行进的方向绘制的，同时，要记牢在舞池中沿着舞程线前进时，右边总是靠墙壁(外边)，左边总是靠舞池中央(内边)，每一舞步开始和完止的方向，都是以图 17-1 的方向、名称为标准的。

图中，脚所站立的方向和部位用箭头表示：

(1) 面对舞程线——背对舞程线。

(2) 背对舞程线——面对舞程线。

(3) 面对墙壁——背对墙壁。

(4) 面对中央——背对中央。

(5) 面对斜墙壁——背对斜墙壁。

(6) 面对斜中央——背对斜中央。

(7) 反舞程线面对斜墙壁——反舞程线背对斜墙壁。

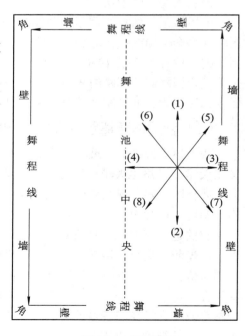

图 17-1　舞程线

(8) 反舞程线面对斜中央——反舞程线背对斜中央。

(二) 运步中表示脚步方向的术语

当我们在舞池中沿着舞程线作各种转法和前进后退时，脚步的运动有八个固定方向，本书中各种舞法、舞步的绘图解释也都与这八个固定方向的术语相一致，读者只要将图 17-2 中八个方向的术语熟记，在练习中是不会有困难的。

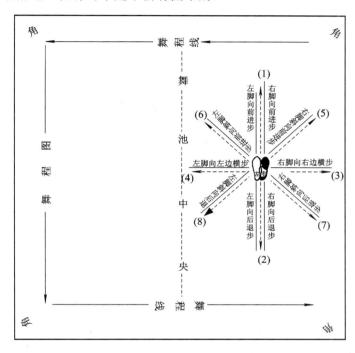

图 17-2　八个方向

图中：

(1)——沿舞程线；

(2)——反舞程线；

(3)——对墙壁；

(4)——对中央；

(5)——对斜墙壁；

(6)——对斜中央；

(7)——反舞程线对斜墙壁；

(8)——反舞程线对斜中央。

(三) 如何识图

交谊舞中的舞步，无论前进、后退或转弯，都是用左右脚交换运步的，本书的绘图是按照这种规律绘制的。这种图很容易看懂，转弯时可照图上指引的方向转去。如向右转 1/4 即向右转 90°；向左转 3/8 即向左转 135°等(见图 17-3)。

黑脚印表示右脚

 此图表示用右脚掌作轴

心，向右转 $\frac{1}{4}$ (90°)

 白脚印表示左脚

 此图表示用右脚踵作

轴心，向左转 $\frac{1}{4}$ (90°)

 虚线脚印表示重心不在此脚

 起点是表示开始运步前，左右脚
站立的位置和所朝的方向

 脚印内若有数字，则表示第几步
(在华尔兹舞法中又表示第几拍)

图 17-3　舞步图

第二节　体育舞蹈中各舞种简介

一、摩登舞

摩登舞起源于欧洲，具有端庄、含蓄、稳重、典雅的风格和绅士风度，舞步流畅，轻柔洒脱，舞姿优美，起伏有序，音乐节奏清晰，舞蹈富于技巧性，是老少皆宜的舞系。

(一) 华尔兹(Waltz)

华尔兹又称"圆舞"，是体育舞蹈中历史最悠久，生命力最强的一种舞蹈。它起源于德国和奥地利地区的一种民间舞蹈——"土风舞"。12世纪，3/4拍的华尔兹在德国的巴伐利亚和奥地利的维也纳地区的民间流行。华尔兹一词最早来自古德文"Waltz"，意思是"滚动"、"滑动"或"旋转"。16世纪传入法国，17世纪进入维也纳宫廷，18世纪正式出现在英国舞厅，被誉为"欧洲宫廷舞之王"。19世纪末、20世纪初流行于美国波士顿，称为波士顿华尔兹，后来又流行于英国和欧洲许多国家，在那里得到了很大的发展。在英国皇家舞蹈教师协会整理规范下，将舞姿、舞步、跳法加以系统化，形成了现代意义上的慢华尔兹，又被称作"英国的华尔兹"，即当代体育舞蹈的华尔兹。

华尔兹风格特点是庄重典雅，华丽多彩，舞蹈动作流畅，旋转性强，热烈而兴奋，重心起伏跌宕，接连不断的潇洒转体。莫扎特、肖邦、柴可夫斯基、约翰·施特劳斯等音乐大师都创作了不朽的华尔兹音乐。

华尔兹音乐3/4拍，每分钟30～32小节，基本上一拍一步，每个音乐小节跳三步。华尔兹有身体的起伏、摆荡、倾斜和反身动作，是表现爱情的一种舞蹈。舞蹈时，男舞伴似王子气宇轩昂，女舞伴似公主温文尔雅、雍容大方，舞姿飘逸优美、文静柔和。

(二) 探戈舞(Tango)

探戈舞起源于非洲中西部的民间舞蹈"探戈诺"舞，16 世纪末，随着贩卖黑奴进入美洲，探戈融合了拉美民间舞蹈风格，形成了舞姿优雅洒脱的墨西哥探戈舞和舞姿挺拔、舞步豪放健美的阿根廷探戈舞。探戈舞是阿根廷国舞，它的知名度甚至超过了这个民族。

现代探戈舞起源于 19 世纪布宜诺斯艾利斯一个名声不佳的酒吧，稍后，探戈舞进入了城市，以深情的旋律和强烈的节奏，营造了更富于梦境的效果。探戈舞的节奏、旋律乃至舞步，都融进了阿根廷民族的历史，成为阿根廷民族的象征。正如斗牛术曾代表西班牙一样，探戈曾是阿根廷的代名词。布宜诺斯艾利斯人跳探戈舞时，不欢笑也不纵情，表现的是一种内含隐衷的激情。探戈舞动作刚劲有力，欲退还进，动、静、快、慢错落有致，头左顾右盼、快速转动，舞蹈风格动静交织，潇洒大方，沉稳中见奔放，闪烁中显顿挫。探戈舞音乐速度中庸，舞曲为 2/4 拍，每分钟 30～34 小节，音乐特点是以切分音为主，带有符点和停顿，舞步分慢(S)和快(Q)，其中，S 占一拍，Q 占半拍。舞蹈时，膝关节松弛、微屈，重心略微下沉。脚下干净利落，不拖泥带水，斜行横步，步步为营。

(三) 快步舞(Quick Step)

快步舞起源于美国，早期舞步吸收了狐步舞运动，后又引入了芭蕾舞的小动作，使动作显得更加轻快灵巧。舞蹈时要求掌握好基本运动和身体感觉，尤其是膝关节放松，通过脚踝关节来控制力量和身体重心的移动。跳跃时，脚不能离地面很高，脚尖刚刚离地即可。舞伴间配合切勿一上一下，不但影响姿态和身体重心的移动，而且会造成配合中的失误，跟不上节奏，手忙脚乱，并使动作变形。现在体育舞蹈中的快步舞是"英国式"的快步舞。

快步舞动作轻快活泼，富于激情，舞步轻松，自由洒脱。舞蹈风格简洁明快，饱含动力感和表现力。舞蹈音乐 4/4 拍，每分钟 50～52 小节。

(四) 狐步舞(Slow Foxtrot)

狐步舞起源于美国黑人舞蹈，它的产生比华尔兹和探戈要晚一点，大约在 1914 年，美国杂耍演员哈利·福克斯模仿马慢走时悠闲自在、从容恬适的情态，设计成为一种舞蹈形式，并迅速在全美流行。这种轻快的舞步被称为"福克斯舞步"，后又称为"狐步舞"。体育舞蹈中，狐步舞是由英国的约瑟芬·宾莉改编而成的。

狐步舞的步法轻柔、圆滑、流畅，方向多变，且没有合并步。舞蹈风格典雅大方，舒展流畅，轻盈飘逸，平稳大方。舞曲音乐为 4/4 拍，每分钟 29～30 小节左右；基本节奏是：慢、快、快(SQQ)。舞蹈时身体挺直，膝关节放松，胯、臀部相对固定。由于舞步平稳，动作流畅，悠闲自在，音乐恬静幽雅，婉转明快，故上身动作多变，反身动作较多，技术上大量运用足跟旋转，舞伴间配合要求更加默契。

(五) 维也纳华尔兹(Viennese Waltz)

维也纳华尔兹是历史悠久的舞蹈，和华尔兹一样，它起源于奥地利北部山区的民间舞蹈。维也纳华尔兹又称"快华尔兹"，是由德国农村的土风舞和三拍的奥地利民间舞相结合而成的。17 世纪初在宫廷中使用，18 世纪中叶，流行于法国城市交际舞会，然后在欧洲广为流传。音乐对维也纳华尔兹的发展起到了很大作用，19 世纪中期，奥地利著名作曲家约翰·施特劳斯(被称做圆舞曲之父)创作了大量的圆舞曲,如《皇帝圆舞曲》、《维也纳森林里的故事》以及《蓝色的多瑙河》。音乐使维也纳华尔兹锦上添花,热烈而兴奋,极大地推动了维也纳华尔兹的发展和流传。

维也纳华尔兹动作优美,舒展大方,连绵起伏,舞步轻快流畅,旋转性强,音乐 3/4 拍或 6/8 拍,每分钟 56～60 小节左右,节奏清晰,旋律活泼。

二、拉丁舞

拉丁舞起源于非洲和拉丁美洲。拉丁美洲的舞蹈是在西班牙舞蹈基础上吸收了其他外来乐舞,特别是由非洲黑人乐舞的特征而形成的。拉丁舞动作豪放粗犷,速度多变,手势和脚步内容丰富,充满激情,音乐节奏鲜明强烈,具有热情、奔放、浪漫的风格特点,尤为中、青年人所喜爱。

(一) 伦巴舞(Rumba)

伦巴舞是拉丁舞中具有独特魅力的舞蹈,舞蹈动作曾受雄鸡走路启发,舞蹈的形成与西班牙的舞蹈"波莱罗"以及与非洲黑人舞蹈有关。20 世纪 30 年代,英国的皮埃尔夫妇表演和推广古巴伦巴舞,受到人们极大的欢迎,于是古巴伦巴舞风行欧洲。伦巴舞被称为拉丁美洲音乐和舞蹈的精神与灵魂。

伦巴舞的音乐是 4/4 拍,每分钟 27～28 小节,舞蹈动作特点是臀、胯、膝盖绷直,胯向后扭摆,动作不能太突然。伦巴胯不是单一的左右扭摆,是提、转、绕、沉胯的一个组合动作,重心脚踏降时,脚跟用力踏地,足部伸直到超直过程,需经专门训练才能做到。

(二) 恰恰舞(Cha Cha)

恰恰舞起源于非洲,传入南美洲后,在古巴获得了很大的发展。它是模仿企鹅的动作创编而成的舞蹈,借以表达青年男女之间追逐嬉戏的情景,风趣诙谐,热烈而又俏美。恰恰舞节奏欢快易记,配以邦伐斯鼓和沙球的"咚咚"、"沙沙"声,所以备受欢迎,成为拉丁舞中最受欢迎的舞蹈。

恰恰舞音乐为 4/4 拍,每分钟 29～32 小节,4 拍跳 5 步。舞蹈时,在前脚掌上施力,当移重心至脚上时,脚跟要放低,膝关节伸直,用稍离地面的踏步来表达心情的欢快;后退步时,脚跟下落要比前进步晚,避免重心突然"掉"至后面。正确的舞姿、稳定的腿部动作和足部动作对跳好恰恰舞是非常重要的。

(三) 牛仔舞(Jive)

牛仔舞源于美国西部,舞蹈带有踢踏动作,音乐节奏快速且有跃动感,令人兴奋不已。舞蹈动作粗犷豪放,其强烈的扭摆和连续快速的旋转使人目不暇接,眼花缭乱。舞蹈中有举持和拖甩舞伴等动作,以表现牧人强健的体魄和自由奔放的情感。牛仔舞在二次大战后传入英国,得到广泛推广。牛仔舞的音乐是 4/4 拍,每分钟 40～46 小节,舞蹈风格欢快、热烈、诙谐、风趣。

(四) 桑巴舞(Samba)

桑巴源自非洲的黑人舞蹈,起初称为摩尔人的桑巴。舞曲音符短促,节奏欢快,舞时伴以歌唱，舞者围圈而跳，中间一人独舞，或排成双行跳舞，舞步时而急速旋转，时而弯身下蹲，时而像蛇一样扭动着身躯。在巴西每年 2 月底举行的狂欢节中，跳桑巴舞已成为节日中最重要的活动之一，桑巴舞以微妙的节奏和强烈的感情倾倒了巴西人，逐步成为巴西的民族舞蹈，也成为巴西民族文化的一个重要标志。桑巴舞是拉丁舞中最强烈、最有个性节奏的舞蹈，乐曲热烈、欢快而又兴奋，舞蹈动作粗犷豪放，起伏强烈，膝部连续弹动，舞步奔放敏捷，富有强烈感染力。桑巴舞区别于其他拉丁舞的一个显著特点，是舞蹈时沿舞程线方向绕场移动，是一种行进性舞蹈。桑巴舞音乐 2/4 拍，每分钟 48～56 小节。

(五) 斗牛舞(Paso Doble)

斗牛舞又称帕索多布累舞，起源于西班牙，流行到法国后发展为国际标准舞。它是模仿西班牙斗牛士的动作创编而成的，由西班牙风格进行曲伴舞的一种拉丁舞。舞蹈中男士代表斗牛场上的斗牛士，女士代表斗牛士手中艳丽的红斗篷。舞蹈中保持着一种英武、敏捷、自豪的姿态，表现出强壮威武和豪迈昂扬的气概。

斗牛舞音乐为 2/4 拍，每分钟 60～62 小节，一般每拍跳一步，有时也可以是 3/4 和 6/8 拍，但只适用于表演。

三、体育舞蹈各舞种的特点

体育舞蹈有两大类 10 个舞种，每一舞种的风格都是与发源地的历史条件、地理环境、生产方式、民俗风情、审美观念密切联系的，是受其传统文化影响而成的。每一舞种展示的人体美具有鲜明的民族性特征，都具有强烈感人的艺术表现力和鲜明独到的艺术风格，其舞蹈特点如表 17-1 所示。

表 17-1 体育舞蹈的舞种及特点

舞类	舞种名称	起源地	特　　点
摩登舞	华尔兹	德国	舞姿雍容华贵、高雅大方、舞步委婉流畅、周旋轻飘、起伏跌宕
	探戈	阿根廷	舞资刚劲顿挫、潇洒奔放、舞步节奏爽快流畅、动静交织
	狐步舞	英国	舞姿平稳大方、温柔从容、舞步悠闲轻松、富有流动感
	快步舞	美国	舞姿轻松欢快、舞步跳跃转动、灵活动人
	维也纳华尔兹	奥地利	舞姿华丽优雅、舞步潇洒流畅
拉丁舞	伦巴	古巴	舞姿柔媚动人、甜美含蓄，舞步涓涓柔媚
	桑巴	巴西	舞姿活泼动人、甜美生动，舞步风吹摇曳
	恰恰舞	墨西哥	舞姿花俏利落，舞步欢快爽朗
	斗牛舞	起源于法国发展于西班牙	舞姿威猛、激昂刚劲有力，舞步坚定、悍厉、奋张
	牛仔舞	美国	舞姿豪放、开朗，舞步自由多变、节奏快捷

四、体育舞蹈音乐的特点

音乐是体育舞蹈的灵魂，由于舞种不同，其音乐节奏、旋律和风格特点也各异。摩登舞音乐节奏清晰；拉丁舞音乐节奏鲜明强烈，具有热情、奔放、浪漫的特点。舞者根据不同舞种的音乐特点与所做的舞蹈节奏相一致，并充分展现舞蹈的意境，表达音乐的情感，才能使体育舞蹈的艺术表现更富有感染力。表 17-2 给出了各种体育舞蹈音乐的特点。

表 17-2　体育舞蹈音乐特点

舞种名称		音乐节拍/拍	速度/(小节/min)	音乐特点
摩登舞Modern	华尔兹(Waltz)	3/4	30～32	舒缓流畅，委婉陶醉，动听入耳，富于遐想
	探戈舞(Tango)	2/4	30～34	华丽雄壮，停顿附点，强调切分音
	狐步舞(Slow Foxtrot)	4/4	29～30	徐缓流畅，柔和飘逸
	快步舞(Quick Step)	4/4	50～52	节奏明快，逍遥自在
	维也纳华尔兹(Viennese Waltz)	3/4	56～60	节奏清晰，旋律活泼
拉丁舞Latin	伦巴舞(Rumba)	4/4	27～28	缠绵抒情，柔美动听
	恰恰舞(Cha cha)	4/4	29～32	欢快热烈，浪漫风趣
	桑巴舞(Samba)	2/4	48～56	欢欣快悦，活泼动听
	斗牛舞(Paso Doble)	2/4	60～62	雄壮激昂，刚健有力，感人奋进
	牛仔舞(Jive)	4/4	40～46	热烈欢快，轻松自如

第三节　交谊舞基本知识

随着物质文化生活水平的逐步提高，现代化生活节奏的加快，工作压力日益增大，人们对于精神生活的需要也愈加迫切，特别是现代大学生渴望扩大自己的交际圈，渴望被人理解、被社会认可的愿望更加强烈。交谊舞能很好地满足大学生的这种需要，在愉悦身心的同时更能缓解学习压力，减缓心理压力。

一、交谊舞基本握持姿势

标准的握持姿势，是共舞双方形成整体性结构的重要手段，在舞蹈中发挥着不可忽视的决定性作用。好的握姿应该使共舞双方融为一体，在交谊舞里，除探戈之外，其他舞种的握姿基本是一样的，其要点如下：

(1) 脚，双脚平行并拢，切不可"八"字形张开，右脚尖对准舞伴的两脚之间，重心集中于前脚掌但不能抬起脚跟。

(2) 手，男伴的右手掌心向内，扶在女伴左侧肩骨下缘，从肩、肘和手依次自然斜垂，五指并拢，既不要凸起手腕，更不能用手背来领舞。女伴左手轻放在男伴右臂肩袖处，四指并拢，虎口张开，用虎口定位。整个手臂轻放在男伴手臂之上，不可脱离接触，更不可将整个左臂重量押在男士右臂上。男左手和女右手对握，并互相顶住，整个手臂呈圆弧状向斜上方展开，犹如轻松自如地合撑着一把太阳伞，手的高度一般根据女士身高在齐耳根和齐眉之间的某一固定点，位置在男女舞伴之间。

（3）头和视点，在保持双方肩轴平行的前提下，各自的头部向左侧 45° 侧转，双眼平视前方；女伴还应充分利用胸椎和颈椎的关节功能，从胸腰以上身体向后打开成挺拔式弯曲，造成特有的女性曲线美，注意切勿理解为往后躺腰或挺腹。

（4）身体，从横隔膜起，直到大腿面止，形成双方的微贴，在重心上挺，打开"间隔"的基础上，寻找双方的"合力"感，这样有利于旋转性比较强的舞蹈。

（5）运步方法，是跳好交谊舞的重要基本功之一。不同的舞种，对运步方法都有一些不同的特殊要求。第一，双脚平行，直进直退。脚尖必须指向身体的正前方，绝对不要指向身体的旁侧。第二，依序落地，进退有别。向前运步时，第一只脚要先落脚跟，然后依序放下脚心脚掌脚趾。第二只脚则要先抬起脚跟，经脚掌和脚趾推地移动，向后运步则正好相反。第三，脚到重心到。上身必须永远保持在重心脚的垂直线上运动，决不能出现"试探状出脚"的"重心迟误"状态。脚到重心不到，则难免出现"撅臀"、"挺腹"、"俯仰上身"等推拉磕碰现象，使标准握持的规范很难保持。初学入门者，在未进入舞种学习前，最好运用已经学到的标准握姿进行不同体位的八种方向的运步练习。

二、交谊舞舞步暗示动作

交谊舞起舞时，男伴主要用身体和左右手的轻微暗示动作来引导女伴的进退、旋转和花步，其主要方法如下：

（1）前进：左手轻推，右手稍向前松开，身体前移。

（2）后退：左手轻拉，右手紧贴舞伴背部向后带，身体后移。

（3）左转：右手指微压舞伴背部并向左用力。

（4）右转：左手轻向右推，右手掌压舞伴背部向右用力。

（5）左横并：右手指向左微微推移。

（6）右横并：右手指向右微微推移。

（7）侧交叉步：左侧交叉时，右手指稍用力压舞伴背部，左手略向左后轻拉；右侧交叉时，右手指稍用力，压舞伴背部，左手略向右前轻推。

起舞时，女伴虽处于被引导地位，但不应完全等着舞伴的推动和依靠对方力量去进退转移，而是根据男伴的暗示作出敏捷的反应和跟随，切忌事前预测对方舞步方向，更不应主动带领男伴按自己的意图起舞，以免互相踩脚或绊倒。为了防止相互碰撞，当发现男伴背后有舞者时，女伴应左手轻压舞伴肩部予以暗示。

三、交谊舞引带技巧

1. 男伴的引带技巧

一对舞伴要跳得好，关键在于男伴带领的技巧。虽然女伴的跟随也很重要，但男伴带领的动作如果不准确，女伴也无从跟随。要做一个较好的带领者，首先应懂得每种舞的基本舞步和带领的方法以及音乐节奏。这就不仅要有能力顾及自己的运步，而且也要有能力带领女伴，不致反被舞伴拖着跑。男士带领的动作要果断而明显，即使是舞步错了，也不紧要，最紧要的是要使舞伴知道你要带领的方向。前进时，只要将右手略微松弛，同时用运步的脚和膝盖轻轻暗示舞伴即可让舞伴明白你的运步方向；后退时，男伴以右手手指稍用点力点按女士背部即可告知该女士前进了；向左转时，右手手指放松，用手掌往左侧轻轻推送，舞伴与你相对时，手掌放松再使用手指；向右转时，用右手手指往右侧带等。

2. 女伴跟随技巧

一对舞伴要合作得美妙，也要看女伴跟随的技巧如何。女伴要跟随得好，首先是一切行动"听"指挥，即使是知道男伴下一动作的动向，也必须等他给予暗示后才能动作。其次女伴在跟随时，身体力求轻飘自然，不要将体重都附在男伴身上，否则男伴会感到拖不动你，使他失去带领的能力。女士切不可主动地去引导或变化舞步，也不能凭自己的主观臆断去猜测舞步的发展和变化，更不能企图去"纠正"男伴的舞步。所以，跟随的要诀就在于"主动地服从"，从细腻的微观感觉上讲，女伴应在节奏允许的前提下，处于一种比男伴稍稍慢些的"待机运动"式的被引导状态，永远也不要企图去"夺取领舞权"。

四、舞会礼仪

舞会是娱乐、体育、礼仪融为一体的群体活动，是培养文明礼貌、陶冶情操和审美教育的场所，因此参加者应要注意仪表与礼貌。

(1) 参加舞会者仪表要修饰适度，衣着整洁合体。男子要衣着庄重，切忌粗俗邋遢；女子要服饰华丽，不可轻浮妖艳。千万不能叼着烟卷，戴着帽子跳舞，也不要穿拖鞋、背心、短裤入场，也不宜穿大衣，戴帽子口罩等。

(2) 参加舞会前不要酗酒，不食大蒜、葱等易产生异味的食物，女士可适当洒点香水。场内不吸烟，不吐痰，不冲别人打哈欠，保持良好精神状态。

(3) 邀请舞伴时，一般是由男伴先请女伴，男士应伸手示意邀请，并诚恳地说："请您跳一个(或一曲)"，此时，女伴应立即起立礼貌相迎。一般是女伴走先，男伴随后。到达舞池边缘时，女伴背对舞程线站立，男伴即可上前与女伴相握起舞。当舞曲终了时，男伴要将女伴送回原座，然后再点头表示谢意。

(4) 舞姿要正：男女伴舞时，要上身直，下身稳，握手松，扶人轻。伴舞主导的男方，动作要明确，指挥得当，切忌迎面相撞，乱扭乱转，也不可老低头看脚，这是初学者的通病。

(5) 在舞会中，男女舞伴一般应将一支曲跳完，尽量不要中途退场。

第四节 实用舞步教学

一、华尔兹

华尔兹是一种旋转性很强的舞蹈，俗称三步舞，适用于一切拥挤或宽敞的场合。每三步的第一步略长，体重移至脚掌，除有说明或规定外，第 1 步时身体即开始降低，第 1 步完后升起，第 2 步、第 3 步继续升起，第 3 步完时降低，体重回落至脚后跟。因而具有低回起伏的舞姿，但需注意，身体升降必须柔和，不宜生硬。当舞步熟练后，即可学习身体起伏和身体倾斜。身体的起伏和身体的倾斜为华尔兹舞的特色，不仅使舞姿优美，且有助于转动。

1. 基础前进

男士步法(面对舞程线开始)：

音乐节拍

(1) 左脚向前进步。⋯⋯⋯⋯⋯1 ⎫
(2) 右脚前进向右边横步。⋯⋯2 ⎬ 1小节
(3) 左脚向右脚并步。⋯⋯⋯⋯3 ⎭

(4) 右脚向前进步。⋯⋯⋯⋯⋯1 ⎫
(5) 左脚前进向左边横步。⋯⋯2 ⎬ 1小节
(6) 右脚向左脚并步。⋯⋯⋯⋯3 ⎭

面对舞程线完止(见图17-4)。

女士步法(背对舞程线开始)：与男士动作相同，方向相反，背对舞程线完止。

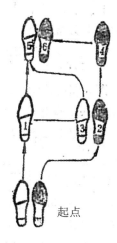

图17-4 基础前进步

2. 华尔兹方步(可作前进、后退循环练习)

男士步法(面对舞程线开始)：

音乐节拍

(1) 左脚向前进步。⋯⋯⋯⋯⋯1 ⎫
(2) 右脚前进向右边横步。⋯⋯2 ⎬ 1小节
(3) 左脚向右脚并步。⋯⋯⋯⋯3 ⎭

(4) 右脚向后退步。⋯⋯⋯⋯⋯1 ⎫
(5) 左脚后退向左边横步。⋯⋯2 ⎬ 1小节
(6) 右脚向左脚并步。⋯⋯⋯⋯3 ⎭

面对舞程线完止(见图17-5)。

女士步法(背对舞程线开始)：与男士动作相同，方向相反，背对舞程线完止。

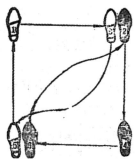

图17-5 华尔兹方步

3. 右转

男士步法(面对斜墙壁开始)：

音乐节拍

(1) 右脚向前进步。⎫ 向右转 ⋯⋯ 1 ⎫
(2) 左脚向左边横步。⎬ 成背对 2 ⎬ 1小节
(3) 右脚向左脚并步。⎭ 舞程线 ⋯⋯⋯3 ⎭

(4) 左脚向后退步。⎫ 向右转 ⋯⋯ 1 ⎫
(5) 右脚向右边横步。⎬ 成面斜 2 ⎬ 1小节
(6) 左脚向右脚并步。⎭ 对中央 ⋯⋯⋯3 ⎭

面对斜中央完止(见图17-6)。此步可接在左足变换步、左侧退等舞步之后。

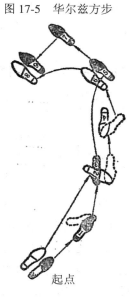

图17-6 右转

女士步法(背对斜墙壁)：与男士动作相同，方向相反，背对斜中央完止。

4．右足变换步(自右转换至左转)

男士步法(面对斜中央开始)：

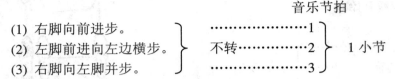

音乐节拍

(1) 右脚向前进步。·············1
(2) 左脚前进向左边横步。 } 不转·········2 } 1小节
(3) 右脚向左脚并步。 ·············3

面对斜中央完止(见图17-6)。

女士步法(背对斜中央开始)：与男士动作相同，方向相反，背对斜中央完止。

此步之后可连接下列舞步：左转、左转第(1)、(2)、(3)步后接入后侧退等。

5．左转

男步(面对斜中央开始)：

音乐节拍

(1) 左脚向前进步。 向左转 ·············1
(2) 右脚向右边横步。 成背对 ·········2 } 1小节
(3) 左脚向右脚并步。 舞程线 ·············3

(4) 右脚向后退步。 向左转 ·············1
(5) 左脚向左边横步。 成面斜 ·········2 } 1小节
(6) 右脚向左脚并步。 对墙壁 ·············3

面对斜墙壁完止(见图17-7)。

此步可接在下列舞步之后：右并变换步，右回旋步和左转第(4)、(5)、(6)步之后，正当跳至舞池边缘时。此步之后可连接下列舞步：左并变换步，左转第(1)、(2)、(3)步之后随接后侧退。

6．左并变换步(自左转换至右转)

男士步法(面对斜墙壁开始)：

音乐节拍

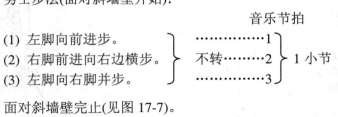

(1) 左脚向前进步。 ·············1
(2) 右脚前进向右边横步。 } 不转·········2 } 1小节
(3) 左脚向右脚并步。 ·············3

面对斜墙壁完止(见图17-7)。

此步可接在下列舞步之后：左转，右回旋步和左转第(4)、(5)、(6)步之后。此步之后可连接下列舞步：右转、右回旋步。

女士步法(背对斜中央开始)：动作与男士动作相同，方向相反，背对斜墙壁完止。

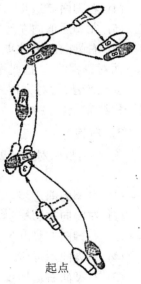

起点

图17-7 左转

7. 右回旋步

男士步法(面对斜墙壁开始)：

音乐节拍

(1) 右脚向前进步。 ⎫ 向右转 ⋯⋯1 ⎫
(2) 左脚向左边横步。 ⎬ 成背对 ⋯2 ⎬ 1 小节
(3) 右脚向左脚并步。 ⎭ 舞程线 ⋯⋯3 ⎭

(4) 左脚向后退步。 ⎫ 向右转 ⋯⋯1 ⎫
(5) 右脚向前进步。 ⎬ 成背对 ⋯⋯2 ⎬ 1 小节
(6) 左脚向左边横步。 ⎭ 舞程线 ⋯⋯3 ⎭

向右转一整周，回至开始位置上完止(见图 17-8)。

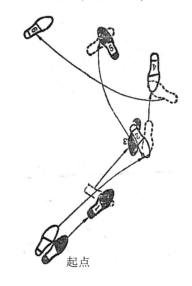

图 17-8　右回旋步

此步可接在左足变换步、左侧退等步法之后，在舞室角隅上，右回旋步后，随接左转第(4)、(5)、(6)步之步位图。完止时在新舞程线上面对另一斜墙壁。

舞步组合练习：(男士面对斜中央)前进常步接右转步，随接左足并换步，左转步，随接右足并换步，华尔兹方步做 3 小节，随接回旋步，随接右转步重复进行。

二、慢四步与快四步舞

(一) 慢四步(布鲁斯)与快四步舞

这是最普遍的跳法，尤其适宜用在拥挤的场合。这两种舞法都是在欧洲古老民间舞蹈的基础上发展演变而成的。它采用 4/4 的音乐伴奏，快四步可以适于无论哪种速度快于每分钟 40 小节的音乐，慢四步可以适于无论哪种速度慢于 40 小节的音乐。重音<蓬>是在第 1、3 拍，轻音(嚓)是在第 2、4 拍，初学者最相宜。

慢四步——布鲁斯的基本舞步分为慢步和快步。慢步又叫常步，两拍运行一步；快步

一拍运行一步。向前进步：是以走路的自然动作为基础，脚掌要轻轻地从地面擦过去，脚不要离地。注意脚要成直线前进，不要走内、外八字步。慢步几乎与平常走路的步子长短一样，快步则步子短些。

（二）慢四步舞与快四步舞的差别

（1）在慢四步中，除"边步"和"闪步"外，其他都可在快四步中跳。因为速度关系，慢四步的"边步"是六个快步，如用在快四步中就会变成跑步，极不相宜。慢四步的"闪步"，也因速度关系，不宜用在快四步中，故快四步中的"闪步"采用三个慢步，而不用快步。

（2）慢四步中，每当并步时，两脚须并拢。但在快四步中的并步，两脚不用并拢。

（3）慢四步的步子略长，快四步的步子略短。

（三）舞步练习

在练习中一定要使舞步同音乐节奏吻合。按照 4/4 的节拍，每小节四拍，即 1、2、3、4 拍，重音<蓬>在第 1、3 拍上。轻音(嚓)在第 2、4 拍上。舞步应当在第 1、3 拍(重音)上开步(先用左脚或右脚开步都行)，这样就可同音乐节奏吻合。

1．前进常步

男士步法(见图 17-9)：

（1）左脚向前进步。……………慢

（2）右脚向前进步。……………慢

（3）左脚向前进步。……………快

（4）右脚向左脚并步。……………快

女步步法与男士动作相同，方向相反。

起点

图 17-9　前进常步

2．后退常步

男士步法(见图 17-10)：

（1）左脚向后退步。……………慢

（2）右脚向后退步。……………慢

（3）左脚向后退步。……………快

（4）右脚向左脚并步。……………快

女步步法与男士动作相同，方向相反。

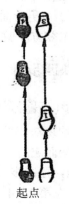

起点

图 17-10　后退常步

3．前进左并步

男士步法(面对舞程线开始)：

(1) 左脚向前进步。⋯⋯⋯⋯⋯⋯慢

(2) 右脚向前进步。⋯⋯⋯⋯⋯⋯慢

(3) 左脚向左边横步。⋯⋯⋯⋯⋯快

(4) 右脚向左脚并步。⋯⋯⋯⋯⋯快

面对舞程线完止(见图 17-11)。

女步(背对舞程线开始)：与男士动作相同，方向相反，背对舞程线完止。

起点

图 17-11 前进左并步

4．并步后退左转

男士步法(面对舞程线开始)：

(1) 左脚向前进步。⋯⋯⋯⋯⋯⋯慢

(2) 右脚前进向右边横步。⋯⋯⋯快

(3) 左脚向右脚并步。⋯⋯⋯⋯⋯快

(4) 右脚向后退步。⋯⋯⋯⋯⋯⋯慢

(5) 左脚向左边横步。⋯⋯⋯⋯⋯快

(6) 右脚向左脚并步。⋯⋯⋯⋯⋯快

(7) 左脚向前进步。⋯⋯⋯⋯⋯⋯慢

面对中央完止。如连续重复三次，即转回至开始面对舞程线的位置(见图 17-12)。

女士步法(背对舞程线开始)：与男士动作相同，方向相反，结束背对中央。连续重复三次，即转回至开始背对舞程线的位置。

起点

图 17-12 并步后退左转

5．1/4 转步

男士步法(面对斜墙壁开始)：

(1) 右脚向前进步。⋯⋯⋯⋯⋯⋯慢

(2) 左脚向左边横步。⎱⋯⋯⋯⋯⋯快

(3) 右脚向左脚并步。⎰ 向右转 1/4 ⋯⋯⋯⋯⋯快

(4) 左脚向左边横步(稍向后)。⋯慢

(5) 右脚向后退步。⋯⋯⋯⋯⋯⋯慢

(6) 左脚向左边横步。⎱⋯⋯⋯⋯⋯快

(7) 右脚向左脚并步。⎰ 向左转 1/4 ⋯⋯⋯⋯⋯快

(8) 左脚向前进步。 ⋯⋯⋯⋯⋯⋯慢

面对斜墙壁完止(见图 17-13)。

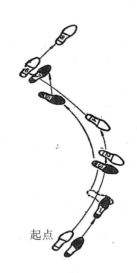

起点

图 17-13 1/4 转步

女士步法(背对斜墙壁开始)：与男士动作相同，方向相反，结束于背对斜墙壁。

此步宜于用在沿舞程线(直线)前进，进至室角时用并步后退左转变换方向。当此步之后连接并步后退左转时，将 1/4 转第 8 步作为并步后退左转第 1 步。此步是男伴先开右脚，可能有些读者会不习惯，如不习惯时，则可先开左脚(多加一慢步)但这一步并不等于 1/4 转第 1 步。

6．右轴转

男士步法(面对斜墙壁开始)：

(1) 右脚向前进步。…………………………慢
(2) 左脚向左边横步。…………………快
(3) 右脚向左脚并步。…………………快
(4) 左脚向后退步。……………………慢

这四步重复三次，即可向右转成一整周，以面对斜墙壁完止；如在舞室角上时，只重复两次，即可向右转成 3/4，面对新舞程线斜墙壁完止(见图 17-14)。

女士步法(背对斜墙壁开始)：动作与男士相同，方向相反，面对斜墙壁完止。

图 17-14　右转轴

7．左轴转

男士步法(面对斜墙壁开始)：

(1) 左脚向前进步。…………慢
(2) 右脚向后退步。…………慢
(3) 左脚向左横步。…………快
(4) 右脚向左脚并步。………快

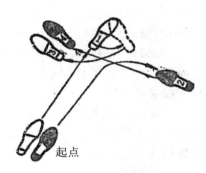

第(2)、(3)步完成向左转 1/4(见图 17-15)。

这四步重复三次，即可向左转成一整周，以面对斜墙壁完止。

女士步法(背对斜墙壁开始)：与男士动作相同，方向相反，背对斜墙壁完止。

图 17-15　左转轴

8．闪步(仅慢四步舞适用)

男士步法(背对舞程线开始)：

(1) 右脚稍向前进步。……………………………快
(2) 左脚向右脚并步。……………………………快
(3) 右脚向后退步。………………………………慢

背对舞程线完止(见图 17-16)。

女士步法(面对舞程线开始)：动作与男士相同，方向相反，面对舞程线完止。此步之后可连接 1/4 转最后三步。

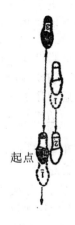

图 17-16　闪步

9．边步(快四步舞适用)

男士步法(在舞程线旁，以脚趾对斜墙壁开始)：

(1) 左脚向左边横步。…………………………快
(2) 右脚向左脚半并步。………………………快
(3) 左脚向左边横步。…………………………慢
(4) 右脚向左脚并步。…………………………慢

面对开始方向完止(见图 17-17)。

女士步法(在舞程线旁)：以脚趾对斜中央开始，动作与男士相同，方向相反，面对开始的方向完止。

舞步组合练习(男步，面对舞程线开始)左脚向前进步，随接 1/4 转，紧接并步左转。如尚未到达角隅，则可随接 1/4 转，或前进数步；如已到达角隅，则可随接右轴转，或紧接左轴转，转过角隅后，即随接 1/4 转，紧接左轴接，至回旋并步。随接并步左转，再随接 1/4 转前四步，随即后侧退，随接闪步，紧接并步后退左转最后四步，再紧接并步后退左转等。

起点

图 17-17　边步

第十八章 户外运动理论与技术

在风和日丽的周末或节日,到野外进行活动时,野外清新的空气、叠翠的山峦、清澈的湖底、潺潺的流水,无不使我们流连忘返。但我们必须告诫自己,野外隐藏着很大的危险,有可能将我们置身于极其恶劣的环境之中。

第一节　户外运动概述

户外运动是一项在自然场地举行的集体项目群,源于18世纪末阿尔卑斯地区的登山运动,风靡欧美近两个世纪。后来派生出众多探险、休闲活动,在20世纪90年代传入我国,我们将其统称为户外运动。户外运动不是一种简单的体育运动,也不同于中国传统的旅游方式,它是一种把旅游、运动、人际交流紧密结合起来的生活方式。它能把人们从烦闷的社会生活中暂时地超脱出来,以最放松的心态感受大自然的魅力,并以更加积极的态度回归到社会生活中去。其中包括:登山、攀岩、蹦极、漂流、冲浪、滑翔、滑水、攀冰、穿越、定向、远足、滑雪、潜水、滑草、高山速降、自行车、热气球、溯溪、拓展、飞行滑索等。也可以按照其目的不同划分为:探险活动(登山、攀岩、穿越、溯溪、探洞、漂流等);休闲活动(徒步、野营、自助旅行等);科学考察活动(地质、生态考察,人文地理研究)。户外运动提倡环境保护,倡导"自然、健康、自由、快乐"的生活方式,崇尚"平等、真诚、协作、自主"的人文精神。

户外休闲运动中多数带有探险性,属于极限和亚极限运动,有很大的挑战性和刺激性,能够培养个人的毅力、团队之间合作精神,提高野外生存能力,深受青年人的欢迎。户外运动越来越吸引人们的目光,日益成为关注的焦点。户外运动作为理想的体育休闲手段,正以一种更加自由、随意的运动方式,越来越受到众多人的青睐。

户外活动有诸多不可控因素,不同的地理环境,活动的强度、技术难度、危险度各不相同,因此对参与者的身体素质、心理素质和技术、装备要求也不同。活动组织者要充分考虑活动计划的周密性、安全性,同时每个人都应对自己的安全负责,这也是对他人负责,对整个团队负责。以下依据环境、危险度、强度、难度对活动分级,使每个参与者找到适合自己的活动级别,从而能够更好地享受户外运动的乐趣。

一、活动环境

户外运动的活动环境分类如下:

山地——海拔低于3500 m的山地、丘陵、平原,对参与者的要求较低,适宜一般登山、野营。

高山高原——海拔在 3500 m 以上的山地、高原，对参与者的体能、技术有较高的要求。

丛林雨林——植被茂密，动植物种类丰富的温带、亚热带、热带的丛林和雨林区，对参与者的野外生存能力、经验、心理素质要求高。

沙漠戈壁——视野开阔，地形起伏小，气候干燥，水源缺乏的沙漠、沙漠化草原区、戈壁等，对参与者的生存能力、体能、耐力要求高。

冰雪环境——常规山地在冬季封冻后的冰雪地貌，对参与者体能、装备、经验要求高。

常规水域——河流、溪流、湖泊、近海。

空中水下——借助飞行器(包括有动力或无动力)和潜水设备实现的空中和水下活动，对参与者的相关技术、心理素质等要求高。

极限环境——具有高度危险性的上述各类山地、丛林、沙漠、海洋等，如登雪山、徒手攀岩、洞穴探险、洞穴潜水、无人区穿越等。

二、危险度(针对新手而言)

根据危险度、户外活动可分为以下几类：

(1) 无危险：一般的休闲游，如旅游景点游玩；安全有充分保障的短期野外旅行；线路明了的短期常规山地攀登。一般无意外情况发生，行程短，强度低。对参与者没有特殊要求。

(2) 低度危险：多数常规活动，如常规登山、攀岩、滑雪、骑马、游泳等。可能有意外情况，行程中等，强度低，有 1～3 次野营。参与者有一般生活常识和较好的心理素质。

(3) 中度危险：难度较大的常规山地活动，非常规山地的活动，强度较大的骑马、滑雪活动，未知领域的大强度探索穿越活动，需要特殊户外技能的活动环境。可能有意外情况发生，行程长、强度大、有多次野营。参与者要有好的心理素质和团队意识，具有一定户外活动经验和技能，如攀岩、急救等。

(4) 高度危险：非常规山地的活动，需要特殊户外技能的活动环境。不可预测和控制的因素多，经常有意外情况发生，行程长、强度大，自然条件艰苦，有多次野营。需要参与者有良好的心理素质、丰富的户外经验、较全面的户外技能和优良的团队精神。

三、强度(针对新手而言)

根据强度不同，户外运动可分为以下几类：

(1) 休闲运动：如郊游聚餐等，行程短，一般不野营。对参与者体能不提出要求，穿旅游鞋或运动鞋，背小双肩包，带水和食物即可。

(2) 中等强度：数日的常规山地活动，日行程短(一般少于 15 km 山路)，1 或 2 次宿营。如：登山、攀岩、游泳、骑马、滑雪等。要求参与者身体健康，装备要求一般，背负重量 15 kg 以下(男性)。

(3) 高强度：多日的常规山地活动，多数非常规山地活动，日行程山路 20 km 以上，攀升高度大，属竞技性活动，如自行车、登山比赛等。对参与者有较高的体能和装备要求，背负重量 15 kg 以上(男性)。

(4) 极高强度：极限环境下的连续活动，环境条件恶劣、疲劳度高、恢复期短、多日、日平均行程 20 km 以上、背负重量高于 15 kg(男性)、如雪山攀登活动、探险穿越活动等。

同一级别下的活动，其强度也有差别，分别用"+"、"－"号表示。如 C+表示中等偏高强度的活动，B－表示偏中等的高强度活动。

第二节　户外运动的前期准备

户外运动离不开装备器材。一般来说，户外运动的装备可分为两个方面：一是基本装备，如帐篷、背包、睡袋、服装、鞋、炊具、地图、指北针、头灯(含备用灯泡与电池)、备用粮食、备用衣物、火种、急救箱等；二是不同运动需要的专业性很强的装备，如探险队的卫星定位器、登冰山用的冰爪、登山的登山索、滑雪运动的滑雪板、潜水运动的潜水器材等。因此无论是旅游还是探险，要想成为一名户外的幸存者，就意味着需要考虑到方方面面。它们对于户外运动非常关键——你必须与这些装备形影不离。下面简单介绍户外基本装备。

一、着装

衣着是抵御环境侵害的第一道保护线。着装原则：由首字组成的 COLDER 原则。

C 清洁：衣服是由互相缠绕的纤维制成的，保持清洁时，可以储藏不流动的空气。这些储藏的不流动空气提供隔离层，让身体保持温暖。如果衣服太脏，就起不到隔离的作用。

O 避免过热：衣服可以吸汗，一旦这个过程开始进行，就会丧失隔离的能力。此外，身体过热时，有价值的体热会通过蒸发而丧失。

L 宽松以及分层：着装如果太紧，会限制空气流通，并容易感觉到冷。多层的衣服会增加围绕身体的不流动空气量，可以根据特定的天气条件，对几层衣服进行必要的增减。

D 干燥：如果衣服湿了，则会失去隔离作用。因此应保持衣服内层的干燥，避免被汗水弄湿。

E 检查：每天检查衣服，看看有没有破和弄脏的地方等。

R 修理：一旦发现衣服损坏，就应马上对裂口和其他破的地方进行修补，因此一定要带上针和线。

二、登山鞋的选购

试鞋时必须注意鞋内长度应比双脚实际长度大 1 到 1.5 cm，鞋内宽度一定要保证脚趾能伸展于其中。夏天多雨，外出踏青要选择防滑的户外鞋。观察鞋底，刻纹较深、泥土不易堆积的鞋子较防滑，鞋底不宜太软，越软的鞋子支撑性越差，时间长会使双脚疲倦。宜选内垫柔软、中底有弹性、外底偏硬的鞋款。注意鞋子的稳定性，通常户外活动的地形越崎岖、活动时间越长，鞋子的重量要求越重。如果平常走路就容易不稳，最好选中筒的户外鞋，有固定脚踝的功能。

三、背包

挑选条件：调整的方便性、舒适性、活动性和耐久性。

选购时一定要尝试背负至少 9 kg 的重量才能找出适合的背包。试包的正确步骤：

(1) 测量躯干长：从颈后隆起的椎骨开始，沿脊椎拉皮尺至与髋骨上缘等高的后腰部。躯干数据低于 46 cm，应该挑选小背包；46 cm 到 51 cm，适合中型背包；超过 51 cm，应该选择大型背包。

(2) 测量髋围：髋骨顶部开始画一个圆，就是髋围。

(3) 根据测量的数字和背包厂商提供的尺码表，选择背负尺码。

(4) 放松负重带和肩带，先让腰带包围髋骨并拉紧。确认你的髋部没有感到被勒着。

(5) 确认负重带是完全放松的，然后把肩带收紧到前、后、上三个部位没有空隙。

(6) 拉紧负重带，但是不要使肩带上部与肩膀之间产生空隙。通常这个时候，负重带应该与肩带顶部形成一个 45°~60° 的夹角。

背包的使用：

(1) 装包：把帐篷、睡袋、防潮垫各自竖着放进背包，衣物塞到这些东西的缝隙里，食物和其他杂物放在上面，常用的东西放在背包侧兜里，如手纸、手电、水壶等。注意：重的东西放在背包上部，装包时不要将睡袋、防潮垫随便放在地上，以免弄脏或让昆虫进入。

(2) 背包：将肩带松开，把包放到较高的位置或让别人托一下，背上背包以后再收紧腰带和肩带。

(3) 放包：在营地应把背包放到帐篷门厅里，以防被夜晚的露水或雨水打湿。

四、帐篷

帐篷是一种非常轻便的掩体，它能在各种环境和状况下为你提供非常好的保护。

1. 选购依据

应根据用途，如夏季、非雪期、雪期或四季使用，森林界限的上限或下限，容纳人数，希望拥有的空间，帐篷设计的支撑度，重量，价位等综合因素进行选购。一般两人帐是最常使用的帐篷，因为好携带，好找营地，即使三人或单人都能住。了解帐布的防水与透气度，如果完全防水，登山者呼气产生湿气会凝聚于内帐造成底部出现小水坑，可能亦会湿透睡袋。

(1) 最好选暖色调，如黄色、橘色或红色，易分辨。

(2) 帐篷外观：目前帐篷的形式倾向隧道式与圆顶式，它们能利用的空间大，营钉与营绳使用少。圆顶式即使不用营绳依然可站立，但须使用营钉避免被风吹跑。

(3) 帐杆：帐篷的支撑主要是靠帐杆来实现的，现在常采用的是质轻而强度高的玻璃钢、铝合金帐杆。

(4) 帐钉：不同的厂商针对硬地、岩地或雪地而做有相应的设计。

帐篷的选择以抗风、保暖、防雨、透气和质轻为基本的考虑因素，应按照活动的性质和目的来选择购买。一般的低海拔山地活动可选择质轻、防雨性能和透气性能较好的双层帐篷；而高海拔登山活动则需选用具有卓越抗风、保暖性能的帐篷。

2. 使用

搭建帐篷时应注意三个方面：

(1) 选址，应选在相对平坦的背风处，出入口应背向风口，地面以柔软的薄草地为最佳。如地面稍有坡度，出口选在下坡处，便于挖排水沟排水。应避开危险的环境：可能发生雪崩的山坡、有突发洪水可能性的排水区域和干的河床、潮水可以影响到的位置、多岩石的区域、枯死树木、动物的活动区域和行进路线。

(2) 支持与固定，首先固定内帐的四角，使帐篷底在地面上铺平定牢固，支撑外帐除上棚杆连接可靠外，特别应注意拉好牵绳，使外帐绷紧(绷紧的外帐有利于防雨)。如果是有裙边的外帐，应用软土或沙土压好。冬天亦可用雪压，这样才有利于防风。地钉的固定应有一个倾角，角度以 35°～45°为宜，地钉入地的距离和方向应与牵绳牵拉方向成 90°角，且在同一平面上，这样有利于达到最大的受力强度。在固定顺序上应注意对应固定。例如：先固定左前角，依次应固定右后，再次右前，最后右后，整个帐篷固定后，调整牵绳，使各方向的牵拉受力一致。

(3) 排水沟挖在帐篷四周，应紧贴帐篷外边。若不带裙边，沟的选址应以外帐流水方便为宜。

3. 保养

活动结束后，最好马上清洗帐篷，如果天气不允许，也要取出擦拭一次并晾干；平日尽量吊挂于通风处，不要密封，只有如此，使用时才不会闻到霉味。

五、寝具

1. 睡袋

一般使用规则：在使用前应把睡袋拍松，以创造足够的不流动空气的空间。每天早晨都应把睡袋拍松，如果天气许可的话，每天都应晾晒。注意让装睡袋的大袋子保持干燥。

睡袋的使用：睡袋侧面都有拉链，如果觉得热可以不拉拉链，觉得冷了，就将拉链拉上；睡袋的头部和颈部处各有一根拉绳，觉得寒冷时可以将绳收紧，让睡袋不漏风。使用睡袋不用穿过多衣服。枕头可以在铺好睡袋后，在相应位置帐篷底下垫上自己的鞋，或拿自己的衣服叠成枕头。

2. 防潮垫

防潮垫应铺在睡袋和帐篷之间，要保持干净，不要在垫上吃饭。

六、救生宝盒

装有一些关键性小东西的盒子称为救生宝盒。救生宝盒中一般装有：

(1) 火柴：最好是防水火柴。

(2) 蜡烛：既可用来生火又可用作光源。

(3) 打火石：潮湿状态使用。

(4) 放大镜：聚光生火，也助于拔刺穿针。

(5) 针和线：要有几种型号的针；选择坚韧的线，并将其绕在针上。

(6) 鱼钩和鱼线：带尽可能长的鱼线，可以用来捕鸟。

(7) 指南针。

(8) 灯：一种水晶发光体，仅一枚硬币大小，用于夜间观察地图，同时夜间垂钓时也是极好的诱饵。

(9) 弹性锯条：把手很占空间，可以不要。它能锯断很粗的树。

(10) 圈套索线：选用 60～90 cm 长的精细铜线，用于布置陷阱或圈套，同时还能解决许多求生问题。

(11) 医疗小瓶：选择几只细长圆柱体小药瓶，一般应具备的药物有：镇痛药、肠道镇静剂、抗生素、抗组胺类药(用于各类过敏、蚊虫叮咬等)、漂白粉、抗疟疾类药品、高锰酸钾。

(12) 外科手术刀片：应至少带两个不同型号的刀片。

(13) 绷带：用来固定受伤部位，促使伤口愈合。

(14) 膏药类：最好防水，使用前保证伤口的清洁。

(15) 避孕套：可用作很好的水袋，至少可以装 2 品脱(110 ml)水。

七、救生箱

饭盒：铝制饭盒既轻便又耐用，是很好的炊具，又能盛放各类救生物品。

燃料：最好是装在折叠式炉灶内的凝固态燃料块。

手电筒：微型手电筒只占用极小空间，筒内电池应首尾颠倒。

闪光信号灯：可以吸引营救者注意力，尤其是在闭塞地区。

标记板：应携带一块由荧光材料制成的条板，大约 2 m 长、0.3 m 宽，可用于吸引营救者的注意。

茶叶袋：一杯清茶可养精神，记着带上茶粉、小包装奶粉和糖。

食品：远离陆地时脂肪是最难得的食物。罐装黄油、猪油或酥油都很适用。必须带上盐！简单的可以携带盐块，或者选用更好些的电解盐粉。

救生袋：严寒条件下，一只长 200 cm、宽 60 cm 的大聚乙烯薄膜袋有时可以救命。遇到意外时可钻到里面，这样可以防止热量散发。

八、刀具

折叠刀，便于携带，木柄会给你相对舒适的感觉。

月牙形弯式砍刀，以刀锋全长约 30 cm，整刀重量不超过 750 g 为宜。刀锋面最宽处约 5 cm，末端深入木制柄把中。

九、装备检查清单、体检、一份出行计划

充分考虑所去的环境和地理位置，根据实际需要列一张装备检查清单。户外远行临行前进行一次彻底的体检，确认自己身体条件是否适合此次外出。做一份出行计划，了解外出的路线，沿途的吃、住、行、天气等一系列客观条件，制订一份周密出行计划。

第三节　定向运动概述

定向运动是指参赛选手利用一张详细精确的地图和一个指北针，自由选择行进路线，按顺序到访地图上所指示的各个点标，以最短时间到达所有点标者为胜。

一、定向运动起源与发展

定向运动起源于瑞典，最初只是一项军事体育活动。"定向"这两个字在 1886 年首次被使用，其意思是：在地图和指北针的帮助下，越过不被人所知的地带。真正的定向比赛于 1895 年在瑞典斯德哥尔摩和挪威奥斯陆的军营区举行，标志着定向运动作为一种体育比赛项目的诞生。定向运动本身作为一种体育项目开展是本世纪初在北欧开始的。1932 年举行了第一次世界定向运动比赛。1961 年，国际定向联合会在丹麦哥本哈根成立。定向运动也是国际承认的奥林匹克体育项目。

定向运动在中国的传播始于香港。1991 年 12 月，原国家体委批准成立"中国定向运动委员会"。2003 年，隶属于教育部大学生体育协会的中国学生定向协会在浙江成立。2004 年，中国学生定向协会首次成功地举办了中国学生定向越野锦标赛。同时教育部把定向越野确定为中小学"2＋1"课程和《全国普通高等学校体育教学本科专业课程方案》。

图 18-1 所示分别为国际定联(IOF)标志和中国定向运动协会标志。

国际定联标志

图 18-1　IOF 标志

二、定向运动的分类

按照 IOF 定向运动规则，定向运动可以根据比赛时间、比赛性质、比赛成绩的计算方法、比赛距离和到访检查点的顺序进行分类。事实上，目前在 IOF 的最新规则中，正式赛事只使用了图 18-2 中的几个项目。

按规定的顺序到访检查点 单程赛 资格赛 接力赛 长距离 中距离 短距离

图 18-2　IOF 正式赛事比赛项目类项

三、定向运动的特点

定向运动是一项非常健康和充满智慧的体育项目，是智慧与体能并重的一项休闲运动，它不仅能强健体魄，而且还能培养人独立思考、分析解决问题的能力和良好的逻辑思维能力；独立解决所遇到困难的能力；在体力和智力受到压力下迅速做出反应、果断决定的能力。定向运动是一项非常重要的世界体育项目，它拥有自己的世界锦标赛。定向运动是一项自然环境体育项目，因为它教会人们如何在自然界中把握自己的行为，爱护自然，遵守郊野公园守则。定向运动是一项低花费的群众性体育项目，所需的只是一张好的定向图和一个指北针。定向运动给人以惊险刺激的人生经历，它吸引了全世各个阶层、各个年龄段人们的广泛参与。

四、定向运动装备

除号码布、地图及控制卡由赛会供应外，运动员应携带指北针。出于安全考虑，哨子是运动员必备的用具。

服装方面，应以轻便、舒适及易于活动为准，过紧和太厚的衫裤会使参与者举步难移。远足经验较浅的，可穿旅行靴，保护脚腕。有经验的运动员可穿上比赛用的运动鞋。计时设备有机械式计时设备和电子式计时设备，皆由赛会提供。

第四节 定 向 地 图

尽管在任何一张地图上都可以定向，但为了定向运动本身，还需制作专门的定向图。定向图更加准确详细，使之更容易比较地图上的符号标记与实际地形中的实物。

定向地图是地形图的一种，是根据国际定向联合会制定的《国际定向运动图制图规范》绘制成的地图。定向地图与其他地图相比，是一种更为清晰、易读，更适合在野外行进中使用的专用地图。

定向运动竞赛地图一般由方向指示标识、比例尺、符号、颜色、图例注记、检查点符号、检查点说明表等要素组成。

一、方向指示标识

阅读地图时，首先要辨别地图的方向，通常我们默认"上北下南，左西右东"的图上方向。但是定向地图是用磁北方向线和指向箭头指示方向的(见图18-3)。

图 18-3 方向指示标识

二、比例尺

比例尺是地图上最重要的参数之一，同时也是定向运动中参赛者预先判断距离的先决条件。

三、地图上的颜色与符号

(一) 颜色

根据国际定联定向运动地图规范的规定，将定向地图的颜色大致分成七个类别：黑色、棕色、蓝色、绿色、白色、黄色和紫色。

(二) 地图上的符号

定向地图上的符号与普通地形图符号的要求一样，要详细地表示地貌、水系、建筑物、道路、植被和境界。

国际定联将定向运动地图的符号分成六类。

1. 地貌符号(棕色)

地面的形态通过非常详细的等高线，辅以一些专用符号，如丘、洼地等来描绘，如图18-4 所示。黑色的岩石和陡崖符号对地貌的描绘起补充作用。一般情况下，适合定向运动的地形用 5 m 的等高距就可以得到最佳效果。

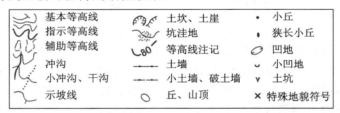

图 18-4　地貌符号

2. 岩石和石头(黑色+灰色)

岩石是地貌的特殊类型。在定向运动中地图上的岩石既提供有用的有关危险性和易跑性的信息，也为读图、路线选择和检查点提供参考依据和准确的地貌特征。为了区别其他地貌特征，岩石用黑色表示，如图 18-5 所示。

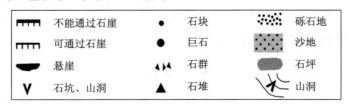

图 18-5　岩石与石块符号

3. 水系与湿地符号(蓝色)

水系和沼泽包括开放的水体和因水(沼泽)而生的特殊植被。对参赛者而言，它们的分类是重要的，因为它们不但反映对奔跑的障碍程度，而且还为读图和检查点提供特征。在定向地图读图时要特别注意的是：如果水系特征被黑线环绕，表示在通常气候条件下不能通行。水系符号如图 18-6 所示。

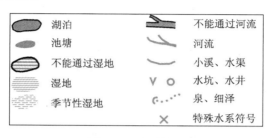

图 18-6　水系符号

4．植被符号(绿色+黄色)

对参赛者而言，植被的描述是非常重要的。因为它不但影响易跑性和通视度，而且还为读图提供特征，同时为参赛者在比赛过程中选择路线提供依据。植被符号如图 18-7 所示。

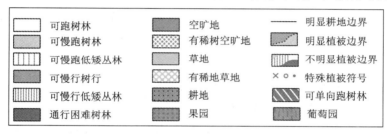

图 18-7　植被符号

5．人工地物(黑色)

交通道路网为参赛者提供重要的信息，它们的类别在地图上必须明确区分。对参赛者尤为重要的是较小的路的分类。在读图中注意仔细区分一些相似的地物符号，以最大限度地避免因读图失误而造成路线选择上的失误。人工地物符号如图 18-8 所示。

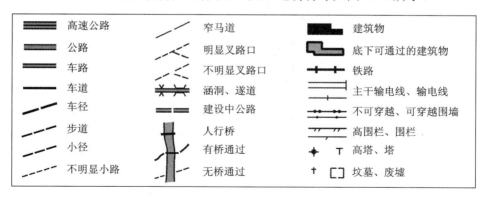

图 18-8　人工地物符号

6．定向专用符号(紫红色或大红色)

比赛路线及其通行、障碍、危险、保障等的情况(见图 18-9)，在一般的定向比赛中是用物绘制在地图上的；但大规模的比赛则会用套印刷的方式将这些情况印刷在地图上。

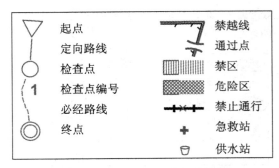

图 18-9 路线、与路线相关符号

四、图例注记

地图符号的对照说明叫图例。对于高级竞赛型的定向地图可不附图例或只附统一规范外的符号图例。

图上的文字说明，如图名、比例尺、等高距、赛会名称、主办单位等叫注记。

五、检查点说明表

检查点说明符号是定向地图特有的一种信息表示形式。

1. 检查点说明表(见图 18-10)的作用

检查点说明表的作用是说明该图上路线的组别、长度及爬高量等；指明所找检查点的顺序及找哪个检查点(检查点代号)；详细说明检查点的主要特征，运动员可以利用说明快速找到检查点。

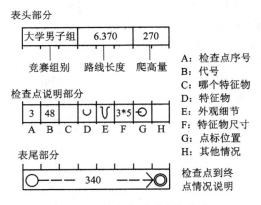

图 18-10 检查点说明表的构成

2. 检查点说明符号的含义

第三列：地物所在的方位，即哪个特征物(见图 18-11)。

第四列：所在特征物，包括地貌、岩石与石块，水系、植被，人工地物、附加符号等(见图 18-12)。

图 18-11 哪个特征物

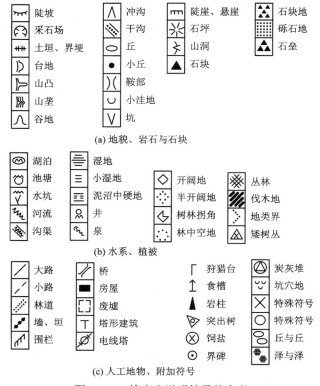

(a) 地貌、岩石与石块

(b) 水系、植被

(c) 人工地物、附加符号

图 18-12　检查点说明符号的含义

第五列：配合符号及外观尺寸(见图 18-13)。

图 18-13　配合符号和外观

第六列：尺寸，或相关特征物。相关特征物种类、含义与第四列同。

第七列：点标与特征物相对位置(见图 18-14)。

第八列：其他情况(见图 18-15)。

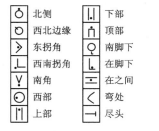

图 18-14　位置

图 18-15　其他情况

3. 使用检查点说明表的注意事项

使用检查点说明表要注意两点，一是不要与图例符号(即地图符号)相混淆；二是检查点说明符号本身有不少非常相似，一定要分清及牢记其含义。容易混淆的检查点说明符号列于图 18-16 中，供参考。

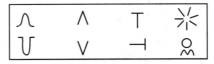

图 18-16 容易混淆的检查点说明符号

第五节 定向技能

定向运动不仅挑战体能，更挑战智能，因为参与者在跑的同时，不但需要对照地图，借助指北针明确方向后迅速做出行进路线选择，而且要快速按顺序找到点标。由此可见，定向运动需要我们具备如图 18-17 所示的一些运动技能。

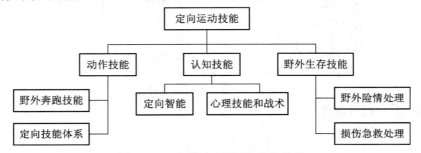

图 18-17 定向运动需要具备的技能

在本节中着重介绍定向技能体系，如图 18-18 所示。

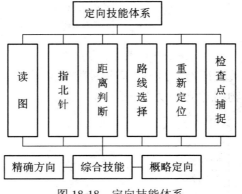

图 18-18 定向技能体系

一、判定方位

定向运动是一项处在发展和变化中的综合性体育运动。在进行不同项目的定向运动时，由于使用的装备、器材以及组织比赛的方法不同，因而需要的技能也不尽相同。但在任何情况下，运动员的辨别方向和使用定向地图的能力始终都是最基本的。

(一) 指北针

指北针是定向运动最重要的仪器，是定向运动中可使用的唯一合法帮助。指南针(在定向运动中统一称为指北针)发明于中国。在定向中，为便于标定地图、确定站立点，辨别方向，都要使用指北针，而指北针红色的指针永远指向北。

利用指北针判定方位需要注意的事项有：

(1) 了解和检查指北针的灵敏程度，尽量保持指北针水平，并让磁针停稳。

(2) 不要距离铁、磁性物质太近，不要在高压线下使用。

(3) 要细心，不要错将磁针的 S 端当作北方，造成 180°的方向误判。

(二) 利用太阳与影子判定

不管你身处赤道以南还是赤道以北，使用阴影法的结果都是一致的。然而，我们通常建议只在每个半球的纬度 26.4°～66.5°之间的区域使用这一方法。如果是在纬度 66.5°以外的区域，太阳所处的位置在地平面上，阴影法就会失效。在南纬 26.4°和北纬 26.4°之间的区域，太阳可以是在北边，也可以是在南边，这主要取决于时间是在一年的哪个时段，一般情况下是不会把南北混同起来的。

(1) 在一个非常平整的地面垂直地钉上一根木棍。这样会产生一个阴影，在木棍的顶端刻出一个点(见图 18-19)。

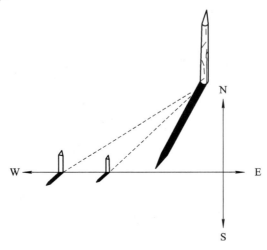

图 18-19　阴影法

(2) 清除周围地域里的垃圾和植物。

(3) 在阴影的顶端摆上一块石头或者小木棍，或者插上一根小枝条。

(4) 每隔五分钟就标识出阴影尖端的大概位置(标志的点越多，测量结果就越精确)。

(5) 在每个标志点之间连上一条直线。

(6) 由于阴影是从西到东渐变的，因此线上出现的第一个点就是西面，第二个点在东面(太阳从东边升起，西边落下，所以太阳产生的阴影总是从西到东变化的)。

(7) 在东西之间的连线上画一条垂直线，这条线指向南北方向。如果你身处北半球，那么阴影的顶端一侧是北方；如果你身处南半球，那么阴影的顶端一侧是南方。

(三) 利用北极星判定

北极星位于正北天空。在夜间观察时，其距离地平面的高度约相当于当地的纬度。

二、识图、用图技能

在定向运动中，识图、用图技能是首要的，也是最基础的技能。如何能准确地将二维平面上的图形与三维空间中的实地相对应，就显得尤为重要。通过查看地图，既可以了解实地地物的分布状况、地貌的起伏程度以及它们之间的相互关系位置；还可以根据地图上标出的比赛路线，在实地选择出正确的运动方向及具体运动路线，并保证按预定的路线运动。定向地图的阅读步骤大致按以下 7 个顺序进行。

(一) 标定地图

标定地图就是使地图的方向与实地的方向相一致。标定地图是实地与地图进行对照的首要条件，最简单的方法就是找到大而有明显特征的地物做标志。在实际比赛中，标定地图的方法主要有：概略标定、指北针标定和利用长直地物标定。

(二) 确定站立点

确定自己在图上的位置是定向运动的首要条件，是实地用图的关键。确定站立点的方法主要有：目估法、后方交会法和磁方位角交会法。

(三) 地图与实地对照

对照地形通常是地图与现地对照和确定站立点两者交叉进行。

地图与现地对照的要求有：使地图的地物符号、地貌符号与现地的地物地貌一一对应找到。对照的一般顺序为：先主要方向，后次要方向；先大和明显地形，后一般地形；由近到远，从左到右(也可以反之)；由"图上到现地再到图上"；由大带小、由点到面，逐步分段分片进行对照。

(四) 路线选择

选择定向路线是定向越野的基本技能之一。如果选择了一条好的越野路线，那么不但很快就能找到检查点，而且不会迷失方向，能节省体力消耗。当必须在两个点标之间选择一条最佳行进路线时，首先要考虑的是所选路线的难度及安全性。

(五) 距离的判断

将正在使用的定向地图上的路线长度正确地转换成实地奔跑距离，也就是给地图估算实地距离，需要掌握其基本方法。通常有直尺量读法和估算法两种。

(六) 重新定位

当在实地找不到目标，同时又无法确定自己站立点时，就要重新定位：首先要立即停止行进，此刻不能抱有任何侥幸心理；然后标定地图，实地观察地形，再与图上相对照；

等成功定位后再继续前行。

(七) 检查点捕捉

在定向比赛中，运动员到达检查点附近后，准确捕捉检查点是一项十分重要的技能，掌握好捕捉方法能够有助于准确迅速地捕捉到目标。

第十九章 体育运动竞赛与裁判

第一节 体育运动竞赛概述

一、运动竞赛的定义及构成要素

(一) 运动竞赛的定义

运动竞赛是各类体育运动项目比赛的总称。它以比赛项目为内容，以增强人民体质、丰富社会文化生活以及在比赛中取胜为目的，以运动规则为裁判尺度所进行的个人或集体之间的体能、技艺、心理品质和智能的较量，是社会活动，属于文化教育的范畴。

(二) 体育竞赛的构成因素

任何类型的运动竞赛活动，都是由竞赛活动的参与人群、竞赛活动所需要的物质条件和竞赛活动的组织管理这三个子系统组成的(如图 19-1 所示)。

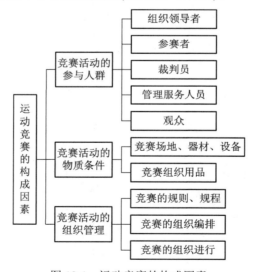

图 19-1　运动竞赛的构成因素

二、运动竞赛的意义

(一) 竞技价值

竞技运动的目的就是最大限度地发挥人和集体的潜力，研究表明，在一般的运动训练中，运动员的机体能力只能发挥至 70%左右；而在激烈的竞赛中，运动员的机体能力最大可发挥至90%以上。

(二) 社会价值

1. 促进人类和平

古代奥运会的产生和现代奥运会的复兴，都是人民厌恶战争、渴望和平的结果。人类满足"竞争"天性的同时，也为人们相互交流营造了理想的氛围。不同肤色、不同种族、不同国度的人们谁也不愿自动放弃体育场上的争夺，体育精神风靡全球，其和平、文明价值不可估量。这正应验了"体育竞赛是战争时期的和平，是和平时期的战争"。

2. 参与政治活动

现代奥林匹克之父顾拜旦规定了国际奥委会不受任何政治势力左右的独立性和中立性，"奥运会是为人类的精神服务的"。体育活动常常作为外交的一种特殊渠道，中国的"乒乓外交"促进了中美关系正常化。当前，政治制度及其需要仍然影响着竞赛活动的发展，但奥运精神通过体育竞赛必会为建立一个和平、更加美好的世界做出更大的贡献。

(三) 经济价值

体育产业与竞技体育、群众体育构成了现代体育运动。高水平的体育竞赛，会吸引更多的观众前来观看，不仅可以获得丰厚的门票收入，还刺激了旅游等第三产业的发展。同时，电视转播、广告宣传、商家赞助等都是十分可观的收入。现代奥运会的发展就是证明：1896 年，第一届奥运会就是靠发行纪念邮票筹集了 40 万德拉克才办成的；1984 年，美国商人尤伯罗斯承办第二十三届奥运会取得了巨大的成功，同时还获得了 2.5 亿美元的可观利润；1988 年，汉城奥运会韩国获得 4.67 亿美元的巨款。高水平体育竞赛的健康发展，不仅有助于人类精神文明建设，而且也能为一个国家和地区创造良好的经济效益。

(四) 教育价值

1. 培养人的公平竞争意识

体育竞赛从竞赛规则的制定到临场的判罚直至最后成绩的认定，都体现着公平和民主的精神。

2. 检查运动训练的效果

经常参加各类体育竞赛，从中获得反馈信息，才能更加了解自己，才能有针对性地进行训练，从而解决在比赛中出现的问题。这样才能达到最佳的训练效果和比赛效果。

3. 培养人的进取心

奥林匹克运动有一句著名的格言："更快、更高、更强。"体育竞赛不但激励着参赛者积极进取的优良品质，同时对观众也有着同样的激励作用和教育作用。

(五) 生活价值

体育竞赛以其活动的竞争性、表现的精彩性、获胜的随机性、形式的多样性，深受人们喜爱。人们在参与体育运动和体育竞赛时身体承受一定的负荷，机体得到锻炼，从而促进了体质的增强。体育竞赛还具有很高的观赏性，人们在观看精彩体育比赛及优秀运动员完美的表演时，会自然感受到美的享受。

三、运动竞赛的分类

(一) 运动竞赛的分类方式

1. 依不同的比赛标准

(1) 依参赛者的年龄：可分为儿童比赛、少年比赛、成年人比赛、老年人比赛等。

(2) 依参赛者的行业：可分为职工运动会、农民运动会、军队运动会、学生运动会等。

(3) 依比赛所包含项目的数量：可分为综合性比赛、单项比赛等。

(4) 依比赛的组织形式：可分为集中组织的(赛会制)比赛和分散组织的(主客场制、通讯赛)比赛等。

2. 依不同的比赛规模和不同的比赛任务

(1) 依比赛的规模：基层单位比赛、地区性比赛、全国性比赛、国际比赛、洲际比赛、世界大赛，另外还有多项目的系列大奖赛及某些项目的特定比赛。

(2) 依比赛的性质、任务：综合运动会、冠军赛或锦标赛、对抗赛、邀请赛、选拔赛、等级赛、友谊赛、表演赛、达标赛。

(二) 运动竞赛项目的分类

1. 依运动成绩评定方法分类

分为测量类、评分类、命中类、制胜类和得分类，如图 19-2 所示。

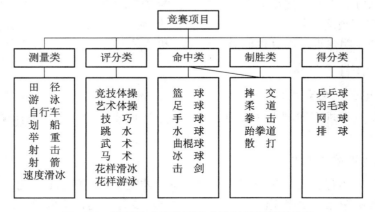

图 19-2　依运动成绩的评定方法对竞赛项目分类

1) 测量类竞赛项目

这类项目中，运动员在比赛中所表现出来的运动水平高低可以客观而准确地予以测量。其项目有：田径、游泳、自行车、划船、举重、射击、射箭、速度滑冰等。测量指标包括速度指标、距离指标(远度与高度)、重量指标与环数指标。其中，电子测时系统的研制与应用大大地提高了竞速项目成绩判定的准确性。

2) 评分类竞赛项目

评分类竞赛项目即由裁判员根据比赛规则确定的标准和方法对运动员在比赛中的成绩

给予评分，按分数的高低排列比赛名次的竞赛项目。其项目有：竞技体操、艺术体操、技巧、跳水、武术、花样游泳、花样滑冰等。

3) 命中类竞赛项目

命中类竞赛项目是比赛中计算命中对方防守的特定目标区域的次数，命中次数多者为胜的竞赛项目。篮球的球筐，足球、手球、冰球、水球、曲棍球的球门以及击剑、拳击选手身上的有效得分区都属计分的目标区域。

4) 制胜类竞赛项目

此类项目评定运动成绩的方法特殊。在一般情况下，与命中类项目一样，比赛中命中对手设防的特定区域即可得分，最后按得分多少决定胜负。但若在比赛过程中出现如拳击中将对手打倒在地上定时不起或柔道中的一本胜利等情况时，则可判为绝对胜利，也就不再去计算比较双方命中得分的情况了。其项目有：摔跤、柔道、拳击、跆拳道、散打等。

5) 得分类竞赛项目

隔网比赛的乒乓球、羽毛球、网球及排球均属得分类竞赛项目，依比赛中得分多少(表现为比赛中的一方首先获得规定的取胜分)判定比赛的胜负。比赛中的得分手段既包括运动员主动进攻，将球击落命中于对方设防的特定区域，又包括对方自己失误的送分。

2．依竞赛方法学分类

经研究各种竞赛项目用作比较的参照系发现，运动竞赛优选过程的比较方式有两种形态，一种是以时空参数作为参照系的"静态"比较方式；一种是以参赛对手互为参照系的"动态"比较方式。因此，依据竞赛过程比较方式的不同形态，体育竞赛项目可以分为两大类，如图19-3所示。

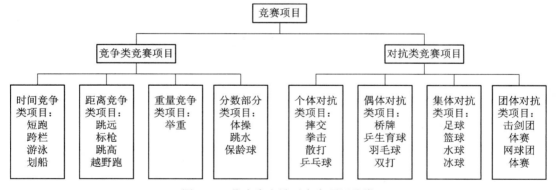

图 19-3 依竞赛方法对竞赛项目分类

1) 竞争类竞赛项目

此类项目是尽可能使参赛者在不受外界干扰的条件下，充分发挥自身能力去夺取某些时空参数，以获得时空参数的大小来遴选优胜、排列名次的项目。如田径、举重、体操、跳水等竞赛项目。竞争性竞争项目又可以分为"时间竞争类项目"、"距离竞争类项目"、"重量竞争类项目"和"分数竞争类项目"四大类。

2) 对抗类竞赛项目

此类项目是让参赛者尽可能在机会均等的条件下，相互之间捉对较量，以比赛的胜负来区分高下、确定名次的项目。如篮球、足球、拳击、摔跤等竞赛项目。对抗性竞争项目又可以分为"个体对抗类项目"、"偶体对抗类项目"、"集体对抗类项目"和"团体对抗类项目"四大类。

3. 我国现行体育竞赛项目的分类

围绕突出奥运战略，国家体育总局于1994年开始相继成立了各运动项目管理中心，把全国目前开展的70多个运动项目分为四大类，并按类别主次顺序安排竞赛次数和规模。

(1) 奥运会比赛中的重点项目，包括田径、游泳、跳水、体操、举重、射击、射箭、击剑、柔道、国际式摔跤、赛艇、足球、女子足球、篮球、排球、乒乓球、网球、羽毛球、速度滑冰、花样游泳。每项每年安排两次全国最高水平的比赛(即锦标赛、冠军赛)，一次青年比赛，一次少年集训比赛。

(2) 奥运会一般项目，包括花样滑冰、水球、艺术体操、自行车、皮划艇、帆船、拳击、现代五项、马术、手球、曲棍球、棒球、冰球、冬季两项、高山滑雪、越野滑雪、跳台滑雪、垒球。每项每年安排一至两次全国最高水平的比赛及一次青年比赛。

(3) 非奥运会比赛项目，包括技巧、武术、滑冰、蹼泳、中国式摔跤、中国象棋、围棋、跳伞、航空模型、滑翔、航海模型、摩托艇、摩托车、无线电。每项每年安排一至两次全国最高水平的比赛，一次青年比赛。

(4) 群众性或娱乐性体育项目，包括高尔夫球、保龄球、地掷球、汽车、汽车模型、伞翼滑翔、业余电台等项。根据条件或项目的发展，不定期组织多种形式的竞赛活动，以适应广大爱好者锻炼智力、增强体质、促进国际交往的需要。

在以上四类竞赛次数的规定中，一、二、三类项目还可根据本项目发展的需要，组织多层次、多种形式的辅助性竞赛作为补充。

第二节　运动竞赛的组织与管理

一、赛前准备工作

(一) 确定组织方案

本单位体育竞赛计划的安排和有关方面的竞赛任务是确定组织方案的重要依据。

1. 竞赛的名称和目的任务

竞赛的名称和目的任务应根据竞赛的内容、性质、时间和规模来确定，同时要结合当时的形势和中心任务。有些比赛有赞助商赞助，在比赛冠名等方面要考虑到他们的利益。

2. 竞赛的规模和时间

竞赛项目和参赛者的多少直接关系到比赛场馆的需求和时间的长短。在比赛之前，竞赛组织部门要根据竞赛项目的设立，对参赛者的数目要有充分的预计，以便确定竞赛的天数。

3．拟订竞赛的组织机构

拟订和建立竞赛的组织机构是体育竞赛组织工作的重要环节。机构设置要合理、精练，职能划分要明确，要保证竞赛任务的圆满完成。各种竞赛的组织机构一般采用"组织委员会"(简称组委会)。组委会是在主办单位的领导下，由各方面代表组成的，负责组织和领导竞赛的全部工作。组委会下设办公室、竞赛、新闻宣传、行政后勤、安全保卫等职能部门。

各职能部门的工作范围如下：

(1) 组织委员会，是竞赛组织工作的最高领导机构。其职能有：审议批准下设各机构的负责人及人员名单(包括确定仲裁委员、裁判长等)；审议批准竞赛活动的各项实施方案以及裁决竞赛工作中出现的重大问题。

(2) 办公室，是竞赛组织工作的综合办事机构。其职能有：拟定竞赛有关文件；组织会议(包括开幕式、闭幕式)；联络调控、文档管理以及接待等工作。

(3) 竞赛处，是竞赛组织工作的业务机构。其职能有：制订竞赛规程、组织报名、编排比赛日程、编印秩序册以及比赛进行中的组织管理工作和比赛结束后的工作。

(4) 新闻宣传处，是竞赛组织工作的宣传机构。其职能有：准备宣传材料、组织新闻传播、召开新闻发布会、思想教育和环境的布置等工作。

(5) 行政后勤处，是竞赛组织工作的保障机构。其职能有：进行财物管理；负责场地器材、食宿、卫生、交通等工作的实施。

(6) 安全保卫处，负责竞赛工作中的安全工作。其职能有：制定安全保卫计划、落实对竞赛设施生活设施的安全检查和保卫、维持赛场秩序、及时处理突发事件等工作。

大型竞赛活动还可根据需要增设接待处、场地器材设备处、电子技术处、集资处等机构。一般规模较小的竞赛活动或基层单位组织的竞赛，可以将新闻宣传并入办公室，将安全保卫并入后勤，组委会下设办公室、竞赛组和后勤组就可以了。

4．经费预算

经费预算是执行经费开支的重要依据。各职能机构要根据本部门的需要，本着勤俭节约的精神，对自己的每一项经费开支进行认真预算，制订经济计划和严格管理的办法。经费预算可以留有一定的余地，以保证竞赛活动的顺利进行。

(二) 制订竞赛规程

竞赛规程是根据竞赛计划而制订的有关体育竞赛的具体政策与规定。它是体育竞赛的指导性文件，也是竞赛组织者和参加者进行工作和比赛的法律性文件。因此，举行任何一项竞赛活动，首先必须制订竞赛规程。

1．制订竞赛规程的依据

(1) 依据体育竞赛计划，是多年度或本年度竞赛计划的延伸，它的内容要与竞赛计划的安排相适应。其内容可以根据现实的情况进行修正和补充，但不能脱离计划的安排。

(2) 依据竞赛的目的和任务，使竞赛活动得以顺利进行、圆满结束，达到竞赛的预期目的。

(3) 依据竞赛的客观条件，充分考虑本次竞赛的经费开支、场地设施、社会及本单位的需求和参赛者等有关人员的实际情况，同时也要与国际、国内有关竞赛的规律和要求相结合。

2. 制订竞赛规程的原则

(1) 完整性原则：竞赛规程是管理竞赛和参与竞赛的法律性文件，制订竞赛规程时必须注意其完整性。竞赛规程的条文要规范，条款要清楚。防止出现内容遗漏、条款没有说明清楚的现象，以免给今后的竞赛工作带来麻烦。

(2) 可行性原则：内容既要考虑达到竞赛的目的，完成竞赛的任务，又要考虑到财力、人力、物力的开支、使用和时间的安排。同时竞赛项目安排是否合理、运动员的技术水平等也都是其考虑的范围。既要考虑到竞赛内容的竞技性，又要考虑到竞赛内容的群众性和娱乐性。竞赛规程的制订要做到切实可行。

(3) 公平性原则：竞赛规程是所有参与竞赛活动的人们共同遵守和执行的规范和准则，其内容应使大家在客观条件相同的前提下进行公平竞赛。竞赛规程在制订时要充分考虑到各方面的实际情况，保证公平竞争。规程一经确定，竞赛各方必须严格执行。如有的细节确实需要进行修正、补充，也必须经组委会及竞赛部门审议批准后方可执行。

(4) 连续性原则：竞赛规程中的时间安排、竞赛办法等内容，与运动员训练周期的安排、运动水平的发挥都有着一定的关系。正规的、每年都要举行的比赛，竞赛规程不要做大的改动，以保持规程的连续性；基层比赛的规程一般也不要有大的改动，以保证竞赛的群众性与连续性。

3. 竞赛规程的内容

竞赛规程一般由下面的内容组成，各单位在制订竞赛规程时可以根据各自的具体情况对其内容进行取舍和补充。

1) 竞赛名称

根据竞赛的任务、性质和内容确定竞赛名称。名称要用全称，例如"中华人民共和国第十届运动会"、"××杯足球赛"。在竞赛的文件、会标及宣传材料等方面，名称要统一。

2) 目的任务

根据竞赛活动的要求，简要说明目的任务。例如增强人民体质，普及全民健身运动；交流教学训练工作经验，提高运动水平；奥运会选拔赛等。

3) 主办单位和承办单位

此项要注明，例如"全国足球甲级联赛"由中国足协主办，由各主场会员协会组成的联赛赛区委员会承办；"××杯三人足球赛"由××公司主办，由××公司承办。

4) 时间和地点

要明确比赛开始至比赛结束的年、月、日，如有的比赛安排有预赛、决赛的，要分别写明预、决赛的开始时间和结束时间。写明举办竞赛的具体地点。

5) 竞赛项目和组别

要明确竞赛设置的项目，如田径比赛共设哪些项目以及所用器械的规格等；明确竞赛分哪些组别，各组设立哪些项目、要求等。

6) 参加办法

(1) 参加单位、人数和运动员资格。明确哪些单位可以参加比赛，规定各单位领队、教练、工作人员人数和运动员人数；规定运动员的参赛资格和标准(如代表资格、运动等级、运动成绩等)。

当前，社会性比赛、系统内比赛举办较多，对运动员参赛资格的要求各不相同。特别是系统内、单位内的比赛，要对运动员的资格加以严格规定、审查，防止以假替真，造成比赛结果的混乱。

(2) 报名、报到时间和报名规定。明确规定报名的开始与截止时间；规定报到的时间与报到须知。有的竞赛要明确每项比赛可以报几名运动员参加，每名运动员可以参加几项比赛等参赛的有关规定。有的竞赛的抽签时间和地点也可以在这里注明。

(3) 对服装、器材的要求。明确规定服装的套数、颜色、号码尺寸；比赛器材的规格标准等。

7) 竞赛办法

(1) 确定比赛采用的规则。可以根据竞赛的不同性质对现行的规则做一定的修改和补充，但必须在竞赛规程中写清楚。

(2) 确定竞赛采用的竞赛制度。如循环赛、淘汰赛或是混合赛等。若比赛分阶段进行，要写清楚各阶段的竞赛制度、两阶段比赛的衔接办法、成绩计算和名次排列。

(3) 确定具体的编排原则和方法。如循环赛编排采用哪种轮转方法；单淘汰赛设立几名种子，怎么确定种子等。

(4) 明确计分方法和确定名次的方法。各种不同竞赛项目有不同的计分方法；接力、破纪录如何加倍计分；排列名次的方法以及积分相同时如何判定名次的方法；团体总分如何计算等。

(5) 比赛中违反规定的处罚方法。如弃权的处理、违纪的扣分等。

8) 录取名次与奖励

规定竞赛录取名次和奖励的办法。包括对团体奖、单项技术奖、道德风尚奖等的奖励名额和各种奖项的奖励内容(奖杯、奖旗、奖状、奖章及奖金等)。

9) 裁判员

如需参赛单位选派裁判员的，要写明人数、等级及报到时间和学习时间。

10) 其他事项

对有关经费、交通、食宿等问题进行说明；未尽事宜，另行通知；规程解释权的归属单位。

(三) 组织编排工作

1. 了解和熟悉情况

学习竞赛规程和竞赛规则，了解竞赛的内容、形式、时间安排、比赛单位、组别、项目、参赛办法、奖励及计分方法；要掌握竞赛的场地器材情况和裁判员的人数、水平等情况。同时准备有关用具，绘制各种比赛用表。

2. 检查报名情况，审查报名资格

检查报名是否逾期，检查各单位报名是否符合竞赛规程的规定。正规比赛，报名截止时间一到，即不接受任何报名。群众性的、基层的体育竞赛则要注意检查有无漏报、错报的情况，一经发现，要尽快与报名单位取得联系，及时补报和改正，以便让更多的人参与竞赛活动。要严格审查运动员的参赛资格，若有疑问，则应及时了解清楚，尽快做出处理，

以保证竞赛的顺利进行。

3．编排号码对照表，统计各类参赛者的人数，填写竞赛表格和卡片

编排运动员姓名号码对照表，号码顺序可以按各队报名先后的顺序排定，也可以按组委会规定的顺序排定。

进行各项统计工作，如田径比赛需统计各单位参加人数；各项目的运动员人数和运动员兼项人数等。以便掌握情况，为编排工作做准备。

按要求填写各种竞赛表格和卡片，卡片填写好经过核对后，按项目归类，以备编排时用。

4．编排竞赛秩序和制定竞赛日程

1) 编排竞赛秩序

编排竞赛秩序首先应根据竞赛规程的规定和不同的竞赛项目及场地器材的情况，计算出比赛的需用时间。球类竞赛项目要计算场数和轮数；田径、游泳等竞赛项目则计算比赛单元、比赛场次。然后遵循各项竞赛的编排要求和编排方法将竞赛项目和参赛者安排到比赛的具体位置上，编排时通常是采用抽签的方法把参赛者定位或分组定位。各体育竞赛项目不同，其抽签的实施方法也各不相同。竞赛秩序编排后，还要确定具体的比赛时间、地点、道次等，并在此基础上制定竞赛日程。

2) 制定竞赛日程

编排和制定竞赛日程时要考虑到各参赛者竞赛时间、场地的机会均等(例如，白天、晚上；室内、室外等)；要考虑到比赛的密度、强度及休息时间的合理安排；要考虑到各项目的交叉和衔接(例如，球类团体赛和各单项比赛的安排；田径、游泳比赛中的兼项)；要考虑到比赛的精彩程度(各比赛项目预赛、决赛的安排要错开)。

(四) 编印秩序册

竞赛秩序册是组织完成一次竞赛活动的综合性的完整文件。竞赛秩序册是竞赛的组织者组织管理比赛的依据，也是教练员、运动员、裁判员参加比赛的依据。它既是比赛的时间表与项目安排表，又是比赛的成绩册。竞赛秩序册要在比赛开始前发给参赛者。

竞赛秩序册一般有以下内容：

(1) 封面。内容有：比赛名称、时间、地点、主办单位、协办单位、赞助单位等。封面上要印有运动会会徽和"秩序册"三个大字。

(2) 目录。按顺序排列秩序册的所有内容。

(3) 竞赛规程和补充规定。它是组织和参加竞赛的指导性文件。

(4) 竞赛组织委员会成员名单和办事机构成员名单；各单项竞赛委员会、仲裁委员会成员名单和裁判长、裁判员名单。

(5) 各代表队名单。按有关规定顺序排列，内容有：队名、领队、教练、医生和运动员名单。运动员名单内容有：号码、姓名、出生年月日、身高、体重、民族和参赛项目等。

(6) 大会活动日程。包括运动员、裁判员报到的时间、训练的时间；组委会会议及裁判长、领队、教练员联席会议和有关抽签的安排；竞赛安排；比赛结束及离开时间；有关注意事项。

(7) 竞赛日程。具体明确各个比赛项目，各场比赛的时间、地点、参赛队、服装要求等。

(8) 各项竞赛分组。田径、游泳等竞赛项目需要分组分道。

(9) 比赛成绩表。绘制各种成绩表格，根据比赛的结果进行填写。

(10) 参赛各类人员统计表。

(11) 最高纪录或最好成绩。公布以往比赛最高纪录或最好成绩。例如，田径比赛可将单位、省、市、国家和世界纪录及创造者列表公布，以便与比赛中的成绩进行对照。

(12) 比赛场地平面图。

(五) 检查竞赛场地和器材

赛前必须对场地和器材进行细致的检查，发现有不符合竞赛标准的要及时解决。如场地是否平坦、灯光是否符合要求、足球网是否有漏洞等。

(六) 组织裁判员学习、安排赛前训练

竞赛前要组织裁判员学习，统一判罚尺度，保证严肃、认真、公正、准确地执行任务。有的比赛需要安排赛前适应性训练的，要考虑到各种不同场地、不同时间的机会均等。

(七) 召开组委会及联席会议

召开组委会会议或裁判长、领队、教练员联席会议。由组委会成员介绍竞赛活动的组织工作情况；裁判长明确执行的规则及要求；听取意见和解决有关问题(例如，更换运动员、运动员号码错误等)；组织抽签，进行参赛者定位或分组定位。

二、赛中管理

(一) 全局一致、各方协调

竞赛活动是一项综合性工程，组织竞赛、临场管理、宣传报道、后勤保障、医护保卫等工作缺一不可。竞赛的组织者要与竞赛的各个环节保持信息的畅通，要深入赛场，掌握第一手材料，加强各方面的协调配合，不断改进工作，保证对竞赛全局的控制。一旦发现问题，就立刻进行解决，切实保证比赛的顺利进行。

(二) 加强临场管理

临场管理是组织体育竞赛的关键环节，它直接影响比赛的顺利进行。裁判员需要公正执法；运动员需要规范职业道德；工作人员需要做到热情服务。对临场比赛中出现的技术问题，对违反体育道德的现象，对场地器材、饮食卫生、安全保卫中可能出现的隐患都要及时发现，尽快地给予解决。竞赛组织者要提倡、表彰精神文明，鼓励拼搏进取，同时对违规违法的人或事要坚决、严肃处理，不得循私，不得延误、不得影响比赛。

(三) 完成成绩统计和处理工作

任何项目的竞赛都要对比赛的全过程及每个阶段的成绩做出准确的统计和记录，以此作为录取名次，决定比赛结果的依据。同时也便于成绩公告和汇编成成绩册。有的项目还要把上一阶段的比赛成绩作为下一阶段比赛编排分组的依据，必须尽快完成。成绩的统计和处理工作一定要做到准确、快捷。

(四) 成绩公告

每项比赛结束后，各单项竞赛部门要将该项的比赛成绩尽快送交给大会竞赛部门，再由大会竞赛部门将各项成绩汇总，准确、快捷地印制、发送当日的成绩公报，使参加竞赛的单位、运动员和观众及时了解竞赛的进程和结果，以便进行分析研究与宣传报道。

三、赛后管理

(一) 排定名次，做好颁奖工作

比赛结束后，竞赛部门要尽快核对各项比赛的成绩，排定名次，交裁判长在闭幕式上宣布。要根据竞赛规程的规定提前准备好奖品及奖金，以便在闭幕式进行颁奖。精神文明奖可在比赛进行中就开始评选，比赛结束时其评选活动也应结束，并和其他奖项同时颁发。

(二) 印发竞赛成绩册

竞赛组织者要对比赛的成绩进行审查核对，确认无误后装订成册，尽快发给各参赛单位。球类项目比赛的成绩可以在竞赛秩序册中记录下来，但田径、游泳等项目各赛次的成绩以及最后比赛的结果就需要有一本完整的成绩册。

(三) 做好总结工作

竞赛活动结束以后，竞赛有关部门要对竞赛工作做一个全面、认真的书面总结，肯定成绩，找出不足，提出建议。总结上交给主办单位；同时要将竞赛的各种文件、记录表格、原始成绩等一起归类存档，以便今后查阅和工作。

第三节　运动竞赛的编排

一、原则

(1) 要贯彻一视同仁的原则，力求机会均等。
(2) 要有利于运动员技术水平的发挥，并使运动员劳逸适度。
(3) 尽量照顾观众的兴趣和要求，使整个竞赛活动逐渐走向高潮，注意安排各项决赛。
(4) 要有利于比赛的组织工作，科学、合理地使用比赛场馆，还要考虑裁判员、场馆工作人员的实际情况和节约比赛经费等。

二、方法

运动竞赛有多种编排方法，常用的竞赛编排方法有六种。

(一) 淘汰制

淘汰制是体育竞赛的一种常用比赛比法。运用淘汰制方法，具有强烈的对抗性，在全部比赛过程中，比赛双方没有任何妥协的可能，也没有受第三方影响或去影响第三方的可能。这种比赛办法可在同样的时间和场地的情况下，容纳较多的运动员(队)参加比赛，并可使比赛逐步进入高潮。但淘汰制也存在某些缺陷，由于负者(一场或两场)即被淘汰，所以大部分运动员(队)参加比赛的机会较少，特别是机遇性强、合理性差。为了弥补淘汰制的缺陷，在实际应用中需采取一些措施，如采用部分号码位置"轮空"、"抢号"，设立"种子"以及用抽签的办法排定比赛秩序等。尽管这样，按体育竞赛的特点来说，淘汰制仍是一种很好的比赛办法，在体育竞赛中得到了广泛的应用。如乒乓球、羽毛球、网球等球类项目，足球、篮球、排球等集体球类项目的第二阶段比赛(第一阶段比赛通常采用分组循环赛制)以及棋类、台球、拳击、击剑等项目，都普遍采用淘汰制的比赛方法。

淘汰制的基本比赛方法有两种，即单淘汰赛和双淘汰赛：

(1) 单淘汰赛：参加比赛的运动员(队)，按编排的秩序表进行比赛，胜者进入下一轮，负者被淘汰，直到淘汰到最后一名运动员(队)，比赛结束。这种比赛办法称为单淘汰赛。

(2) 双淘汰赛：参加比赛的运动员(队)，按编排的秩序表进行比赛，失败两场即淘汰，最后失败一场者为亚军，全胜者为冠军。这种比赛办法称双淘汰赛。

(二) 败者复活制

柔道是奥运会的正式比赛项目，在国际竞赛中，曾采用过综合淘汰赛、循环赛、败者复活赛等赛制。综合淘汰赛现已不再采用，循环赛根据比赛规定及要求一般只限于每个级别参赛人数少于 4 人时采用。

目前在国际比赛中，采用的败者复活赛，实质上是淘汰赛和败者复活赛的结合。即参加比赛的运动员先进行单败淘汰赛，在此基础上再进行第二阶段的复活赛。根据复活赛的形式不同，复活赛又分为单败者复活赛和双败者复活赛两种。

根据国内比赛的实际情况，我国又在单败者复活赛和双败者复活赛的基础上制定了全败者复活赛的赛制。

(1) 单败者复活赛，为单败淘汰赛和单败者复活赛的结合。即所有参赛运动员首先进行单败淘汰赛，除争夺冠、亚军者，其余有资格复活者再进行复活赛。

(2) 双败者复活赛，是在单败者复活赛的基础上发展而来的一种竞赛办法，是单败淘汰赛和双败者复活赛的结合。其单败淘汰赛的排列方法和单败者复活赛中的单败淘汰赛的排列方法完全相同，不同的地方在于复活赛。

(3) 全败者复活赛特点鲜明，就是第一阶段的单败淘汰赛中输掉的运动员，都有参加复活赛的机会。在编排方法中，为了使在淘汰赛中相遇过了的运动员，在参加复活赛中尽量推迟第二次相遇，则采用了区域调整的方法。

(三) 循环制

循环制是体育比赛中常用的竞赛组织方法，使所有参赛队(或同组内的所有队)轮流对抗一次，都有相遇的机会，最后根据各队胜负场次的积分多少来决定名次。这种方法有利于互相学习、互相交流和共同提高。它包括单循环、双循环、分组循环等方法。通常适用于足球、篮球、排球、棒垒球、手球等以整队为单位参加竞赛的集体球类项目，有时也被乒乓球、网球以及棋类、桥牌等项目的团体比赛所采用。

(四) 混合制

某些项目的竞赛，根据实际需要，常常把整个比赛分成几个阶段进行，各阶段的比赛可采用相同的比赛办法，也可采用不同的比赛办法。

在一次竞赛的不同阶段分别采用循环制和淘汰制等不同的比赛办法称混合制。

(1) 先循环赛，后淘汰赛。这种比赛办法可以在稍增加比赛场数的情况下，使部分运动员(队)得到较多的比赛机会，同时也使比赛结果更趋合理。这种方法常被各种体育竞赛广泛采用。

(2) 先淘汰赛，后循环赛。在参加运动员较多的情况下，采用这种比赛办法，比赛时间较短，并能使水平较高的运动员有较多的比赛机会，最后产生的名次也较准确。

(五) 田径竞赛编排方法

田径竞赛编排方法包括田径竞赛编排方法比赛前的、比赛中的、比赛后的和计算机联网与人工编排。

(六) 体操运动竞赛编排方法

体操运动竞赛编排方法包括体操运动项目编排程序和竞技体操、艺术体操、技巧竞赛编排方法。

三、编排的组织

(一) 篮球

篮球通常采用的竞赛方法是循环赛制和混合赛制，举办单位可以根据比赛任务、参赛队数、比赛时间及场地等情况，选择合适的竞赛方法。

1. 篮球比赛的编排方法

1) 世界篮球锦标赛

世界篮球锦标赛有 16 支队进入决赛，比赛分三个阶段进行。

第一阶段：16 支队分成四组，每组 4 支队进行单循环赛，决出各组的 1～4 名。

第二阶段：第一阶段每组前两名共 8 支队分成两组，每组后两名共 8 支队分成两组。四组分别进行单循环赛，决出各组的 1～4 名。

第三阶段：前八名两组中的 1、2 名对 1、2 名，3、4 名对 3、4 名进行交叉比赛，决出全部比赛的 1～8 名；后八名的两组用同样的方法决出全部比赛的 9～16 名。

2) 奥运会篮球赛

奥运会篮球赛有 12 支队进入决赛，比赛分三个阶段进行。

第一阶段：12 支队分成 A、B 两组，每组 6 支队进行单循环赛，决出各组的 1～6 名。

第二阶段：A、B 两组的前四名共 8 支队分成 C、D 两个组，每组 4 支队进行单循环赛，决出各组的 1～4 名。

第三阶段：C、D 两组的 1、2 名进行交叉比赛，决出全部比赛的 1～4 名；C、D 两组的 3、4 名进行交叉比赛，决出全部比赛的 5～8 名；第一阶段 A、B 两组的 5、6 名进行交叉比赛，决出全部比赛的 9～12 名。

2. 篮球比赛排定名次的方法

在循环赛中，球队的名次由球队在同一循环比赛的积分多少排定。篮球比赛胜一场得 2

分，负一场得 1 分，弃权得 0 分，积分多者名次列前。若遇两队或两个以上的队积分相同，则依照以下顺序排列名次：

(1) 两队积分相同，则两队之间的胜者名次列前。

(2) 如果两队之间在比赛中的积分和得失分率相同，则两队在本组内所有比赛的得失分率高者名次列前。

(3) 两个以上队积分相同，再次排列中只考虑积分相同队之间的比赛成绩，成绩好者名次列前。

(4) 如果再次排后仍有球队积分相同，则只考虑仍相同的队之间的比赛的得失分率，得失分率高者名次列前。

(5) 如果仍有球队积分相同，则以这些队在本组内所有比赛的得失分率确定，得失分率高者名次列前。

(6) 如果在任何阶段，用上述准则将众多积分排列相同的队减少到仅有两个队排列相同时，则第(1)和(2)款中的程序将自动适用。

(7) 如果经过减少仍有两个以上队排列相同，则第(3)款程序开始重复运用。

(8) 得失分率 = 得分 ÷ 失分。

(二) 足球

足球通常采用的竞赛方法是循环赛制和混合赛制，举办单位可以根据比赛任务、参赛队数、比赛时间及场地等情况，选择合适的竞赛方法。

1. 足球比赛的编排方法

1) 世界杯足球赛

世界杯足球赛有 32 支队进入决赛，比赛分两个阶段进行。

第一阶段：32 支队分成八组，每组 4 支队进行单循环赛，决出各组的 1～4 名。

第二阶段：每组前 2 名共 16 支队进行单淘汰赛加附加赛，决出全部比赛的冠军、亚军和季军名。

2) 奥运会足球赛

奥运会足球赛男子足球有 16 支队进入决赛，比赛分两个阶段进行。

第一阶段：16 支队分成四组，每组 4 支队进行单循环赛，决出各组的 1～4 名。

第二阶段：每组前 2 名共 8 支队进行单淘汰赛加附加赛，决出全部比赛的 1～8 名。

2. 足球比赛排定名次的方法

在循环赛中球队的名次按球队在同一循环比赛中的积分多少排定。足球比寒胜一场得 3 分，平一场得 1 分，负一场得 0 分，积分多者名次列前。若遇两队或两个以上的队积分相同，则依照以下顺序排列名次：

(1) 积分相同的队相互之间比赛的积分多者名次列前。

(2) 积分相同的队相互之间比赛的净胜球数多者名次列前。

(3) 积分相同的队相互之间比赛的进球数多者名次列前。

(4) 积分相同的队在同一循环全部比赛中净胜球数多者名次列前。

(5) 积分相同的队在同一循环全部比赛中进球数多者名次列前。

(6) 如果仍相同，则以抽签的办法决定名次。

(三) 田径

1. 编排前的准备工作

(1) 学习竞赛规程及田径规则，了解情况。

(2) 准备有关用具和各种比赛表格。

(3) 审查报名表。

(4) 编排运动员姓名号码对照表。

(5) 进行各项统计工作。

(6) 填写卡片。

2. 编排竞赛日程

竞赛日程是组织运动员参加比赛的依据，也是裁判员执行工作的依据。竞赛日程安排的是否合理，对竞赛能否顺利进行和运动员能否取得优异成绩有着直接的关系。

3. 竞赛分组

(1) 径赛项目分组。

(2) 田赛项目分组。

(3) 全能项目分组。

另外，还要做的工作有各项竞赛分组表的填写，比赛期间的编排记录公告工作，比赛结束后的工作等。

第四节　体育运动竞赛裁判

一、裁判工作的性质

体育裁判员是指在体育竞赛过程中，依据竞赛规则和规程，评定参赛者(或队)成绩、胜负和名次的人员。裁判工作是一项业务性强，应变性和适应性要求高的工作。裁判员工作质量的好坏，直接影响着竞赛工作是否能顺利进行。裁判在执行工作时，应具有的基本行为是：公正性、准确性、一致性、适度性、时效性和独立性。

二、裁判工作的功能

(1) 裁判是体育竞赛的组织者。

(2) 裁判员是竞赛规则的执行者。

(3) 裁判员是体育竞赛中的教育者。

(4) 裁判员是体育运动的推动者。

三、裁判员的素质要求

1. 思想素质

国家体育总局早在 1981 年就颁布了《裁判员守则》，明确地提出了裁判员道德规范的内容和工作作风方面的基本要求。为了提高思想修养，体育裁判员应具备稳重谦和、严肃认真、勤奋好学、善于合作、洁身自好等素质。

2. 业务素质

业务素质包含裁判员的视觉差别感受性；注意力的稳定性；记忆能力和思维能力等四个方面的内容。

四、体育运动竞赛裁判类型

根据体育竞赛项目，裁判类型分为：测量类、评分类、命中类、制胜类和得分类五种。

根据各运动项目规则的规定，裁判员有各种不同的分工，如体操比赛中设有总裁、副总裁、裁判长、裁判员等；田径赛中除上述职务外还设有检查员、发令员、记时员、记圈员、风速测量员等；球类比赛中设主裁判员、副裁判员或巡边员等。此外，由于体育裁判员所担负的是一项技术性很强的工作，因此裁判员本人一般都经过专业考核并具有相应的技术等级称号。如我们国内将之分为：国家级裁判员、一级裁判员、二级裁判员、三级裁判员；国际各单项协会组织有：国际单项协会级裁判员、国际 A 级裁判员、国际 B 级裁判员等。

五、裁判工作的组织、管理与监督

当前，国际上大多数运动项目是通过定期的考核和严格的考试制度来保证裁判员质量的。各单项运动协会把通过考核能达到要求者，定为该项目的国际裁判员。有的项目还将国际裁判员分为国际协会级(又称国际裁判长)、国际 A 级、国际 B 级、甚至国际 C 级。对他们的管理由各国际单项组织的技术委员会(有的是裁判委员会)负责。其主要工作有确定国际裁判员的发展规划、管理制度、裁判培训、考核和聘用等。申报和考核的方式一般是每隔几年(也有一或两年)进行一次。较严格的项目，在考试的同时，还限制各协会国家或地区参考的名额。也有需对原国际裁判员进行重新确认其资格的。例如，国际足联规定，每年考核一次，对不同国家和地区根据具体情况，承认一定限额的当年度的国际裁判员，方能受聘参加国际比赛的执法工作。这种通过考核进行管理的方式，废除了裁判员终身制，促使裁判员不断学习业务，吸收新知识，保持体能，确保裁判队伍的整体水平。

在我国，对裁判队伍的管理主要也是由各单项协会的裁判委员会来组织实施的。全国各运动项目的单项协会，负责制定全国裁判队伍(主要指国家级和国际级)的发展规划、方针政策、考核和聘用、推荐和申报国际级裁判员、选派裁判员参加全国比赛和一些国际比赛等工作。

各省、直辖市、自治区也分别设有各单项运动协会的裁判委员会，负责制定本地区或本系统的裁判队伍发展规划、方针政策和一级裁判员的考核审批以及推荐申报国家级裁判员等工作。二、三级裁判员则由各地(市)、县体委负责。全国各直属体育学院、解放军和部分行业的体协，可负责本单位、系统一级以下各技术等级裁判的考核审批工作。

总之，各级裁判员参加相应的竞赛裁判工作，都有严格的规定。各单项运动协会的裁判委员会通过有关裁判队伍管理的规章制度，对所管辖的裁判员进行严密的管理，旨在培养和发展各级裁判员，确保竞赛工作顺利进行。

　　裁判工作的组织与实施是一项复杂而细致的工作，这一管理过程主要体现在裁判工作的组织体系(见图 19-4)、裁判工作的监督体系(见图 19-5)与管理体系上(见图 19-6)。

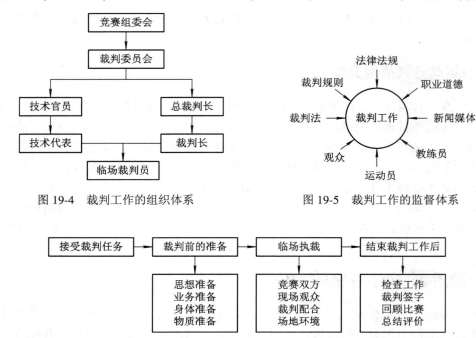

图 19-4　裁判工作的组织体系　　　　图 19-5　裁判工作的监督体系

图 19-6　裁判工作的管理体系

第二十章　奥林匹克运动

第一节　奥林匹克运动概述

古代希腊是欧洲文明的发源地，也是古代奥林匹克运动会的发祥地。在希腊首都雅典西南的奥林匹亚，长期存留着古代奥林匹克运动会的会址，即古希腊奥林匹克祭祀赛会的竞技场，今天的奥林匹克"圣火"就从这里熊熊燃起。

一、古代奥林匹克运动的兴衰

古希腊是一个神话王国，优美动人的神话故事和曲折离奇的民间传说，为古奥运会的起源蒙上一层神秘的色彩。有关古代奥运会起源的传说有很多，最主要的有两种：一种是古代奥林匹克运动会是为祭祀宙斯而定期举行的体育竞技活动；另一种与宙斯的儿子赫拉克勒斯有关，传说赫拉克勒斯因力大无比获"大力神"的美称，他在伊利斯城邦完成了常人无法完成的任务，不到半天工夫便扫干净了国王堆满牛粪的牛棚，但国王不想履行赠送300头牛的许诺，赫拉克勒斯一气之下赶走了国王，为了庆祝胜利，他在奥林匹亚举行了运动会。

关于古奥运会起源流传最广的故事则是佩洛普斯娶亲的故事。古希腊伊利斯国王为了给自己的女儿挑选一个文武双全的驸马，提出应选者必须和自己比赛战车。比赛中，先后有13个青年丧生于国王的长矛之下，而第14个青年正是宙斯的孙子和公主的心上人佩洛普斯。在爱情的鼓舞下，他勇敢地接受了国王的挑战，终于以智取胜。为了庆贺这一胜利，佩洛普斯与公主在奥林匹亚的宙斯庙前举行盛大的婚礼，婚礼上安排了战车、角斗等项比赛，这就是最初的古奥运会，佩洛普斯成了古奥运会传说中的创始人。

实际上，奥运会的起源与古希腊的社会情况有着密切的关系。公元前9~8世纪，希腊氏族社会逐步瓦解，城邦制的奴隶社会逐渐形成，建立了200多个城邦。城邦各自为政，无统一君主，城邦之间战争不断。为了应付战争，各城邦都积极训练士兵。斯巴达城邦儿童从7岁起就由国家抚养，并从事体育、军事训练，过着军事生活。战争需要士兵，士兵需要强壮身体，而体育是培养能征善战士兵的有力手段。战争促进了希腊体育运动的开展，古奥运会的比赛项目也带有明显的军事烙印。连续不断的战事使人民感到厌恶，普遍渴望能有一个赖以休养生息的和平环境。后来斯巴达王和伊利斯王签订了"神圣休战月"条约。于是，为准备兵源的军事训练和体育竞技，逐渐变为和平与友谊的运动会。

尽管在古代奥运会的起源问题上未能达成共识，但是，人们对于将公元前776年定义为第1届古代奥运会的时间基本达成共识。自这一年起，每4年的夏至后举办一次运动会。

古代奥运会共举行 293 届，自公元前 776 年至公元 393 年，历时 1169 年。古代奥运会在希腊各个时期的发展程度不尽相同，它随着希腊城邦的兴衰而变化。特别是由于战争影响，希腊城邦内部以及相互间的战争，马其顿人、罗马人的征服战争，使古代奥运会日趋衰微。公元 392 年，占领希腊的罗马帝王狄奥多西一世宣布基督教为国教，希腊奥运会是祭祀天神宙斯的，因而被视为异教活动，到公元 394 年被下令废止。随后不久，神圣的奥林匹亚运动会的会址遭到浩劫，变为一片废墟。

二、现代奥林匹克的兴起

现代奥林匹克运动的复兴，可追溯至 14～18 世纪在欧洲各国相继发生的文艺复兴、宗教改革和启蒙运动这三大资产阶级思想文化运动。它们为现代奥林匹克运动的诞生扫清了思想障碍，奠定了社会基础。现代奥林匹克运动复兴的直接原因是：古希腊体育传统影响、资产阶级教育改革、现代体育运动在全球的兴起。

现代奥林匹克运动在 19 世纪复兴，具有明显的时代特征。19 世纪末 20 世纪初是西方工业文明和商品经济发展的时期，在社会经济迅速进步的同时，资本主义社会的弊端也不断暴露：经济危机频发，两极分化严重，由此促使有识之士探索社会改良之道，体育被视为人类完善和社会改造的途径之一。曾经在世界历史上发挥过重要作用的奥林匹克体育文化，成为现代人认可的一剂良方。有人提出恢复奥林匹克赛事、复兴奥林匹克文化、发扬奥林匹克精神、促进社会有序发展的口号，代表人物是法国教育家皮埃尔·德·顾拜旦(Pierre de Couberin)。

1892 年 11 月，顾拜旦在庆祝法国体育协会联合会成立五周年的大会上发表演说，正式倡议创办现代奥林匹克运动会。1893 年，在巴黎举行了一次国际性体育会议，讨论复兴奥运会问题。1894 年 1 月，顾拜旦草拟了复兴奥运会的具体步骤和需要探讨的问题，致函各国体育组织和团体。6 月 16 日，"国际体育运动代表大会"在巴黎索邦神学院(即今巴黎大学)开幕，到会正式代表 79 人，代表着 12 个国家的 49 个体育组织，约有 2000 人参加了开幕式。大会通过了关于复兴奥林匹克运动的决议。同年 6 月 23 日成立了国际奥林匹克委员会。国际奥林匹克委员会的成立，标志着现代奥林匹克运动的诞生。古代奥运会在中断了 1500 多年之后，在伟大的教育家皮埃尔·德·顾拜旦和一批先驱者们的艰辛努力下，终于在 1894 年得以复兴，并于 1896 年成功举办了第 1 届现代奥林匹克运动会，从此奥林匹克运动进入了一个新的历史时期。

三、现代奥林匹克运动与古代奥林匹克运动的异同

(一) 现代奥林匹克运动与古代奥林匹克运动的相同之处

1. 沿用了"奥林匹克运动会"的名称

为了唤起人们对古希腊体育文明崇高神圣的感情，现代奥运会的创始人顾拜旦认为"这种国际性的体育盛会只能用奥林匹克运动会来命名，不可能再找到另外更合适的名称"。新兴资产阶级在文艺复兴运动中对古代奥运会的宣传和赞美，使"奥林匹克"成了超越体育运动的词汇。顾拜旦利用了古希腊文化对欧洲的深远影响，将它作为世界上规模最大的现

代运动会的名称，使其更具感召力，使全世界人民能团结在以和平友谊和促进现代体育发展为宗旨的奥林匹克大旗下，建设更美好的世界。

2．继承了每4年举办一届的传统

古代奥运会的举办周期已制度化，从公元前776年开始，每4年一次，在1169年中，从未间断地举行了293届。这是人类历史上的一个奇迹。因此，1894年在巴黎召开的国际体育运动代表大会上，全体代表一致同意现代奥运会也每4年在夏天举办一次。顾拜旦指出："奥运会的庆祝活动必须准确地按照天体运动的节奏举行，它是庆祝4年一度的人类佳节的组成部分，意外的情况可能会阻止它的召开，但各届的顺序绝不改变。"因此，按期举办奥运会成了国际奥委会的一个原则。

3．借用和发展了某些仪式

古代奥运会作为一个宗教祭祀性赛会，包含着具有宗教色彩的庄严仪式，这些仪式在古代奥运会漫长的历史中起到了极大的作用。现代奥运会的创始者敏锐地认识到了这一点，因此继承和发展了点燃圣火、火炬接力、运动员和裁判员宣誓及授奖仪式。并创立了开幕式、闭幕式、运动员入场式、升降相交接会旗等仪式，以此来净化人们的心灵。它们构成了一幕幕最庄严、最神圣、最激动人心的场景，体现了真、善、美的力量，扩大了奥运会的影响，弘扬了崇高的奥林匹克精神。

4．吸收和发展了古代奥运会传统思想

渗透着公平竞争、奋勇拼搏、和谐发展思想的古代奥林匹克精神，被现代奥林匹克运动所吸收，并发扬光大。

1）公平竞争

古希腊的民主制度和商品交换活动为公平竞争精神的产生奠定了基础。在公正平等的原则下，源于人自然本性的竞争意识在古代奥运会上得到淋漓尽致的发挥。这种公平竞争的精神被现代奥运会继承和发展，并构成了奥林匹克精神的核心内容。但古希腊公平竞争的范围仅指希腊血统的男性公民，占人口一半的妇女和人数上大大超过公民的奴隶及异邦人则与此无缘，而现代奥运会则对全世界所有人开放，运动员处于完全平等的条件下。遵守规则，凭借自身的能力，光明磊落地进行比赛，这是真正的公平竞争。

2）拼搏意识

古希腊人的理想是"永远争取第一，永远争取超过别人"，"在生活的一切领域中追求最高成绩"，这种拼搏意识在奥运会上表现得尤为强烈。古代奥运会只取第一名而无其他名次，只有夺冠才被认作是宙斯神最喜爱的勇士。现代奥运会同样鼓励人们不断竞争、不断追求、不断向极限挑战，并为创造最佳成绩而奋勇拼搏，其格言"更快、更高、更强"集中体现了这种精神。但获取冠军并不是惟一目的，对运动员来说，全力拼搏的参加比取胜更为重要，它可以带动更多的人积极投身到奥林匹克运动中去，实现人们崇高的理想。

3）身心和谐发展

古代奥运会强调人的和谐发展，竞技优胜者不仅技艺高强，而且道德高尚、知识丰富、内心充实、体魄健美、举止优雅，为古希腊人崇拜的偶像。现代奥运会继承了和谐发展的思想。向全世界大力宣传体育在现代文明中的地位。顾拜旦的《体育颂》就高度颂扬了体

育的作用，鼓励人们积极投身到体育运动中，其目的是使人得到全面发展，成为高尚、公正、自由、坚强、职明、健美的人，不仅拥有健康的身体和清新的生命，又具有清醒的头脑和坚强的意志，成为现代社会需要的人才。

(二) 现代奥林匹克运动与古代奥林匹克运动的区别

1. 民族性与国际性

古代奥运会具有鲜明的民族主义色彩和排外的文化特征，它是一个民族性的祭祀赛会，总在同一地点举行，希腊血统是参加运动会的必须条件，以维护竞技会的纯洁性。古奥运会起着繁荣希腊文化、融合民族感情和促进城邦交流的作用，是希腊民族精神的象征。但其局限性使它经不起多民族融合的风浪，只能在古希腊奴隶制繁荣的特定条件下发展，一旦遇到外族的入侵就难以生存。

而现代奥运会则向一切国家、一切地区和一切民族开放，并在世界各地轮流举办。它超越了政治、宗教、肤色、种族和语言的限制，成了全世界人民和平友谊的盛会。国际性是现代奥运会与古代奥运会的根本区别，它突破了狭隘的民族感情，适应现代社会的需要，使现代奥运会成了世界上规模最大的盛会。205 个成员组成了比联合国更为壮观的国际大家庭，它使全世界人民聚集在象征和平、团结、友谊、进步的五环旗下同场角逐、公平竞争，共同追求人类的美好理想，为人类文明作出了重大贡献。

2. 古代体育与现代体育

古代奥运会采用的是与军事技能紧密相关的古代体育内容：赛跑、五项竞技、拳击、格斗、赛战车与赛马等主要项目，都保留了战争的痕迹。比赛方式原始、简朴，无规范的场地和明确的规则，只用一些习惯的方法评定胜负，是人类社会童年时代的运动竞赛，反映了奴隶制体育的特点，与现代奥运会相比，其项目的设置存在明显的局限性。古代奥运会无任何水上项目和集体项目，尽管当时社会上已流行大量的球类游戏，但是因为古希腊人认为比赛中的荣誉不能被"结合的团体"所分享，团体之间的竞争将导致城邦的不幸；同时，古希腊注重人的个性发展，也是古代奥运会只设个人项目的重要原因。

而现代奥运会采用的则是以英国户外竞技运动为主的现代体育内容。顾拜旦认为，比赛必须是现代的，内容必须以 19 世纪的体育运动为主，而不能单纯模仿古代项目，因此，现代奥运会在项目设置上突破了古代传统。在个人项目的基础上，增设了反映资本主义社会化大生产协作精神的集体项目，并以现代科学为基础，有统一的组织和明确的规则，有规范的竞赛制度与方法，产生了成绩纪录，反映了现代体育发展的需要，其内容丰富多彩，包括了世界上最普及的体育运动。

3. 排斥妇女与男女平等

古希腊不允许妇女参加奥运会，违者处以极刑。当时的希腊社会由负责保卫城邦的男子所主宰，妇女的地位十分低下。在"民主"城邦雅典，法律也明文规定，妇女同奴隶一样没有选举权。她们受尽歧视，被当做不祥之物，若出席庄严的奥运会就是对神的亵渎，因此，在法律上规定了最严厉的处罚。奴隶社会不仅限制了妇女在文学、艺术、哲学等方面的发展，也限制了她们在体育上的发展。

现代奥运会打破了古代奥运会戒律，使占人口数一半的妇女走上了奥运赛场。社会的进步和妇女在政治、经济上的解放是变革的根本原因。虽然顾拜旦想模仿古代传统，但已无法阻止男女平等的时代潮流。1968 年，墨西哥 20 岁的女田径选手点燃了第 19 届奥运会的圣火，标志着现代奥运会与古代奥运会的天壤之别。尽管现代奥运会的男女平等尚未达到令人满意的程度，但它为争取男女平等做出了重要贡献。从 1900 年妇女首次登上奥运赛场至今，女运动员人数和参赛项目数逐届增加，运动成绩大幅度提高。妇女体育在奥运会上获得了前所未有的发展，其意义已超出了体育的范畴。

4．宙斯的节日与体育的庆典

古代奥运会是希腊人献给万神之首宙斯的祭祀赛会，他们认为，只有同维持天地间秩序的神建立起和善的关系才有利于生存。而使神灵欢心，降福于人类的方式是在神面前展示人的力量、速度、协调和健美，从而形成了祭礼竞技。因此，古代希腊不是为了人本身，而是为了向宙斯表达他们的虔诚、忠心和热情而参加奥运会。它是宗教节日的一部分，不能脱离宗教活动而独立存在。

现代奥运会则是一个世俗的、非宗教的体育庆典，它是真正的国际性体育竞赛，不依附于政治、经济和宗教，而有自己独立的思想体系、组织体系和活动体系，是全世界运动员相聚一堂的盛大体育节日。

5．奴隶主贵族仲裁机构与完整系统的现代组织机构

古代奥运会的领导者和组织者是奴隶主贵族组成的仲裁机构。它由宙斯神殿中的专职祭司和地方官员共同担任，人数最多时为 10 人，全部由来自单一城邦伊利斯的人组成。他们在奥运会上享有极高的权力，其中的大多数人执法严明，判罚公正。但该机构存在明显的缺陷：它由一个城邦长期垄断，当他们主持本城邦选手比赛时难以保证公正，因此曾引起其他城邦的不满，为争夺此权甚至兵戎相见。

现代奥运会则有完善的组织机构，它由国际奥委会、国际单项体育联合会和主办城市组委会所组成，是独立于政治之外的非官方性组织，它不由一国人员所垄断，具有广泛的国际性。它们之间有明确的分工与协作，并制定出详细的比赛规则。其管理的科学性、组织的严密性和人员的数量构成了现代奥运会与古代奥运会的又一区别。

6．奥林匹克休战与世界和平

为了保证古代奥运会这个最神圣的祭礼大会的举行，由希腊所有城邦参加的奥林匹克同盟缔结了《奥林匹克休战》条约。然而休战的范围是有限的，它不能使全希腊所有的战争都停止，只保证伊利斯城邦和奥林匹亚是神圣的无战区，交战的双方不能侵入此地，任何人不准携带武器进入圣地。古希腊人在此处可以享受绝对的和平的生活，但在其他地区却只有"豁免"权，即任何人不得侵犯路经该地的运动员、官员和观众(即使此处正在进行战争)。休战不能停止正在进行的一切战争，它只能保证即使是在战争期间，运动会也能举行，从而使古代奥运会没有间断一次地举行了 1000 多年，它是一个为希腊民族服务的独立于战争环境之外的和平盛会。

而现代奥运会则为建立一个和平美好的世界服务。顾拜旦创立它的目的之一就是"将全世界的年轻人召唤到运动场上竞争，而不是到战场上拼杀"。他指出："让世界人民互相热爱的想法是天真幼稚的，但是让人民相互尊重却并非乌托邦的幻想，为了互相尊重，人

民首先需要互相了解。"现代奥运会虽然没有能力停止正在进行的战争，但它努力使全世界运动员互相了解、互相尊重，曾弥合了众多国家、地区、民族和种族之间的矛盾，培养了人民之间真诚的理解、合作和友谊，以期建立一个更加美好的新世界。

第二节　奥林匹克运动的基本思想

皮埃尔·德·顾拜旦创立现代奥林匹克运动的伟大贡献之所在，是根据奥林匹克主义的哲学建立了奥林匹克的思想体系。它的建立，使奥林匹克运动有了坚实的思想基础和明确的指导方向。

一、《奥林匹克宪章》

《奥林匹克宪章》是国际奥林匹克委员会为发展奥林匹克运动所制订的总章程或总规则，是国际奥委会制订的关系奥林匹克运动的最高法律文件。宪章对奥林匹克运动的组织、宗旨、原则、成员资格、机构及其各自的职权范围和奥林匹克各种活动的基本程序等作了明确规定。这个法律文件是约束所有奥林匹克活动参与者行为的最基本标准和各方进行合作的基础，为国际奥委会所承认的国际单项体育组织、各国(地区)奥委会所遵循。

第一部《奥林匹克宪章》是近代奥林匹克运动的创始人法国教育家皮埃尔·德·顾拜旦(1863—1937)倡议和起草的，于 1894 年 6 月在巴黎国际体育会议上正式通过，也是在这次会议上诞生了国际奥林匹克委员会。

百年来，随着人类社会和奥林匹克运动的发展，《奥林匹克宪章》曾作了多次补充和修改，但奥林匹克的基本原则和精神均未改变。

现行的《奥林匹克宪章》是国际奥委会于 2000 年 9 月 11 日在悉尼举行的国际奥委会第 111 次全会上批准生效的，分 6 部分，共 74 款。

二、奥林匹克主义

"奥林匹克主义"是奥林匹克运动的先驱者顾拜旦首先使用的，但是他却从来没有直接为自己创造的这一术语提出明确的定义。

人们对奥林匹克主义有很多不同的解释，在 2000 年 9 月 11 日生效的《奥林匹克宪章》里，国际奥委会给"奥林匹克主义"下的定义是这样的："奥林匹克主义是增强体质、意志和精神并使之全面均衡发展的一种生活哲学。奥林匹克主义谋求体育运动与文化和教育相融合，创造一种以奋斗为乐、发挥良好榜样的教育作用并尊重基本公德原则为基础的生活方式。"

该定义明确指出：

(1) 奥林匹克的中心思想是人的和谐发展，这种发展包括了体质、意志和精神等方面的内容。

(2) 强调人的和谐发展的关键是改善生活方式，而奥林匹克主义"人生哲学"的目的，旨在创立近乎于宗教意义的人际博爱与和平友好的，而且是以"尊重基本公法"为基础的生活方式。

 (3) 强调体育运动是实现人的和谐发展的途径，并指出必须与教育、文化相结合。

 (4) 指出了自强不息的品德在人的情智教育上的重要作用。

 (5) 强调要发挥榜样的示范引导和教育作用。

三、奥林匹克宗旨

 "奥林匹克的宗旨是使体育运动为人的和谐发展服务，以促进建立一个维护人的尊严的和平社会。"

 首先、奥林匹克运动的目标是促进人类社会向真善美的方向发展。其次，奥林匹克运动试图以富有人文精神的体育运动作为实现自己宗旨的途径，在世界各国青年间建立起友谊的纽带。第三，将体育运动的作用提高到不仅促进人的全面发展，而且与社会的发展联系起来，明确地将体育运动作为一种改造社会的力量，并有意识地将这种力量应用到这样广阔的范围，应该说是奥林匹克运动的一大创举。

四、奥林匹克精神

 奥林匹克精神就是相互了解、友谊、团结和公平竞争的精神。

 首先，奥林匹克精神强调对文化差异的容忍和理解。奥林匹克运动是国际性的运动，它不可避免地面临着世界上文化间的各种差异及由此引发的各种问题。来自各国的运动员、教练员、体育官员以及观众拥有不同的肤色，穿着不同的服装，操着不同的语言，习惯于不同的生活方式，进行不同的宗教仪式，用不同的行为方式表达自己的喜怒哀乐。这些种族和文化的差异，又常常由于各国间在政治体制、经济制度和意识形态等方面的冲突而强化。从一定意义上讲，四年一度的奥运会将世界上所有的体育文化集中在一个狭小的空间和时间范围内，不同文化之间的差异尤为引人注目。差异就是矛盾，矛盾就有可能引发冲突。奥林匹克精神强调互相了解、友谊和团结，就是要形成一种精神氛围，在这种氛围中人们得以摆脱各自文化带来的偏见；在不同文化的展示中看到的不是矛盾与冲突，而是人类社会百花齐放、千姿百态的文化图景，从而使文化差异成为促进人们互相交流的动因，而不是各自封闭的藩篱；使矛盾成为互相学习的动力，而不是互相轻视的诱因。也只有在这种氛围中，人们才能打破各自狭窄的眼界，以世界公民的博大胸怀，去认识和理解自己民族以外的事物，领悟到各个民族都有着神奇的想像力和巨大的创造力，学会尊敬其他民族，以比较客观和公正的态度去看待别人和自己，虚心地吸取其他文化的优秀成分，不断丰富自己，从而使奥林匹克运动所提倡的国际交流真正得以实现。

 其次，奥林匹克精神强调竞技运动的公平与公正。奥林匹克运动以竞技运动为其主要活动内容。竞技运动最本质的特征就是比赛与对抗，在直接而剧烈的身体对抗和比赛中，运动员的身体、心理和道德得到良好的锻炼与培养，观众也得到感官上的娱乐享受和潜移默化的教育。但是，竞技体育的教育功能和文化娱乐功能的基本前提是公平竞争。只有在公平的基础上竞争才有意义，各国运动员才能保持和加强团结、友谊的关系，奥林匹克运动才能实现它的神圣目标。

五、奥林匹克格言

奥林匹克格言也称奥林匹克口号，奥林匹克运动有一句著名的格言："更快、更高、更强"。

奥林匹克格言充分表达了奥林匹克运动所倡导的不断进取、永不满足的奋斗精神。虽然只有短短的 6 个字，但其含义却非常丰富，它不仅表示在竞技运动中要不畏强手，敢于斗争，敢于胜利，而且鼓励人们在自己的生活和工作中不甘于平庸，要朝气蓬勃，永远进取，超越自我，将自己的潜能发挥到极限。对于自然要敢于征服，克服大自然给人类带来的各种各样的限制，挣脱大自然的束缚而取得更大的自由。

2001 年，罗格提出新格言："更团结、更干净、更人性"。

六、奥林匹克名言

奥林匹克运动会最主要的意义是重在参加，而非获胜，正如人生的真谛，不在于征服，而在于自我的努力及奋斗有方。

"重在参与"这句话来源于 1908 年在伦敦的圣保罗大教堂的一次宗教仪式上宾夕法尼亚主教的一段话："在奥林匹克运动会上，取胜不像参加那样重要。"主教的话引起了顾拜旦的深深思索。后来他引用了主教的这句话并作了精辟解释："正如在生活中最重要的事情不是胜利，而是斗争，不是征服，而是奋力拼搏。"

第三节　中国体育文化与奥林匹克精神

一、中国体育文化的内涵

从广义上来说，中国体育文化由文化载体、文化方式、文化制度和文化精神四个要素构成。文化载体由一定数量的活动场所、场馆和活动器材等物化形态构成；文化方式则是体育文化的形态表现，它集中体现在居民的生活方式、行为方式和思维方式上；文化制度集中表现为体育的各种规范、制度，它是居民生活价值观念的具体化；文化精神则是体育文化主体的理想、信念、价值目标和相应的观念体系为代表的精神财富。中国体育文化强调天人合一，在讲究健康和休闲的今天，它的体育价值更是不言而喻的。

二、中国体育文化的特点

(一) 人与自然和谐统一的体育观

中国传统文化"天人合一"的哲学观从人与自然的关系出发，强调人类的行为要与自然界协调一致。中国古代八卦认为"天地与我同体，万物与我同根"。宋代张载认为，人的身体由天地之间的"气"构成，人的本性是气的统帅。受"天人合一"思想的影响，中国传统体育注重人的修身养性和内部完善。"天人合一"的体育观对今天我们要努力实现"绿色奥运"具有重要作用。

(二) 强调运动主体理想人格的塑造

中国传统文化强调"以人为本"、"以德服人"，以此作为出发点，中国传统文化把塑造理想人格作为首要目标。儒家提倡"智、仁、勇"三者统一的"君子"人格；道家提倡"顺应自然，无为而治"的自由人格；佛家则提倡"心空万物"的超然人格。这种思想在体育文化中表现为运动主体理想人格的塑造。中国传统体育很重视人的内在精神、气质、品格、修养，把人的身体视作"寓精神气质之舍"。在体育锻炼中，注重以外达内，由表及里，实现理想人格塑造的目的。这种思想强调体育的教育价值与奥林匹克的宗旨相吻合。

(三) 重视道德，讲究礼仪

崇德尚礼是中国传统文化的一个重要内容。儒家讲"三纲五常"；道家讲"积善成德"；孔子提出"非礼勿视，非礼勿听，非礼勿言，非礼勿动"等。受其影响，中国体育的一个重要特点就是崇德尚礼。中华武林素有崇德尚礼的优良传统，主张"未曾学艺先学礼，未曾习武先明德"。早期盛行于唐代的"十五柱球戏"，柱上分别标有"仁、义、智、信、温、良、恭、让"等红字和"傲、慢、佞、贪、滥"等黑字。木球击中红者为胜，击中黑者为负。崇德尚礼，可见一斑，这种伦理观念对今天发扬体育精神仍然具有重要的借鉴意义。

(四) 强调健身祛病，延年益寿的体育功能

中国传统体育注重"修身养性"，其中"修身"即健身。"修身"强调"静"，主张"清心寡欲"，实现心理平衡，以达到延年益寿的目的。如中国武术中的内功修炼和气功中的行气，都要求排除杂念，意守丹田，全神贯注，心理上清静空灵，以求身体上的健康长寿。体育的本质在于追求强身健体、延年益寿，而这也是体育得以产生和发展的原动力。中国民族传统体育对其本质的执著追求，对于纠正功利化导致的体育本质背离现象无疑具有积极意义。

三、全球化背景下，奥林匹克精神对中国体育文化的启迪

全球化是人类不断跨越空间障碍、跨越制度和东方体育文化等社会障碍，在全球范围内充分实现相互沟通，以求达到更多的共识和共同行动的过程，是达到人类文明成果共享的过程。人类对生命不懈追求的目标是充分地发展自身潜能，全面地发展自我，不断拓展和谐的生存和享受时空。体育运动是人类展现其本质力量的一个重要方面，世界上任何一个国家和地区，无不重视体育运动的发展。因此，"更快、更高、更强"成为全球体育竞赛的主旋律。奥运会最大的特点为规则明确、公平竞争、尺度客观、评价正确。奥林匹克运动使人感到了强劲的竞争，诱发人勤奋进取，以不同技术、战术取胜对方，有效合理地满足人原始驱动力——攻击性的宣泄，同时也造就和强化了现代人的竞争意识。

奥运会具有群体性，几乎所有的项目都是在集体协作的情况下完成的，极大地满足了人际交往的需要，为人们提供了一种有效的交流机会和条件，完成了人性归复；奥运会具有欣赏性，优美的动作给人愉悦的视觉效果，结局未卜的激烈竞争过程给人带来无限的刺激。奥运会全球化的主要动力来源于日新月异的技术革新、世界市场的扩大和多国对世界

体育文化的追求。全球范围内的广泛参与和巨大影响力使其区别于其他文化内涵，具有独立体系的体育文化形态全面地影响着当今社会的各个方面。

奥林匹克精神就是相互了解、友谊、团结和公平竞争精神。其内容包括五个方面：参与原则、友谊原则、奋斗原则、竞争原则和公平原则。奥林匹克精神是奥运会在世界得以普及发展的强大精神支柱。公正、友谊、参与使各大洲人们团结在奥运的旗帜下，奋斗、竞争表达了人们征服自然的共同心声。奥林匹克精神正日益成为各国体育运动的普遍精神，以纳百川之势不断吸收、影响着各国体育文化的发展。奥林匹克是人类社会友谊、进步、团结、和平的象征，代表着全世界维护和平的进步事业，并以"更快、更高、更强"的精神推动着人类精神的振奋与向上，这是一个奋起直追的古老民族——中华民族所必须具备的一种精神。

北京奥运会的成功举办，给广大人民群众带来了精神文化上的洗礼。在奥运精神鼓舞下，全国人民必将积极投身于国家社会主义现代化建设事业之中，对促进祖国的繁荣与发展起到了重要作用。举办奥运会是对国民体育意识的教育、培养与提高的过程，进一步推动了奥林匹克运动在中国的发展和普及，使奥林匹克精神在中华大地更加发扬光大，深入人心，促使全国人民关心体育，积极参与体育运动，提高国民体育意识与体育素养，推动中国体育事业进一步发展，推动中国体育文化的发展。

四、2008 年北京奥运会对中国体育文化的影响

2008 年夏季奥运会在中国举办，从某种意义上说，就是西方体育文化在中国的传播及与中国文化融合的过程，势必对中国体育文化产生巨大影响。

(一) 促进人们公平竞争意识的增强

奥林匹克文化精神的核心是公平竞争。古代奥林匹克运动参与者，无论是贵族或是平民都要站在同一起跑线上，没有尊卑贵贱之分。比赛规则客观具体，仲裁结果公正无私。这种公平竞争精神对中国传统体育中"崇德尚礼"的仲裁原则和模糊抽象的判断标准带来了冲击。公平、民主、奋斗、拼搏等将成为我国体育的主体精神。尤其是我国奥运健儿在2008 年北京奥运会上不畏强手，顽强拼搏，取得了 51 枚金牌、21 枚银牌、28 枚铜牌的优异成绩，位居金牌榜首位，实现了我国运动员参加奥运会以来的历史性突破，这必将进一步激发人们的拼搏和竞争精神。

(二) 使体育参与的全民化进一步发展

北京奥运会的成功申办和举办，也使人们进一步认识到了体育锻炼的重要性，一系列举措在奥运会前接连出台，大众体育谱写出新的篇章。

在申奥成功后的 7 年中，中国的全民体育工作也随之有了较快的提升。有关数据显示，截至 2007 年年底，国家体育总局在全国已投入 1.54 亿元，扶持各地建设"全民健身活动中心"106 个。而在全民健身中占有较大比重的青少年体育工作，也有了较大发展。截至 2008年年底，全国共有国家、省市、地市三级体育学校近 1.2 万所，经常参加体育传统项目活动的学生达 5000 万人左右；目前依托各级学校、体校、体育场馆和社区创建的青少年体育俱乐部已达 2379 所，每年参加俱乐部活动的学生多达两亿人次。

"全民健身与奥运同行"、"人文奥运进社区"、"人文奥运神州行"、"强健体魄——迎奥运全民健身体育活动"等具有较大规模和深远影响的一系列大型群众体育活动的举行，正在使更多的人参与到体育健身活动中来，从体育运动中享受快乐，通过体育健身拥有健康。北京奥运会的筹备期和举办期，同时成了群众体育知识的普及期、全民健身意识的提高期、全民体质健康水平的促进期和群众体育事业的发展期。

北京奥运会的成功举办，极大地唤起全国各族人民对体育运动的热情和爱好，使奥林匹克精神在人民心中扎根开花，必将进一步推动中国体育事业的发展。

(三) 民族体育项目的竞技化

作为一个东方大国、文明古国，我国民族传统项目种类繁多，我国民族传统体育项目强调人与自然的和谐，不注重竞技性，因此很难进入奥运会成为参赛项目。现代奥运项目是在西方竞技体育项目的基础上，不断吸收世界各地民族体育项目发展而成的。为了使民族体育项目跻身于奥运会，各国都在积极开展体育科研，加强本民族体育项目的规范和改造。奥运会实质上就是国际性的竞技体育比赛的盛会，运动员凭技术和体能驰骋赛场。公正合理的仲裁制度，使奥运会在国际体育交流中显示出独特的魅力和强大的生命力。我国民族传统体育要与世界体育接轨，就必须要在体育项目的竞技化上下工夫。武术作为 2008 年北京奥运会的比赛项目，就是我国民族体育的竞技化的一个例证。

(四) 使人文精神得到了进一步的提升

中国在申办 2008 年奥运会时提出"人文奥运"的口号，这是基于国际、国内两个方面的考虑。从国内来看，一方面，北京是历史名城，具有丰富的文化底蕴和人文内涵；另一方面，中国传统体育文化过于强调整体的和谐统一，对个体的人的发展重视不够。从国际方面来看，一方面，强调人的本质力量，追求超越与挑战是奥林匹克精神的主题；另一方面，现代奥运中对物质利益的狂热追求和对科技的盲目崇拜导致人文精神的失落，体育的功利化、商业化使体育的本质发生错位和变异，诸如行贿受贿、假球黑哨、兴奋剂、球场暴力等问题层出不穷。"人文奥运"的提出，可以说是针对现代奥运的时弊和我国传统体育文化的先天不足开出的一副灵丹妙药，必将为未来中国体育的发展开创一个新局面。

第四节　奥林匹克教育与大学生的全面发展

一、奥林匹克运动的教育理想

奥林匹克运动被称为一种教育，首先在于它是一种有目的地培养人的社会活动，能够起到教育作用。而一种教育活动是否先进，是否有价值，是否具有生命力，首先要分析它的目的和宗旨。奥林匹克之所以能够百年不衰，被世界广为接受，首先在于它有着近于圣洁的教育理想。

(一) 促进人的全面发展

《奥林匹克宪章》指出，"奥林匹克主义是将身、心、精神方面的各种品质均衡地结合起来，并使之提高的一种人生哲学。"教育的对象是人，特定类型或学科的教育通常将培养人的某些方面的素质作为目标。而奥林匹克在一百多年前就提出，将人的全面发展作为教育的宗旨。这一理想的提出，具有很强的针对性和教育价值。它继承和充实了人文主义精神，将恢复人的尊严、坚持以人为本引入到体育领域。同时，又批判了资本主义将人作为生产工具，将体育作为培养生产力的观念，将人作为体育的主体，倡导体育要培养人的精神品质，要为人的和谐发展服务。更为可贵的是，奥林匹克促进人的全面发展的理想，不是停留在理论空想或无谓实验的层面，而是成为一种传播越来越广泛，效果越来越明显的前进中的哲学，成为将体质、意志、精神三者的教育有机地融为一体的教育形式。

(二) 促进人的现代化

人的现代化，主要是指人的行为规范和价值观念与现代社会的发展要求相一致。奥林匹克运动作为现代社会的一个缩影，是以欧洲三大思想解放运动(文艺复兴、宗教改革和启蒙运动)为基础，在大工业和市场经济体制在全球产生、发展和成熟的条件下，应运而生的一种特殊的文化形态。奥林匹克运动中所表现的价值观念和现代社会是相吻合的。如竞争、开放、民主等观念，都是现代人所必备的心理品质，也是现代社会应具备的社会心理和民族精神。在百余年的发展历程中，奥林匹克运动从体育特有的规律出发，在促进人的现代化方面越来越显示其重要性。在培养现代人的平等意识方面，现代奥林匹克运动不讲门第、不排资历、不分尊卑，在奥运赛场上没有财产、阶级、肤色、地域、语言、宗教等任何歧视，奥林匹克运动会以各种严格的规则和隆重的仪式来保证公平竞争；在培养人的竞争意识方面，奥林匹克运动高举"更快、更高、更强"的大旗，要求参与者尽最大努力向世界强手和世界先进水平挑战，不断超越自己，超越他人，超越世界纪录。另外，奥林匹克运动在拓展现代人的视野，加强交流沟通，充实现代人的情感生活等方面也都具有不可替代的作用。

(三) 促进世界和平事业的发展

现代奥林匹克诞生后，人类经历了两次世界大战并不断面临着战争威胁，这就使得世界和平尤为可贵。奥林匹克运动最重要的理想之一，就是创造和平美好的世界。《奥林匹克宪章》指出，"通过没有任何歧视，具有奥林匹克精神——以友谊，团结和平精神相互了解……的体育活动来教育青年，从而为建立一个和平的更美好的世界做出贡献。"力图通过各国人民之间的相互了解，在不同民族、不同文化的人们之间建立友谊的桥梁，将战场变成赛场，通过体育促进世界和平。奥林匹克运动在一定程度上反映了世界人民的愿望，适应了国际社会发展的需要，成为一种促进世界和平的力量。

二、奥林匹克运动的教育特征

自诞生的那一天起，奥林匹克运动就与文化艺术紧密结合，与教育融为一体。在这一过程中，奥林匹克的教育实践呈现出一些自身的特点。

(一) 身体教育与精神教育相统一

奥林匹克主义不仅将身体教育作为重要内容，同时更强调精神教育，并将两者有机地统一起来。这是奥林匹克教育有别于其他教育的最重要的特征。当代奥林匹克教育目的，是使青少年得到的不仅是发达的肌肉、匀称的肢体、机敏的头脑，还有健全的心理素质和良好的社会公德，成为全面发展的人。奥林匹克运动借助广泛的传播手段和其特有的活动形式，不仅促进人们增强体质，还能发展人的意志力、想像力、创造力等各种精神力量，使人身心协调发展。奥林匹克运动自身所具有的这种普遍的人性特征，及其特有的身心调节功能，使其已成为一种超越时间和空间限制的为全人类所接受的文化教育形式。纵观奥林匹克运动百年历史，奥林匹克运动这种身心和谐的教育理念和教育特征始终贯穿奥运之中，在不断汲取世界多元文化的营养后，更显其博大精深，生机勃勃。奥林匹克运动已成为在当代社会中对人们进行身体教育和精神教育的重要手段。

(二) 通过开展体育运动进行教育

教育作为有意识的以影响人的身心发展为直接目标的社会活动，可通过多种形式来实现。与传统的学校教育形式不同，奥林匹克运动并没有更多的学校、课堂、教师及教材，也不颁发各类学历文凭。奥林匹克作为一所全世界最大的"学校"，主要通过在社会上开展体育运动来实现对人的教育功能，因而可以说是一种广义的社会教育。奥林匹克主义作为一种超越体育和竞技运动的关于人的全面发展和社会发展的思想、理论和运动，赋予了体育伟大、深刻、崇高的意义和价值；通过在世界范围内普及体育运动，开展体育交流来传播其哲学理念，使人们在进行体育运动的实践中感悟和接受教育，从而促进人的和谐发展，促进一个维护人的尊严的、和平的社会的建立。体育运动对于培养人的竞争意识，扩展人的视野，丰富人的情感生活，促进人的身心和谐发展，都有着重要的作用。

现代奥林匹克运动创始人顾拜旦曾明确指出："竞技运动是一种身体训练，在以全副身心为非物质目标进行的努力奋斗中，人就从其运动性的基础上得到升华。"萨马兰奇也认为"由于体育有助于将身体置于为心智服务的位置，它在任何文明的文化需求中都值得居有一席之地。"奥林匹克运动正是以体育运动为载体来实现其教育功能的。在实践中，奥林匹克特别重视从体育运动的特点和规律出发，充分运用榜样的力量、发挥榜样的作用来进行教育。"榜样的力量是无穷的"，体育教育方式也具有了先进性和实用价值。

(三) 通过与文化艺术相结合进行教育

体育运动与文化艺术相结合来实现其教育功能一直是奥林匹克运动的一个突出的特征。古代奥林匹克运动会不仅是体育运动的盛会，也是展现文化艺术的盛典。现代奥林匹克运动继承了这一传统，顾拜旦曾经指出，"奥林匹克运动并非只是增强肌肉力量，它也是智力与艺术的"。体育作为特殊的社会文化现象，从来就与其他艺术现象密切相连，也只有各民族文化艺术相辅相成，才能更好地推动社会的发展。奥林匹克可以说是接纳和吸收多元文化艺术的典范，每届奥运会上都有丰富多彩的大型的艺术表演和各民族文化艺术展现。正是在体育与文化艺术的相互促进中，奥林匹克不断实现着自己的理想，发挥着自身的教育功能。当前，商业化作为一把"双刃剑"，在促进奥林匹克运动发展的同时，也产生了一些与奥林匹克精神相悖的异化现象，如兴奋剂问题、"黑哨"问题、贿赂问题等一直困扰着奥林匹克运动。这不仅严重地损害了奥林匹克的纯洁性，也大大影响了奥林匹克运动的教育功能。为此，有识之士认识到，要使竞技运动回到促进身心和谐发展的轨道，就必须不断提高它的文化艺术价值，让奥林匹克运动的各种活动与精神文化艺术(建筑、雕塑、绘画、文学、音乐等)更加紧密地结合起来，发挥文化艺术对人的精神的陶冶功能和对社会行为的调节功能，提高人的文明水平，赋予竞技运动以高尚的艺术价值，进而更好地发挥其教育功能。

三、大学是开展奥林匹克教育的重要阵地

中国传统体育偏重健身养生以及表演娱乐，有自己的特色。近代，有些传统体育进入学校体育教学或社会竞赛，成为富有特色的民族传统运动形式。与此同时，西方以竞赛项目为主要形式的体育传入中国，引发了中国传统体育向近代体育的转变。这种转变过程尽管由于中国社会的激烈动荡而充满坎坷曲折，但它毕竟为中国体育发展增添了新鲜活力。大学在这种转变过程中是重要的助推器，很多近代体育理念和运动项目都是由大学逐步传播到社会的。

随着政治、经济的发展，大学对社会的影响越来越大。在迈向知识经济社会的今天，大学已逐渐从社会的边缘走向社会的中心，面向世界的开放程度不断提高。当今人民生活条件的改善，社会对知识的渴望和需求日益增长，人们对包括奥运知识在内的各种知识的需要与他们对运动和健康的需要一样，正变得越来越迫切和强烈。中国的大学作为育人基地和舆论阵地，是连接体育和教育的社会机构之一，负有知识创新和知识传播的责任，也兼有发展体育和传播体育价值的任务。为奥林匹克运动服务，已成为大学服务社会的一种直接的、有意义的形式。

大学的基本任务是培养德育、智育、体育等全面发展的人才。在世界各国教育体系中，一般都把体育纳入其重要内容，同时制定符合其培养目标的体育锻炼标准，以体现素质教育的目标。奥林匹克教育虽以体育为载体，但其教育目标与大学的教育目标是一致的。或者说，奥林匹克教育是实现大学教育目标的重要组成部分。

大学生处在青春发育期，体育运动在他们的生活中占有重要位置。现代体育虽然本身就具有教育功能，但在处理德育、智育、体育等相互关系中，常出现矛盾和对立的问题，轻视体育的现象不同程度地存在。所以，在大学中开展奥林匹克教育，不仅可以普及奥林匹克知识，传播奥林匹克精神，推动奥林匹克运动的发展，而且可以丰富大学体育教学内容，促进德育、智育、体育等有机结合，寓教于体，提高学生的全面素质。

大学生是社会中文化层次较高的群体，对奥林匹克运动表现出很高的热情。在世界多数国家，大学生是发展高水平竞技体育、创新奥林匹克教育的主力。大学生因其年龄特点与文化素质的优势，在各国竞技和群众体育中占有独特地位。在历届奥运会上，大学生不仅是主要参与者，而且是积极支持者，大学生在奥运会志愿者中占有相当大的比例。奥运会主办城市的许多比赛设施设都在大学校园里，高等学校对奥运会科技方面的支持也是卓有成效的。第28届北京奥运会的成功举办，北京各大学对奥运会的各种支持充分说明了这一点。在北京奥运会、残奥会期间，10万名赛会志愿者、40万名城市志愿者、100万名社会志愿者和20万名拉拉队志愿者在各类服务领域累计服务超过2亿小时，为服务对象提供了高水平的志愿服务，确保了奥运会赛事和城市的正常运行，这些志愿者中绝大部分都是在校大学生。

大学的特殊地位和大学生的特殊作用表明，在大学中开展奥林匹克教育，对传播奥林匹克精神、发扬中华民族的先进文化、吸收外国的优秀文化、建设反映时代特征的有中国特色的社会主义新文化、促进大学生的全面发展和社会进步具有重大意义。

参 考 文 献

[1] 徐国富，宋义增，牛健壮. 普通大学体育教程. 西安：西安电子科技大学出版社，2001.

[2] 林伯原. 中国武术史. 北京：北京体育大学出版社，1994.

[3] 王瑞元. 运动生理学. 北京：人民体育出版社，2002.

[4] 马明彩，熊西北. 田径运动技术教学理论与方法. 北京：北京体育大学出版社，1999.

[5] 周伟良. 中华民族传统体育概论高级教程. 北京：高等教育出版社，2003.

[6] 孙青山，王志强. 大学体育教程. 西安：陕西人民出版社，2002.

[7] 常蕙. 形体训练. 北京：高等教育出版社，1996.

[8] 樊智军. 体育赛事的组织与管理. 北京：人民出版社，2007.

[9] 张清澍，陈瑞璋，伏宇军. 体育舞蹈. 北京：北京体育大学出版社，2001.

[10] 乔红芳. 运动创伤与医务监督. 成都：四川科学技术出版社，1999.

[11] 孙国荣，余美玉. 大学生舞蹈教学指导. 上海：上海音乐出版社，1998.

[12] 邓树勋. 体育与健康. 广州：中山大学出版社，2002.

[13] 丘钟慧. 现代乒乓球技术研究. 北京：人民体育出版社，1982.

[14] Frances Sienkiewicz Sizer，等. 营养学——概念与争论. 王希成，译. 北京：清华大学出版社，2007.

[15] 邓玉，程亮，祁红，等. 田径. 合肥：合肥工业大学出版社，2002.

[16] 元建洪. 运动创伤学. 北京：人民军医出版社，2008.

[17] 吕继光. 中国传统体育文化概论. 呼和浩特：内蒙古教育出版社，2000.

[18] 王琳. 实用运动医务监督. 北京：北京体育大学出版社，2005.

[19] 刘峰. 国际标准舞初级教程. 西安：陕西师范大学出版社，1991.

[20] 北京体育大学教研部. 太极拳·剑入门捷径. 北京：北京体育大学出版社，1996.

[21] 康有文. 最新运动创伤诊疗技术操作规范实用手册. 北京：人民卫生出版社，2005.

[22] 孙民治. 篮球运动高级教程. 北京：人民体育出版社，2000.

[23] 刘保成，鲁凡. 跆拳道. 西安：西北工业大学出版社，1998.

[24] 北京奥运经济研究会. 奥林匹克知识读本. 北京：人民日报出版社，2007.

[25] 熊正英. 运动·营养与健康. 西安：陕西人民教育出版社，2006.

[26] 国家体育总局《乒乓长盛考》研究课题组. 乒乓球长盛的训练学探索.

[27] 国际乒联. 乒乓球竞赛规则. 北京：人民体育出版社，2004.

[28] 任海. 中国古代武术. 上海：商务印书馆，1996.

[29] 梁健. 排球. 北京：师范大学出版社，2008.

[30] 卢兵. 中华民族传统体育文化导论. 北京：民族出版社，2005.

[31] 张孝平. 体育竞赛组织编排. 北京：北京体育大学出版社，2005.

[32] 陈立人，高宜. 跆拳道. 北京：北京体育大学出版社，1998.

[33] 程大力. 中国武术——历史与文化. 成都：四川大学出版社，1995.

[34] 顾德明，缪进昌，等. 运动解剖图谱. 北京：中国科学技术出版社，1999.

[35] 陈国荣. 跆拳道. 北京：人民体育出版社，1994.

[36] 解翠英，刘宇晶，韩春涛. 田径训练指南. 哈尔滨：哈尔滨地图出版社，2006.

[37] 王维群. 营养学. 北京：高等教育出版社，2006.

[38] 王鲁克. 田径. 济南：山东大学出版社，2001.

[39] 王德炜. 大学体育——理论与技术教程. 西安：西安交通大学出版社，2008.

[40] 萧翔. 交谊舞组合技巧. 沈阳：辽宁人们出版社，1986.

[41] 美国田径运动协会. 美国田径训练指南. 北京：人民体育出版社，2002.

[42] 刘建和. 乒乓球教学与训练. 北京：人民体育出版社，2004.

[43] 孔繁敏，等. 奥林匹克文化研究：奥林匹克教育读本. 北京：人民体育出版社，2005.

[44] 金元浦. 大学奥林匹克文化教程. 北京：高等教育出版社，2006.

[45] 张百振. 体育竞赛裁判学. 北京：高等教育出版社，2000.

[46] 苗鹏，李刚石. 体育文化与审美概论. 哈尔滨：黑龙江人民出版社，2005.

[47] 田佳. 运动创伤学. 北京：北京体育大学出版社，2008.

[48] 李新科，但艳芳，刘晓莲. 2008 年奥运会对中国体育文化的冲击与影响. 体育成人教育学刊，2005(6).

[49] 李艳瓴. 奥林匹克运动全书(上册). 北京：国际文化出版公司，2001.

[50] 中国田径协会. 田径竞赛规则 2002. 北京：人民体育出版社，2002.

[51] 允峰. 跆拳道横踢动作的运动学分析. 浙江体育科学，2001. 8(4).

[52] 高等学校普通体育课健美教材编写组. 健美运动. 北京：高等教育出版社，1997.

[53] 肖杰，骞子. 羽毛球实战技巧技战术图解. 北京：北京体育大学出版社，2003.

[54] 傅中枢. 学跳国际标准交谊舞. 北京：人民体育出版社，1993.

[55] 胡乃耀. 教你跳舞更潇洒. 北京：人民出版社，1996.

[56] 《田径》教材编写组. 田径. 北京：高等教育出版社，1994.